历史与社会学文库

近代中国商会、行会及商团新论（增订本）

朱英 著

New Perspectives on Chambers of Commerce, Guilds, and the Paramilitary Merchant Organization in Modern China (revised and enlarged edition)

华东师范大学出版社
·上 海·

图书在版编目（CIP）数据

近代中国商会、行会及商团新论（增订本）/ 朱英著. 一上海：华东师范大学出版社，2021
（历史与社会学文库）
ISBN 978-7-5760-1520-1

Ⅰ. ①近… Ⅱ. ①朱… Ⅲ. ①商会一研究一中国一近代一②行会一研究一中国一近代③商业史一研究一中国一近代 Ⅳ. ①F729.5

中国版本图书馆CIP数据核字（2021）第046809号

历史与社会学文库
近代中国商会、行会及商团新论
（增订本）

著　　者　朱　英
责任编辑　曾　睿
特约审读　韩　蓉
责任校对　时东明
封面设计　金竹林
责任印制　张久荣

出版发行　华东师范大学出版社
社　　址　上海市中山北路3663号　邮编 200062
网　　址　www.ecnupress.com.cn
电　　话　021-52713799　行政传真 021-52663760
客服电话　021-52717891　门市（邮购）电话 021-52663760
地　　址　上海市中山北路3663号华东师范大学校内先锋路口
网　　店　http://hdsdcbs.tmall.com

印 刷 者　上海商务联西印刷有限公司
开　　本　710×1000　16开
印　　张　27.5
字　　数　457千字
版　　次　2022年11月第1版
印　　次　2022年11月第1次
书　　号　ISBN 978-7-5760-1520-1
定　　价　95.00 元

出 版 人　王　焰

序 言
PREFACE

我的学术研究生涯起始于20世纪80年代中期的近代中国商会研究。1982年初大学毕业后考取研究生，即在章开沅等指导老师的安排下，参与整理和编辑苏州商会档案，从此即与商会研究结下了不解之缘。到80年代末期，《苏州商会档案丛编》第一辑出版。此外，作为整理与研究资料的直接成果，我在《历史研究》《近代史研究》等学术杂志上发表了一系列关于商会性质、组织及功能等方面的论文，后又与马敏教授合著了《传统与近代的二重变奏——晚清苏州商会个案研究》（巴蜀书社，1993年）一书，这是较早利用系统档案资料对近代商会进行专题研究的著作。90年代以后，近代商会研究越来越受到海内外学者的关注和重视，很快成为中国近代史研究中的一个热点，相关成果也层见叠出。

回顾30余年的发展进程，不难看出，早期的研究主要是对商会的成员、性质等问题较感兴趣，侧重探讨商会的政治活动及内部组织结构，尤其是历次政治运动中商会的表现；后来则多将视线投向商会的“自治”活动、“市场经济”中的“中介”作用、商会主动的社会参与、国际交往等。概而言之，我自己的商会史研究主要向三个方面扩展：一是商会史研究与早期资产阶级研究；二是由商会扩展到新式商人社团的全面研究；三是商会史与近代中国市民社会问题的考察。这三个方面具有一定的连续性和关联性。

我较早时期的论著基本围绕商会与资产阶级研究进行。在20世纪80年代初期，资产阶级研究是近代史研究的中心议题之一，商人和商会的研究自然受其影响。在商会研究兴起前，“民族资产阶级”之所指多停留于“资产阶级的代表”“维新派”“革命派”及知识精英身上，而真正的商人反被忽视。商会史研究确认商会是资产阶级的主体组织，从而将“民族资产阶级”的主体讨论细致化和实体化。多数商会史论者将商会成立视为中国资产阶级形成（或者由“自在”转向“自为”）的标志，对其政治参与活动异常关心。我在关于《晚清苏州商会的个案研究》和《中国早期资产阶级概论》（河南大学出版社，

1992年）这两部著作中也基本将商会史研究与资产阶级研究结合进行，肯定了商会的资产阶级性质和在加强资产阶级整合进程中的组织作用。

不过，商会虽然是近代活动较为显著、影响力较大的工商社会团体，但它也仅仅是近代新兴商人社团的一个部分。当时，由于商会史初兴，许多学者的眼光基本关注于商会本身，少数学者对商团等相关组织有所研究，对于横向的数量更多的新兴商人社团关注较少。因此，在对商会进行了深入研究后，我的研究视野随之扩展到了其他商人团体。

在辛亥革命时期，晚清政府重商政策的影响、晚清工商业的发展和商人力量的增强以及商人政治思想的变化，促进了商人社团的兴盛。商会实际上是作为各业商人的中枢组织，对沟通官商之情具有重要功用。此外，由于军国民主义思潮的兴起以及拒俄运动的影响，商人还办起了准武装组织——商团以自我保护。清末商团的主要活动是组织会员操练，维护地方治安，有的也注重启发新知，有的甚至参与立宪运动和辛亥革命。清末之际，还广泛存在着各类商人地方自治社团，如上海商人自治社团、苏州市民公社、东三省保卫公所等，均对促进地方自治有积极作用。同时还有文化教育类、学术研究类、消防类、风俗改良类等各类新式商办社团。清末新式商人社团组织严密，机构完备，近代民主特征比较浓厚，开放性比较突出，标志着商人开始摆脱以往个人和行帮的落后社会形象，初步形成一支独立的阶级队伍，在城市社会生活中的地位与作用也变得越来越重要。不过，清末新式商人社团也有着一定的局限性，对国家政权依然存在着一定程度的依赖性，其政治品格也比较复杂。对这些问题进行初步研究之后，我出版了《辛亥革命时期新式商人社团研究》①一书，这也是我独自撰写的第一部学术著作。

还值得一提的是，由于从清末商会档案中发现了一些有关农会的资料，而当时史学界对清末农会几乎无人论及，故而我又对农会问题产生了兴趣。稍后在查检近代报刊时即注意搜集农会资料，尤其是在中国第一历史档案馆查阅到有关清末农会的两个专门案卷，于是又陆续撰写了一组论述清末农会的论文。近年来，有关清末和民国时期农会的研究也开始受到一些学者的重视，相信这方面的研究也具有相当广阔的发展空间。

进入20世纪90年代以后，关于近代中国市民社会与公共领域的问题又逐渐

① 朱英著：《辛亥革命时期新式商人社团研究》，北京：中国人民大学出版社，1991年。

引起学界关注。市民社会/公共领域是一对完全源自西方、极具包容性和开放性的概念，包含西方社会特有的自由、平等、人权等思想和公民意识。在西方语境中，人们将市民社会视为“私人利益的体系”，它包括处在政治国家之外的社会生活的一切领域，特别强调市民社会与政治国家的分离，社会与国家的关系为其核心内容。由此，中国市民社会话语的建构，本身就是一个存在移情论辩的过程，而其中最重要的“热点”集中表现在两个方面：一是对市民社会这一源出于西方历史经验的社会模式能否在中国作为一种社会实体而加以建构的论辩；二是对市民社会作为一种解释模式所反映出来的“现代与传统”的思维架构及其理论预设中的各种理论问题而进行的论争。对历史学领域来说，前一热点无疑更具有吸引力。不少学者认为，“市民社会理论”范式下国家—社会的关系架构有可能含有与近代中国历史相勾连的机理，是理解近代国家与社会关系的一个重要透视点。正是基于此，我认为，近代中国是否存在市民社会，不能凭空想象或推理，而要通过实证的研究来对此进行辨析。国内学者，尤其是史学研究者，应该加入对中国市民社会和公共领域这一课题的学术对话中。

在《转型时期的社会与国家——以近代中国商会为主体的历史透视》（华中师范大学出版社，1997年）一书中，我立足于对商会社会角色的多层透视，从市民社会研究进路对近代中国商会与国家的关系做出实证性分析，在近代中国商会史研究和市民社会研究两个学术研究领域进行探讨。我认为，在清末民初的中国，最具有市民社会特征的组织就是以商会为代表的商人团体，具体反映在独立自治、契约规则与民主制度三个方面。商人团体在保持自己的自治性的同时，在一定程度上发挥着制衡国家的作用，甚至在某些问题上与国家处于较为激烈的对抗之中。在晚清以及北洋政府时期，这种现象较为明显。但清末的市民社会在制衡国家方面，其本身的力量、其所采取的方法都存在相当局限，不能达到真正约束统治者的目的。事实上，近代中国市民社会的雏形自清末形成之后，与传统中国强国家、弱社会的状况相比较，社会与国家两个方面均已出现明显的变化，开始建构一种新的互动关系。在国家能力下降，未能建立起强有力的集权统治时，社会往往能够获得发展。而当国家能力增强，政府的统治比较稳固时，社会的发展反而受到削弱，不仅对国家的制衡作用更为有限，而且其独立性也难以继续维持。南京国民政府建立后，采取强制手段对市民社会团体进行了整顿和改组，并对保存下来的民间团体实施严格的监督与控制，使中国市民社会的发展受到了限制。

我在从事商会史研究的过程中，还涉及近代史其他许多相关的领域与问题。例如研究商会离不开对商人的考察，而商人思想观念的变化又是引发其行动的前奏。近代商人思想观念的变化体现在许多方面，其中既有继承传统的部分，也有受西方影响的部分。整体上看，在以下几个方面有着明显的变化：其一是近代商人群体意识与时代使命感的萌发。20世纪初的商人已在很大程度上打破了过去长期形成的血缘、地缘或业缘的认同标准，产生了具有近代意义的群体认同意识和比较强烈的合群思想。与此同时，商人长期积淀而成的自卑感也随之逐渐消除，开始萌发了前所未有的时代使命感，这是推动商人参与近代化的重要精神动力。其二是近代商人诚信观的发展演变。传统的诚信观在新式商人当中出现了两种演变趋向：一方面，传统诚信观得到了许多新式商人的继承，并且在新的历史条件下得到发扬和光大；另一方面，一部分商人的诚信观开始逐渐淡漠，甚至不惜违反诚信原则，采取种种欺诈手段达到攫取高额利润的目的。其三是近代商人义利观的历史演变。晚清时期的中国第一代新兴商人大多数虽仍然重义，但他们所追求的义，除了一部分属于儒家伦理中的传统内容之外，更多的则是注入了近代新内容的义。在许多爱国的近代商人看来，最大的义已不是恪守封建伦理道德，而是在于通过发展工商实业，为救亡图存、富国利民尽自己的一份力量。所以，不能简单地认为近代商人仅仅是保持和维护传统的义利之说，而应结合时代的变迁对近代商人的义利观给予新的认识。从实际影响看，近代中国第二代新式商人有许多已敢于公开言利，而不像第一代商人那样仍纠缠于利与义的矛盾情结，并将经商求利作为自己的毕生追求。其四是近代商人敢于“在商言政”。“在商言商”一向是传统中国商人的信条，也是商人在“四民社会”中自保的良方。但在近代，面临着列强侵略和民族危机，新式商人敢于摆脱小利，以实业救国相号召，参与政治，影响政府。除此之外，近代商人家族、近代商人的消费观念、近代商人与文化教育和慈善公益事业的关系，与以往相比较都出现了新的发展变化。《近代中国商人与社会》（湖北教育出版社，2002年）一书，可以说是我研究近代商人主要成果的汇集。至于《商业革命中的文化变迁——近代上海商人与“海派”文化》（华中理工大学出版社，1996年）这个小册子，则是相关研究的一个副产品。

另一个相关研究领域是对近代中国经济政策的探讨，其中包括对清末“新政”改革的研究。因为清末商会的诞生，除了工商业发展和商人力量壮大等因素之外，也与清朝政府推行新政，尤其是清政府经济政策的变化有着密切的关系。而在此前，史学界对清末经济政策以及“新政”多持片面否定态度。所以，要全面考察商会的产生与发展，不能不同时对政府经济政策的变革重新进行探讨。

我认为，20世纪初清政府推行的新政，是清朝统治者所进行的一次比较全面的改革。这次新政涉及政治、经济、教育、军事等各个方面，较大程度地改革旧的封建体制，推行新的资本主义制度。因此，从总体性质看，清末新政是一次资本主义性质的改革。从改革内容看，清末新政的改革比戊戌变法更加全面，其成效也更大，其历史意义不亚于戊戌维新。但同时，这次改革也具有不彻底性和不完善的地方：清政府仿行宪政，但仍力图使皇帝独揽大权；推行新式教育，但仍强调“忠君”和“尊孔”。新政在实施过程中，也由于官僚体制、思想观念落后等原因存在变形走样的地方，影响到新政的实效。最终，清末新政只能是一次不成功的资本主义改革。

在清末新政中，还存在着一个令人深思的内在矛盾：新政本是要救清政府于危亡之中，但实际结果却是加速了矛盾的激化和清廷的灭亡。究其缘由，是因为新政时期在军事、财政及经济管理等方面一味集权中央，削弱地方权力，反而加剧了地方对中央的离异状态，以至于在清朝中央政府处境危急时，地方不但不予以支援，而且宣布独立，加速了清廷的崩溃。教育改革造就的新型知识分子对清朝统治者不满而趋于革命化，编练新军在革命党人的策动下，从清朝武装转变为革命力量。这些情况说明，领导一次全面的改革绝非易事，当时的清朝统治者显然尚不具备成功领导这一改革的能力，新政中的许多失误是由清朝统治者领导改革的能力低下所造成的。

不过，我对清末新政的研究还是侧重于经济改革方面，这当然与我主攻的商会与其他商人社团研究不无关联。

商人和商人团体主要体现的是近代社会变迁中的民间角色，但就近代中国的具体情况而言，由于所处的特殊外在环境及内在国情，政府的经济政策在经济发展乃至整个近代化的过程中承担着举足轻重的任务，不仅商会等商人团体的发展受制于政府，而且在很大程度上决定着本国工业化最终的发展方向和成败结局。但相比之下，对近代中国经济政策发展演变及其影响的研究，当时无论在史学界还是在经济学界，都是一个更为薄弱的环节。同时，我也感到已经出版的近代史著作对晚清经济政策及其改革措施的评价并不完全符合历史真相，与史实有较大出入。我认为，晚清时期清政府力图在经济政策方面进行全面的改革，对推动经济近代化具有重要的作用。在财政金融方面，清政府发行“昭信股票”，设立近代银行，仿照西方建立财政制度，这些都具有开创性意义。在产业政策方面，清政府改革了重农抑商的传统政策，对贸易政策、矿务政策、铁路政策、农业政策进行改革，推动了民族资本主义工商业的兴起。清政府还设立商务局和农工商局，创办劝业会，颁行经济法规，为经济发展的制度环境建立做出了努力。这些政策虽然在实施效果上并不如意，但对于鼓励民间工商业的发展方面的意义却不可忽视，许多经济制度方面的创新开启了近代中国经济近代化的先河。《晚清经济政策与改革措施》（华中师范大学出版社，1996年）一书，可以说汇聚了我在这方面的主要研究成果。

以上主要回顾了三十余年来我的研究历程。进入21世纪之后，我个人的研究虽然经常涉及一些其他相关的课题，但仍然是以近代商会和商人社团为主。记得在参与整理苏州商会档案之前，我对商会几乎是一无所知，某次偶然的机会碰到著名历史学家林增平先生，向他请教有关商会的一些问题。林先生在回答了我提出的问题之后，再三说明商会是一个很有发展前景的重要研究课题，够我研究一辈子，并希望我努力钻研做出成绩。转眼之间已过去了35年，和蔼可亲的林先生也已逝世多年，但他当时对我的解惑和鼓励犹在眼前，令人难以忘怀。在我三十余年致力于探讨商会史的学术研究生涯中，尽管已取得了一些研究成果，但同时也深深感受到商会史研究依然存在着不少薄弱环节，还需要付出更多的努力使之向纵深扩展。近十余年来，与研究所的年轻同仁一起拓宽视野，加强对商会基层组织同业公会的探讨，不仅得以弥补同业公会研究的不足，而且能够从一个新的角度考察商会的实际运作状况，其直接成果是出版了集体撰写的《中国近代同业公会与当代行业协会》（中国人民大学出版社，2004年）这部专著。至于我个人的商会和商人社团研究，除了将考察的时段向后延伸，改变以往仅限于清末民初较短时段的缺陷，同时还注意研究过去忽略的某些问题，例如商会选举制度、行会的发展演变、同业公会的特点等。另因主持苏州商团档案的整理，对苏州商团也进行了一些新的探讨。本书即是近十余年来我对近代商会、行会与同业公会、苏州商团进行专题研究的新成果，希望能够对促进相关研究的进一步发展有所帮助。

目 录
CONTENTS

中编：行会篇

上编：商会篇

第一章 商会史研究的缘起、发展与理论方法运用

商会史是新时期中国近代史研究中出现的一个新兴的研究领域。20世纪80年代初我国近代史学界对商会史研究初始起步，迄今为止虽然只有为时并不算太长的三十余年时间，但已出版的大型商会档案、史料汇编为数不少，各种有影响的研究著作也接连问世，发表的论文更是数不胜数，日益受到学术界的关注与好评。尤其是2015年社会科学文献出版社出版的由马敏主编的四卷本二百余万字的《中国近代商会通史》，在很大程度上可以称为集中反映中国大陆史学界研究商会史最高水平的代表作。

商会史作为一个新研究领域，之所以很快就能够得到近代史学界的重视与好评，原因之一是从事商会史研究的老中青学者梯队较整齐，并且努力辛勤耕耘，刻苦钻研，不断推出分量较重和水平较高的研究成果；原因之二是在商会史研究中，不少学者十分注重扩大研究视野和相关理论、方法的运用，不仅使商会史研究得以不断深化，而且在一定程度上还起到了带动整个中国近代史研究不断发展的积极作用。本章并非对商会史研究的众多成果做具体介绍，而是着重从宏观层面阐述三十余年来商会史研究视野、理论及其方法的探索与影响，以冀对进一步推动商会史和中国近代史研究的深入发展有所启迪。①

① 关于近代商会史研究的理论方法运用及其影响，冯筱才《中国商会史研究之回顾与反思》（《历史研究》2001年第5期）和马敏《商会史研究与新史学范式转换》（《华中师范大学学报》2003年第5期）两文有所论述。另外，冯筱才《最近商会史研究之刍见》（《华中师范大学学报》2006年第5期），马敏、付海晏《近20年来的中国商会史研究（1990—2009）》（《近代史研究》2010年第2期），张志东《中国学者关于近代中国市民社会问题的研究：现状与思考》（《近代史研究》1998年第2期），闵杰《近代中国市民社会研究10年回顾》（《史林》2005年第1期）和拙文《近代中国的“社会与国家”：研究回顾与思考》（《江苏社会科学》2006年第4期）也部分涉及相关问题。

第一节
辛亥革命研究中探讨新视野和新方法的产物

商会史研究为何能够在20世纪80年代初开始兴起，并很快成为中国近代史研究中一个重要的新研究领域？这一新研究领域又何以能从一开始就呈现出较好的发展势头，并受到近代史学界的关注？要回答这两个问题，就必须对当时中国近代史研究的发展以及面临的问题予以回顾和分析，而且不能不谈到老一辈著名学者章开沅先生对商会史研究的倡导开创之功。

改革开放之后，历史学界勇于解放思想，凭借实事求是的精神，不断打破各种研究禁区，呈现出了前所未有的新局面。尤其是在中国近代史研究的许多领域，老一辈学者就近代史上的若干重要历史人物与事件的评价展开了热烈的讨论与争鸣。几乎每期新出版的《历史研究》《近代史研究》等重要史学刊物，都会发表一些著名学者提出新问题、新观点的重要论文，与教材上和课堂上所讲的传统观点与结论有着明显差异。同学之间争相传阅并互相讨论，当时的整体感受是近代史研究进入了百家争鸣的繁荣局面，各种新见解和新观点对于我们这些历史系的学生而言几乎到了应接不暇的程度。

20世纪80年代初，在中国近代史的诸多研究领域中，辛亥革命与资产阶级很快成为近代史学界的研究重点之一，不仅受到大陆和港台学者的高度重视，而且亚洲的日本、韩国以及欧美等国的中国近代史研究者也格外关注，海内外各种新成果和新观点层见叠出，不同规模的学术研讨会也接连召开。特别是1982年海峡两岸的近代史知名学者经由美国芝加哥举行的北美亚洲学会第34届年会，首次汇聚一堂热烈争论辛亥革命性质等重大问题，不仅在近代史学界而且在海峡两岸整个学术界都产生了很大的影响。①

在辛亥革命与资产阶级研究领域中，章开沅先生无疑是海内外近代史学界公认的一位成果丰硕、影响显著的重要学者。早在1979年，他就发表了一篇题为《解放思想，实事求是，努力研究辛亥革命史》的重要论文，对新时期辛

① 1982年4月在芝加哥召开的这届北美亚洲学会年会，主题是“辛亥革命与民国肇建——七十年后的回顾”，海峡两岸的知名近代史学者应邀出席。由于是互相隔离长达数十年之后海峡两岸学者首次面对面坐在一起，故而本届年会受到广泛关注。

亥革命史与资产阶级研究的发展产生了不容忽视的影响。这篇论文主要针对有关辛亥革命与资产阶级的种种歪曲之说，呼吁解放思想，实事求是，以马克思主义的理论胆识，推翻制约辛亥革命史和资产阶级研究的所谓“资产阶级中心论”“资产阶级决定论”“资产阶级高明论”，并提出要打破对资产阶级“立足于批”的精神枷锁，坚持正确地、全面地评价处于上升时期的资产阶级及其代表人物，客观认识辛亥革命的重要历史地位及其作用与影响。当时，章开沅和林增平两位先生正组织中南地区的学者编写三卷本《辛亥革命史》，编写组在多次讨论中深感如果不破除对近代资产阶级评价的错误定论，就无法写出一部真正具有学术分量的辛亥革命通史，于是章开沅先生及时发表了这样一篇重量级论文，并在文中首次提到应该注重对商会、商团等课题的研究。“除了企业家与企业集团以外，行帮、公所、会馆、商会、商团、码头、集镇等都应该列入我们的研究课题。也只有这样逐步弄清各个侧面，我们才能对于资产阶级在辛亥革命前后的政治动向作出更为深刻的科学的说明。”[①] 可以毫不夸张地说，该文的相关论述在当时不仅为撰写大型辛亥革命通史扫除了障碍，而且对推动整个中国近代史研究的兴盛也产生了影响，因而受到海内外近代史学界的重视。美国学者将该文翻译成英文予以发表，并称这篇论文的新见解反映了中国大陆近代史研究的最新发展趋向。

由于海内外学者的普遍关注，辛亥革命史和资产阶级研究的发展极为迅速，但在改革开放初期仍存在一些不足和缺陷，尤其是研究视野较为狭窄，研究方法也较为简单。为了进一步扩大研究视野，引导辛亥革命史和资产阶级的研究向纵深拓展，章开沅先生又相继发表了一系列相关论文，强调要注重对社会环境的考察与研究，指出当时的辛亥革命史研究“对人物评价问题注意较多，而对整个社会状况的研究却较少”[②]，并进一步揭示了商会史研究的重要意义。例如在1981年发表的《辛亥革命史研究中的一个问题》这篇论文中，章先生即着重说明以往对资产阶级的研究，更多的是考察个别企业主的经营活动，而对于这个阶级的整体在社会生活的各方面情况却缺乏专题性和综合性研究。“譬如商会，我们一向就研究甚少，其实这是从整体上考察资产阶级不可

① 章开沅：《解放思想，实事求是，努力研究辛亥革命史》，《辛亥革命史丛刊》第1辑，北京：中华书局，1980年，第10页。

② 章开沅：《辛亥革命史研究中的一个问题》，《历史研究》1981年第4期，第53页。

缺少的重要课题，一九〇四年以后，各地相继成立的商会，逐渐把工商业者组织起来。在资本主义比较发达的地区，其势力不仅渗透到传统的社会组织——会馆、行帮、善堂等，而且更控制了新建立的各种社会团体——商团、体育会、救火会、市政工程机构、地方自治机构以至学校、教育会、文艺社团、医学团体等等。从不少大中城市来说，几乎社会生活的各个主要方面，都可以感受到它的存在和影响。”因此，“如果多注意考察一些类似这样的社会‘细胞’，并且认真地加以剖析，将有助于我们对辛亥革命时期的资产阶级进行更确切的估量”[①]。章开沅先生的以上论述，是近代史学界对商会史研究重要性的第一次较为详细的说明，同时具体指明了如何开展商会史研究的路径与方法。

稍后，章开沅先生又以马克思主义理论为依据，将其注重考察辛亥革命与资产阶级所处之社会状况、社会环境的相关论述，简明扼要地提炼归纳为“社会历史土壤学”。其主旨是举凡研究历史思潮、历史人物与历史事件，都必须深入细致地考察和探讨孕育各种思潮、人物与事件的社会历史土壤，也即重视研究当时的具体社会环境所产生的多重复杂影响。章先生对此曾予以具体说明，强调人物和事件都是社会运动的产物，而运动又总是在特定的环境中进行的，“马克思的方法首先是考虑具体时间、具体环境里的历史过程的客观内容，以便首先了解，哪一个阶级的运动是这个具体环境里可能出现的进步的主要动力”[②]。在对“社会历史土壤学”的具体论述中，章先生再次提到商会、商团等资产阶级社团研究的重要意义，并指出所谓资料匮乏绝不是我们缺少相关研究的理由，“只要把研究的视野扩大到整个社会环境，许多有价值的史料便可以不断发掘出来”。例如保存完好的商会档案、苏州市民公社档案已尘封多年，很少引起研究者的关注，更无人充分利用。[③]

另还值得注意的是，改革开放之后中国主动打开了封闭多年的国门，不仅内地和港澳台的学界得以进行学术交流，而且中国大陆学者与西方学者之间的学术互动也渐次展开。随之而来的是中国港台地区以及西方学者研究辛亥革

① 章开沅：《辛亥革命史研究中的一个问题》，《历史研究》1981年第4期，第55页。

② 列宁：《打着别人的旗帜》，《列宁全集》第26卷，北京：人民出版社，1998年，第140–141页。

③ 章开沅：《辛亥革命与近代社会》，天津：天津人民出版社，1985年，第207页。

命和资产阶级的不同学术观点，对大陆近代史学界的一些传统结论形成了前所未有的挑战，而对这一挑战如何做出令人信服的学理性回应，是当时大陆学者面临的一次考验。例如台湾学者直接否认辛亥革命是一场资产阶级性质的革命，认为是“全民革命”，这一争议成为海峡两岸学者在芝加哥会议上交锋的焦点。与此同时，西方也有不少学者对辛亥革命是资产阶级革命的结论提出了质疑，其主要依据之一是辛亥革命前的中国尚未形成一个真正意义上的资产阶级，并批评中国大陆学者在研究中对资产阶级概念使用过于宽泛，存在明显的不当之处。

作为中国大陆研究辛亥革命与资产阶级的著名学者，章开沅先生不仅从视野、理论、方法的高度做出了回应，而且通过对江浙地区资本主义发展与资产阶级影响的一系列实证专题研究予以证实，受到港台地区和西方学者的高度重视。关于资产阶级概念问题，外国学者认为中国学者将并非资本家的革命者冠以“资产阶级”之名，是误用了资产阶级概念，真正的资产阶级应该是工商业资本家。章开沅先生指出，这是中外学者使用资产阶级的广义定义和狭义定义之区别，中国学者主要是使用资产阶级的广义定义，包括自由职业者和中产阶级，所以将革命者包括在内；而西方学者使用的则是资产阶级的狭义定义，只包括工商业家、金融家在内的近代企业家。其实，这种分歧不仅存在于中外学者之间，而且存在于外国学者之间，同时也存在于中国学者之间。因此，“中外学者之间的主要分歧，似乎并不在于‘资产阶级’概念的本身，而是在于这个概念的具体运用”[①]。在此基础上，章开沅先生从方法论的高度论述了应该如何判断辛亥革命的性质。他阐明了“有些人总爱攻击唯物史观是一种‘框框’。但他们不知道，或者根本不愿意知道，最为反对以抽象的、僵死的‘框框’硬套历史的，倒恰好是真正马克思主义的唯物史观。因为，马克思主义的最本质的东西，就是‘具体地分析具体的情况’，它反对一切先验的、主观臆造的模式”。[②]考察辛亥革命的性质，不能完全以英法资产阶级革命作为参照模式，因为它发生在距英法资产阶级革命一两百年以上的古老东方帝国，

---

① 章开沅：《关于改进研究中国资产阶级方法的若干意见》，《历史研究》1983年第5期，第18页。

② 章开沅：《就辛亥革命性质问题答台北学者》，《近代史研究》1983年第1期，第175–176页。

具有独特的时代和社会背景，也具有自身的特点。当时的革命者从表面上看绝大多数确实不是资本家，而是知识分子，但对于政治界和思想界的代表人物不能简单地按家庭出身来划分阶级属性，应该着重分析他们的言论和行动代表哪个阶级的利益，反映哪个阶层的愿望。就此而言，辛亥时期的这些革命者显然是资产阶级的政治代表和代言人。

针对台湾与外国学者所说的辛亥时期资产阶级仍非常幼弱，没有形成一股阶级力量，不足以决定辛亥革命是一场资产阶级革命的说法，章开沅先生则用大量史实以及国内近代史学界的相关最新成果，充分说明在20世纪初的中国已经“有一个资产阶级存在着，活动着，在社会生活的各个领域，都可以感受到它的影响”[①]。由于在此之前国内近代史学界对资产阶级主体，亦即狭义概念的资产阶级的研究确实比较薄弱，因而对工商业资本家组织的社团，亦即商会、商团等进行深入考察，就更显得意义重大并且尤为迫切。为此，章先生又一次强调开展商会史研究对于探讨资产阶级具体发展状况和辛亥革命性质的重要性，并具体指出：“1904年以后各地商会的先后建立，可以看作是中国资产阶级已经形成为一支独立的阶级队伍的重要标志。1905年以后，资产阶级之所以能在历次反帝爱国运动中显示出越来越大的活动能量，是与他们有了商会这个纽带和基地分不开的。……商会成立以后，资产阶级方才有了真正属于自己的社团，有了为本阶级利益说话办事的地方，从此不再是以个人或落后的行帮形象，而是以新式社团法人的姿态与官府或其他社会势力相周旋。”[②]这段文字虽然不长，却将商会在清末所产生的重要作用与影响展现得淋漓尽致。

可以说，章开沅先生一直没有停止对于辛亥革命史和资产阶级研究的视野、理论与方法等重要问题的思考，并不断提出极具启迪和指导意义的新见解。例如他后来阐明辛亥革命史和资产阶级的研究必须注重“上下延伸”和“横向会通”，具体是指在综合与专题研究中“努力向上下延伸和横向会通；即不仅要把辛亥革命放在中国几千年文明史长河中，而且要放在世界各国资产阶级革命总范畴中，作切实深入的研究与相应的理论探索”[③]。特别是章先

① 章开沅：《就辛亥革命性质问题答台北学者》，《近代史研究》1983年第1期，第175页。
② 章开沅：《就辛亥革命性质问题答台北学者》，《近代史研究》1983年第1期，第173–174页。
③ 章开沅：《辛亥革命史研究如何深入》，《近代史研究》1984年第5期，第116页。

生对于开展商会史研究的反复倡导与呼吁，显示出极为敏锐的学术洞察力与前瞻性，对于其后商会史研究的迅速兴起与发展起到不可或缺的重要推动作用。

20世纪80年代初，章开沅先生不仅从视野、理论与方法的高度呼吁开创商会史这一新的研究领域，还在推进商会档案的整理与出版方面做出了重要贡献。改革开放之初，章先生为了从事辛亥革命与江浙资产阶级这一课题的研究，于1980年冬赴江苏和浙江两省查阅相关史料，在苏州市档案馆发现该馆完好保存着苏州商会自1905年成立到20世纪50年代初的全部档案，只是因为没有整理，暂时无法对外开放提供给研究者阅览。这对于一直倡导研究商会的章开沅先生来说，无疑是一个极大的喜讯。他立即向档案局（馆）领导说明了苏州商会档案对于辛亥革命和中国近现代史研究的重要性，并主动提出由华中师范大学近代史研究所与苏州市档案馆密切合作，共同整理编辑并分期出版卷帙浩繁的苏州商会档案，苏州市档案馆领导欣然表示同意。1982年初，笔者与大学同班的马敏学兄于本科毕业后一起考取章开沅先生的研究生，当年即经由章先生安排，在刘望龄、唐文权两位老师的带领下先后两次前往苏州市档案馆参与了这项重要工作，不仅笔者后来的学位论文系以近代商会为题，还因此与商会史研究结下了终生难解之缘。马敏曾经回忆说："一到苏州，我们顾不得舟车劳顿，也来不及观光慕名已久的古城绮丽风光与园林名胜，即投入了紧张的整理和编辑工作，夜以继日，剔抉爬梳于汗牛充栋的档案文献中。此间极其丰富的历史文献收藏，使我们两个刚刚踏入学术殿堂的年轻学人眼界大开，简直有些乐而忘返了！"①

随着系统而完整的苏州商会和天津商会档案相继出版，开始有更多学者关注并加入中国近代商会史研究的行列，其中还包括一部分海外学者。于是，在20世纪80年代中后期，商会史迅速发展成为辛亥革命史乃至中国近代史研究中的一个分支领域。尤其是华中师范大学有不少中青年学者在章先生的率领之下，先后加入潜心致力于商会史研究的队伍之中，形成了一个研究商会史的重要团队，取得了一批又一批重要研究成果，并成立了中国商会史研究中心，该中心被海内外近代史学界誉为国内商会史研究的重镇。

时光流逝，岁月如梭。如今三十余年已经过去，章开沅先生已是耄耋老

① 马敏、朱英：《传统与近代的二重变奏——晚清苏州商会个案研究》，成都：巴蜀书社，1993年，第1页。

人，年逾九十高龄；当年参加苏州商会档案整理编辑工作的我们，风华正茂，朝气蓬勃，现在也已年过花甲。今天我们回顾商会史研究的兴起历程，并非悲观地感慨逝去的无情时光与岁月年轮，而是格外地庆幸我们当初能够在导师的引领之下步入商会史这一新的研究领域，同时更惊叹于我们的业师章开沅先生理论素养之厚实、研究视野之开阔、研究方法之完备。类似章先生这样的老一辈优秀学者，大都具有深厚扎实的马克思主义理论根底，一贯重视马克思主义理论与方法的运用，同时也能够与时俱进，善于吸收借鉴其他各种科学的理论与方法，因而研究视野更加开阔。如上所述，章开沅先生正是根据马克思主义理论与方法，意识到考察社会环境和阶级、阶层、集团（团体）分析的重要作用，反复呼吁近代史学界应该大力开展对商会、商团等资产阶级社会团体的研究。难能可贵的是，在新的历史时期，由于受各种因素的影响，“有些史学工作者对马克思主义产生了怀疑，甚至要与马克思主义保持距离，而章先生一直坚持马克思主义，他从来就自称自己是马克思主义史学家，即使是到国外讲学也从不隐讳自己的马克思主义史学观”[①]。章先生还十分重视原生态史料的挖掘与整理，推动苏州商会档案得以出版问世，为商会史研究创造了极为有利的客观条件。可以说，倡导商会史研究是20世纪80年代初章开沅先生的一大学术夙愿。如果当时没有章先生的反复呼吁和倡导，就不会有商会史研究的迅速兴起与发展。

其实，章开沅先生早就有开展商会史研究的设想。据章先生回忆，1964年春他参与筹备“中国近代社会历史调查研究委员会”计议中的有关资产阶级调查项目，随同杨东纯先生[②]、邵循正先生前往天津，了解到天津市档案馆收藏有天津商会的档案，就敏锐地意识到该档案对于研究资产阶级与资本集团的重要作用。但由于当时受到各种政治运动的影响，商会史研究难以付诸实施。直至20世纪80年代，章先生才又大力呼吁开展商会史研究。20世纪90年代初马敏与笔者合著的《传统与近代的二重变奏——晚清苏州商会个案研究》出版问

① 王玉德：《章开沅先生的史学思想》，华中师范大学中国近代史研究所编：《章开沅学术与人生》，武汉：华中师范大学出版社，2011年，第152页。

② 杨东纯，又名杨人杞，湖南醴陵县人。新中国成立以后曾担任广西大学校长、华中师范学院院长、国务院副秘书长、中央文史研究馆馆长等职。他是中国近现代杰出的马克思主义学者，著名历史学家、翻译家、教育家和社会活动家。曾出版《中国学术史讲话》《开明新编高级本国史》《中国文化史纲》等著作，译著有《费尔巴哈论》《古代社会》等。

世，章先生在该书序言中十分感慨地说："马敏与朱英都是我……的学生与同事，但他们从事的商会研究，却是我……即已着手筹划却终于被迫中辍的课题。因此，他们合著的《传统与近代的二重变奏——晚清苏州商会个案研究》得以出版，帮助我了却了一桩多年未了的宿愿。"[①]我们为能够实现先生多年未了的夙愿当然深感荣幸与自豪，但没有先生的远见卓识与直接引领，当年懵懵懂懂对商会一无所知的我们，也不会自觉地意识到商会史研究的重要意义而步入这一新的研究领域。抚今追昔，感慨万千，真是千言万语也难以表达内心的情感。

第二节 视野、理论、方法拓展与商会史研究的深化

就一般情况而言，一个很有学术价值的新研究课题或者新研究领域，由于是对过去非常缺乏探讨的重要新研究对象进行考察和分析，很自然地会具有新课题、新史料、新观点等一系列引人瞩目的特点，因而常常比较容易引起学术界的重视与关注。20世纪80年代中期商会史研究兴起之后，很快即呈现出以上所说的这种情况。特别是在当时海内外近代史研究者普遍关注辛亥革命史与资产阶级研究，并且对辛亥革命性质与资产阶级发展程度存在明显争议的特定学术语境之下，新兴的商会史研究可谓应运而出，正好能够在很大程度上对这些争议提供较为令人信服的新史料与新观点，所以受到近代史学界的格外关注与好评，也呈现出更好的发展势头。然而，一个新的研究课题或研究领域尽管在诞生之初受到重视与好评，但如果相关研究者只是满足于一时获得的赞誉，不从视野、理论与方法等方面不断进行新的探索，也仍然难以使该研究领域保持良好的持续发展态势，甚至有可能只是昙花一现，随着时间的推移而逐渐被人遗忘。商会史研究之所以在三十余年来的各个发展阶段不断有值得重视的新成果问世，正是相关研究者在视野、理论与方法等方面不停探索的结果，这种探索不仅使商会史研究日益拓展深化，而且对于促进整个中国近代史研究的发展也发挥了积极的作用与影响。

① 章开沅：《序言》，马敏、朱英：《传统与近代的二重变奏——晚清苏州商会个案研究》，成都：巴蜀书社，1993年，第1页。

前文一再强调商会史研究的兴起，对辛亥革命史与资产阶级研究的深入发展发挥了重要的作用，受到近代史学界的重视与好评。但无可否认，商会史研究在初期的起步阶段，主要只是附属于辛亥革命史的一个分支领域，缺乏更加开阔广泛的研究视野，所使用的研究范式也主要是比较单一的政治史或曰革命史模式，并且多以商会的政治态度和行动作为评价其是否保守软弱的标准，这无疑存在着较为明显的不足。因此，在商会史研究进行了十余年之后，即有学者开始反思初期阶段商会史研究在视野及方法等方面存在的缺陷。2001年，当时尚属青年学者的冯筱才发表了《中国商会史研究之回顾与反思》一文，指出："早期中国商会史研究主要是作为辛亥革命史研究的一个新兴领域被开拓的，商会成为对资产阶级进行集团分析的一个标本，而分析的动机多出于更加清晰地了解资产阶级的政治动向，所以时段上、价值取向上均有鲜明的时代特色。"此外，该文还分析了以往研究商会使用较多的"选精法与集粹法""演义法""'理想范型'与价值判断""静止、孤立的分析""总体论的倾向"等研究方法存在的不足。[①] 稍后，马敏也撰文阐明早期的商会史研究在政治史范式的制导下，呈现出较为明显的两个情结：一是"资产阶级情结"，即回应西方学者认为中国近代并无资产阶级的论断；二是"革命情结"，即通过商会的表现来证明辛亥革命的性质就是资产阶级革命。"这两个情结导致商会研究的早期兴奋点实际是政治性的，是一种政治性的关怀。……它常常使我们在关心政治性问题的同时忽略了历史的其它方面，不能完全实现'由革命转向社会'的初衷。"[②] 回过头看，早期商会史研究的这些缺陷还是较为明显的。

耐人寻味的是，商会史研究的兴起原本是20世纪80年代在辛亥革命史和资产阶级研究的过程中，为寻求扩大研究视野和改善研究方法的产物，结果初期阶段的商会史研究自身也陷入了研究视野狭窄和方法单一的窠臼。辩证法的基本原理在辛亥革命史研究与商会史研究两者之间再次得到了充分体现，商会史研究的兴起在当时明显拓宽了辛亥革命史的研究视野，使辛亥革命史和资产阶级研究得到了深化与发展，但受此影响，初期的商会史研究视野显得较为狭窄，变成辛亥革命史研究的一个分支领域。由此也造成了一个值得令人深思的

① 冯筱才：《中国商会史研究之回顾与反思》，《历史研究》2001年第5期，第158页。

② 马敏：《商会史研究与新史学的范式转换》，《华中师范大学学报》2003年第5期，第12页。

结果，这就是商会作为一个研究对象无疑是全新的，因为过去在这方面的研究基本上是空白，但商会研究的问题意识却是旧的，即主要是为了回应当时海外学者提出的挑战性学术观点，论证中国近代资产阶级已经产生以及辛亥革命是一场资产阶级性质的革命，这似乎给人一种新瓶装旧酒的感觉。虽然早期商会史研究中这一缺陷的出现，在很大程度上是受到这一新研究领域产生的学术背景及特殊缘由的影响，也可以说有着一定的客观因素的制约，但现在看来主要还是当时我们这些中青年研究者的主观认识出现了偏差。其实，章开沅先生在倡导开展商会史研究的过程中，曾经反复阐明商会的作用与影响并不限于政治领域，而是在社会生活的许多方面都有明显体现，这实际上已经提示我们对商会史的研究不能仅仅限于单一视野的政治史模式。但是，我们当时对这些提示并没有真正领会透彻并且给予充分重视，因此也就难免出现同样的偏差。

很显然，附属于辛亥革命史的商会史研究经历了初期阶段，如果不能在视野、理论和方法上有所突破，极有可能伴随着辛亥革命史研究的热潮逐渐消退和淡化而陷入沉寂。从另一个角度讲，经历了初期起步阶段的商会史研究如欲获得进一步发展，就必须在走出附属于辛亥革命史的商会史研究上下苦功夫，努力使商会史真正成为中国近代史研究中一个相对独立的研究领域。而要做到这一点，唯有通过扩大研究视野以及在新理论方法的运用等方面寻求突破。恰逢此时，中国早期现代化研究及其理论方法在国内兴起，对新时期商会史研究的突破产生了重要影响。

20世纪80年代后期，中国早期现代化（当时也称“近代化”）研究在国内史学界逐渐受到重视。此项研究对新时期的中国学术界而言，可以说是历史学与其他多种学科交叉的一个新研究领域。具体说来，中国早期现代化研究的开拓与兴起，主要得力于罗荣渠和章开沅两位先生的大力倡导与身体力行的开创性研究。罗荣渠先生运用马克思主义现代化理论，相继撰写并出版了《现代化新论——世界与中国的现代化进程》《现代化新论续篇——东亚与中国的现代化进程》两部学术专著，产生了广泛影响，并主编了《各国现代化比较研究》《中国现代化历程的探索》《东亚现代化：新模式与新经验》等多部著作。特别是罗先生在深入理解和分析马克思对世界历史的具体论述之后，论证马克思的历史发展观是多线的而不是单线的，进而提出了具有重要启迪意义的“一元多线历史发展观”，并在此基础上对中国现代化的道路及模式进行了深入探讨。章开沅先生在80年代后期主编有《中外近代化比较研究丛书》（7种）和《比较中的审视：中国早期现代化研究》（与罗福惠共同主编），并出版了专著《离异与回归——传统文化与近代化关系试析》，对中国早期现代化研究提出了一系列独到见解。

饶有趣味的是，当时国内史学界在无形之中出现了南北两个致力于中国早期现代化研究的团队，并且遥相呼应，分别形成了自己的研究风格与特点。罗荣渠先生领导的北京大学团队承担了国家社会科学“七五”规划课题“世界现代化进程研究”，章开沅先生率领的华中师大团队承担了国家课题“中外近代化比较研究”。这两个团队各自具有世界近现代史和中国近现代史的学术背景，而且前期相关研究基础的积累都十分雄厚，前者由世界看中国，后者由中国看世界，正好可以互相参照、互相补充。关于现代化理论之用于历史研究，罗荣渠先生曾做过全面阐述。他指出：“人们通常都以为现代化是由西方资产阶级提出的理论。其实，早在一百多年以前，马克思在《资本论》第一卷第一版序言中就表述了这一思想。”不仅如此，“西方学者承认他们关于工业革命和现代化的概念中的一些基本思想借自马克思的思想”。[①] 稍后，罗先生还进一步提出，“中国社会科学界有必要在发展中的历史唯物主义的客观指导下，归纳和总结马克思逝世一个世纪以来的丰富历史经验，建立起自己的一套研究现代发展问题的综合理论架构”，亦即“建立现代化研究的中国学派”。[②]

罗荣渠和章开沅两位先生依据马克思主义理论开创的中国早期现代化研究，在当时的历史条件下，不仅进一步拓宽了中国近现代史研究的视野，极大地丰富了中国近现代史研究的内容，而且为正在寻求商会史研究突破点的学者们提供了一个很好的参照与借鉴。于是，在20世纪80年代末和90年代初，有学者开始尝试将现代化理论与方法运用于商会史研究之中。经过数年的辛勤耕耘，取得了较为明显的成绩，不仅有一批专题研究论文问世，还出版了新的商会史研究专著。其中，1993年上海人民出版社出版的由虞和平撰写的《商会与中国早期现代化》一书，称得上是现代化范式下商会史研究的代表作。

虞和平在该书“前言”中指出：“无论从理论逻辑出发，还是从本书将

---

① 罗荣渠：《现代化理论与历史研究》，《历史研究》1986年第3期，第28、32页。

② 罗荣渠：《建立马克思主义的现代化理论的初步探索》，《中国社会科学》1988年第1期，第62页。

要谈到的历史事实出发，都可以说明商会是中国早期现代化的一个主要承担者。如果把商会放到中国早期现代过程中加以研究，那么无论是对商会本身的研究，还是对早期现代化的研究，或是对资产阶级的研究，都将会产生一种'柳暗花明又一村'的感觉。"这段话所揭示的正是以现代化理论框架研究商会的意义所在。对此，虞和平进一步特别强调了以往商会史研究中仅注重商会的资产阶级属性，而对商会作为社会团体的属性与功能注意不够的偏向，认为商会同样具有一切社会团体所具备的社会整合功能。商会在早期现代化过程中所发挥的功能作用主要有两个方面："一是促进资产阶级本身的现代化——从分化到整合；二是促进经济与政治的现代化——资本主义工业化和民主化。因此，对商会的研究，除了已有的领域与方法之外，还应开辟与其现代化功能相应的领域和采用相应的方法。运用现代化理论把商会与中国早期现代化结合起来进行研究，或许可以更为确切而全面地说明商会在近代中国历史中的地位和作用。"①

中国早期现代化理论框架下的商会史研究，考察视野较前明显扩大，问题意识也较为新颖，更重要的是，商会史开始逐渐摆脱依附于辛亥革命史研究体系的从属地位，发展成为中国近代史研究中一个相对独立的重要研究领域。因此，其作用是显而易见的。

简而言之，中国早期现代化研究首先促进了史学界对商会本身的考察和研究，不再像此前那样局限于较为单一的政治分析，而是在原有政治史和革命史范式的基础上，对商会进行更为全面深入的细致探讨，从而使商会史研究得到拓展和深化。罗荣渠和章开沅先生都曾强调，现代化研究范式并不否定革命史范式，也不是要取代政治史范式，而是对革命史和政治史范式的一种补充，帮助我们从更多的不同角度了解中国近现代史的发展状况，丰富我们对中国历史发展规律与特点的认识。现代化理论框架下的商会史研究同样如此。例如现代化理论强调社会各系统之间的互相联系、连贯的整体性与协调的发展，对新商会史研究具有很大的启示与帮助。"它促使我们以系统、整体和发展的观点去看待商会组织，而不是孤立、割裂地看待它们。同过去单纯就商会谈商会不同，新的研究往往从商会的组织系统、商会与社会的关系中去把握商会的性质与功能，除研究总会、分会和分所组成的商会本体组织系统外，也研究商会

① 虞和平：《商会与中国早期现代化》"前言"，上海：上海人民出版社，1993年，第2页。

与商团、商学会、教育会、救火会、市民公社、农会等新式社团组织的相互关系，极大地拓宽了研究视野，丰富了研究的内容。”[①]马敏与笔者合著的《传统与近代的二重变奏——晚清苏州商会个案研究》一书，在第二章用很大的篇幅较全面地论述了广义范畴的苏州商会组织系统，包括其本体系统——商务总会、商务分会、商务分所，从属系统——苏商体育会、市民公社，协作系统——商会与教育会、农会等其他新式社团。虞和平在《商会与中国早期现代化》中的论述更为全面，章开沅先生在为该著所写的序言中强调：“本书堪称通论性的商会研究专著，因为它不仅探讨了商会发展的全部历史过程，探讨了商会的内部关系，而且也探讨了商会的外部关系，探讨了商会的功能与作用。特别可贵的是，它不仅从社会结构与社会生活的各个层面来考察、剖析商会，而且还把中国商会放在更为广阔的世界范围中来加以观照。”[②]这种新的研究视野，显然使商会史的研究内容更为丰富，也更为全面。

其次，推动史学界加强了对商会与社会各方面关系的深入考察，并透过商会对一系列重要的相关问题进行实证研究，包括民族化与现代化、传统与近代、东方与西方、政治与经济、商会与近代社会变迁等。例如虞和平的《商会与中国早期现代化》一书分为上编和下编两大部分，上编主要探讨商会的产生、发展、组织结构，以及对资产阶级从行业性整合到区域性整合，再到全国性整合并走向世界的重要影响及其整个发展历程；下编分别论述商会与资本主义经济的发展、商会与资产阶级的政治参与、商会与资产阶级独立民族运动等相关内容。不难发现，在现代化分析框架之下的商会史研究，探讨的具体内容更为宽泛，涉及西方商会对中国商会诞生的影响，亦即所谓东方与西方的复杂关系；作为中国这样半殖民地半封建社会落后国家的早期现代化，与西方多数国家现代化所不同的是，民族独立运动成为其中的一项重要内容，商会与资产阶级则是这一运动中的重要力量；商会的经济功能以及对中国早期经济现代化的重要影响，成为重点考察与研究的主要内容；与此相关者，还涉及商会参与商政，即商会与政府之间的复杂互动关系；另外，早期现代化视野下的商会史

① 马敏：《商会史研究与新史学的范式转换》，《华中师范大学学报》2003年第5期，第14页。

② 章开沅：《序》，虞和平：《商会与中国早期现代化》，上海：上海人民出版社，1993年，第2页。

研究涉及新式商会与原有行会之间的关系，即传统与现代的关系。《商会与中国早期现代化》和同期出版的《传统与近代的二重变奏——晚清苏州商会个案研究》两部著作，都以相当的篇幅对这一问题进行了较为详细的论述，随后在商会以及商人团体史研究者中引发了一些讨论，使我们对中国早期现代化进程中传统与现代既二元对立又融合互补的关系获得了某些新的认识。

由上可知，现代化的视野、理论与方法的运用，在商会史研究中引入了新的视野和新的问题意识，在商会史的研究处于一个至关重要的转折时期，对于丰富拓展商会史研究确实产生了重要的作用与影响。特别是对于促进商会史从附属于辛亥革命史的一个部分发展成为一个相对独立的中国近代史研究中的重要领域，影响尤为突出。但是，现代化的分析框架也并非能够穷尽整个商会史研究的方方面面，而且这一分析框架自身也存在某些局限，甚至可以说在给新的商会史研究带来生机的同时又带来了一定的其他影响。例如在论证商会的现代性时，常常会不自觉地以西方的商会作为某种“理想型”的模式，忽略了诞生于中国本土情境下的中国商会的某些特点。其实在这方面章开沅先生很早就在分析中国资产阶级研究缺陷时提醒我们应该注意避免，但时隔多年仍然在商会史研究中重蹈覆辙。正如马敏曾指出：“现代化范式实际是一柄双刃剑，它既带给我们锐利的理论分析的锋芒，但同时又带来若干理想化、简约化或结论先行的偏见，关键在于如何去运用这种利弊皆明的理论模式。”[①] 在此情况下，商会史研究在原有基础上的进一步拓展与深化，除了需要更为全面准确地运用现代化理论与方法，避免出现偏差之外，还需要在视野、理论和方法上做出新的探索。

20世纪90年代，公共领域和市民社会（又称公民社会）开始成为国内学术界讨论的一个话题。众所周知，市民社会的理论与方法源于西方，一般都认为较早是由德国学者哈贝马斯将其运用于分析欧洲近代社会的转型与变迁而引起关注，随后不断发展形成一种有影响的理论分析框架。其实，马克思和恩格斯对市民社会（中译文马克思著作有时译作资产阶级社会）问题也有较多的论述。尤其是马克思，他不仅阐明了市民社会的发展规律，揭示了市民社会与政治国家的关系，而且通过研究市民社会与政治社会（政治国家）的相互关系，建立了历史唯物主义的理论体系，对后来的哈贝马斯等西方左翼思想家的市民

① 马敏：《商会史研究与新史学的范式转换》，《华中师范大学学报》2003年第5期，第15页。

社会理论产生了一定影响。[1] 到了90年代，西方学术界尤其是美国研究中国近代史的学者将公共领域和市民社会用于分析明清至近代中国的发展变化，其中有些学者认为中国近代也曾出现类似的公共领域和市民社会，但也有些学者对此提出了否定意见，持不同观点的学者各抒己见，互相讨论，甚至相互争议，一时间颇为引人瞩目。

市民社会理论与方法也给商会史研究提供了一个新的研究视野，于是部分学者开始从这一新角度对商会进行新的探讨。章开沅先生曾经指出这一新探讨的学术意义："西方学者对于'市民社会'、'公共领域'的讨论，可以促使我们从固有的'线索'、'分期'、'高潮'、'事件'等空泛化格局中解脱出来，认真研究中国走出中世纪并向现代社会转型的曲折而又复杂的历史过程，现代化的主要载体及其如何产生、演变，以及它的活动空间与活动方式等。如果我们不花大力气作这种扎扎实实的研究，却单纯跟在西方学者后面，从概念到概念地争论中国有无'市民社会'、'公共领域'，那就是舍本而逐末，从土教条主义转向洋教条主义。"[2]

《传统与近代的二重变奏——晚清苏州商会个案研究》一书，是国内较早做出这一尝试的研究成果之一。该书"前言"特别说明，当时的国际学术界对中国近代市民社会的发育程度极为关注，成为许多学者研究、讨论的热点。"在我们看来，弄清楚近代商会组织的实际运行情况，尤其是商会与行会组织和其他新式社团之间的关系，可能是解决这一问题的关键。"通过对苏州商会的翔实考察与研究，该书阐明了清末商会组织的影响力已经渗透到城市社会生活的各个领域，其具体方式是以商会为核心，众多民间社会组织纵横交错，形成一个官府以外的在野城市权力网络，控制了相当一部分市政建设权、司法审理权、民政管理权、公益事业管理权、社会治安权，以及工商、文教、卫生等多方面的管理权，在很大程度上左右着城市经济和社会生活。如果不拘泥于字面意思，完全可以将此在野城市权力网络称为市民社会的雏形，其背后的推动者则是新兴的近代资产阶级。稍后，马敏在其专著《官商之间：社会剧变中

① 对马克思市民社会理论的详细论述，参见俞可平：《马克思的市民社会理论及其历史地位》，《中国社会科学》1993年第4期，第59–74页。

② 章开沅：《序》，马敏：《官商之间：社会剧变中的近代绅商》，天津：天津人民出版社，1995年，第2页。

的近代绅商》中，以较多的篇幅从绅商论及商会问题，并进一步说明："20世纪初晚清城市公共领域在很大程度上已不同于先前传统的公共领域，其间已隐含着某种体制意义的变化，在许多方面它是可以和哈伯玛斯所揭示的欧洲资产阶级初现时期的'公共领域'相提并论的。"①伴随着城市公共领域这种具有体制意义的变革，某种更复杂的社会机体自组织过程也随之开始出现，其结果是形成国家权力机关之外的以商会为核心的社会权力体系——在野市政权力网络，实质上是市民社会的雏形。②

1997年，笔者出版的《转型时期的社会与国家——以近代中国商会为主体的历史透视》，也是运用市民社会理论与方法集中探讨商会的一部学术著作。拙著主要阐明在清末至民初的重要转型时期，近代中国的"社会"与"国家"均出现了前所未有的发展变化，而且相互之间一度建立了某种新型互动关系，对近代中国从传统社会向近代社会的演变产生了不容忽视的深刻影响。在清末诞生的商会虽仍在某些方面保留了传统色彩，但其契约性自治规则、近代民主原则，以及相对独立之经济职能、"司法"职能、政治活动、报刊舆论工具等，也明显反映出不同于传统旧式商人组织的近代特征，集中体现了近代中国民间社会的新发展；而商会之所以能够诞生并具备这些自治权利，又与清末民初国家推行的改革举措，尤其是对民间社团的大力扶植与支持密不可分，从中也不难看出这一时期"国家"的重要改变与影响。"国家"与"社会"的良性互动，使得近代中国在民族危机不断加深的历史条件下，民族资本主义仍获得初步发展，政治改良也提上议事日程，尤其引人瞩目的是，出现了民间社会发展的"黄金时代"，甚至依稀可见近代市民社会的雏形。但令人遗憾的是，这种良性互动关系未能得以长期维持，加之民间社会自身存在种种难以克服的缺陷，导致近代中国始终无法孕育出成熟的市民社会，也无从根本改变一以贯之的强国家、弱社会这种结构性特征，更难以使近代中国走上独立富强的发展之路。

运用市民社会理论与方法探讨商会所取得的新成果，在当时的学术界引起了一定的重视与好评。有学者指出："运用公共领域和市民社会的理论框架

① 马敏：《官商之间：社会剧变中的近代绅商》第五章《独立社会之起点》第三节第二部分题为"'市民社会'的雏形"，专门对这一问题进行了论述。

② 同上注。

对中国近代史作实证研究和探讨，主要在商会史研究的丰富史料和大量成果的基础上，以本身在这方面的深厚功底论证具有中国历史特色的近代中国‘公共领域’或‘市民社会’，循此途径从事研究的学者可称之为‘商会派’或‘实证派’，以马敏、朱英等人为代表。”此外，与市民社会研究的“文化派”相比较，“由于‘商会派’走的是实证史学的路子，功夫扎实，论证有力，‘中国特色’鲜明，已在这一学术领域中占据主导地位”①。稍后，还有学者说明运用市民社会理论在商会和近代中国市民社会两个重要问题上都取得了值得重视的成果：“朱英、马敏在上述著作及相关论文中，通过对商会的具体考察，论证了中国近代市民社会的存在及其特点。他们的研究，超越了考察商会的性质和作用的一般套路，使人们从这个熟悉了多年的社会团体中，发现其内蕴着多种与欧洲资本主义曙光初现时相仿佛的社会因素。他们的研究得到学术界的认同，不仅是历史学界，一些当代中国社会学的学者，当他们从历史上寻找曾经存在的市民社会时，多举近代商会为例。”②

概而言之，当时的我们之所以将市民社会理论与方法运用于探究商会，确实主要出于两个目的。其一，希望借助市民社会理论与方法，为商会史研究提供一个新的研究视角，形成新的问题意识，从而推动商会史研究朝着更深更广的方向拓展深化。前已述及，现代化理论与方法的运用，帮助商会史从附属于辛亥革命史的一部分发展成为一个相对独立的中国近代史研究领域，使商会史研究向前迈进了一大步。但现代化理论与方法自身也存在某些局限，并不能解决商会史研究中的所有问题，而且学术研究也需要理论与方法的不断创新，不间断地做出新的探讨与尝试，这样才能促使商会史研究不断深化。将市民社会理论与方法运用于商会研究就是一个具体的尝试，并且取得了明显的效果。其二，将市民社会理论与方法运用于商会史研究，也是为了通过对商会进行新的实证考察与分析，使得中国学者取得有关市民社会的研究成果，来回应西方学者关于中国近代市民社会研究中提出的问题与争议，同时，以此将商会史研究的学术价值及意义在原有基础上再提升一个层次。当时，在这方面也确实产生了一定的实际成效。有学者即认为：“十年来，对市民社会研究最深入的是

① 张志东：《中国学者关于近代中国市民社会问题的研究：现状与思考》，《近代史研究》1998年第2期，第296–297、302页。

② 闵杰：《近代中国市民社会研究10年回顾》，《史林》2005年第1期，第43页。

商会，做出成绩的代表人物是朱英和马敏。”在此之前，美国学者已经发表了中国历史上存在市民社会的观点，但他们用以证明中国历史上存在市民社会的论据，大多是中国传统社会的旧式社团。“中国学者可以凭直觉认识到，市民社会是近代社会的产物，主要应该体现在近代社团中；以明清时期行会组织和慈善机构一类公共团体的扩张，来论证存在一个蕴含近代变革意义的市民社会是不能令人信服的，但他们一时拿不出确凿的论据。朱英、马敏的商会研究做到了这一点。”①

但是，将市民社会理论与方法运用于商会史研究同样也存在某些缺陷。其中一个争议较大的焦点，是因为无论就理论框架还是经验事实而言，市民社会都是来源于西方，而且迄至当代西方的市民社会理论本身已极为庞杂，这种用于研究西方社会的复杂理论体系是否适用于分析近代中国，这一尝试是否存在比较明显的功利性与目的论，曾有一些学者提出了质疑，甚至美国学者对此也有截然不同的看法。尽管我们已经是非常小心谨慎地避免简单地套用市民社会理论，力图防止削足适履的弊端，一再阐明以清末民初中国商会与其他商办社会团体为代表而产生的市民社会雏形具有自身突出的特点。其中尤其显著的一大特点是近代中国商会的诞生及其功能作用的运作，并不像西方市民社会那样主要是扮演了制衡国家的重要角色，而是更多地与政府或国家形成了一种中国历史上前所未有的良性互动关系。但即使如此，也很难完全令人信服地阐述清楚市民社会理论的适用限度问题。关于公共领域和市民社会这两个概念，在我们的研究中也没有对其差异和联系进行准确细致的阐述，容易给人造成混为一谈的感觉。

另外，仅以商会或是与商会关系密切的商人社团组织作为研究对象，考察近代中国是否存在市民社会这样一个综合性的重大问题，显然也是远远不够的。闵杰提出对近代中国市民社会“这个历史实体的研究，至少应该包括三方面的内容：社会阶层、社会团体、社会运动。三者是一个紧密联系的整体”②。但实际情况是：只有对以商会代表的商人社会团体的研究比较充分，对其他众多社会团体则研究较少；对社会阶层的探讨主要也只是限于绅商，对其他阶层也缺乏研究；从社会运动角度则更少有考察分析，这显然很不全面。

① 闵杰：《近代中国市民社会研究10年回顾》，《史林》2005年第1期，第44、45页。

② 闵杰：《近代中国市民社会研究10年回顾》，《史林》2005年第1期，第48页。

还有学者指出，探讨近代中国市民社会的“商会派”较为务实，“更重视史实的归纳和演绎，在此基础上进而提出中国学者‘自己的’近代中国市民社会或公共领域的理论模式”，不过需要注意的是，近代中国的商会虽然是最具代表性的市民社会组织，“商会派”学者“在研究中首先抓住这个最佳的切入点，提出了一些富有创意的新见解，其贡献是不容抹杀的。不过，近代中国市民社会毕竟是一个庞大而复杂的社会体系，商会只是其中的一环，如果过份耽溺商会与市民社会的学术课题，便很容易导致片面的学术成果，甚至给人以‘商会就是市民社会’的错觉，把近代中国的商会等同于、混同于市民社会。因此，不能因为对商会的研究而忽视对市民社会其他环节的研究，要避免近代中国市民社会研究中可能出现的‘商会中心主义’倾向”①。

由于上述原因以及出于其他方面的考虑，马敏和笔者后来都很少再用市民社会理论与方法继续探讨商会。但我们通过尝试这一探索性研究仍得到了一些启发，尤其笔者对马克思市民社会理论中关于市民社会与政治社会（政治国家）相互关系的论述，印象极为深刻，体会到“国家与社会”这一分析框架仍然不失为一个新的研究视野，它可以帮助我们对近代中国历史发展进行一些新的考察和分析，而且已有一部分学者开始进行实证性的专题研究，取得了值得重视的新成果。2006年，笔者在《江苏社会科学》第4期发表了《近代中国的“社会与国家”：研究回顾与思考》一文，阐明“在具体研究近代中国问题时使用‘社会与国家’的提法，也许较‘市民社会’或‘公共领域’更为稳妥和合适”。从实际情况看，以“社会与国家”这一新的理论框架从事近代中国专题研究的成果越来越多，“并且涉及近代中国历史的其他许多领域，甚至也不仅仅限于中国近代史研究，包括中国古代史研究也开始有了类似的尝试”②。现在看来，仍需要注意的是“社会”与“国家”的边界问题，因为在近代中国特殊的历史条件下，“社会”与“国家”的边界划分有时并非十分清晰，常常是你中有我，我中有你，这就要求研究者不能以类似截然两分法的简单思维方式看待“社会”与“国家”，否则将很难准确地把握“社会”与“国家”的发

① 张志东：《中国学者关于近代中国市民社会问题的研究：现状与思考》，《近代史研究》1998年第2期，第299、304页。

② 朱英：《近代中国的“社会与国家”：研究回顾与思考》，《江苏社会科学》2006第4期，第178、179页。

展演变及其互动关系。

学术研究贵在创新，而运用新的理论与方法正是学术创新的一种有益的尝试。三十多年的商会史研究能够持续拓展深化的历程表明，努力扩大研究视野，不断尝试新的研究理论与方法，在其中产生了不可或缺的重要作用与影响。[①]具体说来，商会史研究的兴起，是老一辈学者在辛亥革命与资产阶级研究中探讨新视野和新方法的结果；随后使商会史研究从附属于辛亥革命史的一个部分，发展成为中国近代史研究中的一个重要的独立领域，对商会的政治、经济与社会功能进行更为全面的探讨，主要得益于运用现代化理论与方法；继而又从"国家与社会"这一新视角考察和分析商会，对商会的产生、发展、作用，以及国家与社会的发展演变和互动关系获得了新认识，则主要是运用公共领域、市民社会理论与方法的结果，这一尝试不仅推进了商会史研究的深化，而且使"国家与社会"这一理论分析框架逐渐运用于中国近代史研究的更多领域，产生了更加广泛的影响。

但是，现今回顾和总结三十余年商会史研究的学术发展史，也可以从中获得另外一些经验甚至是教训。从运用新理论与新方法探讨商会史的整个历程不难看出，这些尝试虽然扩大了商会研究的视野，促进了商会研究的不断深化，但同时也提醒我们运用新理论与新方法似乎难以避免地存在着一定的风险。正如马敏曾指出的，我们尝试运用的某种新理论与新方法很可能是一把双刃剑，它既带给我们锐利的理论分析的锋芒，同时也有可能会使我们坠入另外一种陷阱，出现某些意想不到的偏差。尤其是在借用来自当代西方的一些理论与方法时，更要格外小心谨慎，不能忘记中国不同于西方的国情与社会环境。

章开沅先生提出的注重考察社会环境影响的"社会历史土壤学"论说，虽然具体是针对辛亥革命与资产阶级研究如何深入有感而发，但对商会史乃至整个近代史研究也具有启发意义。其要旨乃是马克思历史唯物主义的基本原理，列宁也曾强调不能"脱离具体的历史环境"认识问题，阐明"马克思的方法首先是考虑具体时间、具体环境里的历史过程的客观内容"[②]。因此，我们无论运用何种理论与方法研究商会史，都要努力遵循这一重要原则，这样才能充分发挥其积极的作用与影响，避免出现各种各样的偏差与失误。

---

① 在三十余年的商会史研究中，还有学者运用网络结构、交易成本、中介理论、社团理论、新制度经济学等进行探讨，但影响不大，故未作具体介绍。

② 列宁：《打着别人的旗帜》，《列宁全集》第26卷，北京：人民出版社，1998年，第140-141页。

第二章
中国商会史研究如何取得新突破

第一节
商会史研究的发展需要新突破

国内史学界对商会史的研究，迄今为止已有三十余年。笔者学术研究的生涯，也是起步于三十余年前的近代中国商会研究。因此，这三十余年可以说在某种程度上记录了笔者学术生涯的发展进程。谈起近代中国商会研究的起步与发展，作为较早参与此课题研究的学者之一，笔者既有惭愧之感，也有欣慰之情。之所以感到惭愧，是因为最早见诸学术期刊的研究中国商会的几篇论文，并非出自中国学者之手，而是发端于日本学者和美国学者。后来略感欣慰的是，20世纪80年代上半期中国学者的商会史研究异军突起之后，很快就受到国内外学者的高度重视及好评。在为时并不太长的三十余年中，中国学者开展的商会史研究发展十分迅速，取得了令人瞩目的一系列重要成果，包括多本有分量的学术专著和众多专题论文，已达到公认的领先研究水平。此外，在中国大陆和香港曾经多次举办以近代商会及商人组织为主题的国际学术研讨会，华中师范大学还成立了中国商会研究中心。可以说，商会史不仅成为中国近现代史研究中的一个热门领域，还带动了经济史、社会史、城市史等诸多专门研究领域的发展。

中国商会史研究之所以进展迅速，不仅因为商会这一课题本身具有较大的学术魅力与现实借鉴意义，吸引了越来越多的研究者，更重要的是因为研究者能够与时俱进，在研究理论与研究方法上不断创新。回顾商会史研究的历程，不难发现，中国学者在研究起步阶段的相关成果大多局限于传统的政治史研究范式，主要考察商会的政治态度和政治表现，忽略了商会更为重要的经济和社会功能。其原因在于，早期的商会史研究是作为辛亥革命史的一个分支领域加以拓展的，主要着眼点是有针对性地回应西方学者的某些质疑，论证辛亥革命前的中国已经形成一支独立的资产阶级队伍，进而证明辛亥革命是资产阶级性质的革命。这样，研究者的关注点自然而然地集中于商会在辛亥革命前后的政治态度和表现，并以此作为评价商会的主要标准之一。

进入90年代以后，随着国内外学术交流的加强和中国改革开放以及市场经济的发展，不少研究者对此前商会研究中偏重于政治史范式的缺陷有所认识，并积极尝试加以改进。于是，“传统与近代”理论、现代化理论、“国家与社会”（或曰市民社会与公共领域）理论、社会网络结构理论、交易成本理论等相继运用于商会史研究之中。其结果是商会史研究的问题意识与研究视野随之明显扩展，除了商会的政治态度与政治活动，商会的各项“自治”活动、商会在市场经济中的“中介”作用、商会与政府之间的互动关系、商会主动的社会参与、商会的国际交往等，都是研究者着力探讨的问题，从而使商会史研究不断向纵深拓展。不仅如此，商会史研究的进展对促进中国近现代史研究的发展，乃至对当今新史学范式的转换也具有不容忽视的积极影响。

正因如此，商会史研究发展至今，尽管只有短短的三十余年，却已成为中国近现代史学科中一个成果多、起点高的重要研究领域。当然，这也使商会史研究的进一步发展成为一个难题，如何在现有基础上使今后的商会史研究取得新的突破，是不少相关中外学者关注的重点。下面，结合笔者自己三十余年研究商会的经历，简单地谈谈个人对这个问题的看法。

第二节
理论运用的总结与创新

商会史研究的新突破，首先仍然需要注意的是在理论与方法上的继续创新。新理论和新方法在商会研究中的尝试应用，虽然并不能说都取得了成功，但可以说这是近二十年来商会史研究不断推陈出新的重要原因。时至今日，应该注重哪些问题值得认真思考。

一是需要解决理论阐释与实际论述脱节的情况。近些年的部分研究成果，可以说比较重视理论的阐释，有的还用较大的篇幅对其采用的理论进行了多方面的说明，却没有注意到如何将这一理论贯穿到其后对具体问题的实际论述之中，结果造成理论仅仅只是停留于理论层面，实际论述基本上仍无新意，有新瓶装旧酒的嫌疑。

二是应该认真总结近二十年来商会史研究中理论运用的经验和教训，可以对不同历史时期研究中所运用的理论及其相关成果逐一进行考察和分析，也可以相互加以比较，了解各自的优劣利弊，互相融合补充。尤其需要慎重考虑的是西方理论在近代中国本土情境中的适应性，使之与本土史料的解读和史实的论证真正融为一体，避免削足适履的现象。不可否认，近二十年来商会史研究中所运用的新理论，有不少都是借鉴西方理论而来，包括所谓市民社会理论、现代化理论、交易成本理论等。这些理论的运用，确实对促进商会史研究的发展产生了明显的作用，但同时也存在着诸多问题。

三是不能总跟随西方理论之后，应该在借鉴西方相关理论的基础上，通过进一步发展和创新，构建出中国式的商会史研究理论体系。当然，要想做到这一点，应该允许和鼓励更多学者在理论与方法上继续创新，包括借鉴和引用西方的社会科学理论。这里应该分清楚的是，能不能借鉴西方的新理论运用于中国近代史的研究，与怎样将西方理论贴切地运用于中国近代史研究，是两个方面的问题。有少数学者认为西方理论不适合中国，不应该借鉴或是引用，这种认识过于偏激。但如何贴切地将西方理论运用于中国近代史研究，进而建构中国式的商会研究理论，则是需要认真思考的问题。

笔者多年研究商会史，在这方面应该说不无体会。进入20世纪90年代中期以后，一部分学者意识到以往的商会研究视野比较狭窄，主要是就商会而研究商会，侧重于考察商会的性质、作用及局限。这种研究在初期起步阶段当然是必要的，但随着研究的进一步深入，如仍停留徘徊于这一状况，则显然是不够的。笔者对此也有同感，于是开始尝试采用“国家—社会”这一新的理论框架对商会进行新的探讨。应该承认，这一研究路径与当时西方学者所热烈讨论的市民社会和公共领域的理论不无关联。当时之所以做此尝试，除了上述拓宽商会研究的视野这一目的之外，还希望对西方学者就近代中国市民社会和公共领域的研究做出必要的回应。

经过数年的研究，得到的具体成果是1997年出版了《转型时期的社会与国家——以近代中国商会为主体的历史透视》一书。该书出版后曾受到海内外学者的重视，也获得了一些好评。该书主要是通过运用这一新的理论，拓展了商会史研究的视野，使我们开始关注过去较少涉及的问题，从而使商会史研究向前跨进了一大步。但与此同时，笔者也感到运用西方的理论探讨中国的历史存在着不小的难度，也可以说有不少难以解决的问题，实质上就是西方理论的中国化问题。在该书的后记中，笔者指出两个未完全解决的难题：一是中国学者所从事的有关近代中国以及当代的市民社会研究，都是以西方先验的历史和由西方历史演绎出的理论作为参照系，较少结合中国的实际情况构建中国的市民社会理论，因而必然会存在理论上的困惑；二是西方的市民社会理论能否真正适用于分析中国的历史和现实，虽然该书第一章对其可行性和必要性有所阐述，并在具体的论述中尽量注意近代中国不同于西方国家的历史特点，避免完全用西方的理论硬套中国历史，从中国的实际国情特点出发进行实证性的研究，同时对西方市民社会的理论在某些方面也有所修正，但却远未达到令人信服和满意的程度。所以，该书尽管已经出版，但在理论运用方面值得进一步思考和总结的地方仍然相当多。只有对商会史研究中的各种理论一一进行认真地回顾与清理，才能在理论运用和建构上获得新突破，从而带动商会史研究取得新发展。

第三节
研究时段的延长与视野的拓宽

除了理论和方法上的创新，商会史研究的新突破还应大力加强对不同历史时期和不同地区的商会，特别是县镇基层商会的实证性深入研究。

由于以往的商会研究在时段上大多限于1928年以前，因而无法全面了解商会在整个近代中国错综复杂的发展演变状况，甚至对一些相关的重要问题得出了似是而非的结论。例如过去的许多论著都认为，国民党在建立南京国民政府之后，对商会进行了强制性的整顿改组。整顿改组之后的商会虽然名义上仍得以保存，但与以前的商会相比已完全不能同日而语，其中最为明显的变化是商会丧失了以往作为民间商人社团的独立自主权，不再是真正意义上的为商人说话办事、代表商人利益的商会，而是完全受国民党控制和利用，并且依靠于官府的御用组织。所以，遭受国民党整顿改组是中国商会在其发展历程中由盛而衰的转折点。

如果这个结论能够成立，也就意味着此后的商会对商人而言已经没有任何存在价值和实际意义。然而，这个结论并非建立在对改组之后商会的实际情况进行深入细致研究的基础之上，只是一种推论。其依据是国民党之所以要对商会进行整顿改组，目的在于实现其以党治国和实施反动专制独裁统治的目标。既然是为了实行独裁统治，国民党当然不可能允许商会像以前那样在许多方面拥有独立性和自主权，必然会对商会进行强力控制。实际上，国民党对商会的整顿改组，是其多年前开展商民运动时就已确立的一项措施，并不是成为执政党之后为了实行独裁统治而采取的新举措。当时的国民党甚至决定将商会完全取消，以新成立的商民协会取而代之，但最后却取消了商民协会，保留了商会的合法地位。更重要的是，从现有资料看，整顿改组之后的商会也并未完全丧失作为民间商人社团的独立性和自主权，与政府之间的关系仍然是既有合作也有对抗，并且在各方面依然发挥着重要的作用。

迄今为止，对抗日战争时期的商会学术界更加缺乏系统和深入的探讨，只有为数甚少的几篇论文涉及这一时期的商会。因此，对抗战这一特殊时期商会的功能与作用、自身组织系统的变化、与政府之间的互动关系以及与各方面政治力量的关系，都缺乏全面而客观的了解。在抗战胜利之后，不久又爆发内战，中国历史的发展进入了一个新的特殊历史时期。这一时期的商会，与以往相比较究竟扮演着怎样的社会角色？发挥了何种功能与作用？对此学术界的研究更少，基本上还是空白，这不能不说是商会史研究的一大缺陷。

另外还需要特别强调的是，对商会的研究不仅要延伸到1928年以后，甚至可以延续到1949年以后商会向工商联的转变，以及改革开放之后商会的重新建立与发展，将历史与现实的商会研究贯通。这种更长时段的延伸不仅可以使商会研究取得新的突破，而且有可能为新时期史学研究的发展做出新尝试，同时也为史学研究如何为当代中国经济与社会发展服务探讨新渠道。近年来，华中师范大学中国商会研究中心在这方面进行了一些尝试，取得了一些新的成果。通过承担武汉市政府委托的当代武汉商会研究课题和中国统一战线理论研究会有关当代中国行业协会研究的招标项目，中国商会研究中心对当代中国的商会和行业协会进行了大量的调研和分析，并通过个案研究的方式进行了跟踪考察，撰写了多篇论文和调研报告，不仅受到政府有关部门的肯定与好评，也使商会研究进入了一个新阶段。

除了在时段上主要限于1928年以前的缺陷，以往的商会史研究在区域上主要限于上海、天津、苏州等几个重要城市，而对这几个地区的商会的考察，又主要着眼于上层的商务总会和总商会，对县级基层商会的探讨相当薄弱。从已出版的研究区域商会的专著不难看出这种研究格局，例如专论上海商会的有徐鼎新、钱小明合著的《上海总商会史》（上海：上海社会科学院出版社，1991年）和台湾学者张恒忠撰写的《上海总商会研究（1902—1929）》（台北：知书房出版社，1996年）两部著作，有关苏州商会的专著有马敏、朱英合著的《传统与近代的二重变奏——晚清苏州商会个案研究》（成都：巴蜀书社，1993年）（另有台湾学者邱澎生撰写的博士学位论文《商人团体与社会变迁：清代苏州的会馆公所与商会》，尚未公开出版），有关天津商会的专著有宋美云撰写的《近代天津商会》（天津：天津社会科学院出版社，2002年）。除此之外，张晓波、陈忠平两位学者在海外出版的有关商会的英文著作，也是限于论述天津商会和长江中下游地区的商会，其他地区的商会一直没有专著论及。对这些地区的县级基层商会的研究，长期以来一直非常薄弱，连相关的论文都十分少见，更谈不上有专著问世。这种状况导致我们难以掌握不同地区商会的发展特点，也影响到对中国商会的整体认识，因而也是一个需要突破的研究缺陷。

对于与商会直接相关的一些商人社团进行深入探讨，也可拓宽商会史研究的视野，达到推动商会史研究取得新突破的目的。从清末开始，许多地区的商会建立了自己的外围社团网络，并通过这一网络奠定了广泛的社会功能，发挥着重要的社会作用。例如清末苏州商务总会的外围商人组织，就有苏商体育会（后发展成为准军事性质的商人武装组织——商团）、市民公社（以街区为单位成立的商人自治团体）、教育会、救火会、农会等，由此形成一个广泛涉及社会生活各个领域的商人社团网络。在这个网络中，商会起着轴心主导作用。这不仅因为商会成立的时间比较早，更重要的是因为它是联接各行各业商人的中枢机构，即所谓“众商业之代表人”，在整个商界占据着“总握商纲”的领袖地位。商会的许多领导人同时在其他商人社团中担任重要职务，从而在人事上也与其他商人社团结下了不解之缘。这种领导成员人事上的交叉渗透，实际上使各个不同类别的商人社团联成一个整体，对于协调各个团体的行动起着重要作用。值得重视的是，通过这一商人社团网络，商会将其势力和影响扩展延伸到军事、市政、教育、卫生、公益等诸多领域。因此，深入研究这些与商会联系密切的商人社团，对于更为全面地进一步了解商会的其他功能与作用将不无裨益。

对民国时期商会的团体会员即同业公会展开研究，同样可以推动商会史研究的发展。不仅如此，开展同业公会研究也是加强商会基层组织研究的一个重要途径。从中国近现代经济史的发展进程不难看出，行会、同业公会、商会三者之间具有不可分割的渊源和关系。特别是在民国时期，同业公会的发展十分迅速，已成为商会依托的主要基层组织，可以说没有大量同业公会的支持，商会将在许多方面无从发挥其应有的功能与作用。所以，有必要深入探讨商会与同业公会的互动关系、两者与企业以及市场的关系、两者与政府的关系，包括在历次政治运动中表现的异同，通过这种深入细致的对比研究，我们可以更加具体地了解商会内部运作的具体情况，进而予以客观的分析和评价。

第四节 资料的挖掘与利用

进一步挖掘商会以及与商会直接相关的其他商人团体的资料，并加以整理出版，是推动商会史研究取得新突破的另一个重要因素。史学研究离不开史料，一个新研究领域的开拓，首先是相关史料的挖掘利用。笔者之所以能够在20世纪80年代初进入商会史这一新的研究领域，最重要的机遇即是在攻读研究生期间有幸参与苏州商会档案的整理工作，并选取商会作为硕士学位论文的选题。从那时起至今，一直与商会史研究结下了不解之缘。在商会档案正式出版之前，由于相关史料利用不便，参与商会史研究的学者为数不多。80年代末90年代初，天津和苏州商会档案相继出版，吸引海内外越来越多的学者加入商会研究队伍，成为促进商会史研究日益兴盛的一个重要原因，其作用和影响不容忽视。

但是应该看到，天津和苏州商会档案只是为数众多的商会资料中很小的一部分，还有更多地区的商会、同业公会资料尚待挖掘和整理。例如在近代中国最有影响的上海商会，留下的资料当不会少，但在很长时间中都没有看到有关上海商会的档案和专题资料出版，这不能不说是一个遗憾。这一问题实际上已经受到研究者的重视，复旦大学历史系和上海工商联共同整理编辑的上海商会组织资料已经出版，将对推动商会史研究的发展产生重要作用。如果有更多地区的商会档案能够出版，相信将会对弥补区域商会史研究的不足产生显著效果。

特别需要指出的是，现今保存下来的上海商会档案并不完整，与已经出版的多卷本天津商会和苏州商会档案相比较，显然存在着很多缺陷。但是，保存并不完整的上海商会档案却有其独特之处，那就是收藏于上海市工商业联合会的《上海总商会议事录》仍然保存完好，弥足珍贵，而天津和苏州商会档案中却只留存下来少量议事录片段。现在我们看到的《上海总商会议事录》共计五大册，由上海市工商业联合会编辑，上海古籍出版社2006年出版。这部大型史料图书影印了1912年至1928年上海总商会的议事录和办事报告，可谓研究上海总商会的珍贵的第一手原始文献。尤其是本书主体部分的议事录，完整地反映了上海总商会在常会及特会中讨论和决定各类事项的全过程，从中可以窥见上海总商会不曾公开且不为人所知的史实。例如上海总商会的各种重要决议以及通电、通告，在当时的报纸上都不难看到，但这些重要的决议和文件形成的过程及其成因，除了少数在报章有所报道之外，绝大多数都鲜为人知，而《上海总商会议事录》在这方面则有完整的原始记录，为我们探究上海总商会背后的故事提供了可能。不得不提及的是，现今许多研究者喜好经由各种数据库轻而易举地获取史料，对已出版的史料图书反而不重视。如此重要的《上海总商会议事录》虽已出版了十余年，却并没有受到商会史研究者的普遍重视和充分利用，目前仅见虞和平先生在2015年出版的《资产阶级与中国近代社会转型》第3卷中对该史料有所引用，其他相关论著则极少征引，这实在是一大遗憾。[①]

此外，当时由商会直接创办的报刊也是研究商会的第一手资料。如清末的《华商联合报》《华商联合会报》，民国时期的《中华全国商会联合会会报》《上海总商会月报》（后改名为《商业月报》），都刊载有全国各地许多商会自身组织系统的资料，并大量报道商会的各项活动，是研究商会必不可少的史

① 在《上海总商会议事录》公开出版之前，徐鼎新、钱小明合著的《上海总商会史（1902—1929）》曾引用过其中部分史料。

料。现在，一般研究者要查阅商会创办的这些报刊并非易事，需要花费大量的精力和可观的财力。我们应该积极创造条件，或者采取扫描上网的方式供研究者阅览，或者直接影印出版。类似《申报》《大公报》《东方杂志》等在全国有影响的大型报刊中，也经常登载有关商会的选举、会议以及各种活动的消息，将这些资料汇集起来加以出版，对商会史研究无疑很有帮助。当然，在商会史研究发展到现今的情况下，挖掘和利用县级报刊中的大量资料或许更具价值。这项工作虽然难度较大，需要较多的人力和物力，但其意义非同小可。

挖掘利用与商会直接相关的其他商人团体的资料，对商会史研究的深入发展同样具有重要意义。例如从大量的苏州商团档案和市民公社档案中，可以发现苏州商会的许多活动内容，从而帮助我们了解商会更多与更广的面相。华中师范大学中国近代史研究所与苏州市档案馆合作，整理编辑了100多万字的苏州商团档案，已由巴蜀书社出版，该档案不仅对商团研究有直接帮助，而且会对商会研究有所裨益。另外，前已提及的同业公会在民国时期是商会的下属基层组织，要更加深入地了解商会内部的组织运作状况，不能不加强对同业公会的考察和分析。现在，同业公会的研究刚刚起步，如果能将卷帙浩繁的各地区同业公会档案整理出版，不仅将对同业公会专题研究的发展产生至关重要的影响，也会对商会研究更进一步向纵深扩展发挥积极的作用。与商会档案相似，同业公会的档案也为数众多。据不完全统计，仅上海市档案馆收藏的各同业公会和综合性工商团体的档案就达5万多卷，其中包括430个以上的同业公会档案全宗，涉及银行业、钱庄业、纺织业、机器业、百货业、保险业等大小行业。单是1918年成立的银行公会一直持续至1952年，就有700余卷档案，钱业公会档案达700多卷，还有不少行业自明清至民国时期的档案也全部齐备。除了上海外，天津、武汉、苏州、重庆等地方档案馆都藏有丰富的同业公会档案。可以说，在系统性和完整性方面同业公会档案并不逊于商会档案，只是在整理出版和利用方面显得落后。目前，要想出版数量如此浩繁的同业公会档案不太现实，比较可行的方式是利用现代技术手段，通过网络建立资料数据库，或者是翻拍缩微胶卷，为国内外商会和同业公会研究者提供便利。

还应提及的是，商会史研究的新突破需要培养更多的青年研究人才。二十多年前较早从事商会史研究的中青年学者，现今已成为该研究领域中的重要骨干，但随着时间的推移，他们大多已经年龄偏大，培养更加年轻的研究者迫在眉睫。只有更多的年轻研究者不断加入研究队伍，才能保证商会史研究持续发展，加上年轻的学者精力旺盛，更富有想象力和创造性，在理论与方法的运用、视野的拓展等方面都会取得更大的成绩。令人可喜的是，商会史对不少青年研究者仍具有相当的吸引力。在复旦大学历史系、中山大学历史系、厦门大学历史系、中国社科院近代史研究所、华中师大中国近代史研究所等单位，都有不少博士研究生学位论文的选题与商会和同业公会紧密相关，而且其中不乏优秀者，他们的加入使商会史研究后继有人，为商会研究注入了绵延不断的新鲜活力。

最后需要说明，上述几点意见并非完全是笔者个人的独创之说。实际上，在此之前已有学者就商会史研究如何发展有过一些很好的见解。例如在2004年华中师范大学中国近代史研究所与相关单位联合举办的“商会与近现代中国国际学术研讨会”上，章开沅先生对今后商会史研究应注意的问题提出了若干值得重视的意见。他特别强调应将学术研究与应用研究、专题研究与综合研究应紧密结合起来，把商会史研究的对象和视角进一步拓展到更为广阔的领域，走中国自己的学术研究道路。除了加强专题性和区域性研究，也应重视综合性和整体性分析，并以史实为依据去探讨作为商会主体的商人的生活方式、情感世界与心态特征。马敏先生也对商会史研究如何突破阐明了自己的观点。他认为今后的商会史研究，在研究视野、历史解释、理论模式诸方面应做进一步的开拓与探讨；需要上下延伸研究时段，重视以长时段来考察商会的历史演变，同时应横向扩展研究空间和论题范围，注重商会的经济活动、社会活动、法制建设与民间外交活动等方面的剖析；另一个突破点则是商会的比较研究，其中包括沿海城市与内陆地区商会的比较、大城市与小城市商会的比较、中国商会与外国商会的比较等。最重要的是，“应该走出商会”研究商会，透过商会看社会，这样才能将商会研究提升至一个新的高度。[①] 以上这些见解，对于有志于商会史研究的学者而言无疑颇有裨益。

① 参见郑成林：《商会与近现代中国国际学术研讨会述评》，《历史研究》2004年第6期，第177–181页。

第三章
近代中国商会领导群体问题的再探讨

作为中国近现代史研究中发展较快的一个重要分支领域，近代中国商会研究迄今为止已取得了众多的研究成果。从现有成果看，商会的历史地位以及在各方面的功能和作用都得到了比较充分的肯定。照理而言，商会的领导群体也会相应受到肯定，但实际情况却正好相反。

所谓商会的领导群体，在清末民初主要指商会的总理和协理，也包括参与商会重大事务决策的会董（有的又称议董），一般由工商各业的上层人物担任。1915年《商会法》颁行之后，商会的领导者改称会长、副会长和委员。以往不少论著对商会领导群体作用的评价偏低，似乎认为商会的领导者均为工商界的上层人物，必然具有较多的妥协性和软弱性，因而常常在分析商会组织自身以及商会在各种活动中的所谓妥协和软弱表现时，将主要原因归于商会的上层领导人。除此之外，对与商会领导群体相关的其他一些问题，也存在着不全面和不客观的认识。随着商会研究的不断深入发展，对这些问题有必要进行新的考察和分析。

第一节
身兼功名虚衔并非落后保守表现

无论是商会的总理、协理还是会董，按照章程规定，本人确系工商业者才具备当选资格，因此由工商业者出任总理、协理和会董应该是没有疑义的。但在清末，各地商会当选为总理、协理和会董的工商业者，绝大多数身兼各种功名或虚衔。[①] 一般来说，功名指的是生员（又称秀才）、贡生、举人等称呼，主要通过科举考试获得，另还通过捐纳获取监生称呼；虚衔则是名义上拥有不同级别的官职和花翎，实际上未任实职，或者是以前曾任实职而现已离任。工商业者获取各种功名和虚衔的途径，极少是通过科举考试之正途，大都是采取捐纳和捐输的方式，即报效钱财。清代捐纳兴盛，范围扩大，举凡文武生员、内外官吏，均可捐纳实官、虚衔、出身、加级纪录、分发、封典等项，捐纳所得开始作为户部常年收入，有时占到清朝财政收入的相当比重。[②] 这可以说为清朝工商业者通过捐纳和捐输方式取得各种功名或虚衔洞开了方便之门，所以晚清时期资产较丰厚的工商业者身兼不同级别的功名或虚衔已成为比较普遍的历史现象。

以往有关商会的论著在谈及商会领导成员的构成时，几乎无一例外地提到商会领导层普遍身兼各种功名虚衔的现象，并且将这一现象视为商会领导层与封建王朝保持紧密联系而落后保守的具体体现。同时，在分析商会在一些政治运动中的所谓妥协表现时，也往往将此列为一个重要的原因。相关研究简单地认为商会领导群体千方百计通过捐纳捐输获取各种功名和虚衔，就是想依赖传统封建势力取得经营工商实业的便利，获得封建势力的保护，而一旦拥有功名虚衔就与封建势力建立了不可分割的密切联系，自然在反封建斗争中显得落后保守。实际上，这样的认识是值得商榷的。

以上认识的误区主要在于，过分强调功名和职衔是落后的封建传统因素，以为只要拥有了功名职衔，就势必与封建势力建立了千丝万缕的联系；同时，简单地将功名职衔视为一种标签，不管是什么人，不管是通过什么方式获取功名职衔，也不管所获得的功名职衔是虚还是实，都不加分析地一概归为同一类人。实际上，工商业者通过捐纳方式获得的功名职衔，与封建士人通过科举取得的功名职衔存在着很大的区别。封建士人通过科举获得功名职衔之后，有相当一部分人可以候补担任实职，成为封建统治者中的一员，而工商业者即使取得了功名和职衔，也不可能以候补的方式担任实职，这种功名和职衔永远都是虚名虚衔，只具有象征性的意义。更重要的是，还应该看到许多工商业者通

① 马敏对此曾有详细说明，参见马敏：《官商之间：社会剧变中的近代绅商》，天津：天津人民出版社，1995年，第100–104页。

② 罗玉东：《中国厘金史》上册，上海：商务印书馆，1936年，第3–5页。

过捐纳报效的方式取得各种功名虚衔之后，实际上并没有因此而与当权者真正建立紧密的联系，在经营实业的过程中，也没有因为这方面的因素而得到封建势力的切实保护和支持，有关这方面的例子在相关史料中很难找到。可以说，上述结论只是一种主观上的推断，并无充分的史料作为依据，因而是难以成立的。

需要进一步说明的是，既然工商业者不能由此获得封建势力的保护与支持，为何又不惜捐输钱财取得各种功名和虚衔？难道工商业者会无缘无故地浪费自己的钱财？要回答这一问题，必须了解工商业者在传统封建社会中所处的地位以及困境。众所周知，传统中国的历代封建王朝都不同程度地奉行“重本抑末”（重农抑商）政策，“士农工商”的排序成为划分社会各主要阶层等级秩序的一成不变的定式。封建统治者的抑商政策和社会风尚的贱商习俗，使得工商业者的地位极其低下，商人一直处于四民之末的卑微困境。在此历史条件下，工商业者始终面临着财富与地位相互冲突的两难境地，他们可以以末致富，但无法改变居于四民之末的卑贱地位，从而导致他们内心形成难以解除的自卑情绪。

通过捐纳方式取得各种功名虚衔，尽管不能使工商业者获取封建统治者的直接保护，却对提高工商业者的社会地位大有裨益。因为工商业者取得各种功名虚衔之后，在形式上得以跻身于所谓“绅”的行列，由过去受鄙视的“奸商”一变而成为令人仰慕的“绅商”。中国传统社会中的绅士大多是通过科举考试取得功名职衔，等待候选和候补的机会进入官场，但由于种种原因，也有部分人一直未能补到实缺，结果长期成为徒有功名职衔而未当官的特殊群体。即使如此，绅士仍属于地方社会的上层，在许多方面享有不少特权，在社会上也拥有很高威望。拥有功名和职衔是成为绅士的重要标志。晚清时期的工商业者虽然大多数是以捐纳方式获取功名虚衔，与传统的绅士有着很大区别，在当时也很难真正享受传统绅士那样的特权，但终究由此具备了拥有功名职衔这一重要的象征性意义，社会地位也随之得以改变，不再像以往那样备受轻视和凌辱，见官也不必唯唯诺诺地下跪。这对急于提高自身社会地位的工商业者来说，当然具有十分重要的意义和作用，所以资产较富裕的工商业者对于捐纳报官获取功名虚衔趋之若鹜，自然也就不足为奇了。当然，社会地位显著提高，相应地也会为工商业者的经营活动提供某些便利，但这仅仅是一种间接的作用和影响，不能因此推论身兼功名虚衔的工商业者均与封建统治者建立了密不可分的关系，从而在思想上和行动上都趋于落后保守。明确了这一点，也可以从另一方面证明商会领导群体身兼各种功名虚衔并非落后保守表现这一结论。

至于将商会在政治运动中的一些妥协软弱表现归咎于商会领导群体因身兼功名虚衔而对封建统治者存在着很大的幻想和依赖性，同样也是一种主观上的推断，并无充分的史实依据。最典型的例子是过去一直认为辛亥革命运动时期商会普遍反对革命，支持清王朝的预备立宪，这是商会反封建软弱和妥协的集中体现。商会之所以有这种表现，就是因为其上层领导人兼有功名和职衔，不仅与清王朝存在着难分难舍的密切联系，而且对清王朝有着不切实际的幻想，寄希望于通过清王朝自上而下的“新政”改革达到促进工商业发展的目的。

首先需要指出，有大量史料证实，在武昌起义爆发即辛亥革命高潮到来之前，不支持革命运动而支持立宪的，绝非仅仅那些身兼各种功名虚衔的商会领导层，人数众多的广大工商业者实际上都抱着这一政治态度，对此已很少有学者再提出异议。毫无疑问，这足以表明是否身兼各种功名虚衔，并不是决定工商业者支持革命还是支持立宪的关键。其次，不加分析地单纯以是否反对革命和支持立宪作为当时划分先进与落后的唯一标准，对不同的社会群体来说，也并非一种符合历史实际的客观判断，对工商业者而言更是如此。从政治上看，工商业者应属于普通民众的范畴，不能苛求他们具有很高的政治觉悟，以及具有非常积极的政治表现。“在商言商”应该是工商业者的正常表现，对维护市场稳定运转的高度关注，担心暴力革命对市面形成冲击，从而造成经济活动混乱和蒙受经济损失，以致对辛亥革命运动怀有戒心而不敢公开予以支持，对工商业者来说也是正常的反应和表现。要求工商业者完全不顾及自身经济得失和生命安全而公开支持革命运动，可以说是一种脱离当时历史实际的政治苛求。再次，商会领导群体普遍支持立宪，在当时也未必只能被视为落后保守的表现。前些年已有不少学者指明，在晚清中国特定的历史条件下，除了革命共和之外，君主立宪相对封建专制制度也是一种政治上的进步，因而对立宪派的改革方案，包括清朝政府的“预备立宪”，都不应简单地加以否定，应该肯定其进步的一面。如此说来，商会要求改变封建专制制度，支持实行君主立宪制的宪政改革，也并非仅仅是落后保守的表现，而是有其值得肯定的进步意义。

第二节
兼有买办身份并非其反帝软弱根源

在近代中国通商大埠的商会上层领导人中，有一部分人还兼有买办身份，这也是商会领导群体经常遭受批评和指责的原因之一。但是，以往的种种批评和指责是否合乎实际，同样值得重新思考。

商会的领导群体中一部分人兼有买办身份，这是无需否认的事实，在清末，有的商会甚至由兼有买办身份的商董出任总理、协理要职。上海商务总会第一届协理徐润、第七届协理贝润生均兼有买办身份，兼有天津英商新泰兴洋行买办身份的宁世福，从1905年至1911年一直担任天津商务总会协理，并于1911年一度接任总理。在其他通商口岸的商会中，也都存在着会董甚至总理、协理兼有买办身份的类似情况，只是人数多少有所不同。过去，许多相关的论著在提及商会在反帝爱国运动的表现时，一般都会指出商会既有积极的一面，同时又有消极和软弱妥协的一面。而在进一步分析商会之所以在反帝爱国运动中有消极和妥协表现的原因时，则往往会强调商会领导层中有一部分人由于兼有买办身份，必然在经济上与外国资本主义有着唇齿相依的共生共存关系，因而与生俱来就存在着反帝不彻底的软弱性和妥协性，不可能将反帝爱国斗争进行到底。

尽管不能完全否认经济上的得失是影响工商业者在反帝爱国运动中的政治态度与表现的因素之一，但这不仅仅是针对那些兼有买办身份的工商业者而言，实际上对广大的工商业者来说都是如此。问题在于，凡是兼有买办身份的工商业者，是否在历次反帝爱国运动中必然都会比没有买办身份的工商业者更加软弱和保守？换言之，商会在反帝爱国运动中的所谓软弱和妥协的表现，是一般工商业者共同具有的特性使然，还是由商会领导人兼有买办身份所决定的？对此显然需要从各方面进行具体考察和分析，不能简单地统而论之。因为历史的发展从总体上看虽有其规律可循，但影响某个具体历史事件发展走向的因素却往往是错综复杂和多方面的，笼统而单一的解释常常难免失之片面，与客观真实的历史不无出入，甚至出现相互矛盾的情况。

从相关史料中不难发现，包括商会领导成员在内的兼有买办身份的工商业者，有些在清末民初的反帝爱国运动中不仅并未表现得更加软弱和保守，相反还表示支持，有的甚至表现得比较积极。例如1905年为抗议美国政府强迫清政府签订迫害和歧视华人的苛约，上海商务总会全体会董举行特别会议，商议以“合全国暂不运销美货”的方式以示抵制。最后表决时，包括所有兼有买办身份的会董在内，“无一人不举手赞成”。[①]紧接着，上海商务总会的倡议得到各地商会的积极响应和支持，一场声势浩大、规划空前的抵制美货运动很快在全国迅速扩展。天津商务总会的会董中虽然兼有买办身份者不乏其人，但也积极予以响应。前面曾提及的兼有买办身份的天津商务总会协理宁世福，在天津商会出面召集的抵制美货集会上，还大声疾呼“吾绅商尤当始终勿懈，分途布告，即日切实举行不购美货”[②]。五四爱国运动期间，天津总商会也曾致电巴黎和会中国专使，阐明“日人对于我国青岛，无条约根据承袭德人之后，竟强占不归，殊与我国领土主权攸关。刻全国合力协争，期于必达目的，使日人将青岛完全归还。用特电恳诸公力为主张，勿稍退让，必将青岛收回，以保领土”[③]。稍后，天津总商会又在广大爱国学生的大力推动之下，议决举行罢市。上述情况表明，兼有买办身份并不是决定工商业者和商会领导人在反帝爱国运动中必然有软弱妥协表现的根本原因，受社会舆论和其他各种因素的影响，兼有买办身份的工商业者和商会领导人也会同情甚至参加大规模的反帝爱国运动。

在反帝爱国运动中有些商会因采取了不同的行动而受到指责，一些论著在分析其原因时也将其归于这些商会中兼有买办身份领导人软弱保守，不敢采取积极的反帝行动。比较典型的事例是五四运动爆发时，上海总商会致电北京政府提出由中国任命专使，“径与日廷磋商交还手续，和平解决”的主张。这一电文时称“佳电”，与当时力争在巴黎和会上直接由中国收回青岛、恢复山东主权的舆论要求，存在着较大的差别，许多论著指责此举为既违背国家民族利益也违背工商界爱国人士意愿的政治叛卖活动，同时，还指出上海总商会之所以公开提出这种“媚日卖国”的主张，主要原因是上海总商会会长朱葆三以及虞洽卿等一批会董，与日本方面存在着紧密的经济联系。实际上，上海总商会

① 苏绍柄辑：《山钟集》，上海：鸿文书局，1906年，第11页。

② 《抵制美约要闻》，《大公报》1905年6月20日，第3版。

③ 《津商会为要求日本归还青岛以保领土事致驻法公使电》，1919年5月7日，天津市档案馆、天津社会科学院历史研究所、天津市工商业联合会编：《天津商会档案汇编（1912—1928）》第4册，天津：天津人民出版社，1992年，第4715页。

领导人还没有愚蠢到冒天下之大不韪，在全国一片反日声浪中，公开反对收回青岛，附和日本要求而将自己变为“汉奸”的程度。上海总商会的主张，可以说是从不同角度考虑问题，提出的一种比较独特的解决方案与策略。起初，上海总商会认为日本方面事前已承诺战事平息之后，将青岛交还中国，只是因“密约之牵制，致遭失败”，因而与日本“磋商交还手续”，更易“和平解决，免贻伊戚”。稍后，上海总商会副会长沈联芳又进一步解释说：“此次索还青岛，欧洲和会未能助我，我国陆专使能力已可概见；不得不将民气激昂之现象，先行电请政府派员赴日直接索还。俟电报发表后，或再要求日领事亦去一电。不料电文一经宣布，各界即表示反对之意。本会手续，遂即停顿。”结果使上海总商会无法按计划实施以后的步骤。沈联芳还特别强调：“本会以派员赴日赶紧索还为言，此乃国民之思想各有不同，而索还之主张无二致。总之，此电就事实而言，并不与各界相反”；此外还说明“青岛与密约同时在和会提出，多所牵制，是以失败”，如将“青岛与密约截然分为两途”，收回青岛则有可能获得成功。[①]由此可见，上海总商会认为同日本交涉收回青岛与在欧洲和会上交涉虽方法不同，但目标是一致的，并强调在当时的条件下同日本交涉更容易获得成功。不仅如此，总商会领导人还一直坚持认为这种方案和策略是正确的。会长朱葆三尽管后来因此事而自行辞职，但仍在《最后辞职书》中表示：“佳电之是非，可征诸将来之事实。”[②]这些都说明上海总商会领导人也反对密约并要求收回青岛，并非赤裸裸地迎合日本的要求。至于上海总商会提出的这种不同于社会各界的主张与策略是否切实可行，则应另当别论，至少不能简单地以此为依据而将上海总商会在五四运动中的表现说成是软弱甚至是卖国行动。

商会在反帝爱国运动中的另一种表现在过去也经常受到批评。不少论著认为，一部分商会领导人兼有买办身份，导致商会在反帝反国运动中的初期阶段虽然行动比较积极，但随着运动的深入和发展而延续较长时间以后，与外国资本主义联系密切的商会领导人以及工商业者不堪承受经济上的损失，商会的态度和行动逐渐开始动摇，直至最后趋于妥协，致使反帝爱国运动不能完全达到预期的目标。确实，在近代中国的历次反帝爱国运动中，使用比较多的具体斗

① 《关于总商会会长辞职之函件》，《申报》1919年5月18日，第11版。

② 《朱葆三最后辞职之措词》，《申报》1919年7月1日，第10版。

争方式是抵制外货和罢市，这势必会造成工商业者巨大的经济损失。对工商业者来说，要求他们完全不顾及自身经济损失直至倾家荡产，这是否一种苛求？同时还应该看到，实际上并非只是兼有买办身份者才遭受经济损失，绝大多数工商业者都因此而蒙受了损失。所以，往往在反帝爱国运动持续较长时间以后，趋于妥协的也不仅仅是兼有买办身份的那部分人，而是包括大多数工商业者在内。只有那些经济损失比较微弱的学生等社会阶层，才会在反帝爱国运动持续较长时间以后仍然态度坚决，表现积极。

任何政治运动都要付出一定的成本和代价，而参加政治运动的不同群体能否合理地分担这一成本和代价，常常成为影响运动是否持久进行乃至最终结局的因素之一。从政治学原理看，一次政治运动中的某个群体如果获利甚少却要承担最多的成本和代价，肯定不可能自始至终在这场政治运动中有高昂的热情和积极的表现。在近代中国的反帝爱国运动中，工商业者实际上就是处于类似的困境。就成果而言，除了那些直接因某个具体事件所引发的反帝爱国斗争取得了胜利，直接相关者会获得最大的利益，一般的反帝爱国运动所取得的成果应该是社会各阶层甚至是全民受益，因此比较平均，但就承担的成本和代价来说却极不公平。无论是抵制外货还是罢市，包括由此带来的一系列其他后续影响，工商业者较诸其他任何社会阶层所遭受的经济损失都更为明显和突出，损失的程度有时根本无法估计，而且运动越持久损失就越大，甚至超过了他们能够承受的程度，运动之后又不可能因为损失巨大而得到任何经济利益上的直接补偿。其结果是，工商业者在没有得到什么特殊利益的同时，却承担了爱国运动中的巨大经济成本和代价，实际上就是以工商业者牺牲自己的经济利益去承担应该由全民族共同承担的代价，这样的负担对于工商业者来说当然是难以持久承受的。因此，在反帝爱国运动持续较长时间以后，工商业者的政治态度和行动有所变化也是很自然的现象，不应过多地一味予以指责。当然，不排除有少数工商业者为了国家和民族的利益而不惜倾家荡产，但如果要求所有的工商业者都必须这样做，那显然就是一种超乎寻常的苛求了。如同有学者所指出的那样：在近代中国的爱国运动中不能完全否认存在着“合理”的私利，运动的失败也不应完全归咎于工商业者，“从决定抵货的那一刻起，运动便迫使一小部分人牺牲自己眼前的利益去承担全民族的久远的历史责任。结果自然是不难预料的”[①]。

以上各方面的论述，无非为了说明兼有买办身份不是导致商会领导人在反帝爱国运动中妥协软弱的决定性因素。但这并不是完全否认这一因素对商会领导人在反帝爱国运动中的态度与行动有着一定的影响，只是意在说明这不是单一的“决定性”的因素；同时还表明，探讨商会领导人以及整个工商界在反帝爱国运动中为什么会有所谓妥协的表现，还需要结合其他各种复杂的因素进行综合分析和具体考察。

第三节 上层商董担任要职属正常历史现象

过去有关论著批评近代中国商会普遍存在的另一种现象，是商会的选举制度仅仅限于表面文章，包括总理、协理和会董在内的领导成员，实际上均为经济实力比较雄厚的商董。富商大贾凭借其强大的经济实力长袖善舞，一直垄断商会的领导地位与话语权，控制着商会各方面的行动，一般中小工商业者难以问津。因此，商会主要反映和维护大工商业者的利益，不能充分体现广大中小工商业者的意愿，故而常常有保守和妥协的表现。这一批评从表面上看似乎不无道理，但实际上也很值得商榷。

应该说，在当时的历史条件下，商会制定的职员选举制度算是比较完备的。正是这种选举制度再加上其他一些特征，体现出商会与传统商人组织的差别，证明它是近代新式工商社团。下面以清末苏州商务总会为例予以具体说明。1905年苏州商务总会正式成立，在其章程中专列“选举法”对职员选举做了如下明确规定：总理和协理“于议董内选充”，得票数最多者任总理，次者任协理；议董“于会员内选举”；会员“于会友内选充”[②]，“各就同业中公举一人或二人，多至三人为限”。议董的选举采用“机密投筒法”，具体操作

① 王冠华：《爱国运动中的“合理”私利：1905年抵货运动夭折的原因》，《历史研究》1999年第1期，第20页。

② 苏州商务总会规定工商业者每年捐助会费12元，“经众认可，得为本会会友”。各行、帮每年公捐会费300元以上，准其自行开列会友名单送会，依此递加。因此，商会会员人数虽然不多，但会友的人数却相当可观。会友除了享有选举所在行业的商会会员这一权利之外，在其他许多方面也都享受商会的保护。

方式是先期十四日将选举“议董之票填写号数及限期，背面即印议董格。又另备各帮行会员名单，分送有选举议董之权者，每人十八纸，理事又另立底簿，注明某号数分送某人，分发既讫即将此簿严密封固，不得预泄。各人得票，依限期格举定，填注封固，送交本会，投入筒内，届期聚众开筒宣布，登录簿册。投票者不得自举（有号数底簿可以核对），亦不得写出某人所举，是谓机密投筒法”。总理和协理的选举与此相同，先期七日将“选举总理、协理之票格，及新举议董名单，分送有选举总理、协理之权者，每人二纸，编号一切如前办理”。[①]如此详细的选举规定，在以往的传统工商团体中是不曾见过的。

类似选举制度与操作方法在清末的其他商会中大都也有明确规定。例如1914年成立的上海商务总会，在其章程的第四章中即有基本相同的规定。上海商会是近代中国成立最早、影响最大的商会，其初创时所订章程共计13章73条，内容十分全面，对后来诞生的众多商会均有显著的示范作用和影响。苏州商务总会于次年成立，章程中所定的“选举法”和其他许多内容实际上借鉴了上海商务总会暂行试办章程的相关规定。[②]

由上可知，商会的会董是在会员中选举产生的，会员分为团体（行帮）会员和商家会员两种，其中以团体会员居多，一般都是由工商各业行帮团体的商会会友自行推举会员。而工商各业在推举商会会员时，为了能够加重本行业在商会中的分量和影响，往往倾向于推选那些经济实力比较雄厚且在工商界威望较高的商董，不会选中资本微弱且在工商界名不见经传的中小工商业者，如此则使得商会会员本身大多是所在行业的上层领袖人物，不可能是一般的中小工商业者。会董在会员中选举，其结果必然也是各行业中实力雄厚的知名商董当选。至于总理、协理或是正、副会长因从会董中选举产生，也只能是经济实力更为雄厚、在工商界乃至社会上威望更高的著名商董才有可能当选。

各地商会略微不同的情况，只是领导成员中哪几个行业的会董稍多一些并

① 《苏州商务总会试办章程》，1905年，章开沅、刘望龄、叶万忠主编：《苏州商会档案丛编》第一辑，武汉：华中师范大学出版社，1991年，第18–19页。苏州商务总会章程规定以下四种人不得享有选举权：会友未满20岁者，入会未满3月者，捐款未曾交清者，屡次会议不到者。一般说来，这些规定并不算十分苛刻。

② 1904年上海商务总会制定的暂行试办详细章程七十三条见上海市工商业联合会、复旦大学历史系编：《上海总商会组织史资料汇编》上，上海：上海古籍出版社，2004年，第69–79页。

占据主导地位存在差异，这主要是因为各地经济发展特点的差别，导致不同地区不同行业的经济实力较为雄厚，这些行业在商会领导群体中所占的份额自然会大一些。例如苏州素以手工业和商业发达著称，尤其是经营绸绉、纱缎的丝织业最为突出，此外传统的钱业和典当业的经济实力也比较雄厚，所以这四个行业的商董在苏州商会会董中的人数就多一些。又如天津是历代漕粮转运的中心，粮食业历史悠久，实力雄厚，是天津的第一大经济支柱，因此粮食行业的商董以其经济实力和社会威望在天津商会的领导成员中居重要位置。盐业的发达在天津也堪称翘楚，由于天津又是长芦盐的集散地，盐商云集，声名显赫，因而盐业商董也在天津商会中具有相当势力，其著名商董王贤宾曾担任过多届商会总理。这说明各地究竟哪些行业比较发达虽有所不同，但都是以经济实力更加雄厚的这些行业的商董在商会领导群体中居重要地位。造成这一现象，并不是因为商会没有很好地实施其选举制度，而是自然而然形成的结果。这种现象并非近代中国商会所独有，当时欧美和日本等国商会的领导成员，绝大多数也是工商各业有影响力的上层人物，很少有不知名的中小工商业者。即使是当代的各国商会，又何尝不是如此。所以，这是一种非常普遍也非常正常的现象，不能将其看作近代中国商会选举制度的明显缺陷。

当然，也不能完全否认清末商会选举制度中的某些规定，对经济实力比较雄厚的大行业及其商董更加有利。从上海和苏州商务总会的规定不难发现，各个行业推选的会员名额为1至3人不等，但不是以该行业的人数多少为依据确定，而是取决于该行帮交纳会费的数额。上海商会的规定是："凡一帮或一行每年公捐会费在三百两以上得举会员一人，六百两得举会员二人，九百两得举会员三人，九百两以上以三人为限。"[①]苏州商会也有同样的规定，即"一行、帮每年公捐会费三百元以上，得举会员一人，依次递加，至得举三人为限"[②]。于是，就有可能产生如下情况：有的行业虽然人数较多，但大都是中小商家，经济实力并不雄厚，不愿意交纳更多会费，只能取得较少的会员名额；与此相反，有的行业即使人数并不是很多，却因资本雄厚交纳会费多，从

① 《上海商务总会第二次暂行试办详细章程》，1904年，上海市工商业联合会、复旦大学历史系编：《上海总商会组织史资料汇编》上，上海：上海古籍出版社，2004年，第72页。

② 《苏州商务总会试办章程》，1905年，章开沅、刘望龄、叶万忠主编：《苏州商会档案丛编》第一辑，武汉：华中师范大学出版社，1991年，第18页。

而得到较多的会员名额。由于只有会员才具备会董的选举与被选举资格，因此会员多的行业在会董的选举中自然也处于有利地位。再加上因交纳会费多少而产生的投票人选举权数的差别，更显示出经济实力雄厚的优越。[①]

但是，也不能过分夸大上述因素的影响。因为不管某个行业的经济实力有多么雄厚，其推选商会会员的名额都是受到限制的，至多只有3个。此外，上述以交纳会费数额决定商会会员名额的规定，在民国初期的商会中有所改变。最近，有学者已注意到民初商会选举制度的修改和变通问题，并以苏州商会为例，说明1913年5月苏州商会拟订的暂行章程已不再限定会员人数，凡工商业者个人只要每年交纳6元会费即可成为会员；各帮各行及公司工厂每年交纳会费300元，可推举2人为会员。这样，商会会员人数特别是个人会员的数量大大增加，拥有会董选举权和被选举权者也相应增加了不少，另还规定选举时采取“记名投票法”。[②]上海商会在民初也意识到：“以会费多寡规定资格，为整齐资望起见，未尝不是。然以被选之人不多，致有商会议董出资捐做之诮。”[③]于是在尽量减少会费的同时，上海商会还对会董的选举酌情予以变通，扩大享有选举权和被选举权的工商户范围。各帮各行入会之商先行挂号入会，由入会各业行号每一家举其经理或店东一人为代表，每届选举之期，如果入会各业行号共有一千家，则发选举票一千张，于入会代表一千人中普通选举会员一百人，再由会员一百人中复选办事会董四十人，正副会长三人。个人入会者，也有被选为会员、会董的资格。需要指出的是，尽管民初苏州、上海等商会在选举制度方面做了修改，但从实际情况看，当选为会董等领导成员者仍然大都是经济实力雄厚的商董，原有的状况并没有明显变化，这也说明产生此

① 据清末苏州商务总会有关选举规定的通告，“选举权照前例每业年纳六十元者一权，过一百六十元者作为二权，余依此类推”（见章开沅、刘望龄、叶万忠主编：《苏州商会档案丛编》第一辑，武汉：华中师范大学出版社，1991年，第66页）。这显然也对经济实力雄厚的行业有利。

② 参见谢放：《清末民初苏州商会选举制度述略》，《近代史学刊》第3辑，武汉：华中师范大学出版社，2006年，第19页。另见1913年的《苏州商会暂行章程》，见马敏、祖苏主编：《苏州商会档案丛编》第二辑，武汉：华中师范大学出版社，2004年，第12–15页。

③ 《合并商务总会、商务公所改良办法意见书》，1912年1月30日，上海市工商业联合会、复旦大学历史系编：《上海总商会组织史资料汇编》上，上海：上海古籍出版社，2004年，第131页。

种局面的主要原因并不在于商会的选举制度，而是上文所说的自然而然形成的一种正常普遍现象。

以往的有关论著之所以批评经济实力雄厚的商董长期把持和垄断商会领导权，致使中小工商业者在商会中没有发言权，实际上是存在着一种似是而非的预设前提，即在主观上认为那些工商界上层人物都无不迫切期望成为商会领导群体中的一员，甚至觊觎商会的更高领导权以便从中谋取个人自利。然而事实上并非完全如此。近期也有学者依据相关史料，以上海商会为例，对这一问题进行了比较详细的论证，说明许多著名商董不仅没有采取各种方式谋取商会总理、协理或是正、副会长要职，甚至在当选之后还表示辞职不就的态度。从1902年上海商业会议公所成立至1926年，历届当选为总理、协理或正、副会长者，除了1926年傅筱庵函辞会长是故作姿态之外，其余绝大多数都辞不愿就，有些虽在会董的请劝后就职，但也有人坚持请辞未上任。当选为会董者，也不乏要求辞职或是不愿连任者。这表明“上海商会总理、协理或议董的职位，并非人人汲汲营求、觊觎的目标”[①]。这一新的论证表明，尽管不能排除有的商会在选举时，有人采取非正常手段操纵选举，获取商会的重要职务以谋私利，但同时也不应否认有不少工商界上层人物并不想担任商会领导职务。因此，在未做具体考察和分析的情况下，不能笼统地认为经济实力比较雄厚的商董都在主观上一直有把持商会领导权的企图，进而由此形成商会领导成员均为工商界上层人物而中小工商业者难以问津的结果。

类似工商界上层人物不愿担任商会领导职务的情况并非只是见于上海商会，在其他地区的商会中也经常存在。例如民国时期的无锡商会在1919年改选之后，以前担任过该商会主要领导人的薛南溟又以高票当选为新会长，但他“决计不愿应选”，新当选的副会长王克循也表示要与正会长“随同进退”。全体会董一再公请薛、王二人就职，当地报刊也发表评论，赞扬薛南溟是商会会长的最佳人选，“值此商战日剧，商智日开，改组之余，大加整顿，求有能胜任愉快者，非薛君莫属”，希望薛南溟“以地方人为地方服务，义不

① 李达嘉：《上海商会领导层更迭问题的再思考》，《“中央”研究院近代史研究所集刊》第49期（2005年），第51页。

容辞”[①]。无锡县知事公署也曾在商会会董的请求下，出面敦劝薛、王二人就职。但是，薛坚持不愿上任。延宕半年之后，王克循经“各会董等叠函劝驾”，勉强应允就任副会长并“循例代理会务”。此后，无锡商会仍议决公请薛南溟就职，“由全体会员公函敦请，并推单绍闻、蔡兼三两君为代表，登门劝驾，以示诚意”[②]；会员公函恳求薛“为桑梓计，暂屈一己之主张，曲慰众人之期望，即日慨允就任，庶同人等有所遵循，得藉老成之硕望，共助会务之进行”[③]。面对如此真挚的恳求，薛南溟依然不为所动，直至农商部咨请江苏省公署查明薛不愿就职的原因时仍未改初衷。王克循在正会长未上任的情况下循例代理，“对于会务不胜其劳苦”，又提出辞职，经全体会董挽留而“勉力维持”。将近两年之后，无锡商会不得不重新补选会长，由王克循当选。显而易见，薛南溟不愿就任无锡商会会长一直坚持了将近两年时间，在此期间面对工商界、官府和报纸舆论的反复敦劝，可以说承受了相当大的压力，这也表明他不愿就任会长要职绝非故作姿态。

就一般情况而言，担任商会总理、协理或是正、副会长以及会董并无多大能够给个人带来好处的实际权利，而且经常会因为处理商会的诸多会务影响自己的营业，这是许多商董不愿出任商会领导人的主要原因。根据清末上海、苏州等商会的规定，总理和协理的权利为总理或协理会务，筹定经费，裁定会章，密议判断相关事宜；会董的权利是推举总理、协理，监察会务，筹议经费，讨论会章，密议协议会务。这些实际上都是总理、协理和会董必须承担的责任，并非什么权力。另外，除了书记员等具体办事人员为专职得以领取薪金之外，总理、协理和会董均为兼职，无任何薪金和津贴。可见，担任商会领导人虽可提高社会威望，但在经济上却难以直接获取利益。不仅如此，商会的会务相当繁杂，担任商会领导人必然会付出较多的精力和时间，影响自己的业务经营。例如上海洋布业商董邵琴涛担任第六届（1910年）商会协理一年后，在第七届选举前又被公举为该业的商会代表及会董候选人，邵琴涛力辞后还在报

① 《锡报》1919年9月3日。转引自无锡市工商业联合会、无锡市档案馆编：《近代无锡商会资料选编》，内部印行，2005年，第39页。

② 《锡报》1920年4月11日。转引自无锡市工商业联合会、无锡市档案馆编：《近代无锡商会资料选编》，内部印行，2005年，第55页。

③ 《锡报》1920年4月13日。转引自无锡市工商业联合会、无锡市档案馆编：《近代无锡商会资料选编》，内部印行，2005年，第56页。

上公开刊登启事："鄙人自承同业举充商会代表，并荷商界诸公推任庚戌年商会协理，业经一载，兹因营业事繁，不遑兼顾，已将振华堂洋布业商会代表当众辞退，业蒙同业诸君俯允，为特登报布告，伏祈公鉴。"[①]周晋镳于1909年当选连任上海商会总理之后，也致电农工商部表示："上顾部章，下顾商情，本不敢饰词诿卸，惟念晋镳承乏会务一年，毫无裨补，比又身任多役，力难兼顾。仰恳宪恩，俯准辞任。"[②]在此之前的1908年，上海商会总理周金箴、协理李云书还曾代表会董上禀农工商部请求改订选举章程，希望从制度规定上解决会董连任太久、负担过重的问题。禀文提出的理由是："惟各董各有本业，必须舍己从公。一年不已，至于再；两年不已，至于三年四年，或且五六年。担任义务，旷误营业，谅各商意亦有所不忍。"[③]这可以说反映了许多商会领导人的心声，连农工商部也表示理解，并同意此后会董改选时，按照确定的比例一部分原有会董将不被列入候选人名单。上述表明，许多工商界的上层商董，并没有挟其雄厚经济实力角逐商会领导人的迫切愿望，相反还在当选后力予推辞，其中多数人虽经一再挽留而上任，但也谈不上存在着过去一直批评的工商界上层人物采取各种方式图谋长期垄断商会领导权的情况。

至于说商会的领导群体多为工商界上层人物，是否就不能代表和保护整个工商界的利益，这个问题也需要进行具体的分析，不能一概而论。应该承认，在遇到某个具体事件时，或许有的商会所采取的行动不能得到整个工商界的支持，而且会引发一些不同意见，甚至受到工商界部分人士的批评和指责。在此情况下，我们当然可以说商会在处理这一具体问题时未能充分体现整个工商界的意愿。也有个别商会的主要领导人，不遵守章程的规定而独断专行，徇私舞弊，自然也不可能真正做到代表整个工商界的利益，但这种情况只是个别例外，并不具有普遍性。一般而言，绝大多数商会日常开展的主要活动，包括联络工商、调查商情、拓展国内外市场、兴商学、开商智、维持市面、缓解金融风潮、调解商事纠纷以及其他种种推动工商业发展的举措，则应该说是代表了广大工商业者的利益，也获得了工商业者的欢迎和赞扬。所谓"盖自设立商会

① 《邵琴涛启事》，上海市工商业联合会、复旦大学历史系编：《上海总商会组织史资料汇编》上，上海：上海古籍出版社，2004年，第105–106页。

② 《周观察禀辞商会总理电》《时报》1909年3月29日，第19版。

③ 《商务总会上农工商部禀》《申报》1908年10月13日，第18版。

以来，商情联络，有事公商，悉持信义，向来搀伪攘利、争轧倾挤之风，为之一变”[①]，相信不会只是少数工商业者讨好商会领导人的言不由衷之词。不仅如此，商会成立之后工商业者“遇有亏倒情事，到会申诉，朝发夕行，各商藉资保护，受益良非浅鲜”[②]，也不应该只是个别工商业者的虚言。可以肯定，如果商会仅仅只代表工商界上层少数人的利益，不能保护广大工商业者的切身利益，也必然不会有越来越多的工商户主动要求加入商会。

以上我们主要就近代中国商会领导群体的三个问题，针对过去比较流行的结论，提出了一些新的看法。如果我们不是限于简单的推论，也不是先入为主地预设一些前提，而是依据史料进行客观的考察和分析，就会发现商会之所以能够在推动近代中国经济与社会发展等许多方面产生了重要的作用与影响，是与其领导群体的辛勤努力分不开的。不难想象，商会的领导层如果确如过去所说的非常落后保守，而且相当软弱并天生具有妥协性，商会必然不可能产生如此突出的社会影响，也不可能获得这样显著的社会地位。

① 苏州市档案馆藏：《苏州商会档案》，全宗号：乙2—1，案卷号：68，第43页。
② 苏州市档案馆藏：《苏州商会档案》，全宗号：乙2—1，案卷号：68，第43页。

第四章
中国商会走向国际舞台的新步幅

诞生于清末的商会，在中华民国创建之后得到了进一步发展，其主要表现是全国性的商会组织——中华全国商会联合会得以成立。即使是南京国民政府建立之后，对民间团体的独立发展设置了一些障碍，但商会仍然在不利的政治环境下四面斡旋，并且在走向国际舞台方面跨出了值得重视的新步幅。本文主要对中国商会参加国际商会以及首次出席国际商会会员大会的经过与表现，略作介绍和评述[①]。

第一节
国际商会的成立

国际商会正式成立于1920年6月，其发起则在1919年10月。时当欧战甫终，各国经济凋敝，种种重要经济问题亟待解决。由于国际经济问题并非一国之事，与许多国家均息息相关，如不通力合作，将难以谋求世界经济的复苏。特别是大战期间共同存亡的协约国，相互之间的合作精神在战后已骤见衰退，需要通过新的方式增强凝聚力。于是，“有识之士知国际经济之再造，非由

① 关于中国商会加入国际商会的经过，虞和平在《商会与中国早期现代化》（上海：上海人民出版社，1993年）一书的第二章第二节中进行了简略介绍，但没有论及中国商会首次出席国际商会中国问题讨论会预备会议和第五届会员大会的情况及表现。而海内外其他许多有关的论著，都很少提及中国商会加入国际商会这一重要活动，由此成为中国商会史研究中的一个缺陷。

各国之重要经济团体及个人集合讨论，共谋救济之道不为功”[①]。所谓国际商会，正是在这样的背景下应运而生。

远离欧洲大陆的美国，对国际商会的成立尤感迫切。1919年下半年美国商会即发出倡议，延请主要协约国派代表赴美参加国际经济会议，共同讨论国际经济问题，谋求经济复苏的办法。为了顺利促成此举，美国商会先前还派代表团赴欧洲，向一些国家的工商界和政界陈说利害关系。欧洲诸国由于均面临着同样的经济困难，因而对美国商会的这一提议表示赞同和欢迎。

但到同年十月，应邀赴美国纽约州大西洋城出席此次会议的却只有英法意比四国工商巨子和金融界组织的代表团。尽管如此，此次会议仍成为促进国际商会诞生的一次重要预备会议。与会各国代表认识到，类似的会议此前也曾在米兰、波士顿、巴黎等地相继举行，均由于缺乏一种永久组织以执行议决案件，故无若何成绩之可言。有鉴于此，此次会议首先议决创设一个永久性的国际机关，命名为“国际商会”，并议定国际商会组织法的详细草案，另设起草委员会办理有关具体事宜，同时还决定于次年6月在巴黎召开成立大会，庶几国际商会得以切实组织成功。

1920年6月，国际商会如期在巴黎举行成立大会，美英法比意五国派代表团出席，以美国一千四百个商会之应声为尤盛，法国国务总理也出席了会议。成立大会除了通过国际商会组织法，还推选前法国商业部部长格莱莽岱（Étienne Clémentel）为第一任会长，此人在大战期间即因主张协约国经济合作最尽力而有“协约部长”之称，后又对国际商会之创设，尤竭诚赞助。

国际商会成立后，成为代表国际任何经济活动的世界性经济组织，因而有人称之为“国际经济联合机关”。其宗旨有以下五条：（1）包含金融、工业、运输、商业等国际商务之一切经济机能；（2）汇集并宣布与国际商业有关系者之意见；（3）改善国际商务状况和解决国际经济问题；（4）增进各国商人及商业团体之交际与情感；（5）努力助成世界之和平与国际之友谊。[②]国际商会下设理事会、大会、各国国家委员会、秘书处，主要工作方式是采取专家会议、通函表决法、开展经济调查和刊布调查报告等，还有其他随时发生

① 胡纪常：《国际商会概论》“自序”，上海：商务印书馆，1933年，第1页。

② 《国际商会组织法》，载胡纪常：《国际商会概论》，上海：商务印书馆，1933年，第91页。

之有用工作。

国际商会的会员包括基本会员和普通会员两种，凡各国金融及工商各界之团体会社，无论全国或地方，如确系代表各该社团利益，无政治目的或营利目的者，均可加入国际商会成为基本会员。各国以营利为目的之个人或公司，如其国之经济团体已成为基本会员者，可被选为普通会员，并享有列席大会和发言权，但无表决权。

国际商会的成立，因起初主要由美英法比意五国联名发起，故“中立诸国，对此新创机关，颇存疑虑，以为或系协约各国对于中立国经济战争之一种工具”[①]。但不久之后，许多国家的工商界对国际商会的性质与作用有所认识，荷兰等中立国家也陆续加入。到1931年5月华盛顿大会时，国际商会的基本会员已有965名，普通会员更多至2467名。1932年，世界各国先后有经济团体参加国际商会者，达46个。德国也于1925年被批准入会。于是，国际商会成立后获得了比较迅速的发展，也发挥了一定的作用。

第二节 中国商会加入国际商会

中国商会之加入国际商会，起初并非出于自身的主动行为，而是国际商会主动向中国商会发出邀请。国际商会成立不久，就比较关注中国经济的发展情况，并希望中国商会能够加入。大约在1920年的下半年，国际商会的秘书长、美国人杜莱盎（又译为杜利欧）就曾致函上海总商会，介绍国际商会的情况，邀请中国商会派代表参加1921年6月在伦敦举行的国际商会第一次大会，并请“加入为会员”。上海总商会曾专门讨论此事，认为中国系“国际团体之一”，国际商会是国际经济协调组织，“为商人国际地位计，为自身利害计，亟应一体参与”；但上海总商会也认识到，“惟入会者既系代表全国，本会仅系上海一部分之商会，自未便对外遽有所表示”。[②]因此，上海总商会遂决定将此议案提交全国商会联合会（简称全国商联会）讨论。然而，全国商联会却

① 胡纪常：《国际商会概论》，上海：商务印书馆，1933年，第4页。

② 《纽约万国商会邀请加入案》，《上海总商会月报》1921年第一卷第四号，“会务记载”第6页。

一直没有给予明确的答复，加入国际商会之事也因此而遭致延搁。

时隔近5年之后的1925年4月，在全国商联会召开的第五次大会上，吉林总商会代表王文典提出“请将本会加入国际商会联合会案”，并说明国际商会是“团结各国商界之机关”，具有“维护各国公共之利益”的作用，中国“欲增进国际间之地位，保护在外之商权，似应与世界商界立于同等地位，吾华商界受世界同等之待遇，然后可以著著争先”，所以“有加入国际商会之必要”①。经过讨论，与会的许多商会代表对此举表示赞同，但大会最后并未就加入国际商会做出正式决定。虽然如此，通过本次会议的讨论，更多的工商界人士认识到中国商会加入国际商会的意义与作用，这应该说是一个明显的进步。

1928年冬，国际商会会长毕莱利（Pirelli，又译为比莱利，毕兰理）通过中国驻比利时大使王景岐，致函上海总商会，请中国设法参加国际商会。上海总商会以事关全国及国际问题，当即转请全国商联会办理。全国商联会乃分电国民政府行政院、工商部及外交部，请示办法；一面通电全国各商会，就是否有参加国际商会之必要这一问题广泛征求意见。

当时，国际商会之所以再次主动邀请中国商会加入，主要有以下几个方面的原因：其一是中国“曾为大国，可为大国，将为大国”，迄未加入，乃国际商会一大缺憾。应该指出，这虽是原因之一，却并非主要的因素。其二是南京国民政府建立之后，在形式上实现了全国的统一，各国皆视其为在中国扩展自身势力的新机遇。“吾国频年战乱，商业未能有所发展，自民国政府统一全国，商民经济渐呈新机……外商对于将来之对华贸易皆以为将有长足之进展，且闻当局有借重外资、取给外资之议，尤视为有机可乘。”其三是中国广阔的市场，对欧美诸国均具有很大的吸引力。欧美列强主动邀请中国加入国际商会，其主要目的实际上是为了更便于在中国拓展市场。当时的工商界人士对此已有所认识，“吾国素为各国对外贸易之重要中心，欧战以还，吾国市场尤为重要”。其四是中国商人的力量也已日趋壮大，具有举足轻重的社会影响。“中国商会之所以被邀请者，虽有其他动机，然其最大原因，亦实由于各国目击吾国商界在吾国政治上、社会上已占伟大势力，知非与其联络，在新中国之

① 池汉功：《中华全国商会联合会第五次大会报告•第五项》，1925年，第114–115页。

商务必不能有所活动耳。”[①]《东方杂志》发表的文章也曾分析美英法等国之所以特别关注中国问题，一方面，“是由于中国国民革命成功以后，需要外资促进建设事业的声浪很高，因而引起国际资本家的注意”；另一方面，“英美大资本家年来因东方投资事业尽为日本垄断，也想急起直追，再在东方市场谋一出路”。[②]

但是，加入国际商会对中国经济的发展也不无裨益，特别是有利于促进中国对外贸易的发展。因此，当时无论是官方还是工商界人士，都认为中国应该尽快加入。加上国际商会准备于1929年1月组织召开“中国问题讨论会”预备会议，议题均与中国许多重要的经济问题直接相关，中国更应派代表出席。收到全国商联会的请示之后，南京国民政府行政院及各部均明确表示，“应积极筹备参加”。同时，全国各商会“佥以不平等条约，实为我国对外贸易不振之主要原因，国际商会既纯系各国商人及经济团体所集合组织，我国自应将此项重要问题，宣布世界各国商人，转促各该国政府之觉悟。故复电纷纷，均表示赞同”[③]。在得到上下一致赞成之后，全国商联会组织了一个“参加国际商会研究委员会”，并邀请外交部驻沪办事处、工商部驻沪办事处、工商访问局、财政部驻沪货价调查局等各派代表参与讨论有关具体事宜。

为了派代表参加国际商会即将举行的“中国问题讨论会”预备会议，全国商联会还组织了“国际商会中国委员会筹备会”，主持参加中国问题讨论会预备会议之筹备事务。但因事出仓促，时间匆忙，后来未及从国内选派代表出席该会议，而是改请正在欧洲的夏奇峰和中国驻德公使馆一等秘书梁龙为代表，另请驻德使馆商务调查部主任俞大维为专门委员，就近代表中国商会出席会议，“是为我国参加国际商会之嚆矢”。在委派夏奇峰等人出席会议的同时，全国商联会也分电行政院、各部、省市政府和各铁路局，征集资料，以备不时之需。至1929年4月，讨论通过了国际商会中国委员会筹备会章程。旋即由外交、工商、财政三部驻沪办事处、银行公会、全国商联会开会数次，并推定盛

① 《国际商会中国委员会第一次报告书》，天津市档案馆、天津社会科学院历史研究所、天津市工商业联合会编：《天津商会档案汇编（1928—1937）》上册，天津：天津人民出版社，1996年，第590–591页。

② 育干：《国际商会大会与中国》，《东方杂志》1929年第26卷，第15号。

③ 胡纪常：《国际商会概论》，上海：商务印书馆，1933年，第57页。

俊等6人为专门委员①。是年七月，国际商会在荷兰举行第五届大会，全国商联会推选由张嘉璈任主席、陈光甫为副主席的10人代表团前往出席。所需经费6万元，行政院照准由财政部补助半数，其余由全国商联会筹措。

国际商会第五届大会召开之后，全国商联会又拟具国际商会中国委员会筹备会章程报请工商部备案，因未附上国际商会章程，奉批不准。1930年全年之间，筹备事宜无甚进展。至1931年中国国际贸易协会成立，经银行家林康侯力言国际商会地位重要，中国应该加入，以图对外贸易之发展，于是始将国际商会中国委员会筹备会改名为国际商会中国分会，积极进行。1931年2月7日，国际商会中国分会正式成立，推举上海商业储蓄银行总经理陈光甫为会长，郭秉文为副会长，林康侯为秘书长，重拟章程报请国民政府备案，会址暂设上海香港路4号银行公会，同时还报请国际商会承认。1931年5月3日，经国际商会理事会会议通过照准。至此，中国商会才正式成为国际商会的成员。

国际商会中国分会“以联络国际工商促进国际商务为宗旨”，其具体职责包括五个方面的内容：代表中国工商业及经济团体谋国际商务之改良与发展；征集中国关于国际商务发展的意见，向国际商会提出建议；酌行国际商会议决案；应国际商会之咨询及对于国际商会之提案，予以书面表决；赞助中国政府增进各国之友谊，维持世界之和平。国际商会中国分会的会员也分为团体会员和个人会员两种：凡中国与国际商务有关系之各省市区商会及重要经济团体，均可成为团体会员；凡属于上述团体会员之法人及自然人，经该团体会员之介绍，即可成为个人会员②。

由上可知，从1920年下半年到1931年中国商会正式加入国际商会，其间经历了一个较长的历史过程。其原因当然是多方面的，包括国际国内各方面因素的影响，其中比较重要的一个因素恐怕还是中国商会和工商界中的绝大多数人对此未予以足够的重视。即使是在国际商会中国分会成立之后的一年中，工商界加入国际商会成为会员者，仅有上海总商会为基本会员，中国银行及上海商业储蓄银行为普通会员。时人也曾指出：“此种情形，衡以我国于世界商业中

① 葛天豪：《我国参加国际商会之经过（一）》，《商业月报》1929年第9卷，第10号。
② 《国际商会中国分会章程草案》，载胡纪常：《国际商会概论》，上海：商务印书馆，1933年，第137-138页。

所占之地位，殊属不称。”[①]国际商会中国分会为扩增会员，还曾请全国商会联合会通函全国各地商会，会长陈光甫也曾亲赴平津京汉等地劝导工商界积极加入。

第三节
参加“中国问题讨论会”预备会议

中国商会虽然直至1931年才成为国际商会的正式成员，但在此之前已经两次派代表参加国际商会的重要会议，并且在会上有值得称道的表现。第一次即是参加1929年1月在国际商会本部巴黎举行的中国问题讨论会预备会议，这也是中国商会代表在国际商会舞台上的首次正式亮相。

此次会议由国际商会会长比莱利任主席，英法德美比意日荷诸国及国际协会的代表共十余人参加。国际商会召开中国问题讨论会预备会的目的，用比莱利致开会辞中的话说，是因为中国政府“对于整理财政、奖励工商业不遗余力。……现在之问题，是中国商人应如何协助中国政府此伟大之建设，而外国商人应如何协助中国商民建设新中国”。他还表示，各国商人“愿以各国之经验、智积、技能贡献于中国商界”。实际上如前所述，主要是由于欧美列强在中国的利益所致，连比莱利也承认“各国对于中国不仅以物质上有重大关系，即精神上其重要亦日增月进”[②]。

中国商会派代表参加此次会议，则是希望借这一机会达到有利于中国经济发展的目的。梁龙在致辞中即开宗明义指出：“首先应废除中外现行种种不平等条约之束缚”，同时还阐明外商“借款条件首须不侵犯中国政治上主权及经济上之自由与独立，其有企图借此垄断操作以图专利者，当然为中国商界所不能忍受也……中国商会以为，外货输入仅能于公开市场中以商业上原则行之，倘各国资本家以联合一致之手段出之，必反增疑惧”。[③]由于中国商会所派代

① 胡纪常：《国际商会概论》，上海：商务印书馆，1933年，第60页。

② 《国际商会中国委员会第一次报告书》，天津市档案馆、天津社会科学院历史研究所、天津市工商业联合会编：《天津商会档案汇编（1928—1937）》上册，天津：天津人民出版社，1996年，第593页。

③ 《国际商会中国委员会第一次报告书》，天津市档案馆、天津社会科学院历史研究所、天津市工商业联合会编：《天津商会档案汇编（1928—1937）》上册，天津：天津人民出版社，1996年，第593-594页。

表和与会许多国家的代表参加此会的目的存在着较大的差异，因而难免出现某些矛盾冲突。

在讨论一些具体问题时，各国代表无不从本国利益出发对中国代表提出种种要求，或者是对中国代表的要求表示异议。有些国家的代表也意识到："各国所处之地位已不相同，则对于解决中国问题之立场不能无异。"值得肯定的是，中国商会代表尽管是首次出席国际商会的重要会议，却能够比较坚决地站在国家和民族的正义立场上据理力争，产生了较好的影响。首先，中国代表并没有因为重视经济问题而忽略国家和民族的利益，而是将两者紧密地结合在一起，并表现出维护国家和民族利益的强烈愿望与要求。例如日本代表回避日军对中国领土的侵占，只是片面强调"现在日本货物受中国各通商口岸抵制，吾希望中国商人不久亦觉得抵制他国货物于自国亦受损失，盖干涉商品之流通实违背经济学之原则也"。中国商会代表梁龙当即针锋相对地反驳说："中国商民亦知抵制日货自己损失亦大，然日本政府无端派兵占领中国领土，残杀无辜中国妇孺人民，中国商民激于义愤，不得已而采取经济杯葛手段，以促日本国民之反省。日本商人如真欲中国发展商务，增进东亚和平，应即要求日本政府即日撤退其侵鲁军队表示诚意。"[①]此番义正词严的反驳使得日本代表颇感理屈词穷，无法再向中国商会代表进一步提出任何要求。

其次，中国代表能够在巧妙回答外国代表提出的一些难题的同时，坚持自己的正当要求。例如英国代表在会上发言时，认为"中国代表自称并非外交代表，然其演说则完全外交词令"，这实际上是对中国代表一再要求废除不平等条约表示不满。英国代表还指责"中国之外债久不偿还，中国商人态度并不明了"。中国代表一方面回答说："中国商人于全国财政会议曾主张整理公债，此当然包括正当外债而言"；另一方面，又阐明"现在各国商人应与中国商人一致谋中外关系之改善，其最善之策，莫如取消领事裁判权，交还租界、租借地，撤退驻军，放弃内河航权等。并说明此种权利如何妨害中国主权及束缚中国经济发展、限制中外通商之处"。最后，连英国代表也不得不承认"中国代表报告甚为详明，且极平允，深信大会同人皆深佩服，且以至诚表示谢

① 《国际商会中国委员会第一次报告书》，天津市档案馆、天津社会科学院历史研究所、天津市工商业联合会编：《天津商会档案汇编（1928—1937）》上册，天津：天津人民出版社，1996年，第596页。

意"[1]。由此不难看出，中国商会代表在此次会议上的表现是值得称道的。

此次中国问题讨论会预备会的会期总共三天，由于中国商会的代表在会上据理力争，会议虽未真正形成能够行之有效的决议，但从讨论的结果看应该说对中国还是比较有利的。会议分为工商、财政、交通三个委员会，按时间顺序先后讨论有关的具体问题。工商委员会讨论的问题以及初步达成的共识是：中国代表提议废除不平等条约问题与国际贸易有关，"于直接有关之范围内讨论之"；中国代表提议庚子赔款适用于教育及社会事业；各国代表欢迎中国颁用罗马字拼音法；关于"外人在华与华人同等享受所有权问题"，各国代表均非常关注，中比、中意条约已有规定，各国当然一律享受。但也要尊重中国代表所强调的"享受此等权利之条件：（一）外人现在享受之不平等权利应先取消；（二）租界、租借地及其他类似区域（如公使馆区域、外人管理之铁道地带等）应先交还"；关于商标重新注册问题，请求中国商会予以协助。财政委员会讨论有关问题时分歧不大，对于"国民政府最近之财政计划及财政部召集之全国财政会议经过、结果及其具体方案，各国代表表示欢迎"。在交通委员会讨论的过程中，对一些具体问题的认识则出现了某些差异。

中国代表在讨论中说明，日本占领胶济、津浦铁路，严重妨碍中外交通的恢复和商务发展，应由大会议决表示态度。日本代表反对由大会讨论，英国代表也说："中国铁路恢复问题不止津浦、胶济两路，平奉、平汉又何尝完全恢复交通，何尝有外人占领？"中国代表进一步阐明："前此军阀割据铁道，国府不负责任，但吾人不能因军阀割据之事实为日本卸责。"在最后一天的大会闭会之前，中国代表团还请本次会议交通委员会主席向日本代表团转交一函，再次表达中国商会的主张和立场。其主要内容是"应由日本即将占领津浦铁路之日本军队撤退，日本商会应极力设法使日本政府实行此举"，并请日方代表向日本商会转告中国代表团的这一要求。收到此函后，日本代表在会上未公开作出答复，而是请求中国代表团将"即将占领津浦铁路之日本军队撤退"字样改为将"津浦铁路交通即刻恢复"。中国代表认为经此修改，实与原意大不相同，坚决不肯让步。散会后，日本代表团向中国代表团递交一函，声称"对

① 《国际商会中国委员会第一次报告书》，天津市档案馆、天津社会科学院历史研究所、天津市工商业联合会编：《天津商会档案汇编（1928—1937）》上册，天津：天津人民出版社，1996年，第596-597页。

于要求日本撤兵一节不能同意”，“因为撤兵为政治问题，日本商会不能过问也”。中国代表团复函表示：“中国代表团于日本代表之不愿接受中国代表团之提议，不得不认为日本商人实无诚意要求日本政府改正其侵犯主权、违背公法之行动。”

需要说明的是，中国商会代表在此次国际商会召开的中国问题讨论会的预备会上，确实提出了一些政治要求，以至于有些国家的代表认为中国商会代表的演说完全是“外交词令”。就国际商会的宗旨与功能而言，主要也是在经济方面，并不涉及政治。事实上，国际商会也不可能真正满足和解决中国商会代表提出的政治要求。但是，中国商会代表在会上所提出的完全是正当的要求，并非胡搅蛮缠，从维护国家和民族大义方面看也应该予以肯定。另外，政治与经济并非毫无关联，而是有着十分密切的关系。正如中国商会代表在会上所强调的那样，中国经济的发展取决于恢复中国的主权，废除各种不平等条约，取消外人在中国享受的种种特权，这样才能建立正常的经济贸易往来联系。否则，就谈不上平等的经济交往。连国际商会中国问题讨论会预备会议主席最后形成的决议也承认：“中国代表团宣言：中国之经济恢复及国际贸易之发展，全视各国能否以完全平等待遇中国为断。本会议以为虽无权讨论政治问题，然深觉政治问题中之经济反动亦有考虑之必要，且中国之发达亦使人不得不设法改正过去之制度，盖此为各国之利也。”[①]

事实表明，西方各国和日本一方面想扩展对华贸易，另一方面又不甘心放弃在中国的种种特权，因此，中国商会代表在国际商会中国问题讨论会预备会上提出的要求不可能一蹴而就。此次预备会议没有对中国商会代表提出的要求形成任何具有实质性意义的决议，已经表明各国对中国商会所提要求的态度。在随后举行的第五届国际商会大会上，这些问题仍成为中国商会与西方、日本等国商会矛盾的焦点。

① 以上引文见《国际商会中国委员会第一次报告书》，天津市档案馆、天津社会科学院历史研究所、天津市工商业联合会编：《天津商会档案汇编（1928—1937）》上册，天津：天津人民出版社，1996年，第597-600页。

第四节 在国际商会第五届大会上的交锋

国际商会第五届大会于1929年7月在荷兰首都阿姆斯特丹举行。根据当年初预备会议的决议，中国商会代表应于5月中旬以前抵达巴黎，与国际商会中国问题委员会各国代表交换意见，以便在第五届大会上提出中国问题报告书进行讨论。预备会议闭幕之后，中国商会代表“料知六月间大会必有对华不利之举动，遂急电我国民政府工商、外交两部及全国商联会等，请筹划一切，并加推出代表”。全国商联会接电后，“即召集上海各团体机关代表会议，共同讨论”。[①]

然而，有关准备工作的进展似乎并不顺利。直至5月下旬，全国商联会推定的出席国际商会第五届大会的代表团才从上海启程。代表团主席为张嘉璈，陈光甫、朱吟江为副主席，成员包括寿景伟、王世鼐、张祥麟和已在欧洲的夏奇峰、梁龙、郭秉文等十人，另还有专门委员数人。中国代表团抵达法国后，由于原定6月在巴黎举行的中国问题委员会会议也因准备不及而无法如期召开，于是转赴德国柏林“积极整理及起草于出席大会时之报告，并参观各机关团体、工厂等”。

中国商会代表团在国际商会第五届大会上与西方各国的交锋，实际上在会议正式开幕之前即已开始。7月1日，国际商会在巴黎召开中国问题报告书起草委员会会议，中国代表团派郭秉文等6位代表出席。会上“除整理报告，交换意见外，关于治外法权问题，双方争持甚力”。中国代表“竭力主张将不平等条约及治外法权所有各种弊害详载报告书内，以期唤起各国商界之注意”。之所以坚持这一要求，是因为“此项报告书既以国际商会名义印行，如能多列有利中国之言论，即足造成国际间一种正论，较之本身宣传，效力自必较宏”[②]。对于中国代表团的这一要求，虽有比利时、德国等少数国家的代表给

① 葛天豪：《我国参加国际商会之经过（二）》，《商业月报》1929年第9卷，第11号。

② 《国际商会第五届大会中国代表团报告书》，天津市档案馆、天津社会科学院历史研究所、天津市工商业联合会编：《天津商会档案汇编（1928—1937）》上册，天津：天津人民出版社，1996年，第606页。

予支持，但“力谋阻止者亦大有人在”。国际商会也“藉口事关政治，以未便有何种决议为词，而多方规避”。初步讨论的结果是，将此问题留待第五届大会的预备会上再行复议。

但随后发生的一件意外之事，却使国际商会不得不接受了中国代表团的要求。此次会上国际商会一方面说不平等条约和治外法权是政治问题，不宜讨论；另一方面却将英美法日等国驻沪商会反对中国取消该项特权的提案书在会上印发，由此激起中国代表团的强烈义愤。英美法日四国驻沪商会的提案书声称：按照美英中法日五国委员会的调查报告所说，中国废除治外法权，必须满足若干条件。“今南京之国民政府虽有进步，但委员会所提条件，仍未履行。……务当坚持委员会报告中共同进行之态度，作为讨论中国国民政府所请各节之根据，俾此四国在中国之地位仍此不变。”[①]这显然是企图继续保持列强在中国的特权，中国商会自然不会答应。中华民国全国商会联合会致电国际商会，阐明“各国在华有领事裁判权，中外商人显处不平等地位，实为中外贸易之大障碍”；同时要求国际商会“照华代表团提案，决议上海英美法日四国商会提案抗议无理由，请否决”[②]。中国商会代表在大会上严词批评国际商会“偏袒外商主张已甚明显”，再次力主“将中国代表团所提迅速撤废不平等条约及治外法权之决议书，同时提出大会讨论，以便公判”。由于全国商联会的呼吁以及中国代表团在会上“一致主张，争持甚力”，国际商会最后应允将英美法日四国驻沪商会的提案书撤回，将中国代表要求取消治外法权之各项理由，详细载入提交大会正式讨论的中国问题报告书中。[③]

中国问题是国际商会第五届大会议程中的主要内容，并专门设立所谓“中国问题委员会”。7月6日预备会上的交锋，首先仍是围绕着中国代表团提出的废除治外法权问题，“讨论多时，始决以我国代表团所拟报告书为依据，而略采英、德方面所拟之稿”。其次是中国代表团认为，国际商会对于他国经济问题向无设组讨论之先例，“故原设之中国问题研究会似可就此即告结束”。中国代表团之所以要求取消该委员会，是因为该会的提案中仍有许多不利于中国的内容，颇有干涉中国内政的嫌疑。再次是关于爱文诺、多玛到会演说问题，

① 育干：《国际商会大会与中国》，《东方杂志》1929年第26卷，第15号。
② 《全国商会致国际商会电》，《申报》1929年7月12日，第13版。
③ 胡纪常：《国际商会概论》，上海：商务印书馆，1933年，第74页。

中国代表表示“恐有政治色彩，特提出异议”[①]。当中国代表就后两个问题表明了较为强硬的态度之后，“会场空气颇为紧张，赞成反对各执一词”。国际商会会长毕兰理见一时难以转圜，宣布延期至次日上午讨论。当天晚上，中国代表团全体成员专门召开会议，商讨应对方略直至深夜2点。

次日开会前，毕兰理先行约见中国代表团主席张嘉璈，“表示尊重中国代表团之意见”，将原设之中国问题委员会即行取消，并告知爱文诺、多玛二人的演说亦已婉拒，“至决议书之措词，除欢迎中国加入该会外，不涉及其他问题”。张嘉璈表示大会“既采纳我方主张，允即继续开会”。7日的讨论会开始前，由担任会议主席的毕兰理提名推荐，张嘉璈当选为会议副主席。当日的讨论会主要是对中国问题报告书的内容分别加以说明，由与会各国代表提问，中国代表进行解释。

10日举行正式大会，“乃重要各国对华问题有所表示之会议”。自中国代表团对爱文诺、多玛到会演说提出异议之后，“其他重要人物之演说亦多先行交换意见”，以避免引起中国代表团的不满。因此，各国代表的演说较少有对中国明显不利的内容。在当日的正式大会上，中国代表再次强调“不平等条约及治外法权为中外经济发展之障碍，有即日取消必要，各国欲增进对华贸易，非以平等待遇不可”。中国代表还针对“某国代表演说取消治外法权事实上之各种困难，故特郑重声明我国政府人民对于撤废此项特权之决心及撤废以后对于外侨合法权利之切实保障，以破其疑”[②]。这种态度与表现，实际上也反映了中国商会始终坚持收回国家主权，与世界各国进行平等经济交往，促进中国对外贸易发展的立场和决心。

在该日讨论会的最后，毕兰理以国际商会会长的身份，提议邀请中国工商、金融各界组织全国委员会正式加入国际商会，得到与会各国代表的全体赞成。大会还将国际商会理事会草拟并经中国代表团赞同之议决案提交表决，也获全体一致通过。其内容是：“国际商会大会对于中国实业界代表之与会，及该代表团所提将由工商金融各界组织国家委员会之声明，表示满意。国际商会

① 关于爱文诺、多玛两人的背景以及拟在会上演说的具体内容，目前尚不清楚，有待查考。

② 《国际商会第五届大会中国代表团报告书》，天津市档案馆、天津社会科学院历史研究所、天津市工商业联合会编：《天津商会档案汇编（1928—1937）》上册，天津：天津人民出版社，1996年，第609页。

大会热忱信仰中国实业界所处之重要地位，足以发达中国之国家经济，及增进中国国际关系之和谐。”[①]

第五节
中国商会加入国际商会的意义与影响

中国商会先后派代表出席国际商会中国问题讨论会预备会和第五届大会这两次重要会议，并正式加入国际商会成为其中的一员，虽然并未就有关取消不平等条约和治外法权，以及中国对外贸易的发展等问题，取得什么具体的成果，但是在许多方面仍具有一定的意义和影响。特别是对中国商会的发展来说，更具有不可忽视的重要作用。

第一，正式加入国际商会，使中国商会得以首次登上国际商会的舞台，也是中国商会走向世界的一大重要步骤。

从中国商会的发展历程看，自其在清末诞生之后，虽在国内经济发展乃至整个社会生活中都扮演着非常重要的角色，但在国际经济舞台上却未发挥什么作用。即使是民国初年中华全国商会联合会成立之后，在这方面也无明显改观。中国商会与国外商会的交往，一般都仅限于与个别国家的商会之间的互访，洽谈一些具体的合作项目，而且很难取得实质性的成效。如果说清末民初国际商会尚未成立，对中国商会走向国际经济舞台有所限制，那么国际商会成立之后，则为中国商会登上国际经济舞台并发挥积极的作用提供了一个较好的契机。

国际商会成立后，中国商会如果长期不加入，不仅难以与各国商会和国际工商界建立密切的联系，进行直接对话，而且对中国对外贸易的发展也十分不利，这显然是一个较大的缺陷。中国商会成为国际商会的正式成员之后，即迈出了走向世界的新步幅，也写下了中国商会发展史上的重要一页。作为国际商会的一员，在国际商会讨论世界经济发展，尤其是涉及中国经济的各种问题时，中国商会即可作为全国商会和工商界的代表，在国际商会举行的各种会议上，直接面对各国商会代表发表自己的意见，维护中国的利益。这方面的情况，在上述中国商会代表首次参加的国际商会第五届大会上即有比较充分的反

① 胡纪常：《国际商会概论》，上海：商务印书馆，1933年，第80页。

映。因此，从近代中外经济关系发展史看，中国商会通过加入国际商会而正式登上国际舞台，也是值得重视和肯定的一个重要步骤。

加入国际商会之后，中国商会与世界各国商会之间的联系和合作也较以往大为增强，从而对于促进中国工商界扩大眼界，加深对西方资本主义发展状况的了解，学习和引进国外先进的生产技术与管理方法，推动中外贸易的发展，均具有一定的积极影响。

第二，在加入国际商会的历程中，中国商会第一次站在国际商会的舞台上，向国际工商界展示了自己的风貌，表达了中国工商界的要求与愿望，也增进了相互之间的了解。

首先，中国商会代表通过在国际商会的两次重要会议上反复演说和论述，使各国工商界对中国工商界和经济建设计划的实际情况有了进一步认识。国际商会最初主动要求中国商会加入，实际上表明其对中国工商界的地位与作用已开始重视，但对有关中国工商界和经济建设计划等各方面的具体情况未必十分清楚。“各国商会所拟报告，于我国现况，每多微词。且对于各部建设计划，略而不提。我代表等以各国商会此种报告，与我国实况不符，自未能资为依据。……经我原起草委员历举事实证明，并分别说明后，均认为满意。结果该会对于所草中国经济问题报告书，决将经济现况及政府计划，一并列入，且大半以我方所草之报告为根据。”①

中国商会代表在两次会议上的阐述与解释，使许多国家的商会代表意识到“中国商界有此伟大之努力，殊堪赞服”。有的还指出：“中国代表报告甚为详明，且极平允，深信大会同人皆深佩服，且以至诚表示谢意”。国际商会在第五届大会有关中国问题的议决案中，也再次表示：“国际商会大会热忱信仰中国实业界所处之重要地位，足以发达中国之国家经济，及增进中国国际关系之和谐。”因此，国际商会和绝大部分国家的商会代表都没有表示出对中国商会代表的轻视态度，相反还十分尊重。“国际商会会长及重要职员等复屡次邀宴，商确（榷）切实合作进行方针，代表等亦先后邀请国际商会新旧会长及各国领袖代表宴叙，并赠以商务印书馆所赠英文三民主义、名人画册及都锦生西

① 胡纪常：《国际商会概论》，上海：商务印书馆，1933年，第74页。

湖风景丝织片等以留纪念。”[①]这说明中国商会代表首次出席国际商会的重要会议，就赢得了国际工商界的赞誉。

其次，中国商会代表在国际商会这一重要的场合中，第一次面对各国工商界的领袖，充分表达了中国希望与各国在平等互助的基础上相互合作，共同恢复世界经济的繁荣，促进国际商业贸易发展的愿望；同时也阐明中国并非像有些外人所说的那样盲目排外，而是欢迎各国前来投资。中国商会代表在演说中指出："各国有以平等待遇者，中国人民乐与交往。”代表团主席张嘉璈也在大会致辞中强调："国际关系之进展，端赖各国有亲善及合作之精神。我国排外思想，前因列强迫订不平等条约而略有表示，但现已无存。……今日与会之各国，对于中国情形必能了解而予以善意的合作。中国地大物博，亟待开发。诚能中外合作，必收良效。”国际商会会长毕莱利对中国商会代表的此种态度表示欢迎，并指明“各国工商界与中国合作之必要。对于我全国商联会决意设立国家委员会之举，视为合作之先声，尤抱无穷之希望”[②]。

再次，中国商会代表也在国际商会第五届大会上，向各国工商界头面人物阐明了中国欢迎国际合作，但以不损害中国主权和权利为基本前提的原则立场。前已述及，无论是在中国问题讨论会预备会上，还是在国际商会第五届大会上，中国商会代表都始终坚持了这一原则。对于国际合作问题，中国商会代表特别强调：“国际合作虽为我国所欢迎，但须以由我国自动，并绝对无损主权者为限，若各国联合一致以对我，而不顾我国舆论趋向何若则片面主张，殊与合作原则根本不符，自非今日提倡国际经济合作者所宜出。”[③]应该说，这样的立场是符合当时中国的实际情况的。

不仅如此，中国商会代表还在国际商会的重要会议上始终坚持取消各国强加于中国的不平等条约，坚决要求废除治外法权，建立平等的中外合作关系。出席国际商会的中国商会代表为此多次郑重发表与此内容相似的声明：“中国

① 《国际商会第五届大会中国代表团报告书》，天津市档案馆、天津社会科学院历史研究所、天津市工商业联合会编：《天津商会档案汇编（1928—1937）》上册，天津：天津人民出版社，1996年，第610页。

② 胡纪常：《国际商会概论》，上海：商务印书馆，1933年，第76–77页。

③ 《国际商会第五届大会中国代表团报告书》，天津市档案馆、天津社会科学院历史研究所、天津市工商业联合会编：《天津商会档案汇编（1928—1937）》上册，天津：天津人民出版社，1996年，第607页。

并不欲单独工作。凡外人之资本，技术与同情均所欢迎。惟国际合作须以平等待遇为先决条件，故不平等条约及治外法权之取消，尤为不可缓之要图。”[①] 中国商会代表还向各国出席国际商会第五届大会的商会代表表示，即使某些国家的商会对中国的这一正当要求加以阻挠，也丝毫不能动摇包括工商界在内的全体中国人民的决心。当然，中国商会代表也深知不平等条约的取消和治外法权的废除，并非国际商会做出什么决议即可轻易达到最终目的，“我国人民所切望于国际商会者，不在声明此种原则，而在一致主张正义，并竭力督促各国政府克期实行，抛弃此种特权，以完整我国主权”[②]。

需要说明的是，当时的中国，举国上下正掀起一场废除不平等条约和治外法权的运动，在国际上产生了较大的反响，也取得了比较明显的成效。商会代表在国际商会各种重要会议上的强烈呼吁，虽然对最终取消不平等条约和治外法权不可能起到决定性的作用，却通过在国际商会的舞台上表达工商界鲜明的态度和立场，有力地配合了国内这场方兴未艾的爱国政治运动，其积极作用不应被否定。中国商会代表团在国际商会大会上与列强的交锋，还增强了国内工商界的爱国热情。在此期间，国内的许多商会和其他工商团体都对远在荷兰的中国商会代表团予以支持，表示该会“讨论各项重要案件之际，吾国人民应同心协力，设法为代表团声援，以壮其气”[③]。

最后，通过加入国际商会以及参加国际商会的两次重要会议，使中国工商界的代表人物对许多重要问题的认识有所提高，这对此后中国工商业的发展和对外贸易的拓展，也具有一定的积极影响。

出席国际商会第五届大会的中国商会代表团，在会后向全国商联会专门写了一份内容十分丰富的报告书。该报告书除了介绍中国商会代表参加此次会议的经过和会上讨论的问题之外，另一主要内容即是提出了许多颇具启迪意义的感想和建议。例如针对当时华商对进出口贸易的重要作用不够重视的情况，报告书指出：“我国国民向仅注意于国内市场，至国外贸易，则非置诸度外，即假手外国商家”，这种状况对于中国拓展对外贸易显然不利，应该及时加以改

① 胡纪常：《国际商会概论》，上海：商务印书馆，1933年，第79页。

② 《国际商会第五届大会中国代表团报告书》，天津市档案馆、天津社会科学院历史研究所、天津市工商业联合会编：《天津商会档案汇编（1928—1937）》上册，天津：天津人民出版社，1996年，第607页。

③ 《国际商会之谬举》，《中央日报》1929年7月12日，第3版。

变。至于如何发展中国的对外贸易，报告书认为："我国国际贸易欲图发展，对内对外，务宜分途并进。"所谓对内，首先是工商各界"宜有向外发展之新觉悟，出口商家宜有积极合作之新精神，而重要商埠之工商团体，尤宜存提倡对外贸易之新组织"；其次是面临我国出口商家资本薄弱、海洋运输和国际汇兑多操纵于外商之手的状况，"挽回补救，端赖彻底合作"；再次是工商界欲谋对外发展，非知彼知己，不足以在国际商场的竞争中获胜，因而"对于国内工商现况，及国外工商现况等调查研究，均宜极加注重"。所谓对外，主要是设置商务参赞或商务委员，派遣实业考察团，酌情取消或减轻出口税等。①这些新认识与建议在当时不仅向全国商会联合会呈报，由全国商联会向各地商会发阅，而且在报刊上也公开发表，从而使工商界对这些问题的认识同样有所提高。

对于政府如何推动对外贸易的发展，中国商会代表团也提出了若干建议。如欧美、日本等国为了随时掌握国际市场信息，无不经常派遣工商领袖赴各国进行实地考察，中国也应该由政府主持和规划，组织各地各业工商领袖出国考察，"与世界各国之重要商家、工厂或其他实业团体直接商洽，切实联络，其影响所及自必甚巨"。此外，对于进出口货物应分别收税。如原料出口可酌量课税以示限制，制造品或半制造品之出口税则或减或免，"以宏奖励，而资保育"②。

通过出席国际商会的有关会议，中国工商界的一些代表人物对国际商会的作用也有了新的认识。例如参加国际商会第五届大会之后，通过亲身体验和耳闻目睹，中国商会代表团的成员充分意识到："国际商会为各国重要工商团体之总集合团体。"特别是英美德法诸国派出人数众多的代表团出席会议，其中"到会代表多者二三百人，少者亦七八十人，类皆各业领袖，乘此商洽一切，足资联络，故非正式之会议，其重要往往不下于正式会议"。而中国与之相比，其出席国际商会大会的代表团阵容显然是相形见绌。除了工商界代表之外，西方国家的政府对国际商会也相当重视，"各国外交部、工商部等政府机

① 葛天豪：《我国参加国际商会之经过（二）》，《商业月报》1929年第9卷，第11号。

② 《国际商会第五届大会中国代表团报告书》，天津市档案馆、天津社会科学院历史研究所、天津市工商业联合会编：《天津商会档案汇编（1928—1937）》上册，天津：天津人民出版社，1996年，第612页。

关亦均派员参加，借与本国出席代表及各国工商领袖商榷一切重要问题，其重视该会自不待言”。中国代表第一次出席该会，无论政府还是工商界的重视程度较诸各国都瞠乎其后。作为首次行动，出现这种状况尚能理解，但必须认真研究“此后究应如何积极准备，妥为应付”。[①]否则，类似的情况在此后仍将难以改变。

当然，也不能夸大中国加入国际商会的作用与影响。在国际商会第五届大会召开时，《申报》登载的文章表示：“群望于此次会议后，中国之国际地位，得益加巩固；而列强对领判权之放弃，亦不致再若往日之坚持。”[②]实际上，仅仅通过国际商会的一次会议是很难产生以上成效的。这一方面是因为国际商会本身在以上这些方面所能发挥的作用是有限度的，并非像当时某些舆论所说的那样具有显著的作用；另一方面，即使就当时中国工商界的状况而言，也不可能仅仅通过加入国际商会就在各方面很快有所改观。国际商会中国分会成立之后，自身面临着诸多困难，踊跃加入的工商团体和公司企业数量并不多。正如《国际商会概论》的作者胡纪常在两年之后所说的：“国际商会中国分会，经我国工商界三数先觉之士之努力，而已正式成立有年矣。顾我国经济界团体及个人之加入为会员者，迄今仍寥寥无几。我国民团结力之缺乏，于此可获一强有力之明证。夫凡百事业，端赖人力与经费；人力愈多，经费愈充，则事业发展亦愈大。今中国分会内部既不充实，人力经费，两感不足，发展前途，自多阻碍。”[③]他之所以编写该书，目的就是想使工商界对国际商会得以有相当之认识而始群起参加，以共图振兴对外贸易及维护国际利益之方策，进而改变工商界“智识，若是其幼稚，团体观念，若是其薄弱”[④]的缺陷。其用心之良苦值得称赞，但要真正达到这一目的实际上却并非易事。

另一方面还要看到，国际商会第五届大会通过的议案对中国商会代表团的要求没有明确表态，实际上也就是不支持中国商会的立场，使国内舆论和工商界大感失望，这恐怕是工商界对国际商会不感兴趣的一个重要原因。大会闭幕后，《申报》发表的一则报道即反映了国人的失望心理。该则报道说明国际商

---

① 葛天豪：《我国参加国际商会之经过（二）》，《商业月报》1929年第9卷，第11号。

② 《国际商会昨日开会》，《申报》1929年7月9日，第9版。

③ 胡纪常：《国际商会概论》，上海：商务印书馆，1933年，第88-89页。

④ 胡纪常：《国际商会概论》“自序”，上海：商务印书馆，1933年，第3页。

会此次大会通过议案四十余起，“其中有关于杨格赔款计划、中国建设、凯洛格非战公约及改良旧历等事，中国代表团未能劝使万国商会表示其关于废止不平等条约与领事裁判权之意见，颇为失望”[①]。因此，也不能一味指责当时工商界对国际商会的作用与影响不重视。

① 《万国商会大会闭幕》，《申报》1929年7月15日，第7版。

第五章 上海商会选举制度的发展

或许没有多少人注意到在中国近代历史发展进程中一个很有意思的问题，这就是具有近代特征的选举制度，最早并不是出现在政治生活领域，而是在新式民间工商社团——商会中率先实行。中国的商会自1904年正式诞生起，即规定总理、协理、会（议）董等所有领导人均以投票选举的方式产生。会员因属各业代表，与一般社团的普通成员有所不同，也通过选举选出。这种具有明显近代特点的选举制度，是以往许多相关论著判断商会属于近代中国新式商人社团的重要因素之一。由于在中国长期沿袭的传统封建社会中不存在真正意义上的选举问题，自然不可能建立所谓的选举制度，故而在清末的商会等民间社团中确立这种选举制度，也可以说是近代中国社会从传统向现代转型变迁的具体反映。

关于商会的选举制度，已有的相关论著虽从不同角度兼有论及，但对这一问题进行专题论述的成果并不多见。在提及商会的选举制度时，有学者认为："商会章程中的投票选举文字是不可能立即落实成功的。有无投票选举章程，当然显示出近代中国受西方投票选举文化的影响，但是，对商人团体的内部运作而言，投票选举章程的意义却不是很大。"① 还有学者指出，自下而上的选举制度构成了商会的近世民主性内涵，但在这个民主构成原则背后，还有一个时常为人们所忽略的经济与政治实力相交织的潜在构成原则在起着决定性作用，商会内部实际权力的分配，实际上是由资财的厚薄和纳资的多寡决定的，所以商会的总理、协理和会董长期为财大势众的领袖行业所分享，被工商界

① 邱澎生：《商人团体与社会变迁：清代苏州的会馆公所与商会》，台湾大学历史学研究所博士学位论文，1995年，第116页。

上层人物所垄断。[①] 与此相似的观点认为，商会领导人的选任完全是以资历和优点为标准，既无出身限制，也无籍贯限制，尤其强调经济地位，从事实上看，各商会所选出的领导人多为当地的工商巨子。[②]上述几种看法尽管各有其理由，但由于都没有真正对商会的选举制度进行全面而深入的考察分析，因而不无进一步分析论证的空间和必要性。另还有学者曾提出疑问：商会职员的选举是如何进行的？尤其是在普通的地方商会，选举是否真的具有“现代民主性”？还需要进行细致的研究。[③]

最近，关于商会的选举问题开始引起部分研究者的重视，并有专文进行论述。例如有学者对清末民初苏州商务总会的选举制度进行了专题研究，特别是对以往忽略的“选举权数”问题有所涉及，并考察了民初苏州商会选举制度新旧交替的特点。[④] 还有学者针对过去流行的结论，对与商会选举制度紧密相关的清末民初上海商会领导层的改选更迭问题，包括上海著名商董出任总理、协理的意愿，1920年上海总商会改选，1924年和1926年上海总商会的选举纷争等，都进行了新的探讨，提出了不同于以往流行观点的新见解。[⑤]

从已有的成果看，对商会选举制度的研究尚存在不足之处。就研究方法而言，当然首先需要进行文本分析，亦即对商会章程中一系列有关选举的制度性规定予以剖析，而且还需要以动态和发展的眼光了解不同历史时期商会选举规章的变化。但仅仅做文本分析又是远远不够的，因为制度规定在实践操作中常常出现差异，不可能完全吻合。所以，在进行文本分析的同时，还必须结合有关史实对商会的选举问题进行实践考察。本章即是按照这一思路，主要以清末民初的上海商会[⑥]为例，从文本和实践两个层面对近代中国商会的选举制度进行探讨，同时对过去的某些相关结论也予以再思考。

① 马敏、朱英：《传统与近代的二重变奏——晚清苏州商会个案研究》，成都：巴蜀书社，1993年，第66–67页。

② 虞和平：《商会与中国早期现代化》，上海：上海人民出版社，1993年，第181页。

③ 冯筱才：《中国商会史研究之回顾与反思》，《历史研究》2001年第5期，第166页。

④ 谢放：《清末民初苏州商会选举制度述略》，《近代史学刊》2006年，第3辑。

⑤ 李达嘉：《上海商会领导层更迭问题的再思考》，《“中央”研究院近代史研究所集刊》第49期（2005年）。

⑥ 清末的上海商会除了商务总会之外，1905年上海南市商人还成立了沪南商务分所，宣统元年（1909年）改分所为分会，1913年改称沪南商会，不久又改为上海南商会。1916年3月，根据《商会法》有关规定改组易名为上海县商会。本文所讨论的上海商会，主要是指清末的上海商务总会和民初的上海总商会。

第一节
商会选举制度的建立

在中国长期沿袭的传统封建社会中，并无具有近代特征的选举制度，为何在清末诞生的商会中却能够建立这种选举制度？探讨这一问题，其意义不仅仅在于寻求该问题的答案，还可以从中看出近代中国社会从传统向近代演变的某些特点。

史学界曾有一种观点认为，中国传统工商团体行会也具有民主精神，并且在其内部存在着类似选举制度的“推选”方式。因为一般情况下每个行会均由会员推选董事，再由董事按年轮流担任会首，称为“值年”；此外还推选“司月”或“值月”数名，按月轮流协助董事处理会务。[①]但是，这种“推选”方式恐怕还不能与商会的“选举”制度相提并论，也称不上是具有近代特征的选举制度，其原因在于“推选”与“选举”有着本质区别。这里所说的“推选”，是一种非制度性规定而带有某种随意性的推举方式，“选举”则是一种带有法定制度性规定的投票选举制度。有的行会甚至也不采取推选方式，而是“公请”董事，例如清代汉口茶业公所即规定：“公请董事十二位，轮流司月，每年拈阄为定，不得推诿。”[②]这种“公请”的方式随意性更大。即使是采用“推选”的方式，从现有能够看到的各类行会的规章中，我们也都无法详细了解行会究竟以何种具体方式推选董事，因为行会的规章对此并无规定。从其他相关史料的记载中，同样也看不到行会推选董事的具体情况，估计只是经人提名之后，多数同意即可确定，不可能以投票的方式选举。许多行会的“司月”甚至也不是推选产生，而是由“值年”指定人选，当然也不可能是投票选举。更重要的是，行会不仅没有法定的投票选举章程，也没有制定“推选”职员的具体办法，可以说缺乏制度性的规定，因而同样带有较大的随意性，自然不能说是具有近代特征的选举制度。商会则在章程中制定了详细的投票选举条文，甚至单独制定了专门的投票选举章程，其与行会的区别是显而易见的。

由上可知，商会具有近代特征的选举制度显然不可能从传统行会的职员

① 虞和平：《商会与中国早期现代化》，上海：上海人民出版社，1993年，第158页。

② 彭泽益主编：《中国工商行会史料集》上册，北京：中华书局，1995年，第588页。

“推选”方式发展而来。那么，它究竟是怎样形成的呢？揆诸有关史实，不难发现商会的这种选举制度是伴随着商会从西方的引入而产生的。换言之，商会的选举制度主要是从西方引进的。而在引进的过程中，政府与民间工商界人士都发挥了重要的作用。

商会这一新式工商社团，虽然与行会有着密切的联系，但并不是由行会或其他中国传统的本土工商组织自然而然地直接演变而成的，可以说是清末“新政”期间清政府推行振兴工商、奖励实业改革，以及工商界给予积极回应，向西方学习而引入的新事物。“近世商会，肇于法国。”1599年马赛商人推举4名董事，组成商人机构，这大概是世界上最早的商会组织。随后，法国各通都大邑竟仿马赛商会成例，纷纷成立商会。1665年，德国汉堡商人建立了德国第一个商会。英国、美国、加拿大等国的商会产生于18世纪。日本商会在明治维新时期也开始诞生，1878年，东京、大阪、神户三地商人已建立商会，只是名称不同，最初叫商法会议所，后改为商业会议所，20世纪20年代又改为商工会议所。欧美和日本商会的出现都早于中国，而且起初大多由商人自发组成，得到政府和法律的认可，具有法人社团性质，在保护工商业者利益、促进工商业发展、传播工商科学知识、参与商政管理等许多方面都发挥了重要的作用。鸦片战争之后，西方各国商人争先恐后地在中国各通商口岸设立洋行和其他各类企业，并建立了洋商会。其类型大约有三种，即同在一个口岸的各国商人联合组成的洋商总会，同一口岸的某国商人组成的某国某地洋商会，各口岸的同国商会联合组成的某国总商会。[①]这些在中国通商口岸设立的洋商会，对华商和清政府官员所产生的影响更为直接，也更为突出。

19世纪末，维新派的一些代表人物和工商界的有识之士，乃至清朝统治集团内部的个别开明官吏，都曾呼吁向西方学习，设立商会，但由于朝廷对创设商会的意义认识不足而难以付诸实践。20世纪初的“新政”改革期间，在振兴实业的舆论推动下，更多官员意识到设立商会的重要影响，朝廷也开始予以重视。1902年，盛宣怀奉朝廷之命会同商约大臣吕海寰在上海与英美等国谈判修订商约，即目睹上海“洋商总会如林，日夕聚议，讨论研求，不遗余力”，而华商向无商会或类似商会的商业会议公所，虽有行帮公所和会馆，但“互分畛域，涣散不群，每与洋商交易往来，其势恒不能相敌”。有鉴于此，盛宣怀于

① 虞和平：《商会与中国早期现代化》，上海：上海人民出版社，1993年，第54–64页。

当年会同督办商务大臣调署两江总督张之洞上了一道奏折，阐明："中国商业之不振，大率由于商学不讲，商律不谙，商会不举，而三者之中，尤以创设商会为入手要端。"[①]另外，作为清朝重臣的袁世凯，在分析中国和西方国家商业盛衰判然有别的原因时，也指出泰西诸国"各埠均设商会，国都设总商会，以爵绅为之领袖，其权足与议院相抗。并特设商务部专理其事。其经商他国者，则为置领事以统辖之，驻兵舰以保卫之。……故商人有恃无恐，贸易盛而国以富强，论者至以商战目之，非虚语也"[②]。此时，许多高官大员都奏请设立商会，朝廷也不得不重视起来。

1903年9月，清廷设立商部作为执掌各项实业的最高领导机关。商部自创设伊始，即决定仿照西方国家的商会模式，倡导鼓励华商成立商务总会和分会，于次年1月上《奏劝办商会酌拟简明章程折》，强调说明："纵览东西诸国，交通互市，殆莫不以商战角胜，驯至富强。而揆厥由来，实皆得力于商会。……现在体察情形，力除隔阂，必先使各商有整齐划一之规，而后臣部可以尽保护维持之力。则今日当务之急，非设立商会不为功。"[③]朝廷准如所请，并谕令各省督抚晓谕商人，切实劝导设立商会。由于商会系仿照欧美和日本而设，带有引入的特点，自然在许多方面都直接借鉴外国商会。商部曾在其创办的《商务官报》上发表翻译成中文的欧美和日本等国许多商会的章程，供各地商人组建商会时参考。[④]此前，商部为了划一规章，还先行拟订了一份商会简明章程。

商部奏请朝廷批准的《奏定商会简明章程》共26条，规定凡属商务繁富之区，不论系省垣或城埠，均设立商务总会，商务发达稍次之地设立分会。关于商会的职员，总会设总理1员，协理1员，会董20员至50员；分会设总理1员，会董10员至30员。这种按地区或城市设立商会的方式，以及商会领导人和职员的设置，显然均系参照欧美和日本商会而来，只是领导人的名称沿用了中国式的

① 《光绪二十八年九月盛宣怀、张之洞会奏上海设立商业会议公所折》，上海市工商业联合会、复旦大学历史系编：《上海总商会组织史资料汇编》上，上海：上海古籍出版社，2004年，第46页。

② 袁世凯：《创设东省商务局拟定试办章程折》，天津图书馆、天津社会科学院历史研究所、天津工商业联合会编：《袁世凯奏议》上，天津：天津古籍出版社，1987年，第343页。

③ 《商部奏劝办商会酌拟简明章程折》，《东方杂志》第1年（1904年）第1期。

④ 《欧美各地商会章程辑译》，《商务官报》光绪三十四年（1908年）第4、8期。

称呼。如欧美商会的最高领导人一般称正副会长，日本商会称正副会头，中国商会则称总理和协理；正副会长以下欧美商会称委员，日本商会称议员，中国商会则称会董或议董。民国时期，中国商会领导人的称呼与欧美商会更趋相同。1915年《商会法》实施之后，中国商会由商务总会和商务分会改称为总商会和商会，领导人也改称为正副会长，到南京国民政府时期会董又改称为委员。

需要指出的是，商部所订章程对商会的选举制度并未做具体规定，只是说明总理、协理“应由就地各会董齐集会议，公推熟悉商情，众望素孚者数员，禀请本部酌核加札委用，以一年为任满之期，先期三月仍由会董会议或另行公推或留请续任，议决后禀呈本部察夺”；会董“应由就地各商家公举为定”，“举定一月后各无异言者，即由总理将各会董职名，禀报本部，以备稽查。至任满期限及续举或续任等悉如上条办理”。[①] 至于会员如何产生，该章程则完全没有提及。对于总理、协理和会董，奏定商会章程规定的办法是由商家“公推”或“公举”，并未具体规定必须是投票选举，从表面上看在某种程度上还是沿用了以往行会的推选之说，但从后来实施的情况看应该是有所区别的。此外，该章程第14条规定：“商会既就地分设，各处商情不同，各商会总理应就地与各会董议订便宜章程。”也就是说，各商会成立时还需要根据当地的实情，另再拟订章程。

于是，各地商会成立时都参照商部的奏定简明章程和国外商会的规章，又各自拟订了一份更为详细的章程。值得重视的是，各地商会的章程中，都无一例外地列出了投票选举领导人和职员的专条。尤其是最早成立的上海商务总会，所拟章程中的这种投票选举条款成为后来许多商会制订章程中相关条文时参照的范本，产生了重要的影响。时人记载：“中国商埠之中，集全体商人而设公共机关，自上海始也。……余往办华商联合报，曾调查各处商会章程，类皆沿袭沪会，所损益无多也。”[②]为了避免文字累赘和内容重复，有关上海商务总会章程中所规定的投票选举制度的具体情况，我们将在本章第三节具体予以介绍和分析。

① 《奏定商会简明章程二十六条》，天津市档案馆、天津社会科学院历史研究所、天津工商业联合会编：《天津商会档案汇编（1903—1911）》上册，天津：天津人民出版社，1989年，第22页。

② 金贤采：《上海商务公所章程草案序言》，上海市工商业联合会、复旦大学历史系编：《上海总商会组织史资料汇编》上，上海：上海古籍出版社，2004年，第126-127页。

上述表明，在将西方的商会和近代选举制度引入中国的过程中，一方面政府发挥了不可缺少的作用，另一方面作为民间社会力量的工商界人士，在自订商会章程中参照西方和日本的商会规章主动引入了投票选举制度，同样也发挥了相当重要的作用。特别是各地商人在商部奏定章程并无明确规定的情况下，主动将这一新的选举制度内容加入自行拟订的商会章程当中，其作用似乎更为突出。然而也要看到，尽管清朝商部拟订的商会简明章程没有具体规定商会的选举制度，但这并不能表明近代中国商会选举制度的建立和实行与政府毫无关联。1915年由大总统申令公布的《商会法》，即开始对商会的选举制度做了明确的具体规定，其中第4章的内容即为“选举及任期”，共计8条。除此之外，商会在选举过程中出现纠纷和争议时，往往都是呈请政府有关部门加以调解或裁决。因此，近代中国商会选举制度的建立、实施与发展变化，仍与政府有着直接关系，可以说是政府与民间工商界人士共同努力的结果。

另外，欧美和日本等国的外来影响也较为突出。在清末，无论是官方还是民间，都将设立商会作为向西方学习以振兴民族工商业的重要举措。其原因在于欧美各国和日本的商会在本国工商业发展过程中产生了重要的作用和影响，尤其是西方各国在中国通商口岸设立的商会，使清朝开明官员和工商界人士直接耳闻目睹其令人瞩目的功能与作用，由此意识到中国民族工商业的发展也有赖于设立商会，从而下决心将商会引入中国，随之也将具有近代特征的商会选举制度引入中国。在这个过程中，欧美和日本等国商会的影响是不能否认的。但外来因素的影响还必须通过内部因素才能发生实际作用，如果没有官方的积极举措和民间工商界的支持，外来因素也不会真正产生影响。

第二节
清末上海商会选举制度的文本分析

1902年9月，上海商董严信厚等人禀请盛宣怀批准，并由盛宣怀、张之洞会同向清廷奏准成立了上海商业会议公所。有学者认为这就是中国历史上最早的商会，后来的上海商会自身也将其历史由此算起。然而从章程的内容、组织机构的设立以及选举制度等各方面看，该公所与商会还是有比较明显的区别。严信厚等商董在拟订该公所章程时，虽“采取上海洋商总会及各处商务局所章程，悉心探讨”，但仍然只订立了“明宗旨”“通上下”“联群情”“陈利弊”“定规则”“追逋负”这较为简单和笼统的6条，规定设总理会员1人，副总理会员2人，议董28人，不仅没有制定领导人和议董选举制度，而且实际上也没有真正发挥商会的功能与作用。①

光绪三十年（1904年）四月，上海商业会议公所改组为上海商务总会，拟订章程23条。尽管初订章程也不完善，但已开始在章程中对选举问题有所涉及。按照该章程的规定，上海商务总会设立正总董、副总董各1人，董事8至12人，由会友大会选举产生。“中国各商家并商务上所用人员，或有关商务或中国装船行家者，概可选充会友。”但必须有两名会友作为推荐人，并由董事投票，“投票多者为合选”。会友若欲享有当选董事资格，每年捐款必须达到规定数额，“捐款过银壹百两者，得选充副董事，过银三百两者，得充举董事。”选举时，“不准倩［请］人代行莅会。会友欠少捐项者，不得干预选举。凡一行号内之人仅许一人，不许二人同时同举。倘一行号内之伙友全不在本埠，其受权之代表准得选举”。②

以上是近代中国商会最早在章程中拟订的选举制度，其值得注意的几点是：首次在商人自行拟订的章程中确认领导人和董事必须通过投票选举产生，所有会友均享有选举权，但享有被选举权者必须岁捐银两达到规定的数额，每一行号只能有一人当选。当时，上海商务总会尚未将成员划分为会员和会友，均统称为会友，并且都享有选举权，在此基础上进行的选举可以说具有一定范围的“广泛性”。另外，第一次确立了被选举权与其成员捐助额相联系的原则，这一规定以往曾受到研究者的批评，认为它阻挠了工商界中下层当选为会董，主要为那些富商大贾提供了方便，而在当时的工商界看来，这是贡献大者应该享受的权利，并无什么争议。况且每一行号只准一人当选的规定，已经对那些资产雄厚的商号有所限制。

1904年5月与上海商务总会同时成立的天津商务总会，起初并未重视制定选举制度。其拟订的试办便宜章程第4条，说明会董不由商家选举产生，而是

① 《上海商业会议公所第一次核定章程六条》，上海市工商业联合会、复旦大学历史系编：《上海总商会组织史资料汇编》上，上海：上海古籍出版社，2004年，第48–50页。

② 以上引文见《光绪三十年四月订上海商务总会章程二十三条》，上海市工商业联合会、复旦大学历史系编：《上海总商会组织史资料汇编》上，上海：上海古籍出版社，2004年，第66页。

由商会总理“先约会董十数员”。直隶总督袁世凯批示此条必须修改：“一曰公举宜实行也。查部章第五款商会董事应由就地各商家公举为定，总会自二十员以至五十员为率。今该会第四款云，本会遵照部章先约会董十数员，不曰公举而曰约，似总理、协理、坐办即有无限之权。查部章商会董事应由各商家公举，而总理、协理由各会董会议公推，所以联络商情允孚众望者，全在公举二字为之枢纽，非少数之总理等人可以任便纠约也。”[①]此后，天津商会对此条进行了修改，确定会董、总理、协理均通过选举产生。这表明清末商会引进并实施选举制度，也有一个认识和学习的过程，并非都像上海商会那样一开始就对这个问题十分重视，同时也进一步具体说明清朝官员在商会选举制度建立过程中具有一定的作用与影响。

上海商务总会正式成立后，还将章程翻译成英文本分送驻沪各国领事、在沪洋商总会和工部局，阐明“至敝会行名簿所载各位，至今日为止，皆系体面殷实商人，凡有与洋商往来，遇有钱债细故被控、控人，皆不可苛刻虐待及任意拘拿”[②]。各国领事主要对章程中涉及的会审公堂改良之事存有疑虑，其他方面并无什么意见。不过，上海商务总会成立时拟订章程仍很匆忙，所订章程的内容也比较简略，包括其中的选举制度在某些方面带有一定的模糊性。所以，上海商务总会在一个月后即对该章程进行了较大的修订。

光绪三十年五月，上海商务总会拟订第二次暂行试办详细章程73条。与第一次拟订的章程相比较，第二次拟订的章程在选举制度方面有如下明显变化：

第一，对选举做了更为详细和具体的规定。该章程第4章的标题即为“选举”，共计9条，全部内容均与选举有关。按照该章程的规定，总理、协理须于议董内选举，选举时“应照商部奏定公举会董格及本会所定总理、协理格，印出与选举票同交有选举之权者依律选举，每年于年会后择期举行”。以得票数最多者为总理，其次为协理。如得票数相同，则将同数之人由议董再行投票另选。上海商务总会所定当选总理、协理的资格是：品行方正，在沪有实业，

① 《直隶总督袁并商部对修改〈天津商会试办便宜章程〉的三点意见》，天津市档案馆、天津社会科学院历史研究所、天津市工商业联合会编：《天津商会档案汇编（1903—1911）》上册，天津：天津人民出版社，1989年，第50页。

② 《上海商务总会致领袖领事工部局及洋商商务总会函稿》，上海市工商业联合会、复旦大学历史系编：《上海总商会组织史资料汇编》上，上海：上海古籍出版社，2004年，第68页。

谙习公牍并明白事理，身任会员，年龄在40岁上下。议董须在会员内选举，“凡选举议董，先期十四日由本会将选举票分送有选举权之人，每人十八纸。其应举者，除议董十六员外，应添备选总理、协理二员，共十八员，并将议董同送，以备各人如法选举。以多数者当选，多数逾额，将数同者用掣签法掣定；不及额，除举定者外，示期再举”。当选议董必须具备的资格也是5条，前4条与当选总理、协理资格相同，第5条关于年龄的规定降低为30岁上下。总理、协理和议董的任期均为一年，总理、协理任满后，或另行公举，或留请续任，议董任期中因事不能任职者，由总理、协理酌情于会员中选派暂代，但任期到时仍照正任年满之例，一体另举，以免歧义。

第二，制定了总理、协理和议董选举的具体操作方法，即“机密投筒法”。其具体做法是由商会印发选举票，正面上端印有“上海商务总会选举票”，下端印有“第 次愿举　先生为 理， 字第 号，此票限 月 日投本会筒内。”背面刊印当选总理、协理必须具备的资格，另纸印商部劝办商会章程第6款，附送年龄在40岁上下之议董名单。凡遇选举总理、协理之期，先期7日由坐办将选举票填写号数，并填限期，分送有选举总理、协理权之人，每人二纸，坐办另立底簿，注明某号分送某人。分发既讫，即将此簿严密封固，不可预泄。各人得票填注后，封固送商会，投入筒内。届期集众由坐办开筒点清、注簿，当众宣示照行。议董选举也采取同样的“机密投筒法”，只是分送选举票的时间不同，需要提前两个星期送出。“机密投筒法”是一种比较独特的不记名投票选举方法，它究竟从何而来目前尚无法知晓。商会将其运用于总理、协理和议董的选举之中，即使称不上是一种创举，也应予以肯定。[①]有学者认为，“机密投筒法”还不能说是不记名投票选举，因为选票虽不记名，但事先登记了某号选票分送某人，如果分送选票的人员不能做到严守机密，谁投了谁的票或未投谁的票完全可能外泄或事先查知，所以严格说来这应是一种间接的

① 清末上海商会的议事规则中也采用“议事机密投筒法”，规定：“议事时以可否孰多之数为准。可者签名议簿，否者不必签名。倘事有不便明言者，可用机密投筒法。”其具体操作方式是，在单独的室内备黑白子两匣，“与议各员鱼贯入门，各取一子至总理前投入筒内。可者取白子，否者取黑子。投筒毕，由总理倾筒取出，当众数明宣示”（《上海商务总会第二次暂行试办章程》，见上海市工商业联合会、复旦大学历史系编：《上海总商会组织史资料汇编》上，上海：上海古籍出版社，2004年，第76页）。可见，所谓“机密投筒法”并不仅仅用于选举，在其他方面也被采用。

记名投票方式。[1]这种说法不无道理，但如果排除类似例外情况，单就“机密投筒法”的正常操作程序和方式而言，称之为独特的不记名投票选举或许并不为错。

第三，对会员选举拟订了新的规定。上海商务总会第一次拟订的章程并没有对会员的产生及选举问题作出明文规定，第二次修订的暂行试办章程在这方面进行了较为详细的规定。按上海商务总会修订章程之说明，会员分为行帮会员和个人会员两种，其中行帮会员也通过会友采取“机密投筒法”产生。“业经捐助商会经费，已为会友，其本帮或本行常年捐数至三百两以上，经本帮或本行公选为会员，会众定议许可者得为本会会员。嗣后会友续有愿捐常年经费者，亦照此行。”此外，上海商会还拟订了“各帮各行选举会员法”，其具体规定是：“凡一帮或一行每年公捐会费在三百两以上得举会员一人，六百两得举会员二人，九百两得举会员三人，九百两以上以三人为限。捐款交后，由该业或该行董事将捐款各户开一清单送本会。会员定议认为会友后，遇选举之期由本会照章分送选举票，及各帮公举会员格与清单。所开各户亦用机密投筒法令其照章选举，送本会投入筒内，定期开筒，以得票数最多者当选。”担任会员的资格如下：品行方正，确系在本业经商，明白事理，确为商会会友，年龄在30岁上下。除此之外，如有商家个人虽未通过投票选举，但每年愿捐助会费300两以上，且关心公益，经会员2人公荐，“会众定议许可者，得为本会特别会员”。[2]

会友的产生不需要通过选举，凡常年捐助会费12两以上者即可成为会友。各行帮公捐会费，开单送商会业经公议允认者，也成为会友。

显而易见，上海商务总会修订暂行试办章程有关选举制度的规定，较诸第一次所订章程更为详细，也更具有可操作性，这对商会选举制度的建设来说可谓一大进步。但是，该章程也有不完善之处，如未限定总理、协理和议董当选连任的次数，在以后容易引起纷争。另外，按照各行帮所捐会费多少，而不是依各行帮工商户户数确定其会员人数，尽管同时限定每一行帮的会员不能超过

① 谢放：《清末民初苏州商会选举制度述略》，《近代史学刊》第3辑，武汉：华中师范大学出版社，2006年，第15页。

② 以上未注明出处的引文，均引自《上海商务总会第二次暂行试办详细章程》，见上海市工商业联合会、复旦大学历史系编：《上海总商会组织史资料汇编》上，上海：上海古籍出版社，2004年，第70–72页。

3名，但对那些经济实力不雄厚、中小商家却较多的行帮而言，即使其整个商户数多于那些经济实力雄厚的行帮，但在商会中的会员人数却有可能较少，似乎显得不是很公平。这对会董选举是否产生较大影响，本章第五节将通过对上海商会选举结果的考察进行具体分析。

即使如此，上海商务总会首创的这种选举制度被其后成立的许多商会参照使用，具有明显的示范效应，由此进一步证明上海商会在近代中国选举制度建设过程中发挥了开风气之先的重要作用。例如1905年10月成立的苏州商务总会，所拟订章程的第4章也全部是与选举有关的内容，而且几乎全部借鉴了上海商会的选举制度，选举方法也是采用“机密投筒法”，选举票的样式完全相同，只是将当选总理、协理必须具备的年龄资格从40岁左右降为30岁以上，当选会员的年龄资格也从30岁左右降为24岁以上。另一项修改是规定了总理、协理的连任次数，“总理、协理办事允洽，期满后应由会众公同酌议留任，如历届办事实惬众心，亦只连任三次为限。以后须阅任续举，庶于择贤之中仍寓限止（制），以防积重”[①]。从后来许多商会的实际情况看，总理、协理和会董的连任次数是经常遇到的一个容易引起争议的问题，苏州商会对此予以明确的规定，弥补了上海商会所定选举制度在这方面的缺陷。除了商务总会之外，商务分会大多也是仿照上海商务总会以选举的方式产生总理和会董。如江苏锡金商务分会在章程中的第1章即明言：“本会系集两邑各业，仿照上海总会推广办理，因定名曰锡金商会。”[②]章程第5章为“选举规则”，指明“会员、会友均有选举会董之权，会董有选举总协理之权，总协理有选举坐办理事以次之权”。其会董和总理、协理的选举，同样也是采用“机密投筒法”的操作方式进行。[③]

上海商务总会拟订的选举制度虽产生了重要的示范作用，但并非一成不变，同样有一个发展变化的过程。光绪三十二年（1906年）十一月上海商务总会改选之后，李云书（厚祐）任第三届总理，孙荫庭（多森）任协理。次年四

① 《苏商总会试办章程》，章开沅、刘望龄、叶万忠主编：《苏州商会档案丛编》第一辑，武汉：华中师范大学出版社，1991年，第20–21页。

② 《锡金商会发起章程》，无锡市工商业联合会、无锡市档案馆编：《近代无锡商会资料选编》，内部印行，2005年，第4页。

③ 同上书，第6页。

月，上海商会为修订章程事宜禀文农工商部，阐明："事经研练而愈明，法贵推行以尽利。……司员职道等接管以来，默察商情，博咨舆论，窃谓原订章程本声明暂行试办，现值宪部实力提倡于上，各业竞求进步于下，沪埠五洲互市，尤宜及时厘订禀准。"禀文还说明章程修订之处分送全体会员及各业商董请详细讨论，集众人之长，收合群之益，并举行特别大会，当众宣布，全体赞成。尤其值得注意的是，禀文就选举制度的具体修订条款进行了特别解释："原章选举一条，文义太简。默揣各省商会之振兴，全赖群情之踊跃，除名位、责任悉照旧章不敢更易外，拟请凡捐助会费至三百两以上者，得选举三权；二百两以上者得选举两权；不满二百两者，得选举一权。"①之所以做此修改，目的是"于权限之中仍寓鼓舞激扬之意"②。五月，奉农工商部批示："所呈续修章程九十二条，纲目井然，核与原订章程更加详备，应即准其刊印分送，俾众周知。至选举一条，……于增订权限之中仍寓鼓舞激扬之意，所议甚是，亦准照行。"③根据捐助会费多少的差别，确定选举权数的不同，这是商会选举制度中的又一重要变更。另一变化是将会友分为领袖会友和一般会友，"业经捐助商会经费已为会友，其本帮或本行常捐数未至三百两者，经本帮或本行公选为入会代表，会众定议许可者，得为本会领袖会友"④。会员和领袖会友"均有选举议董之权，惟选举权限分为三等；会员得三权，领袖会友捐助常年经费数至二百两以上者，得二权；一百两以上者，得一权"。但会友年龄未满20岁者，不得有选举权。当选总理、协理的年龄限制从40岁左右降为35岁以上，其连任次数也作了明确规定："连举者连任，惟不得过两任。"⑤

如何分析评价上海商务总会根据会员和会友所捐会费数额确定其不同选举权数的规定，是一个比较复杂的问题。这样的规定，也很容易使人感到完全是一种有利于实力雄厚行业的制度安排，对那些实力并不雄厚的中小行业来说，受捐助会费数额的限制，其会员名额可能原本已经少于实力雄厚的行业，

① 《光绪三十三年五月初十日奉农工商部批》，上海市工商业联合会、复旦大学历史系编：《上海总商会组织史资料汇编》上，上海：上海古籍出版社，2004年，第80页。

② 同上注。

③ 《光绪三十三年五月初十日奉农工商部批》，上海市工商业联合会、复旦大学历史系编：《上海总商会组织史资料汇编》上，上海：上海古籍出版社，2004年，第80页。

④ 《上海商务总会第三次禀定详细章程九十二条》，上海市工商业联合会、复旦大学历史系编：《上海总商会组织史资料汇编》上，第83页。

⑤ 同上注。

再加上选举权数也较少，就更加不公平，这些行业的商董恐怕也因此而很难当选为会董。但另一方面也要从当时的实际情况看待此项规定，不能简单地推定上海商会领导人主观上有偏向实力雄厚的行业而压抑中小行业的意图。上海商务总会反复强调这一规定是“于权限之中仍寓鼓舞激扬之意”①，其直接目的显然是鼓励会员和会友捐助更多的会费，从而解决活动经费不宽裕的难题，更好地发挥应有的功能与作用。上海商会自知作此修改需要慎重，不仅先前刷印清单分送全体会员及各业商董详加讨论，并且在致农工商部的禀文中专门对此予以说明，结果顺利通过，在修改章程的特别大会上当众宣布时，也得到全体赞成，连农工商部也认为“所议甚是”，批准照行。从相关史料中，我们尚未发现中小行业对这一规定提出强烈的反对意见。因此，至少可以说上海商会对选举制度的这一修改，并非少数领导人的独断专行，而是履行了修改章程所必须通过的一系列法定程序，并且最后报经农工商部批准，在程序上是完全合法的。另外，当时的商会会员以及工商界，特别是那些实力并不雄厚的中小行业，对这一新规定也没有提出不同的意见，更没有公开进行抵制，似乎也并不否认其有合理性。

正因如此，其他一些商会先后不同程度地仿照上海商会的这一新规定，根据缴纳会费的多少确定会员和会友不同的选举权数。例如苏州商务总会在宣统三年（1911年）正月改选之前，曾就选举规定发布通告，说明“选举权照前例每业年纳六十元者一权，过一百六十元者作为两权，余依此类推”②。锡金商会也是规定会员和会友拥有不同的选举权数，实际上是因为会员和会友捐助会费数额有差异，会董选举“统用秘密投筒法，无论会员会友及年岁若干，皆可被选，惟选举之权分为二等，会友一权，会员二权，开筒统计得数较多者当选”③。其他一些商会也接受并采纳这种不同选举权数的规定，而且同样没有发现什么反对意见，更进一步说明上海商会的这一新规定在当时有其合理性而被工商界所接受。

① 《光绪三十三年五月初十日奉农工商部批》，上海市工商业联合会、复旦大学历史系编：《上海总商会组织史资料汇编》上册，上海：上海古籍出版社，2004年，第80页。

② 《苏商总会通告选举规定》，章开沅、刘望龄、叶万忠主编：《苏州商会档案丛编》第一辑，武汉：华中师范大学出版社，1991年，第66页。

③ 《锡金商会发起章程》，无锡市工商业联合会、无锡市档案馆编：《近代无锡商会资料选编》，内部印行，2005年，第6页。

第三节
民初上海商会选举制度的发展演变

1911年辛亥革命爆发，上海光复之后一部分工商界头面人物认为，原商务总会系清朝商会批准成立，应另立新商会，遂发起组织上海商务公所，使沪上一时出现了两个全市性的商会组织。虽然名称不同，但这两个组织的功能与作用并无二致，同时存在既无必要也易引起诸多掣肘。于是，不久之后上海工商界又多次商议两个组织的合并以及商会改良等问题。在此过程中，我们可以看到工商界内部开始有人对商会选举制度提出不同的意见，认为："今就实事言之，既以改良为宗旨矣，则商会前所办理之事，凡有不甚合法者，窃以为宜趁此机会改革而纠正之，不宜以其经手未完，一概赓续之也。"[①]

对选举制度的意见，主要集中于前面提及的以捐助会费多少确定各行帮会员人数以及选举权和被选举权等问题。有人指出："沪会有所谓会员者，得举为议董。不论一帮一行，帮或数百家，行或数十家，凡岁纳白金三百两以上者举会员一，六百两以上会员二，九百两以上会员三。个人纳银三百两亦得为会员，亦得举为议董，不足三百两只得为会友、不得为会员，不得举为议董。若其资格所在，乃仅仅在此三百金也。虽曰举，邻乎鬻矣！"[②]另还指出，对各行帮缴纳会费数额的规定也不公平，"其营业之大小，范围之广狭，弗之区别。若惟计其所举会员多寡，按数而输之值也"[③]。

实际上，上海商务总会的领导人也意识到上述缺陷，同样希望加以改变。1912年初，商务总会在报上刊布《并合商务总会、商务公所改良办法意见书》，就商会选举与会费等问题提出改良方案，公请讨论商议。关于选举问题，意见书说明："当时，以会费多寡规定资格，为整齐资望起见，未尝不

---

① 《金贤采致沈联芳书》，上海市工商业联合会、复旦大学历史系编：《上海总商会组织史资料汇编》上，上海：上海古籍出版社，2004年，第129页。

② 《上海商务公所章程草案序言》，上海市工商业联合会、复旦大学历史系编：《上海总商会组织史资料汇编》上，上海：上海古籍出版社，2004年，第127页。

③ 同上注。

是。然以被选之人不多，致有商会议董出资捐做之诮。”[1]拟改良的办法是实行“各业普通选举”，即调查各帮各行，入会之商先行挂号入会，由入会各业行号每家举其经理或店东一人代表为会友。每届选举之期，如入会各业行号共有一千家，则发选举票一千张，于入会代表一千人之中普通选举会员100人，再由会员100人中复选办事会董40人，正副会长3人。其个人入会，须有正当营业，关心公益，赞助商会事务者得为会友，有被选会员、会董之资格。旧章规定选举总协理2人，议董19人，议董额定太少，“又皆公忙，不克分担义务”[2]，因此拟加倍选举。

关于会费，“旧法系各帮各行分投担任，或店少而费多，或店多而费少，颇有畸重畸轻之弊。……现改为各业普通选举，则会费亦应变通”[3]。具体拟分为以下五等：凡挂号入会之行号店铺，经营较巨者每一家每年入会费六十两，其次四十八两，又次三十六两，又次二十四两，最少十二两。各帮各行仍由公所或会馆分投收缴，其无公所会馆统属者则由商会径向收取，个人入会亦至少年费十二两，公司局厂年费一百两。[4]

经过多次商议，1912年2月商务总会和商务公所实现合并，公定名称为上海总商会。这是近代中国最早由华商组织而以“总商会”命名的商会，1915年《商会法》颁行之后，各地的商务总会才一律改称为总商会。1912年5月，新成立的上海总商会举行选举，也是上海商务总会的第七届选举。选举之前，上海总商会发布修改入会、会费、选举章程，说明“本总商会另订新章，附呈查照，是否仍愿入会，务祈于四月五号以前复会，俾便汇刊选单，再行分送”[5]。新订缴纳会费标准及选举虽与上述《并合商务总会、商务公所改良办法意见书》所说的不完全相同，但与以前的规定相比仍有较大改变。其具体办

① 上海市工商业联合会、复旦大学历史系编：《上海总商会组织史资料汇编》上，上海：上海古籍出版社，2004年，第131页。

② 《并合商务总会、商务公所改良办法意见书》，上海市工商业联合会、复旦大学历史系编：《上海总商会组织史资料汇编》上，上海：上海古籍出版社，2004年，第131页。

③ 同上注。

④ 同上书，第131–132页。

⑤ 《上海总商会通告并附修改（入会、会费、选举）章程》，上海市工商业联合会、复旦大学历史系编：《上海总商会组织史资料汇编》上，上海：上海古籍出版社，2004年，第135页。

法是："一、各业会馆、公所团体入会者，会费仍照旧章。惟向例仅举业董一、二人代表入会为会员，现拟普通选举，即于各业团体中按营业之大小、会费之多寡，酌定推举代表之人数；一、各业团体出会费至一百两以上者，得举会员一人，以多至十人为止；一、各业商号商人不附入团体、单另入会，会费酌分三种，一百两、五十两、三十两。每年担任会费五十两以上者，得举其店东或经理人入会为会员；三十两者，得举为会友。会友有选举权，会员有被选举权。……一、会员由各业普通选举，分别入会注册，即由入会会员复举会董三十一人，再由会董公举总理一人，协理二人。"①

从以上分析可见，这一新规定至少在两个方面对以前的选举制度进行了较大修改：一是实行了"普通选举"，参加选举的人数较从前大大增加，范围也相应扩大。按照过去的规定，仅人数不多的会员拥有选举权，某行某帮捐助会费300两以上才得推选1名会员，900两以上也只能推选3名会员，现在各行帮捐助会费100两以上即可推选1名会员，至多可推选10人，会员人数明显增加，参加选举的人数自然也相应增加。二是会员捐助会费的标准明显降低。会员人数以及参加选举的人数增加，原因在于会员捐助会费的标准明显有所降低。特别是未附入团体而单另入会的商家，过去一般都因难以承受每年300两的会费而无法取得会董的选举权和被选举权，至多只能成为会友，仅有推选会员的选举权；现在单个商家捐助会费50两以上，即可推举其店东或经理1人成为会员，标准比以前降低了六分之五，自然不会像以前那样可望而不可即。降低会费和增加会员，进而扩大会员的选举权和被选举权，这也是上海总商会进行选举改革的初衷。

按照新规定，上海总商会通过选举产生了新一届职员，名称仍为总理、协理和议董。其中总理1人，由周金箴（晋镳）当选；协理2人，由贝润生（仁元）和王一亭（震）当选；议董33人。从理论上看，上海总商会关于选举的新规定，似乎对于商会选举制度朝着更加民主化和广泛化方向的发展十分有利，但实施之后又带来了新问题，无奈之下只能复原。1919年上海总商会会长朱葆三在解释会员会费规定的变化时曾提到此次变革的前后经过："光复以前，会员之会费为三百两、二百两、一百二十两、六十两。民国元年，会董王一亭、钱达三二君曾建议减轻会费，推广员额，改为一百两、五十两者为会员，有被

① 《上海总商会通告并附修改（入会、会费、选举）章程》，上海市工商业联合会、复旦大学历史系编：《上海总商会组织史资料汇编》上，上海：上海古籍出版社，2004年，第135–136页。

选举权，三十两者为会友，无被选举权。初以为费轻则款集，额广则人多，岂知议决之后，人数并不加多，而会费收入骤短五千两。至民国三年，仍议规复，非常困难，于是个人入会改为五十两（今之六十五两内有加收三成建筑经费在内），历癸丑、甲寅、乙卯三年而始复原额。”[①]由此可知，上海总商会所进行的选举制度改革，一方面没有达到迅速扩大会员名额的初衷，另一方面却带来了会费急剧减少难以为继的困境，几年后不得不恢复原样。

经过此次并不成功的曲折尝试，上海总商会在选举制度方面的改革似乎陷入了顿挫。但民国北京政府制定《商会法》的举动，成为上海总商会和其他商会不得不变革选举制度的强制性外来推动力。1912年11月，北京政府工商部举行了临时工商会议，会上讨论了工商部拟订的《商会法》草案，工商界代表提出了不少修改意见，要求工商部重新修订。同年底上海总商会收到了工商部寄到的工商会议录，内有商会法决议条文，规定商会各职员两年一任。总商会将该项条文印送全体会员查阅议复，最后经常会议决："本总商会系商务公所改组，成立于民国元年。总理、协理则于六月一号任事，为本总商会第一任之选举。应照新商会法两年一任，以免参差。于民国三年三月一号为二任选举期，六月一号为第二任总理、协理任事期，以后即如法办理，著为定章。”[②]这只是选举制度中一个小小的变动，而且有商会法决议案相关条文作为依据，因此不会引起什么反响。

不过，《商会法》的正式颁行却促使商会的选举制度发生了较大的变革。1914年9月，经民国参政院议决的《商会法》及施行细则相继公布，但引起海内外商会的一致反对。其主要原因是《商会法》未将1912年成立的全国商会联合会列入，使之无形中被取消，同时规定各省在省城、商埠及其他商务繁盛之区域成立商会，另在省城设立商会联合会，而对清末即已成立的各省商务总会的合法地位也只字未提，并要求各商会自本法颁行之日起，以6个月为期限进行改组，否则予以取消。以上海总商会为首的海内外商会多次上书北京政府政事堂转呈大总统，强烈要求保留全国商会联合会和商务总会，并于1915年3月在上海召开了全国商会会议，提出修改商会法意见书。由于海内外商会坚持抵

① 《朱葆三对邹静斋等改革总商会组织议的解释》，上海市工商业联合会、复旦大学历史系编：《上海总商会组织史资料汇编》上，上海：上海古籍出版社，2004年，第334页。

② 《1913年总商会第七次及第九次常会关于本会选举案摘要》，上海市工商业联合会、复旦大学历史系编：《上海总商会组织史资料汇编》上，上海：上海古籍出版社，2004年，第143页。

制，北京政府最终接受了商会的要求，于是年底公布了新《商会法》。

实际上，1914年公布的《商会法》对商会选举制度已进行了较大的修改，但商会未对此提出不同的意见。因此，修订的新《商会法》在这方面并没有什么明显的改动。以下是1915年公布之新《商会法》关于选举方面的条文：

第四章　选举及任期

第十八条　会董由会员投票选举，会长、副会长由会董投票互选。会长、副会长及会董选定后，须经由地方最高行政长官或地方行政长官报告农商部。

第十九条　特别会董，推选富有资力或工商业学术技艺经验者充之。推选特别会董后，应依前条第二项之规定办理。

第二十条　会员皆有选举权及被选举权，但有被选举权者之年龄须在三十岁以上。

第二十一条　每选举时，一选举人有一选举权。

第二十二条　选举用记名投票法，由选举人自行之。

第二十三条　会长、副会长、会董均以二年为一任期。其中途补充者，须按前任者之任期接算。

第二十四条　会长、副会长及会董任期满后，再被选者得连任，但以一次为限。①

原《商会法》第14条列有以下人员无选举权及被选举权的规定：褫夺公权尚未复权者、受破产之宣告确定后尚未撤销者、有精神病者。修订后的新《商会法》第7条规定，以上三类人员不能成为总商会和商会之会员。

按照上引《商会法》有关条文的规定，商会选举制度在两个方面的改变显而易见：一是取消了此前许多商会根据会员缴纳会费数额差异确定其不同选举权数的规定，不管缴纳会费多少，每"一选举人有一选举权"②；二是改变了不记名的"机密投筒法"，采用记名投票法。除此之外还应指出，《商会法》

① 《商会法》，上海市工商业联合会、复旦大学历史系编：《上海总商会组织史资料汇编》上，上海：上海古籍出版社，2004年，第202页。

② 有些商会后来虽不再以交纳会费的数额作为会员选举权数的核定标准，但又以另外的方式以示区别。如苏州商会1916年3月21日通过关于改组选举问题的议案，规定："照上届选举票十二元为一权者，今改为十二元有一选举票。……选举票每票选举十人。"（马敏、祖苏主编：《苏州商会档案丛编》第二辑，武汉：华中师范大学出版社，2004年，第37页）其意为交纳12元会费获取1张选举票，可选举10人，如果交纳24元获得2张选举票，则可选举20人。这表明苏州商会会员交纳会费的不同数额，对其享有的选举权仍有一定影响。

对商会会员的新规定，也是与选举相关的另一项变革。所谓新规定主要是指“总商会、商会会员不限人数”，凡属商会所在区域内公司本店或支店之职员，为公司之经理人者，各业所举出之董事，为各业之经理人者，自己独立经营工商业，或为工商业之经理人者，均可成为总商会、商会会员。同时，《商会法》未列会友名目，实际上是取消了商会会友这一层次，所有加入商会者均为会员。由于不限会员人数，加上会友均成为会员，自然会扩大会员的人数，而拥有选举权和被选举权的人数也必然会相应扩大，这对完善商会的选举制度不无裨益。1916年2月，北京政府又公布了《商会法施行细则》，其中第5条规定：“每届选举时，除依本法第二十一条及第二十二条规定外，应先期十五日以前通知各选举人，并请所在地地方最高行政长官或地方行政长官派员届时莅视，即日当众开票。各当选人自受当选之通知后，逾十五日未有就任之声明时，得以票数次多者递补。”[①]1915年底新《商会法》公布之后，各省商会都相继依照该法修改制订章程，确立新的选举制度。由此可以进一步证明政府对商会选举制度的建设，乃至像商会这样的民间社团的发展具有不容忽视的独特作用。如果说清末商部奏准颁行《商会简明章程》对近代中国商会选举制度的建立产生了重要影响，那么，民初农商部制定公布《商会法》对商会选举制度的发展和完善也发挥了不可缺少的重要作用。

1916年上海总商会遵照《商会法》之规定进行了改组。其他地区的商务总会改组后均改称为总商会，商务分会改称为商会，上海总商会因与《商会法》的规定正相吻合，故原有名称不变，但重新拟订了章程。与选举相关的规定除了照录《商会法》的有关条文之外，在个别方面经农商部批准拟订了变通性的条款，如规定“凡曾任会长、会董者，满任后仍认为会员”[②]。此条在《商会法》中并无明确说明，系由上海总商会呈请农商部批准，在自订章程中专门列入。此后，包括上海总商会在内，全国各地的商会都开始实行新的选举制度。

需要指出，《商会法》虽促进了商会选举制度的发展变化，但也并非达到十分完善的程度。由于《商会法》对有些方面的规定不细致，因而也带来了

① 《商会法施行细则》，上海市工商业联合会、复旦大学历史系编：《上海总商会组织史资料汇编》上，上海：上海古籍出版社，2004年，第205页。

② 《上海总商会章程》，上海市工商业联合会、复旦大学历史系编：《上海总商会组织史资料汇编》上，上海：上海古籍出版社，2004年，第209页。

一些问题。例如规定正副会长、会董任满后又再次当选，可以连任，以一次为限，但未具体说明正副会长和会董的任期是合并计算还是分别计算，即对会董两届任满后虽明定不能再当选会董，但是否可以当选正副会长无明确规定。由此，导致各地商会做法不一并时有争议。1920年3月，农商部又发布训令对此作出补充性规定："查商会会长、副会长连任问题，各商会因会长、副会长均由会董内选出，与会董任期合算者居多，亦有因合算致起争执者，自应明定办法，以昭划一。会长、副会长与会董名称既殊，职务权限亦各不同，依商会法第二十四条之规定，其任期当然不能合算。嗣后各商会于改选之时，所有会长、副会长及会董职任，应即各归各算。从前有因合算争执，尚未另行选定者，亦应照此办理，以归一律，而免争端。"[①]训令公布后，有些商会对此仍有疑义。1921年2月南昌总商会选举时请求农商部予以解释，农商部第252号批示："连任会长选充会董，连任会董选充会长，自属可行，前次通令解释，所谓各别计算，义即在此。"尽管该批示的解释已比较清楚，然"各商亦有表示未能赞同者"。全国商会联合会赣省事务所为免争执，又呈请大理院解释。大理院以统字第1509号公函回复，肯定农商部的训令与《商会法》实无抵触，并进一步说明："当选与连任系属两事，商会法只限制连任会长、会董之再行连任权，并未限制其再行被选权。……故连任之会董，虽不得再行连任，但依法仍得再行当选，当选之后，并得加入互选，当选为会长。至连任之会长，得被选为会董，尤属毫无问题。"[②]

经过如此反复，对这一问题似乎不应再有争议，但上海总商会在选举中遇到该问题时仍有人提出异议。1924年6月，穆藕初与上海总商会之间就此问题曾数度进行问答辩论。穆氏认为，会长和会董既然按《商会法》规定均只能连任一次，"若会长或会董接连两任，则当然受第二十四条之约束，不能借口于会长与会董职权不同，而二次任满之会董，仍享有选举被选举之权利也。即以选举法而论之，夫选举之有效与否，全视选举人之资格合法与否而定之，则会董于选举之前，必须正式就职，所投之票方能有效。会董既已就职，则显然

① 天津市档案馆、天津社会科学院历史研究所、天津市工商业联合会编：《天津商会档案汇编（1912—1928）》第1册，天津：天津人民出版社，1992年，第66–67页。

② 农商部第252号批示和大理院统字第1509号公函均引自《商总会再复穆藕初函》，上海市工商业联合会、复旦大学历史系编：《上海总商会组织史资料汇编》上，上海：上海古籍出版社，2004年，第412、413页。

违背第二十四条之规定，即使选举后退出，而违法就职之咎岂能避免"[1]。就法理而言，不能说穆藕初的质疑毫无理由。上海总商会实际上也无法做出更具有说服力的解释，只能坚持以农商部批示和大理院的解释为依据进行回答。面对这种情况，上海总商会深感要想彻底解决争议，只有修改《商会法》的有关条文，"此项部令院函与其谓为解释当否问题，毋宁谓为立法需要问题"[2]。农商部也于1923年向国会提出修订《商会法》，欲将连任条文中"但以一次为限"删除，但时逾一年国会置而未议。上海总商会议决联同全国商会联合会各省事务所，呈文农商部催请国会议定公布，"以为根本之解决"。可见，农商部一方面通过颁行《商会法》推动了商会选举制度的发展变革，另一方面因考虑不周，又在某些方面给商会的选举带来了争议，这从一个侧面体现了近代中国商会选举制度发展演变的曲折性与复杂性。

第四节
清末民初上海商会选举的实践考察

下面我们通过1918年上海总商会的选举过程，考察商会选举制度在实践中的具体实施情况。

选举首先需要进行的工作，是根据章程规定的改选期限，由总商会召开常会商议决定具体选举日期。上海总商会于是年9月21日的第19期常会上议定："本任会长系丙辰阴历十月初一日接任，兹为期已近。拟于旧历九月初九日（阳历为10月13日——引者）选举会董，九月十六日复选会长，十月初一日新旧会长交替。"[3]随后的事项，是邀集各业领袖暨会董会员，编纂全体会董、会员同人录，做好选举所需要的准备。大约在选举前一个星期，总商会又在报上刊登选举通告并告知相关事宜。1918年10月8日，《申报》登载总商会通告会董会员及各业代表函，全文内容如下：

① 《穆藕初再函总商会问选举事》，上海市工商业联合会、复旦大学历史系编：《上海总商会组织史资料汇编》上，上海：上海古籍出版社，2004年，第412页。

② 《总商会致各省事务所函》，上海市工商业联合会、复旦大学历史系编：《上海总商会组织史资料汇编》上，上海：上海古籍出版社，2004年，第416页。

③ 《总商会常会临时提议拟定期办理选举》，上海市工商业联合会、复旦大学历史系编：《上海总商会组织史资料汇编》上，上海：上海古籍出版社，2004年，第278页。

> 敬启者，谨按商会法第九条内开“总商会会长一人，副会长一人，会董自三十人至六十人”，又第十八条“会董由会员投票选举，会长副会长由会董投票互选”，又第二十三条“会长、副会长、会董，均以二年为一任期”，各等语。是会长、副会长由会董互选，会董由各会员投票选举，各会员由已经捐资入会之各帮、各行、各公司、各商号公举。本总商会遵照商会法第四章选举，今届改组后第二届选举之期，以旧历九月初九日为选举会董之期，旧历九月十六日为互选会长之期，并定旧历十月初一日为会长、会董到会任事之期。兹特检选举票一张，被选名单一通，即请台端照章慎选，填写票内，于九月初九日以前送投本会选举筒内。届期并乞驾临本会监视，以昭郑重。事关选举，幸勿他却。①

不难看出，上海总商会在通告中特别强调依照《商会法》相关条文进行选举，并不惜笔墨反复转引这些条文，以便加强选举人和被选举人的印象。

选举前一日总商会又在报上刊登“启事”，说明“是日检票、报名、核数手续繁多，应请各位会董分别担任，以昭慎重。除分函外，用特专函奉邀，届期务祈台驾先时莅会为荷”②。10月13日下午3时，总商会按期召开选举会董大会。从有关史料的记载中可以获悉，其选举会董的程序如下：1. 摇铃开会；2. 入席；3. 公推检票，唱名，核数各员；4. 开匦检票，报告实数；5. 按票唱名，记录被选举数；6. 核算权数，报告当选姓名；7. 摇铃散会。会上临时推定朱葆三等13人监视开票与报名核数，开匦检出共投253票，核算结果计当选会董35人，候补当选会董10人。其中，当选会董得票数最多者为朱葆三，共234票，得票数最少者为钱贵三，共79票；候补当选会董得票数最多的是秦润卿和乐俊宝，均为79票，得票数最少的孙衡甫，为50票。实际上，钱贵三、秦润卿、乐俊宝3人所获票数均为79票。按照规定出现这种情况时，以当众抽签的方式决定其中1人当选。于是由周金箴当场抽签，确定钱贵三为当选会董，秦、乐2人“挨次候补”。③10月20日午后3时，总商会新会董又按期互选正副

---

① 《总商会发送选举票》，《申报》1918年10月8日，第10版。

② 《总商会今日选举会董》，上海市工商业联合会、复旦大学历史系编：《上海总商会组织史资料汇编》上，上海：上海古籍出版社，2004年，第279页。

③ 《总商会选举会董记事》，《申报》1918年10月14日，第10版。

会长。除了3人因故缺席外，32名会董均亲自参加投票选举。“先举正会长，开匭揭晓，朱葆三得三十一票，沈联芳得一票，系朱葆三君当选联〔连〕任为正会长。未几各会董又选举副会长，当场投票后即开匭检票，沈联芳得二十九票，钱达三得两票，虞洽卿得一票，仍系沈联芳当选副会长。”[①]自此，上海总商会此次会董和正副会长的改选顺利完成。从清末开始，上海商会就与其他地区的商会一样，每届会董、总协理或正副会长选举之后，都将当选人及其获得多少选票在当地有影响的报纸上予以公布，类似于公示的性质。1918年上海总商会改选会董和正副会长后，在《申报》上刊登了当选人的名单并附得票数，甚至还报道了选举的全过程。

以上我们介绍了上海总商会此次选举的全部过程。从这一选举过程不难发现，上海总商会的选举是按照选举制度的规定正常进行的。但值得注意的是，在选举程序中有一项是投票之后的“核算权数”。由此看来，上海总商会似乎是继续沿用了以往每张选举票拥有不同选举权数的规定，否则此一程序即属多余，但在上海总商会的章程或其他与选举相关的文件中我们却未看到类似的规定。如就现有史料分析，根据上海总商会在此次选举前的1918年4月编印的入会同人录记载，该会时有合帮会员108人，各业分帮会员143人，此外还有沪北商团体操会义勇队打靶部超等毕业生，上海总商会均“予以选举权，认为特别个人会友”，总计有62人。合帮会员、各业分帮会员和特别个人会友三类人的数字相加，共计313人享有选举权。[②]此次会董选举开匭检出共投253票，假设沪北商团体操会义勇队打靶部超等毕业生未参加选举，合帮会员加上各业分帮会员共计257人拥有选举权。如果每位会员投一票而不加上选举权数，排除少数会员因故不能参加选举，这一数字与检出的投票数十分接近。由此推算，又并不存在选举票的权数差异。但是，相关史料未明确记载有多少会员因故未参加此次会董选举，也没有说明沪北商团体操会义勇队打靶部的超等毕业生是否参加选举，所以这只能说是一种推论。

还有一个明显的不同值得注意，清末上海商务总会实施不同选举权数的选举制度时，每次公布选举结果都是首先说明收到三权者选票、二权者选票和

---

① 《总商会正副会长继续当选》，《申报》1918年10月21日，第10版。

② 《1918年上海总商会同人录》，上海市工商业联合会、复旦大学历史系编：《上海总商会组织史资料汇编》上册，上海：上海古籍出版社，2004年，第252–262页。

一权者选票各有多少张，然后列出各位被选举人获得多少“票”，实际上也就是多少“权”。例如上海商务总会公布戊申年（1908年）选举结果时，即说明“共到选举票：三权者六十票，两权者四票，一权者二十四票”，[①]本次选举“被举权数：李云书193、朱葆三190、谢纶辉189”[②]，引文中的数字并无单位说明，显然均为选举权数。公布庚戌年（1909年）选举结果时，上海商务总会更是直接统计每位候选人获得多少“权”。但自从1915年《商会法》规定“一选举人有一选举权”之后，就再也看不到上海总商会像以往这样以各人获得多少“权”来宣布选举结果，而是统计每位候选人获得多少选票。例如1916年10月上海总商会在改选之后宣布选举结果时，首先不再说明不同选举权数的选举票各有多少张，而是公布“检得已投选举票174纸，内有空白无效票三纸，实计有效票171纸。兹将当选会董及候补当选诸君姓氏票数列左。计开当选会董：朱葆三君144票、贝润生君140票……”[③]1918年改选后公布选举结果，同样也是如此。这些也都可以间接说明，自1916年以后商会选举已不再实施一张选举票拥有不同选举权数的规定。

通过对商会选举的考察，也可以发现以往流行的某些结论实际上是值得商榷的。例如在分析商会的选举制度时，论者往往批评商会以各行帮缴纳会费的多少确定推举会员的数额以及选举权数的差异，认为这明显是有利于经济实力雄厚的行帮，致使这些行业的商董得以占据较多的会董位置，并垄断总协理和正副会长要职，经济实力较弱的行业则难以企及。但实际情况是否如此，还需要对商会选举的实践和结果进行考察。下面我们就以上海商务总会的会董选举结果为例加以说明。光绪三十三年（1907年）三月上海商务总会改选了第四届会董和总协理，根据选举前的统计，上海商务总会时有会员66人，均具备会董选举和被选举资格。其中确有少数行帮或企业确实占有较多的名额，如南北市钱业3人，轮船招商局3人，洋货商业公会3人，电报总局2人，振华堂洋布公所

① 《上海商务总会选举权数及戊申年（1908）被选举权数》，上海市工商业联合会、复旦大学历史系编：《上海总商会组织史资料汇编》上册，上海：上海古籍出版社，2004年，第101页；《上海商务总庚戌年选举议董》，上海市工商业联合会、复旦大学历史系编：《上海总商会组织史资料汇编》上，上海：上海古籍出版社，2004年，第10页。

② 同上书，第102页。

③ 《总商会举行会员大会选举第三任会董》，上海市工商业联合会、复旦大学历史系编：《上海总商会组织史资料汇编》上，上海：上海古籍出版社，2004年，第243页。

2人，南帮汇业2人，户部银行2人。本届选举的会董包括总协理在内共18人，详见下表：

光绪三十三年（1907年）上海商务总会总协理、议董名录[①]

姓 名	印	籍 贯	年岁	执 业	业
周金箴（总理）	晋镳	浙江慈溪	61	电报总局	
李云书（协理）	厚祐	浙江镇海	41	商船会馆	天余号
陈润夫	作霖	江西清江	67	江西会馆	天顺祥
樊时勋	棻	浙江镇海	64	叶永豕众号代表	
周舜卿	廷弼	江苏无锡	56	昇昌五金行	
袁联清	鎏	浙江慈溪	64	北市钱业	崇余钱庄
朱葆三	佩珍	浙江定海	60	地产公司	慎余号
祝兰舫	大椿	江苏金匮	52	华兴面粉公司	
丁价候	维藩	安徽怀宁	43	南帮汇业	又善源
陈子琴	薰	浙江镇海	50	南帮汇业	源丰润
沈仲礼	敦和	浙江鄞县	50	华商保险公司	华安
袁恒之	有道	江苏丹徒	48	洋布公所振华堂	宝余号
邵琴涛	廷松	江苏常州	42	洋布公所振华堂	大丰号
金琴孙	清镳	江苏吴县	40	通商转运公司	荣记号
虞洽卿	和德	浙江镇海	41	洋货商业公会	荷兰银行
席子佩	裕福	江苏青浦	41	书业公所	申报馆
焦乐山	发昱	江苏丹徒	56	户部银行	
苏葆笙	德镳	浙江鄞县	53	成记洋货号	

从上表可以看出，南帮汇业和洋布公所振华堂均有2名会员，并在选举中都当选为会董，说明经济实力雄厚的行帮捐助会费较多，会员名额也较多，对

① 本表根据《上海商务总会备选戊申年（1908）议董台衔录》整理制成，见上海市工商业联合会、复旦大学历史系编：《上海总商会组织史资料汇编》上，上海：上海古籍出版社，2004年，第96–99页。

于其在会董中所占的份额确有一定影响。但是，这一因素只能说是为这一结果提供了某种可能性，并不具有决定性的影响。如轮船招商局虽有3名会员，最后却无一人当选为会董；南北市钱业和洋货商业公会也都有3名会员，分别仅有1人当选会董。当选为总理、协理的周金箴和李云书，也不是出自于会员人数最多的行帮或企业。类似的情况并非例外，宣统元年（1909年）三月上海总商会改选第五届总协理、会董时，轮船招商局、大清银行也有3名会员，而当选会董者仅各有1人，被选举为总理、协理的周金箴和严子均同样也并非来自于会员人数最多的行帮或企业。[①]如果按照以往流行的结论推断，会员人数多的这几个行业和企业当选为会董的人数应该更多，但实际情况并非完全如此。这个事实足以证明，并不是某个行帮或企业的会员越多，当选为会董的人也必然会更多，也并未因此形成把持商会大权的垄断地位。

通过实际考察，我们还可以发现，商会选举制度的规定并非每一条文均有明显的约束力和影响力。例如上海商会在光绪三十年五月第二次制定暂行试办详细章程中即有专条规定："自总理、协理以至会员，经众举定不得辞让。"[②]此后修订的章程中也有此条文，但实际上总理、协理和会董当选后不愿就职之事屡有发生。

以往的有关论著都批评经济实力雄厚的商董想方设法长期把持和垄断商会领导权，实际上是存在着一种似是而非的预设前提，即在主观上认为工商界上层人物都无不迫切期望成为商会领导群体中的一员，进而觊觎商会的更高领导权以便从中谋取个人私利。然而上海商会领导人当选之后的实际表现却并非如此，甚至是完全相反。

改选时按一定比例将原会董不列入候选人名单，意味着在每届改选后都会有一定比例的新会董当选，这是商会选举制度中并无明确规定，但在操作实践中实施的一项新举措。此办法虽在一定程度上解决了部分会董因营业繁忙不愿连任的问题，但实施之后也带来新的困惑。例如1916年5月上海总商会改选后，当选正副会长的宋汉章、陈润夫二人辞不应选，照章推补得票次多数之正、副会长沈仲礼、张知笙也不愿就任，只得议定请原会长继续维持4个月。

① 《1909年上海商务总会同人录》，上海市工商业联合会、复旦大学历史系编：《上海总商会组织史资料汇编》上，上海：上海古籍出版社，2004年，第110–113页。

② 《上海商务总会第二次暂行试办详细章程》，上海市工商业联合会、复旦大学历史系编：《上海总商会组织史资料汇编》上册，上海：上海古籍出版社，2004年，第167页。

这种状况对商会的正常运作不无影响，在准备重新选举正、副会长的同时，上海总商会呈文农商部说明："近因才地资望兼优之商人，曾经被选为会董或曾任会长者，每于本业团体中取消代表名义，使商会无选举之名。此风既开，群相仿效，必驯至无人办事而后已，前途殊为危险，必使才地资望能胜任会董会长之人不得任意退避，庶可维持于不败。本会为商务总汇之区，会长有主持会务之责，旧会长未便常代，新会长既提出辞职，次多数又无可推补，于本月二十日提交常会讨论公决，非重行选举不可，重行选举，又非推广选举范围不可。其救济之法，拟于本会章程第五章第十条加入一项，其文曰：凡曾任会长会董者，满任后仍认为会员，庶范围较广，选举不至困难。"①农商部批示："查商会会长、会董满任后，非有特别情形自请出会及有商会法第七条情事之一者，当然仍为会员，本不必于章程内另行规定。惟既据呈请另加一项，亦无不可，应即准予备案。"②同年十月，上海总商会拟重新进行选举，并于选举前发布通告，特别说明本次选举将"推广选举范围"："一、凡曾任会长会董者，满任后仍认为会员；一、凡会友均改为会员，庶范围较广，不至困难。"③10月25日上海总商会顺利选举会董之后，定于30日选举正副会长。因时间紧迫，选举票到场分发，不先函送，要求各位"当选人齐集本会，当场投票，以昭郑重。……万一公忙无暇，委托代表到会，俾会长早日举定，则会务有人主持也"④。30日，上海总商会全体会董按期举行会长选举，先选会长，朱葆三得24票当选，次选副会长，沈联芳得25票当选。11月4日，新当选的正、副会长偕全体会董就职。

上述情况表明，上海总商会在选举的操作实践中，常常会根据当时的实际情况对选举制度适时进行某些调整，采取一些新的办法保证选举顺利进行。如果上海总商会不呈请农商部批准将以前曾担任会长、会董者仍列为会员，这次

① 《上海总商会呈农商部文》，上海市工商业联合会、复旦大学历史系编：《上海总商会组织史资料汇编》上，上海：上海古籍出版社，2004年，第167页。

② 《农商部批》，上海市工商业联合会、复旦大学历史系编：《上海总商会组织史资料汇编》上，上海：上海古籍出版社，2004年，第168页。

③ 《总商会重选会长之通告》，上海市工商业联合会、复旦大学历史系编：《上海总商会组织史资料汇编》上，上海：上海古籍出版社，2004年，第242页。

④ 《总商会函请当选会董亲到投票选举会长》，上海市工商业联合会、复旦大学历史系编：《上海总商会组织史资料汇编》上，上海：上海古籍出版社，2004年，第244页。

重新选举很可能也不会如此顺利。按上海总商会在选举前专门列出的曾任会长、会董但当时并非会员的名单，朱葆三、沈联芳均在其中。[①]如不采取此一变通办法，依照惯例他们二人都不可能当选会董，更谈不上当选正、副会长。此例也说明，在实施选举制度的实践中，遇到特殊情况时上海总商会能够酌情灵活处理，农商部也给予了支持，从而使商会的选举最终得以举行，会务也能够照常运转。

在清末民初上海总商会的选举实践中，并未出现过严重的舞弊和贿赂等违法行为，但稍后也发生过某些争执。1924年6月的换届改选闹得沸沸扬扬，演变成为上海总商会历史上一次选举风潮。从表面上看，争执缘于前任会长宋汉章的资格问题，实际上背后所反映的是两派对上海总商会权力的争夺（有关此次选举纷争的详细情况，请参阅本书第八章的专题论述）。两年之后的1926年，上海总商会改选时再次发生严重争执。选举前傅筱庵为争做会长暗地联络部署，会董选举时甚至出现涂改选举票等舞弊现象，引起拥傅派和反傅派的激烈论争。虽然反傅派强烈质疑选举的合法性，要求重新进行选举，但最后苏浙皖闽赣五省联军总司令孙传芳出面干预，下令江苏省实业厅和沪海道尹宣布此次选举有效，傅筱庵终于如愿以偿取得了总商会会长职务。

1924年和1926年的这两次选举风潮，表明上海总商会的选举在操作实践中出现了新的变化趋向。如前所述，在清末民初的总、协理和正、副会长选举时，比较普遍的现象是相互谦让，当选的总、协理和正、副会长大多以精力和能力不济表示难以胜任，希望另选他人。但此时却有人为获取会长职务处心积虑地经营，甚至不惜采取违背选举制度规定的各种不法手段，致使商会出现不正常的选举风潮。上海总商会这两次选举风潮的发生，很难说是商会选举制度本身的缺陷所致，实际上主要是受当时政局变动影响而出现的新变化。一方面，在政局变动的影响下，总商会内部因省籍商帮和政见分歧而不可避免地产生不同派别，在选举中容易形成纷争；另一方面，不同的军事和政治力量也希望在总商会中寻求奥援，或明或暗地支持总商会中某一派别的代表人物执掌大权，同时也导致总商会日益卷入政治势力的纷争之中，明显出现政治分化。在

① 《定期重行选举并审定曾任本会会长会董现未为会员的名单》，上海市工商业联合会、复旦大学历史系编：《上海总商会组织史资料汇编》上，上海：上海古籍出版社，2004年，第168页。

这种情况下，自然会发生围绕着总商会领导权的一系列明争暗斗，而选举正是取得商会领导权唯一的“合法”途径，所以此后的商会选举很难再像从前那样顺利进行，常常出现比较严重的争执。上海总商会的这两次选举风潮以及后来的情况足以表明，随着政局的变化，商会的选举在实际操作中已难以在不受外界干扰的情况下正常进行，而是深深地受到政治和军事势力的影响。从表面上看，商会的选举制度仍然继续实施，但已不再起决定性的作用，因为选举的结果更多地受到商会内部不同派别背后政治军事力量强弱的制约。这一变化，显然不能说是近代中国商会选举制度正常的发展演变趋向，而是一种从常态向变态的演变。由此可以说，近代中国商会选举制度的发展最终陷入了悲剧性的结局。

第六章 天津商会选举制度的曲折演进

中国近代商会史研究自20世纪80年代初在中国大陆迅速开展以来，取得了一系列令人瞩目的成果。关于商会的投票选举制度，已有的相关论著也从不同角度有所提及，但对这一问题进行专题论述的成果并不多见，仍缺乏深入细致的探讨。商会的投票选举制度是伴随着商会从西方的引入而自然而然地产生的，并非孕育于中国本土。而在商会投票选举制度引进的过程中，政府相关部门与民间工商界人士都发挥了重要的作用。应该注意的是，在商会选举制度的实际运作过程中，各地区的商会既有许多共同之处，同时也有一些不同的特点，甚至并非每个商会都主动接受投票选举的制度安排，因此统而论之将难免失之片面，需要进行更多的个案考察和分析。天津商会是1904年中国商会开始正式诞生时，于当年在全国最早成立的少数商会之一，其后不仅在华北地区的众多商会中堪称翘楚，而且位于清末民初著名的全国八大商会前列①，但其投票选举制度的建立却经历了一个较为复杂的曲折演变过程，故而具有相当的个案研究价值。正因如此，本文主要对清末民初天津商会选举制度的发展变化及其实际操作进行初步探讨。

第一节 清末天津商会的“公推”制度

在保存至今的上海和苏州商会档案中，不难看到有关这两个商会在清末民

① 清末民初的所谓八大商会，一般指北京、上海、天津、汉口、广州、苏州、南京、重庆这8个商会。

初从事职员选举的大量资料。天津商会档案虽是国内保存数量最多也最为完整的珍贵商会资料之一，但令人奇怪的是，从卷帙浩繁的天津商会档案中，我们却发现有关清末天津商会职员选举制度以及有关选举活动的记载为数甚少，这可以说是天津商会较为独特的历史现象。实际上，这种现象所反映的是天津商会对选举问题持有不同于上海、苏州商会的认识和态度，并且采取了不同于上海、苏州商会投票选举的一种“公推”制度。

天津商务总会正式成立于1904年11月，在此之前只有上海商务总会等为数极少的几个商会诞生，这几个商会也是近代中国最早诞生的一批商会，在当时具有开风气之先的示范作用。另外，上海商务总会系由1902年成立的上海商业会议公所改组而成，天津商务总会则是由1903年成立的天津商务公所演变而来，二者具有某些相似之处。但不同的是，上海商务总会成立时拟订的章程已开始对选举问题有所涉及，规定总董、董事均由会友大会选举产生，光绪三十年（1904年）五月，上海商务总会拟订第二次暂行试办详细章程73条，对选举作了更为详细的规定。

1903年成立的天津商务公所，在暂行章程中也曾提及“公举”董事。该章程第二条说明：“天津商情涣散，互相倾轧，现设商务公所以资联络。拟令各行商业大者公举董事二人，小者一人，以便详求受病之原及救急之法，和衷共济，一洗从前积习。”[①] 这里所说的“公举”，其实际含义为“公推”，并非投票选举。1904年5月商务公所商董筹备成立天津商务总会时，也并未重视制定投票选举制度。在其最先拟订的《商会就地便宜章程二十条》中，没有明确规定总理、董事等职员由投票选举产生。参与其事的商董仍受商务公所时期“公举”制度的影响，对《商部奏定商会简明章程》相关条文的理解也有偏差，在呈请将商务公所改组为商务总会时，该“商等查部章第四条，商会之总理协理须由各行董保荐”，遂据此保荐原商务公所四大商董中的宁世福为总理，王贤宾为协理，么联元和卞煜光为坐办。[②] 据《大公报》记载，商务公所

① 《天津府凌守禀定商务公所暂行章程》，天津市档案馆、天津社会科学院历史研究所、天津市工商业联合会编：《天津商会档案汇编（1903—1911）》上册，天津：天津人民出版社，1989年，第3页。

② 《公裕厚等六十一户商号禀请将商务公所改为商会并公推宁世福王贤宾为总协理文》，天津市档案馆、天津社会科学院历史研究所、天津市工商业联合会编：《天津商会档案汇编（1903—1911）》上册，天津：天津人民出版社，1989年，第31页。

诸董集议设立商会公推总协理时，被推举之“诸绅等再四逊让，谓正在将行举办、需才孔殷之际，诚恐才不胜任，欲告退以便各行商董选保贤能总理等人，以专责成。各行商等集议，以诸绅素为各行所悦服，非该绅等难负此任”①。实际上，部订章程要求总、协理必须由会董“公推”，会董则必须就地由商家“公举”，而不是保荐。因此，直隶总督袁世凯批示天津商会修改便宜章程：“总会之总理协理、分会之总理，应由各会董会议公推，分会董事应由各商家公举，仍应遵照部章及会议通例章程办理，期收得人之效。”②

然而，1905年天津商会重新拟订的试办便宜章程中，第4条仍含糊地说会董由商会总理“先约会董十数员”，而不是通过选举产生。直隶总督袁世凯再次批示此条必须修改：“一曰公举宜实行也。查部章第五款商会董事应由就地各商家公举为定，总会自二十员以至五十员为率。今该会第四款云，本会遵照部章先约会董十数员，不曰公举而曰约，似总理、协理、坐办即有无限之权。查部章商会董事应由各商家公举，而总理、协理由各会董会议公推，所以联络商情允孚众望者，全在公举二字为之枢纽，非少数之总理等人可以任便纠约也。”另外，袁世凯还认为“坐办宜裁撤也”，因部章“本无坐办名目”。③这里所说的会董由商家“公举”，实际上就是指会董必须经由商家选举产生。接到这一批示后，天津商会对试办便宜章程进行了修改，确定：“商会遵照部令，先令各商家公举会董十数员，由十数员内拣选评议会董四人、会计会董二人、庶务会董二人，常川到会监理各项事宜，以期实事求是。倘遇疑难事件，准临时公举，惟不得逾部章五十员之数，以示限制。”④这一具体情况表明，清末商会引进并实施选举制度，也有一个认识和学习的过程，并非都像上海商会那样一开始就对这个问题十分重视，同时也说明清朝官员在商会选举制度建

① 《中外近事》，《大公报》1904年7月25日，第2版。

② 《直隶总督袁对商务公所绅商宁世福等公议〈商会就地便宜章程二十条〉的批示》，天津市档案馆、天津社会科学院历史研究所、天津市工商业联合会编：《天津商会档案汇编（1903—1911）》上册，天津：天津人民出版社，1989年，第34页。

③ 《直隶总督袁并商部对修改〈天津商会试办便宜章程〉的三点意见》，天津市档案馆、天津社会科学院历史研究所、天津市工商业联合会编：《天津商会档案汇编（1903—1911）》上册，天津：天津人民出版社，1989年，第50页。

④ 《直隶总督袁并商部对修改〈天津商会试办便宜章程〉的三点意见》，天津市档案馆、天津社会科学院历史研究所、天津市工商业联合会编：《天津商会档案汇编（1903—1911）》上册，天津：天津人民出版社，1989年，第51–52页。

立过程中具有一定的作用与影响。值得注意的是商部对袁世凯提出的批示修改意见，除了表示对会董应由商家选举之改动予以肯定外，对设立坐办一条却准允通融。商部认为："坐办名目虽为部章所无，现在风气初开，各处商会甫经设立，不得不量予变通，期得实际。上海商务总会总理、协理外，亦经本部札派坐办有案。盖总理、协理类皆事务稍繁之人，而会中一切事宜，必须有常川驻会者以资经理。该会章程第二十条所拟，本会坐办有管辖全会收发各项事件之权，是坐办权限不过管辖收发各事，核与本部添派坐办之意尚属相符，自不虞于总理、协理办事之权有所侵越。"①

另外，有关会员的选举在天津商会修订的章程中也仍然略有不同之处。在清末，上海和苏州商会都规定会员由入会的各行、帮商家选举，并以缴纳会费的多少确定不同的会员名额。上海商会拟订的《各帮各行选举会员法》规定："凡一帮或一行每年公捐会费在三百两以上得举会员一人，六百两得举会员二人，九百两得举会员三人，九百两以上以三人为限。"② 苏州商会的规定与此相似："一行、帮每年公捐会费三百元以上，得举会员一人，依次递加，至得举三人为限。经会众认可者，得为本会会员。"③ 上海、苏州商会人数最多的成员主要是各行帮的会友，上海商会会友年纳会费12两，苏州商会会友"岁捐会费12元"，会员的人数并不多，由会友选举产生，基本上是各行帮经济实力和社会影响比较突出的商董。清末的天津商会无会员和会友这样的不同称呼，但规定："无论何项商业，凡允认常年会费四元以上者，均得入会。"入会者实际上相当于上海、苏州商会的会友，但年纳会费少得多。除了会董之外，天津商会还有所谓的行董，即各行董事，相当于上海、苏州商会的会员。天津商会的行董从表面上看也以各行商家公举的方式产生。1903年天津商务公所成立时，"各行商业大者公举董事二人，小者一人"。商会成立后，"各行董事仍援商务公所旧章，大行三、四员，小行一、二员，应由就地各商家公举为

① 《直隶总督袁并商部对修改〈天津商会试办便宜章程〉的三点意见》，天津市档案馆、天津社会科学院历史研究所、天津市工商业联合会编：《天津商会档案汇编（1903—1911）》上，天津：天津人民出版社，1989年，第52-53页。

② 《上海商务总会第二次暂行试办章程》，上海工商业联合会、复旦大学历史系编：《上海总商会组织史资料汇编》上，上海：上海古籍出版社，2004年，第72页。

③ 《苏商总会试办章程》，章开沅、刘望龄、叶万忠：《苏州商会档案丛编》第一辑，武汉：华中师范大学出版社，1991年，第18-19页。

定”。[1]但天津商会没有像上海、苏州商会那样以缴纳会费的数额的差异确定各行帮选举会员的名额，而且所谓“公举”实际上也不是真正意义上的投票选举，仍然是采取“公推”的方式。

整体而言，清末的天津商会与上海、苏州等地的商会相比较，在选举制度的建设方面并无多少建树，甚至显得较为落后。这不仅反映在上述天津商会成立时拟订的章程中没有明确制定有关投票选举的制度，仍然试图沿袭传统行会推选董事的方式，而且当这一问题被政府官员指出并要求修改时，天津商会也只是在章程中写出简单的几句话，并未像上海、苏州等商会那样在章程中列出“选举”的专章，制定详细的相关条文，更没有像苏州商会那样另行拟订选举章程。在天津商会正式成立之前，时任商部左参议的王清穆还曾专门致函宁世福、王竹林等天津商董，说明“沪埠商会业已开办，谨上章程二册，务祈台端迅速联合绅商，斟酌时宜，参照沪会章程，克日举办报部，由部颁给关防。凡有陈请，即可迳行达部核办，而一切应兴应革之举，亦得随时具报，实于商务大有裨益”[2]。在保存完好的清末天津商会档案资料中，我们也查到当时商部寄给天津商会参考的光绪三十年五月上海商务总会第二次拟订的暂行试办章程，该章程已对选举制度列出专章做了详细的规定，按理说天津商会并不是没有看到上海商会的章程，也完全有借鉴和参照上海商会所定选举制度的条件，但天津商会却没有像其他许多商会那样加以仿效。这种情况只能说明，天津商会对选举制度的建设并未予以充分的重视。

需要进一步探讨的是，经过袁世凯和商部的数次批示，天津商会虽然在修订的试办便宜章程中写上了“遵照部令，先令各商家公举会董十数员”这样的条文，却不能简单地据此认为天津商会此后已开始真正实行投票选举制度，还需要通过具体考察相关史实才能知晓其“公举”的确切含义，得出合乎实际的结论。光绪三十三年（1907年）四月美国驻津总领事若士得向天津商会函询有关章程及职员情况时，天津商会在复函中明确回答：“查天津商务总会之设，

① 《天津商务总会试办便宜章程三十条》，天津市档案馆、天津社会科学院历史研究所、天津市工商业联合会编：《天津商会档案汇编（1903—1911）》上册，天津：天津人民出版社，1989年，第45页。

② 《商部左参议王清穆为请速联合绅商举办商会事致宁世福王竹林函》，天津市档案馆、天津社会科学院历史研究所、天津市工商业联合会编：《天津商会档案汇编（1903—1911）》上册，天津：天津人民出版社，1989年，第4页。

系遵照农工商部奏定章程参拟会章办理。所有驻会办事各员，均由各商选举，分任职司。”[①] 从天津商会的这一复函看，似乎其所有职员都是由商家选举产生。但严格说来，天津商会所谓的“选举”并不是指投票选举的方式，而仍然是一种带有传统色彩的“公推”方法。真正实施投票选举的上海、苏州等许多商会，在每次会董换届改选前都要发布选举通告，不仅有关选举的过程以及相关具体情况的记载在档案中均保存完好，而且改选后将选举结果包括各位当选会董的名单以及获得的不同票数，在当地有影响的报纸上予以公布。随后的总理、协理投票选举通告和选举结果，也照此在报上公布。但是，在保存完好的清末天津商会档案中我们却看不到任何关于投票选举会董和总协理的具体资料，在当地有影响的报纸《大公报》上也同样找不到有关天津商会投票选举结果的报道。这实际上是证明了天津商会并没有真正实行投票选举制度。因为换届改选对于商会来说是非常重要的工作，商会档案中一定会有详细的记载，在当地的报纸上一般也应有报道。就笔者目前所能见到的商会资料，只要是实行投票选举制度的商会，即使是资料保存并不完整，也都无一例外地在这方面留下了或多或少的记载。而唯独数量最丰富、保存也最完整的天津商会档案中，却找不到任何有关投票选举的具体记载。这种例外不可能有其他的解释，只能证明天津没有真正实行投票选举制度。

在清末天津商会制订的章程中，也没有对投票选举制度及其实施办法列出详细的具体条文，这是天津商会与其他实行投票选举制度的商会又一明显的不同，也从另一个侧面证明天津商会在清末并没有实行投票选举制度。因为实行投票选举必须制定具体的操作方法，例如像上海、苏州等商会那样在章程中对投票选举做出一系列规定，否则就无法实际操作。由于清末天津商会没有明确规定投票选举及其具体的操作方法，而是仍然采取所谓的“公推”或“公举”方式，其总理、协理的产生结果也与实行投票选举的商会有所不同。一般来说，实行投票选举制度的商会对总理、协理的任期和连任次数都有规定，尤其是对总理、协理的连任次数有所限制。但天津商会对此却没有限制，从其1904年成立起直至1911年，都是通过“公推”的方式推举王贤宾连任总理，如果不

① 《美驻津总领事若士得为查询津商会章程办事人员事致商会函及复函》，天津市档案馆、天津社会科学院历史研究所、天津市工商业联合会编：《天津商会档案汇编（1903—1911）》上册，天津：天津人民出版社，1989年，第81页。

是1911年王贤宾因涉案被革职，恐怕他还会继续无限期地连任。是年5月，身兼长芦盐商帮纲总的王贤宾因涉案被斥革纲总一职，随即不得不辞去商会总理职务。“总理一席，责任綦重，非才望素优不克胜任。现在王贤宾辞职，遽难选举”，全体会董遂“公同酌拟所有商会一切事务”暂由协理宁世福兼任。但这只是一时的权宜之计，天津商会意识到必须尽快公举新的总理、协理才能真正解决问题。不久之后，天津商务总会全体会董开会集议，公推宁世福担任总理，吴连元担任协理，并报请农工商部加札委用。同年7月农工商部批示：“查宁世福、吴连元二员，既据该总会公推，堪任总理、协理之职，应即照准加札委用，以专责成。”①

除了总理、协理的连任无限制之外，天津商会也没有对各行帮当选会董的名额加以限制，以致有些经济实力雄厚的行帮占据会董名额过多，而其他行业则在会董中难有一席之地。上海、苏州等商会都在选举制度中规定各行帮至多只能有3名会员，因会董在会员中通过投票选举产生，所以各行商董当选会董的名额自然也有所限制，天津商会却并非如此。根据档案文献的记载，光绪三十二年（1906年）天津商会的会董共12人，其中绸缎洋布业即有5人，所占比例高达41%；光绪三十三年（1907年），会董共15人（包括坐办1人），其中银号业即有4人，再加上粮食业3人，绸缎洋布业4人，这三个行业已多达11人，所占比例为73%；宣统元年（1909年），会董增至20人（包括坐办1人），但其中绸缎洋布业也增至6人，银号业仍有4人，仅这两个行业即占据了全部会董的一半名额。②显而易见，天津商会由于没有实行投票选举制度并制订相应的具体规定，少数几个行业在会董名额中一直占有相当高的比例，而为数更多的行业则在会董中始终无法拥有一个名额，这难免不影响到商会作为工商各业之代表的信誉。

综上所述，清末的天津商会不仅在投票选举制度的建设方面并无什么建树，而且继续沿用传统的“公推”方式，这是天津商会不同于上海、苏州等许

① 《天津商会禀请札委宁世福吴连元为商会总协理文及劝业道孙转发农工商部直督陈批文》，天津市档案馆、天津社会科学院历史研究所、天津市工商业联合会编：《天津商会档案汇编（1903—1911）》上册，天津：天津人民出版社，1989年，第138-140页。

② 《天津商务总会总理协理会董一览表》，天津市档案馆、天津社会科学院历史研究所、天津市工商业联合会编：《天津商会档案汇编（1903—1911）》上册，天津：天津人民出版社，1989年，第108-110页。

多商会的一个明显特点。实际上，天津商会不仅在清末没有真正实行具有现代意义的投票选举制度，甚至在民国初期的一段时间内也仍然希望坚持这种传统的“公推”方式，并就此一问题与工商部发生过争执。

第二节
民初天津商会选举制度的演变

在民国初期，经历政体变更之后不少商会都顺应时势进行改革，包括在选举制度方面实行了一些新的举措。但天津商会的选举制度也没有像上海、苏州商会那样进一步得到比较顺利的发展，而是经历了一段曲折的历程。辛亥革命之后，上海商界有人对商会以捐助会费多少确定各行帮会员人数以及选举权和被选举权的做法提出了意见，上海商务总会的领导人也意识到了上述缺陷，同样希望加以改变。

苏州商会在民初也对选举制度进行了一些改革。1913年5月苏州商会拟订的暂行章程，首先是不再将商会成员分为会友和会员两类人，全部均为会员，而且不限人数，“凡在苏州商埠范围内经营商业，开设商店，民国商法视为有能力者，经众认可，均得为本会会员”。其次是缴纳会费的数额明显降低，清末规定每年缴纳12元才能成为会友，民初则规定“凡入会会员须年纳六元以上之会费”[①]，负担减轻后将会有更多的工商户积极加入商会。再次是年龄的要求也有所降低，清末规定必须24岁以上才能当选会员，民初则只是限定会员年满21岁以上者享有选举会董之权，而对当选会员的年龄并无明确限制。[②]上述三个方面的变化，在商会选举制度方面相应地带来若干变革，其中最为明显的是会董选举权与被选举权的扩大，由于取消了人数最多的会友层次，凡是加入商会者均为会员，加上会员的人数也不再有限制，因此在商会中拥有会董选举权和被选举权的人数较清末要多得多。除了拥有选举权和被选举权的人数增加之外，民初苏州商会选举会董和总理、协理的方式也有所改变，由清末采用的

① 《苏州商会暂行章程》，马敏、祖苏主编：《苏州商会档案丛编》第二辑，武汉：华中师范大学出版社，2004年，第12页。

② 《苏州商会暂行章程》，马敏、祖苏主编：《苏州商会档案丛编》第二辑，武汉：华中师范大学出版社，2004年，第13页。

“机密投筒法”，改为“选举用记名投票法，由选举人躬自行之”。从独特的不记名投票变为记名投票，显然也是苏州商会选举制度的一大变革。采用记名投票方式之后，从某种程度上可以说选举的透明度得到增强，选举人需要更加谨慎和负责地行使其选举权。

但是，面临中华民国建立后的新形势，天津商会的领导人似乎对投票选举仍存在一些不同的理解和认识，不仅没有实行投票选举以完善原本存在缺陷的选举制度，相反继续坚持传统的“公推”方式。[①]在民国元年王贤宾能否再度出任天津商会总理一事中，天津商会曾就“公推”与“票举”问题与工商部发生争执，这一事件可以说比较典型地反映了天津商会对投票选举制度似是而非的认识。

1912年3月，天津商会总理宁世福以“年老气衰，不能襄办商务”为由，再次提出辞职，并且态度坚决地表示：“嗣后商务应如何办理，一任诸君尊裁，鄙人不负责任。”与此同时，协理吴连元也以“能力薄弱”为由请求辞职，要求“一星期内召集会董另选协理……即或满一星期尚未选出协理，连元对于会务亦不负责任”。[②]4月初，张荫棠、王子臣等12名商董联名代表津埠189家商号致函商会，吁请王贤宾再度出任总理。5月，天津商会全体会董和行董集议，“佥以商会总协理统括全局，担负綦重。总理宁世福等既卸责而去，遗缺未便久悬，恐误要公。兹经公同推选，查会办王贤宾热必公益，学识兼优，遇事不辞劳瘁，久为津商信服，以之推升总理，委系人事相当。……叶登榜、卞荫昌为津商巨擘，见义勇为，平日赞襄之功，众情浃洽，推补协理职任，使实与会务商情均有裨益”[③]。但是，工商部态度坚决地驳回了天津商会的这一禀文。其主要理由是：王贤宾于前一年因为以长芦盐商帮总纲名义滥借外债，并将借款私办高线铁路，不仅本人亏累169万余两，业不抵债宣告破

① 胡光明撰写的《论北洋时期天津商会的发展与演变》一文（见《近代史研究》1989年第5期），对此曾有所论及。

② 《宁世福吴连元坚辞商会总协理函》，天津市档案馆、天津社会科学院历史研究所、天津工商业联合会编：《天津商会档案汇编（1912—1928）》第1册，天津：天津人民出版社，1992年，第1页。

③ 《津商会坐办李向辰并全体会行董公举王贤宾叶登榜卞荫昌分任商会总协理函》，天津市档案馆、天津社会科学院历史研究所、天津市工商业联合会编：《天津商会档案汇编（1912—1928）》第1册，天津：天津人民出版社，1992年，第4–5页。

产，而且导致其余各商亏欠甚巨，总纲和商会总理等职均已被革除。此前据津埠商会以津地市面停滞，禀请添派王贤宾为商会会办，经前清农工商部暂准通融办理，现在津埠秩序已渐恢复，商会本无会办名目，应即取消，以归划一，更不能由其出任总理。工商部的批复还明确指出："总理宁世福既因老告退，协理吴连元因事辞职，自应由众商全体投票，另行公举，方为合格，断不能遽以从前通融暂设之会办推升总理。况王贤宾系因案斥革之人，其名誉已损，信用已失，设再充为总理，亦无补于商会。应饬该总商会另行投票，正式公举公正绅商接充，俟举定咨复到部，再行核办。"①

天津商会对工商部的批驳颇不以为然，再次呈文进行了申诉。天津商会的呈文首先解释了王贤宾之信用已失问题："查商会新章，民国现未颁布，前清旧章亦无限制选举明条。至谓王贤宾信用已失，从前商部既无此项之规定，而普通自治之选举法又以尚未清了四字为准绳。王贤宾曾失信用，究其果否清了，董等未能探悉详情。第观其行动自由，职衔开复，似已默认为清了。"其词意虽然较委婉，但显然认为这一原因并不能完全否定王贤宾具备担任总理的资格。除此之外，呈文更多的是对工商部要求的"票举"方式提出了异议，认为"公推之习惯万难一旦改革"。天津商会指出："大部以总理必须票举方为正当办法，董等虽无学无识，或不至票举之法不知。徒因商会习惯，向以全体会员为主体，总理、协理特受会员之指挥者耳，非若他项机关，以会长、会员为代表也。夫代表之性质，遇事得有全权，商会总理非得全体会员之同意，一事未尝自专。揆其情形，正如一群之中，有耳目以司视听，有口舌以告疾苦也，会员与总理，常若五官百骸之相依相附而不可须臾离。"天津商会此番会员与会长关系之大段解释，无非是为了说明："今一旦欲行票举之法，是使全体会员随波逐流，不知此身之竟将谁属也。"就当时的实际情况而言，这一因果关系的推论颇为令人费解。姑且不论会员与会长之间是否存在着如同天津商会所说的这种关系，即使如此也未必会因为实行投票选举会长而导致"全体会员随波逐流，不知此身之竟将谁属"这样的结果。在清末民初，绝大多数商会都是通过投票选举的方式产生总、协理或正、副会长，也极少看到这

---

① 《直隶劝业公所转发工商部驳回王贤宾升任商会总理照会并天津商会申诉文》，天津市档案馆、天津社会科学院历史研究所、天津市工商业联合会编：《天津商会档案汇编（1912—1928）》第1册，天津：天津人民出版社，1992年，第7页。

些商会出现天津商会描述的这种结果。事实上，工商部批示中所说之“票举”方式，也并不是说由全体会员投票选举，而是按照章程的规定由全体会董投票选举。因此，天津商会以所谓会员与会长的特殊关系为理由，声称“票举”之不可行，并没有抓住问题的要害，因为会员根本不参加对会长的选举。更有甚者，天津商会还认为传统的“公推”方式优于现代的“票举”制度：“查公推之法，推举者对于被举之一方，大抵不言感情，但言公理；被举者对于推举之一方，大抵既重公理，尤重感情。倘用票举，则推举者半属私情，被举者反无感情矣。”这种推论同样难以理解，实际上“公推”更容易受到感情因素的影响，特别是在被推举者在场的情况下，持不同意见者一般碍于情面不好意思当面表示反对，而“票举”的方式则无需公开当面表示反对，只是以选票表达自己的意愿。天津商会还以商会不同于其他机关的三个特点，即“不受政府之补助”“不取地方之公款”“总（理）协（理）会（董）行（董）不支薪水及车马饭银”，说明“商会乃商界全体之商会，非天津全体之商会也。如用票举，特恐百弊丛生，转失本来面目，商界一线自保之生机，则从此败坏矣”。[①] 商会确实不同于其他机关，天津商会所说的上述三个特点也并不为错，但这与商会实行投票选举的制度不会产生矛盾。选举由商会独自进行，政府官员和社会其他各界并不干预，不可能造成“百弊丛生，转失（商会）本来面目”的局面，这在其他许多严格实行选举制度的商会中均可得到证实。

由于天津商会仍要求工商部准允王贤宾担任总理的申诉理由并不充分，工商部再次予以批驳，并进一步阐明：“查商律第七十三条内载，董事遇有倒账，即退任等语。倒账者，不能为公司董事，岂能充商会总理！……本部办理此案，毫无成见，惟既责在保商，则凡有碍于商者，一经本部查悉，断不容滥厕其间。所请仍以该商接充总理，碍难照准。应请转饬该商另行选举，毋庸多渎。”[②] 王贤宾也意识到自己乃“曾经破产之人”，“信用已失，不足代表社

① 本段引文均见《直隶劝业公所转发工商部驳回王贤宾升任商会总理照会并天津商会申诉文》，天津市档案馆、天津社会科学院历史研究所、天津市工商业联合会编：《天津商会档案汇编（1912—1928）》第1册，天津：天津人民出版社，1992年，第8–9页。

② 《直隶劝业公所转发工商部驳回王贤宾升任商会总理照会并天津商会申诉文》，天津市档案馆、天津社会科学院历史研究所、天津市工商业联合会编：《天津商会档案汇编（1912—1928）》第1册，天津：天津人民出版社，1992年，第9–10页。

会”，出任总理要职确系勉为其难，向天津商会提出“另行选举”。[①] 1912年10月，天津商会重新经过“公举”并报经工商部备案批准，由叶登榜、卞荫昌出任总理和协理。王贤宾最终未能继续担任总理，这显然是天津商会不得不做出妥协让步的结果。

如果不是受特殊原因的影响，一般来说实行投票选举制度的商会都将于任期届满后在规定的时间之内举行换届改选，这也是考察商会投票选举制度是否正常运作的具体表现。从实际情况看，绝大多数商会基本上能够照此执行。但天津商会在民初却出现了与此不同的情况，由此同样可以看出当时天津商会对选举的认识与态度。1912年，天津商会虽因王贤宾出任总理之事与工商部发生了争执，直至当年10月才另推叶登榜、卞荫昌出任总协理，但改选的时间仍应为当年的6月。按照规定商会应每年改选一次，但到1913年9月天津商会仍未准备改选，也未作出任何解释，相当一部分商董对此颇为不满。于是，估衣商、洋布商、洋广货、银钱商等22个行业的近60位商董，联名向天津商会致送说帖，陈请遵章按期举行改选：“窃查商会为商务机关，所有内容办事，自应遵照章程，以维秩序。查我会奉工商部奏明简章第四款内载：商会总协理每年改选一次等因。我会自去年六月改选，迄今一年余兹，所有改选办法尚无音信，实与章程不符。若不遵照办理，则内务不清，何以服人！商董等当经开会公同研究，决定应请贵会召集各行董开会，即行组织改选，以保定章而重会务，实为公便。”[②]

当时，并无什么特殊原因致使天津商会不能按期进行改选。是年十月工商部曾饬令整顿商会，主要是“外省自行组织商会并未报部者恐亦难免无此流弊，似此办法纷歧，殊属不成事体，亟应查明，以资整顿。所有前农工商部核准有案之各商会，除已照章呈报者外，应请饬其将更迭总协理等日期，呈明地方长官核咨备案。其新设之商会，如已在地方长官衙门核准有案者，应请查明咨部立案。……新商会法尚未经国会议决，此后如有新设商会，应请批令暂

① 《王贤宾陈述请辞商会总理职理由书》，天津市档案馆、天津社会科学院历史研究所、天津市工商业联合会编：《天津商会档案汇编（1912—1928）》第1册，天津：天津人民出版社，1992年，第6页。

② 《二十二行商董吁请商会遵章按期改选函》，天津市档案馆、天津社会科学院历史研究所、天津市工商业联合会编：《天津商会档案汇编（1912—1928）》第1册，天津：天津人民出版社，1992年，第19页。

缓，统候新章颁行后按新章组织，呈明地方长官转咨核办”[①]。天津商会不属新设商会，自然不在整顿之列，只需要将总理、协理更迭日期报于工商部备案，这也并不影响商会的改选。从档案文献的相关记载看，天津商会很可能是认定上届总理、协理和会董的任期并非从1912年6月算起，而是始于重选叶登榜、卞荫昌为总协理的10月。在致直隶民政长的公函中，天津商会说明：“窃查敝会总协理前经公举叶登榜为总理，卞荫昌为协理，呈请前都督转咨工商部核准立案，兹届一年任满之期。”实际上按照惯例，中途接任者的任期仍应按前任者之任期接算，否则将会给任期时间的计算带来严重混乱。不仅如此，在众多商董的催促下，天津商会会董和行董坚持在其自行认定的一年任满之期，“开会集议，佥以叶登榜、卞荫昌自任事以来，殚精竭虑，凡有保全振兴各事，无不悉心筹画，均臻完备。且天津为北洋巨埠，商事殷纷，总协理独能苦心经营，不辞艰瘁，似此成绩昭著，热心公益之员，岂容遽卸仔肩，致失众商之望。兹经公同议决，仍留续任，准叶登榜为总理、卞荫昌为协理，经理一切会务，俾孚众望而顺商情。董等仍随事随时会商妥协”[②]。就法定程序而言，尽管叶、卞二人在一年的总协理任期之内领导有方，成效卓著，深得全体会董乃至商界人士的拥戴，但在任期届满之后，仍需要通过投票选举的法定途径才能连选连任，而不能采取所谓“议决”的方式继续连任，何况改选并不仅仅只是限于总理、协理，会董也需要重新进行改选。天津商会以这种方式要求总理、协理连任，同时不改选会董，这就意味着总理、协理和会董全体留任，显然不符合法定选举程序。但是，由于工商部对各个商会选举的具体操作情况无从了解，竟然对天津商会呈报叶、卞二人连任总理、协理的请求予以批准。

值得注意的是，清末民初天津有些行业成立的研究所或研究会等新型同业组织已经在章程中明确规定实行投票选举制度。例如，书纸业商号于1910年7月成立的南纸书业研究所规定：“凡在本所与会各商号经理人，皆得为本所会员，即由会员中选举正会长一员、副会长二员，会董四员”，并且“用投票记

① 《天津县转发工商部旧设商会速报总协理更迭日期并新设商会一律暂缓令》，天津市档案馆、天津社会科学院历史研究所、天津市工商业联合会编：《天津商会档案汇编（1912—1928）》第1册，天津：天津人民出版社，1992年，第20页。

② 《津商会全体会行董吁请叶登榜卞荫昌续任总协理函》，天津市档案馆、天津社会科学院历史研究所、天津市工商业联合会编：《天津商会档案汇编（1912—1928）》第1册，天津：天津人民出版社，1992年，第21页。

名法选得正会长李荫恒、副会长魏富泰、张士元，会董司兆鸿、范春第、王金铎、李庆元”。[①]又如1912年5月成立的洋广货行会议所简章规定：“本行董事拟定四位，由各号全体投函公举，得票多数为赞成。选定后该董事不愿认责，实在挽留不信，按得票次多数公推，责任一年为限，照章改选，可否续任，当场公决。”[②] 这些新型同业组织，实际上可以说是天津商会的下属基层团体。而天津商会在下属基层组织已先行实施投票选举制度的情况下，仍然拒绝接受这一制度，类似的情况在当时确实少见。

天津商会将选举制度的一系列条文明确而具体地载入章程是在1918年，此举称得上是天津商会自成立以来在选举方面的一大进步。但是，天津商会的这一进步还不能说是自身主观努力的结果，而是缘于《商会法》公布实行的外力推动。1914年9月，经参政院议决的《商会法》及施行细则相继公布，起初因全国商会联合会被取消等问题受到海内外商会的抵制，北京政府最终接受了商会的要求，于1915年底又公布了重新修订的新《商会法》。新《商会法》对商会选举制度进行了较大的修改，制定了一系具体规定。在此之后，各省商会都相继依照该法进行改组，并修订章程，确立新的选举制度。天津商会在根据《商会法》制订投票选举制度之前的1914年底，再次公开表示“票举”之制不适合商会，只有“公推”才能杜绝流弊。此次天津商会在致巡按使公函中详细解释其理由：“窃敝会恭读政府公报公布商会新法，敝会自当遵照，预备期于六月内组成，以符法令。当经开职员会议，佥以商家有特种性质，其声息相关，较之普通人民选举必造具人名册者不同。商会为众商代表机关，于商业相兴辅助极关重要。近年来天津票选行为舞弊，离奇怪状，罄竹难书，倘故辙复蹈，商业前途何堪设想。如近日众行董声告，有人假众行董名义私出传单，召集开会，议举总协理。此就显著而言，其未明张旗帜，当不乏人。且津埠商务繁盛甲于他处，自商会成立以来，经之营之，商业赖以维持。若遵新法票选，倘若举非其人，特恐正直大商避而去之，关乎商务前途，良非浅鲜。查商会向

① 《南纸书业请立研究所函并附章程及劝业道批》，天津市档案馆、天津社会科学院历史研究所、天津市工商业联合会编：《天津商会档案汇编（1912—1928）》第1册，天津：天津人民出版社，1992年，第144、146页。

② 《洋广货行请立研究所函并附简章及照会》，天津市档案馆、天津社会科学院历史研究所、天津市工商业联合会编：《天津商会档案汇编（1912—1928）》第1册，天津：天津人民出版社，1992年，第147页。

章，选举例用公推法行之，素有经验学识及正直大商皆得举之经理会务，实于商情大有裨益，非然者，其不正当之人，皆运动而得之，会务商情反滋扰累。敝会有见及此，惟有恳请巡按使察核，对于天津准予特殊办法，仍行公推，以杜流弊，而维商业。”[①] 从现有史料中，尚未见到其他商会提出这种特殊的要求，由此可以更进一步证实，在此之前天津商会“选举例用公推法行之”，一直未曾真正实行投票选举制度，另外也可以看出当时的天津商会仍然认为“公推”方式更具有优越性和可行性，但这种认识未必正确。由于民初的《商会法》不像清末的《奏定商会简明章程》那样对选举制度含糊其辞，而是作出了一系列明确和具体的规定，并要求各地商会照此实行，因此天津商会的这一请求并未获得批准，也不得不在新的章程中对投票选举问题相应作出明确规定。

1918年8月，天津商会制订颁布了《天津总商会章程》，其中第二章为“职员及选举”，主要内容如下：

第五条　本会之职员如左：会长一人，副会长一人，会董六十人，特别会董十二人。

第六条　本会职员之任期以二年为限，但届改选时再被选者得连任，惟以一次为限。

第七条　会董由全体会员投票选举，会长副会长由会董投票互选，均用记名投票法。

第八条　职员因故辞职或解职，得组织临时选举会，召集会员投票补选，但任期仍按前任者之任期接算。

第九条　每届选举时，应造具有选举权者名簿，于先期十五日以前通知全体会员，以便观览。前项之名簿，会员若发现遗漏或错误时，得请求更正或填补。

第十条　会员投票，应以该商号之图章为凭。

第十一条　有得同票数者二名以上时，以年长者当选；若同年龄时，以抽签法决定之。

第十二条　特别会董由全体会董推选。

---

① 《天津商会请按公推法选举总协理以杜流弊函》，天津市档案馆、天津社会科学院历史研究所、天津市工商业联合会编：《天津商会档案汇编（1912—1928）》第1册，天津：天津人民出版社，1992年，第680页。

第十三条 会长、副会长、会董、特别会董均为名誉职。

第十四条 每届改选时，新职员就职后，旧职员方得解职。[①]

以上除了第九、第十、第十一条系天津商会自行拟订之外，其余各条的内容均与《商会法》的规定基本相同。

还应注意的是，天津商会在提出继续实行"公推"制度的请求被拒绝后，1915年初准备按照农商部统一规定进行改组，已着手拟订新的选举制度，并经过全体会董和行董商议，确定如下数项原则："一、改组商会必本业董事为选举代表，担负全体责任；二、各行董事各就本行公地召集全体会员公举董事，报会注册；三、各行董事原额在六人以上不再添举，如未满六人者，以六人为定额；四、各行改组董事以十日为期，如逾期无正式答复，本会即以旧董事注册，下信改选担负完全责任；五、各行改组行董，在期间内完备报会注册，据报后不得过四日开场票选会董；六、各行改组行董，已设有公地者，即在公寺办理，其未设公地之各行，预期通知本会，借用商会为改组之地；七、商会开场选举，务须本董事亲到投票，如有替代，作为无效。"[②] 这一新的选举制度已确定实行"票选"会董和行董方式，只是随后因海内外商会对《商会法》进行抵制，农商部批准上海、天津、汉口等地商会"暂行变通，稍缓改组"，才没有在当时实施。同年底新《商会法》公布施行，农商部重新规定各商会于半年内进行改组，后又准允再延期半年。但天津商会的改组一直拖到1918年，农商总长曾为此向天津商会发布训令："案查自修正商会法公布后，各省总商会先后呈报改组，既已一律报齐，该商会逾限已久，尚未实行改组。天津为北洋通商巨埠，商务素称繁盛，该处商会职务重要，亟应依照法定手续从事改组报部，切切勿延。"[③]

---

① 《天津总商会章程》，天津市档案馆、天津社会科学院历史研究所、天津市工商业联合会编：《天津商会档案汇编（1912—1928）》第1册，天津：天津人民出版社，1992年，第44页。

② 《津商会关于召开讨论商会改组问题会议的通知》，天津市档案馆、天津社会科学院历史研究所、天津市工商业联合会编：《天津商会档案汇编（1912—1928）》第1册，天津：天津人民出版社，1992年，第24页。

③ 《农商总长饬津商会速依法实行改组令》，天津市档案馆、天津社会科学院历史研究所、天津市工商业联合会编：《天津商会档案汇编（1912—1928）》第1册，天津：天津人民出版社，1992年，第34页。

此前，天津商会已为改组开展了相关的准备工作，要求各行选举董事驻会担任筹备组织员，最后确定了28位董事。在此期间，曾因改组时的选举是否仅限在会者享有选举权问题引发了一些争议。有商董指出："查前议改组，其选举权以在商会者为限，事未实行，而物议沸腾，诸多反对。……此番继议改组，若仍按在会者有选举权，仍恐不无反对。我津乃通商大埠，而在商会者甚少，是以会费不甚充足，维持力亦甚薄弱，其未入会者，平日未尽纳会费之义务，而今享选举之权利，实属不公。以万商云集之大埠，若以现在已入商会之会员选举，又未免向隅。今拟以义务权利并行之法改组之，其选举权仍以在会者为限，惟必须预为登报，并遍贴布告，通知阖津及租界商号广招入会，以凭选举。会员应求普及，会费不宜太重。……似此办法，会员可以普及，会费可以加增，纳费之义务与选举之权利两无偏重。"天津商会认为这一提议不无道理，遂加以采纳，随后公开发布通告，一方面说明"本会开办至今十余年之久，岁糜颇巨，概系在会各商所担负，此次改选，当然取得优先权利，以奖其平素辅助会务之热心"，另一方面又指出"津埠为通商口岸，商业繁盛，为北方之门户，未入会各商尚实繁有徒，未可以此綦限，致有向隅"，为此特规定"自公布之日起十五日内，各商号未入会者急速请本行行董介绍来会注册"。[①] 除此之外，天津商会此次不同的做法还包括将享有选举权之注册各商号列榜通告宣示，以便于商家更正补遗。随后，由商会发给正式公函，通知改选日期。"此种公函于应有选举权利之商号收受时，加盖该商铺字号戳记保存，至选举日期，持原函来会，当时换领选举票，入场投票。"如无公函及公函未加盖商铺字号图章，均不得领取选举票。"此系慎重选举，以免冒滥之

① 《行商公所董事杜禹铭对商会改组的建议并商会坚持选举资格敦促未入会行商限期入会的布告》，天津市档案馆、天津社会科学院历史研究所、天津市工商业联合会编：《天津商会档案汇编（1912—1928）》第1册，天津：天津人民出版社，1992年，第35、36页。江苏阜宁益林商会曾发生"未入会之会员争选成讼"事件，1919年江苏商会联合会议定：一、非入会会员不得有选举权及被选举权；二、自通告改选之日起至选举之日止，暂停入会。农商部认为"所呈办法两条，为杜选举竞争起见，核与商会法尚无抵触，自应照准"，并通令各地商会一体遵照执行［天津市档案馆、天津社会科学院历史研究所、天津市工商业联合会编：《天津商会档案汇编（1912—1928）》第1册，天津：天津人民出版社，1992年，第53页］。由此可知，天津商会此前采取的办法，即自公布之日起15日内，未入会商号可由本行行董介绍加入，尚属通融之举。

意。”[①]

根据档案文献的记载，天津商会于1918年3月19日举行改组选举，从当日早8点至晚8点为投票时间，总计发出选举票1570张，[②]意味着共有68个行业的1500余家工商业者直接参加了此次选举，这在天津商会的发展史上无疑是前所未有的景观，也标志着其是天津商会实行投票选举的一次成功尝试。当地有影响的报纸比较详细地报道了天津商会的这次选举。例如《益世报》报道了选举当日天津商会的具体布置："一、头门、二门高揭国旗；二、前院北房为接待室；三、西院为领票处（即用通知书加盖本号戳记以凭换票）；四、议场作为写票处；五、会议厅前设票匦三个，厅内为接待长官室；六、八句钟将票投毕，各室执事萃于一处，当众开票宣示被选人姓名。"[③]《大公报》报道说这次"会董改选，会场秩序由王小舟布置，甚为井然，并在会场公布有瑕疵之选举票证明有效数例。……至晚八时宣布开匦，由文牍长夏琴西唱名，"并推定刘渭川、李颂臣等8人"监视开匦唱票"，另推王小舟、赵文卿等7人监视记票，"至夜一时余，始行葳事"。[④]此次选举共选出会董60名，当选者姓名及其各自所得到的票数同时在1918年3月21日的《大公报》和《益世报》予以公布。不过，天津商会这次进行的会董选举不可能使所有行业的商家都表示满意，一些小行业的会员较少，仍难以有代表当选为会董。尤其是有的小行业较早即加入商会，"商等负担经费多年，当然有选举权及被选举权。按宣示名册核计，一人应得二十三票为当选。商等二十余行商，分定投票，一行仅得七、八票至十余票者，按照宣示名册规定，商等即不能当选，而当选者，统归他行号占优胜"[⑤]。尽管尚有瑕疵，但天津商会所进行的这次选举以及由此建立的

① 《津商会常川组织员申明改选手续及选举日期函》，天津市档案馆、天津社会科学院历史研究所、天津市工商业联合会编：《天津商会档案汇编（1912—1928）》第1册，天津：天津人民出版社，1992年，第36页。

② 《民国七年天津商会改选发放票数情况表》，天津市档案馆、天津社会科学院历史研究所、天津市工商业联合会编：《天津商会档案汇编（1912—1928）》第1册，天津：天津人民出版社，1992年，第38–40页。

③ 《商会投票秩序之筹备》，《益世报》1918年3月19日，第7版。

④ 《商会改选记事》，《大公报》1918年3月21日，第10版。

⑤ 《津埠众小行业商董申述本行在商会选举中权利义务均归失败情形函及商会复函》，天津市档案馆、天津社会科学院历史研究所、天津市工商业联合会编：《天津商会档案汇编（1912—1928）》第1册，天津：天津人民出版社，1992年，第40页。

投票选举制度仍然是值得肯定的。在会董选举后的数日，天津商会又以投票的方式选举了正、副会长。据《益世报》报道，新当选的60名会董除了2人因故请假，其余会董都参加了选举，省长、警察厅长、实业厅长均派代表出席。选举前推举孙俊卿为临时主席，另推监票人数名，先“将票选法详细报告毕，即按照记名分选法举行”。投票后“当场开匦，由文牍长夏琴西唱名”。会长选举叶登榜得51票当选，副会长选举卞荫昌得48票当选。[①] 至此，天津商会历史上的首次投票选举顺利完成。

第三节 天津商会选举中的意外事件

自1918年《天津总商会章程》公布，天津商会虽实行了投票选举制度，但在随后的选举实践中仍遭到其他各种意外事件的干扰，并非完全一帆风顺。下面，选取日本驻津总领事干预天津商会会长选举和商会选举被指控舞弊两个事例略作论述。

外国领事直接干预商会会长选举的事例，在近代中国商会发展的历史上尚属少见，但天津商会却不幸遭遇其事。此事的缘由是1918年叶登榜当选会长之后，始终坚持辞不应选，一直没有上任。天津商会只得于1919年重新选举卞荫昌为会长，但日本驻津总领事却对卞荫昌出任会长公开表示反对，引发了一场十分罕见的特殊中外交涉案。

这里首先应该附带提及，以往的有关论著常常片面地批评富商大贾挟其雄厚经济实力，把持商会总、协理和正、副会长重要职务，长期垄断商会的领导权。这种说法误以为那些有影响的工商界上层人物，都迫切希望能够担任商会总协理和正副会长，以便从中谋取私利，但实际情况却并非如此。许多地区的著名商董在当选之后，都以种种理由表示不愿应选，虽经会董一再恳请也仍要求辞职。天津商会同样不乏类似的现象。1918年3月，天津商会会董投票选举叶登榜、卡荫昌为正、副会长，二人均系连选连任，照理应感到欣慰，但叶登榜在选举当日即致函天津商会，表示：“鄙人前此就职会长以来，先后已历数载，知识薄弱，魄力毫无，又兼本务冗繁，顽躯多病，于会长职务未能稍尽

① 《商会选举会长记事》，《益世报》1918年3月24日，第6版。

万一，清夜思之，惶悚实甚，屡拟避贤让能，以遂私愿。……讵料此次改选，复蒙诸会董谬举蝉联，益令鄙人惶悚无地。……所有此次当场票举鄙人正会长一席，恳请另选贤能就职任事，鄙人情愿以会董名义帮同办事，稍盖前愆，是所切祷。”① 在此情形下，全体会董只好推举副会长卞荫昌代理会务。但不久之后卞荫昌当选为全国商会联合会会长，天津商会全体会董又恳请叶登榜担任会长，叶登榜仍坚持不允，并于1919年6月再次致函商会，声称：“此次辞职出于决绝意志，毫无商量余地。”9月初，天津商会会董选举卞荫昌为会长。在众会董恳请下，卞荫昌勉强应允。因次年春即为换届改选之期，故副会长不再重选。至此，天津商会会长一职长期空悬的难题才得以解决。

但出乎意料的是，日本驻津总领事船津辰一郎却致函农商部次长，声称：“自津埠排日风潮兴起，当抵制日货剧烈之时，致有殴伤大阪朝日新闻通信员及商业会议所书记一案。查知卞荫昌实为商界联合会主动之人，并为十人团团长。当时卞尚居商会副会长之职，因此本馆向直隶交涉公署交涉，有请取缔各商同业联盟抵制日货规条及令卞荫昌自行退职之条件。……乃事未实行，本馆方在隐忍之际，该商会忽改组章选举卞为正会长，而卞仍腼颜就任。因思贵我两国尚属友邦，是不应有此明示反对之举，今欲其即行退职。”农商部将此函转寄天津商会，要求“务希慎重相处，勿令发生重大交涉，致令政府难以应付”，同时由农商部次长函复船津辰一郎，“大意谓商会选举在商会法范围之内，官厅向不干涉。此次执事当选为会长一案，尚未报部，亦难预加以制裁。惟如有逾越范围举动，自当随时制止”。天津商会收到工商部转寄的船津辰一郎这封函件后，诸多会董感到异常愤怒，认为：“该日领对于友邦法团无端干涉，任情诬蔑，种种轻慢言词，殊与国际体面攸关，当拟召集开会筹议对待方法。”②

天津商会以往公举总理或会长从未遭遇类似受到外人直接干预的情况，加

① 《叶登榜请辞总理职至津商会函》，天津市档案馆、天津社会科学院历史研究所、天津市工商业联合会编：《天津商会档案汇编（1912—1928）》第1册，天津：天津人民出版社，1992年，第41–42页。

② 本段引文引自《农商部工商司致函天津总商会转发日驻津总领事船津辰一郎要求卞荫昌退职函并商会复函》，天津市档案馆、天津社会科学院历史研究所、天津市工商业联合会编：《天津商会档案汇编（1912—1928）》第1册，天津：天津人民出版社，1992年，第57、58、59页。

上过去曾有论著指出，天津商会的上层人物有不少是买办，在经济上和政治上都与外国资本存在着密切的联系，因而对外的态度向来比较软弱。按此说法，如何应对和处理此事对天津商会是一次严峻的考验。但单就这一事例来说，天津商会反对外人干预选举的态度和行动都是非常坚决的，并未表现出对外软弱妥协的性格特点。召开特别会议紧急商议之后，天津商会决定首先向国务院、外交部呈文表明态度，对日本总领事的干涉理由坚决予以反驳，并对其干预选举的行动表示强烈抗议。呈文主要阐明了以下几点内容：第一，日本总领事对商会会长的指责完全无任何依据。五四时期的“国民抗争外交，原为爱国义愤所激，而为消极救亡之举。种种动作，纯出人民之自觉。商界虽有附和抵货之举，然究属国民爱国所当然，岂能即以鼓动理想之词而遽加诸机关之领袖！”很显然，天津商会认为五四运动期间的反日行动是广大民众自觉的爱国救亡之举，尽管商界参与抵制日货，也属于国民正义的自觉爱国行动，不能以此对商会会长加诸罪责。另外，“领事无直接与中央交涉之权，更无未经我国外交当局而径函农部次长之理，似此乖谬行为，若不及时抵抗，恐将来我国商会机关有全为媚日者充满之虞，而于门户开放政策当受莫大影响”。第二，日本总领事干预商会选举是侵犯中国内政和主权的行径，将引发严重的后果。“敝会依法选举卞君荫昌为会长，业经呈报省长转咨农商部在案。乃日领船津氏竟横加干涉，实足以侵我国权，扰害商务。……津埠商民，群情愤涌，视为国家大耻。该领激起风潮，使之鼓动不息，自应由其负责。”第三，强烈要求撤换该日本总领事。“兹为本国商务及各国在华商务种种关系起见，绝不敢忍辱安于诚（缄）默，应请依照国际通例，转请日政府将该领事撤换，并用相当国礼与敝会赔罪，以固两国邦交，而保我国威信。除通电并分呈外，理合呈请钧院大部察鉴，俯准所请，以伸民气，而张国权。”面对天津商会的强烈反对，农商部也很快表明了态度，在给天津商会的批示中明确表示：“商会选举，事关内政，在商会法内原有明白规定，如果本部接到此项正式公文，自当转咨外交部据理驳复。”①

除了向国务院和外交部呈文之外，天津商会还向各省商会联合会、总商

① 本段引文引自《津商会申明日驻津领事侵我国权扰害商务请予交涉撤换呈并批》，天津市档案馆、天津社会科学院历史研究所、天津市工商业联合会编：《天津商会档案汇编（1912—1928）》第1册，天津：天津人民出版社，1992年，第59-60页。

会、各省省议会、各教育会、各团体和各报馆公开发布了“快邮代电”，将日本驻津总领事粗暴干涉商会会长选举的来龙去脉以及天津商会采取的抵制行动公之于众，希望得到工商各界和其他商会的广泛声援。这份代电呼吁：“贵会谊属同舟，时艰共济，当此强邻逼处，势将夺我自由权，政府徒苟且了事矣，兴亡有责之谓何？此外交之所以需我国民也。……敝会对此已呈请国务院、外交部与日人为最严厉之交涉，不得圆满结果不止。如荷赞同，应即电请中央对于此项外交万无让步，苟进行不利，吾辈更为后援。”[①] 这一举措产生了良好的预期效果。天津工商各业纷纷表示大力支持商会采取的抵制行动，并盼望商会坚持到底，不达目的绝不罢休。如木商同业公会发表的“公启”表示：“商会系属各商之代表，又属各同业会之总机关，此次续选卞君为会长，实为我津各商之认定，亦我津之素所信仰者也，他人无可干涉之余地。况商会之选举，本属我国之商权，非国际亦非外交，日人冒然出而干涉，是搅我商权，照会商部是侵我国权。……敝会为同业之代表，业开全体会议当场解决，应即函请贵会无论何项之抵抗，公理具在，国权昭然，务为坚持到底，勿为人所动摇，敝会幸甚，津商幸甚！”天津众茶商联名致函商会，说明：“商会我商民自由组合之团体也，彼日人竟尔蔑视，妄加干涉，侮我太甚，望诸公坚持不可让步。”难能可贵的是，外地的一些商会也公开对天津商会给予了宝贵的积极声援，这对天津商会坚持从事抵制行动是很大的鼓舞。如湖南总商会致农商部的“快邮代电”指出：“驻津日领干涉商会选举，侵我内政，侮我法团，湘商闻之，同深愤慨。青岛福州两案，舆论尤为不平，应请大部转咨外交部严重交涉，无为强权所劫持，以保国权，而伸民气，不胜迫切待命之至。”连地处偏僻的兰州总商会也致电国务院、农商部、外交部，阐明：“天津总商会改选卞君荫昌为正会长，依法选举，局外不得干涉，乃日领竟以领事资格干涉法团，轻辱国体，莫此为甚。务恳转咨外交部……依国际公法与日公使严重交涉，不达撤换各该领事目的不止，维法理保主权，在此一举。”与此同时，全国商会联合会甘肃事务所还直接致函天津商会，告知“敝会虽处边侥，窃愿执鞭以随其后”，“除由敝会电请国务院、外交、农商两部正式交涉外，相应函请贵会

① 《天津商会抗议日领干涉会长选举通电》，天津市档案馆、天津社会科学院历史研究所、天津市工商业联合会编：《天津商会档案汇编（1912—1928）》第1册，天津：天津人民出版社，1992年，第66页。

查照并希极力进行”。[1]

天津商会恐怕没有想到，由驻津美国商人组成的天津美国商会对此事也表明了态度。该商会致函天津商会说明：“敝会副会长法克司前以日领非理干涉贵会选举，异常不平，于本月二十四日特召集临时会议，全场议决除呈请敝国驻京公使对于此次非理干涉应有相应表示外，并仍筹一和平抵抗之办法，以敦友邦，而促亲善，并当场决可由鄙人［即美国商会文牍爱温士（　）——引者］致函先生申贺。中国民意机关之商会选举，系自由之选举，尚望始终保守权利，幸勿以强权所迫而变更自主的选举。”天津商会对美国商会的这一态度自然深表欢迎，复函“特为致谢”，并一方面阐明此事“一经退让，恐全国商会即有偏重一国之虞”，另一方面也表示：“敝会向来对于各友邦，均以开放门户，势力平均为宗旨，绝不能因一国无理之干涉，少变其素来之本意。”在各方抗议声浪越来越高的情况下，或许是受日本驻京使馆暗中指使，报纸上出现了一种说法，称引发此次轩然大波的日本驻津总领事与农商部次长之往返信函“系属私人关系”。天津商会对这种说法予以批驳，并在回复天津美国商会的公函中指出：“日领船津辰一郎系日领事馆内有法人代表资格之自然人，农商次长江天铎亦系有代表农商部法人资格之自然人，其所述之事又关系敝会选举并侵害敝国主权。其人既有法人资格，其事又系关系政治，何得谓为私人函件？”[2]

由于天津商会的坚持抗议，此次会长选举的结果并未因日本驻津总领事的干涉而改变。但是，天津商会提出的撤换该总领事的要求最终也没有能够达到。对当时的北京政府来说，在刚刚经历五四大规模反日运动的情况下，自然不愿意因这一事件再度引发新的中日冲突，连农商部也在给天津商会的批示中反复要求“慎重相处，勿令发生重大交涉，致令政府难以应付”。而天津商会的这一要求，如果没有中央政府的支持是不可能实现的。尽管如此，这一事件仍体现出天津商会抵制外人干涉，维护选举独立性和法人社团主权的坚决态

① 本段引文引自《津埠木茶两公会并国内各商会抗议日人侵我主权夺我商权函电》，天津市档案馆、天津社会科学院历史研究所、天津市工商业联合会编：《天津商会档案汇编（1912—1928）》第1册，天津：天津人民出版社，1992年，第60、61、63页。

② 《美国驻津商会声援津商会保卫自主权函并津商会夏琴西等致谢函》，天津市档案馆、天津社会科学院历史研究所、天津市工商业联合会编：《天津商会档案汇编（1912—1928）》第1册，天津：天津人民出版社，1992年，第64、65页。

度，值得充分肯定。

下面再看天津商会实行投票选举后遭遇的舞弊指控事件。一般说来，商会在清末民初实施投票选举的过程中，因出现舞弊而受到指控的情况虽不能说未曾出现，但并不多见。而天津商会自1918年进行投票选举，在随后的换届改选时即有商民指控其选举存在舞弊现象，这可以说是对天津商会实行投票选举制度的另一考验。平心而论，商民所指控的选举舞弊现象实际上并不是很严重，也比较容易解决，但这一事件仍然对天津商会正常实行投票选举制度产生了一定的影响。

按照《商会法》的规定，商会职员均以两年为一任期，也即每两年必须进行一次换届改选，除非有特殊情况一般不得拖延。天津商会是1918年进行的改组选举，到1920年即为换届改选之期。是年6月，天津商会着手筹备改选工作，并像其他商会一样除了事先函知各行帮之外，还公开发出“榜示”，通告：“本会本届依法改选，前已函知各行董转行本行在会商号及经理人姓名有无更改，本会声明，结至旧历四月廿九日截止造册在案。兹将各行在会商号再行公布周知，此次更正期限截至旧历五月初十为止，如无更改，即通函各商号届期投票，幸无自误。”[①] 此后，天津商会按期进行了行董和会董的选举。但在会长改选之前，天津商会收到直隶政务厅转发的直隶省长公署批示，以选举舞弊被商民指控要求天津商会暂停改选。此事的起因是天津商民刘祖培、陈益汉、孙汉九等向直隶省长呈文，声称：“天津总商会初选各行行董，凡在会之商家均有选举权。兹因安福派运动一班无知商民，把持商会，希得会长欢迎安福抵抗他党之用意，以致发生种种弊端。”其具体情况是：“只家胡同祥记广货铺、老龙头恩记粮商两家，早经歇业，竟有无耻之徒伪造两家图章持券投票。似此伤风败俗之初选，商务前途实可畏也。”该商等吁请直隶省长“破除情面，饬行该管行政各机关彻底清查祥记、恩记投票公函自何而来，图章从何伪造，以消风化，而维商务”。直隶省长公署收到这封指控呈文后十分重视，很快即做出如下批示：“查商会本属法定机关，众商民所托命，关系何等重大，苟办理少有不当，遗害必至无穷。此次商会改选，迭据各商民到署禀陈选

① 《津商会请在会各商号限期查核本号及经理人有无更改的榜示》，天津市档案馆、天津社会科学院历史研究所、天津市工商业联合会编：《天津商会档案汇编（1912—1928）》第1册，天津：天津人民出版社，1992年，第67–68页。

举舞弊，一面之词虽不能遽信，然办理不当亦在所难免。除派员彻底清查以重选政外，所有天津商会职员选举，着暂行停止，俟将来彻查证明后再行定期选举，尔商民亦勿得再行渎请，静候示遵可也。”①

商民指控天津商会选举存在的这一舞弊现象还称不上多么严重，涉及的商家也不多，照理应该可以调查清楚并加以解决。但官厅派员督办清查不力，天津商会也未及时处理，随后又“直皖之役，地方多事”，一直拖延到1923年也未改选正副会长。是年5月，天津商会致直隶实业厅的一封公函透露了该事件的具体影响：“案查敝会职员任期早经届满，前于九年间依法改选，曾蒙省长派员暨贵前厅长、天津县长、天津警察厅长、津海道尹莅会监视投票，当日开票，宣示公众在案。嗣准省公署政务厅函开以刘祖培等告发选举舞弊，应彻查停止办理各等因。又准贵厅函开前因，惟事隔至今将近三年，未经彻查，故于此次选举顿生障碍。敝会追忆前事，解决无由，究竟前次选举之会董，应否即行召集，以便瓜代，相应函致，即希贵厅查照核复。”由此可知，天津商会对1920年改选时发生的舞弊案并没有彻查，事隔近三年后仍“解决无由”，连该次选举中当选会董的合法性也受到质疑。有商董向实业厅呈请“维持民九原案，以利进行”。实业厅也不希望此事长时间影响商会正副会长改选，遂向省长说明：“此案时逾数载，真相已难详查。……佥以民九所选会董既经依法选出，自应认为有效，应即准予召集，依法互选会长副会长，以顺舆情。”最后，省长公署批示照准“维持民国九年改选原案”②。由于时过数年，1920年当选的会董“亡故出缺者已有五人之多”，天津商会只能依照章程中的有关规定，“依法应以候补当选之会董递补”。而调查候补会董之年龄、住址等事又需时日，直至1924年5月，天津商会会长的改选才得以举行，卞荫昌和杜克臣分别当选为正、副会长。一件小小的选举舞弊案，导致天津商会正副会长的改选推迟了近4年时间，类似的情况在其他商会中是很少见到的。尽管有直皖战

① 本段引文未注明出处者，均引自《直隶省长公署政务厅转发省长关于本年商会改选舞弊暂行停止函并附原呈及批》，天津市档案馆、天津社会科学院历史研究所、天津市工商业联合会编：《天津商会档案汇编（1912—1928）》第1册，天津：天津人民出版社，1992年，第68、69页。

② 本段引文见《津商会函询实业厅民国九年商会改选是否有效并实业厅复函》，天津市档案馆、天津社会科学院历史研究所、天津市工商业联合会编：《天津商会档案汇编（1912—1928）》第1册，天津：天津人民出版社，1992年，第69–70页。

争和直奉战争相继爆发等客观因素的影响，但这种现象同时也表明天津商会在实行投票选举的过程中，缺乏及时处理舞弊案的能力和魄力。

大概是天津商会的会董对此事也感到惭愧，因而当正、副会长改选前《益世报》载文称“总商会筹办改选，将来必有一番捣乱，并云会董中现有欲谋会长者闻有四五人之多，刻下正在奔走运动”，即有会董“不胜心中耿耿”，立即公开予以批驳，认为：“我商会自成立迄今，凡百举动，皆遵依照商会法律而为，此次改选亦履行第二十二条选举用记名投票法，由选举人自由行之。所推选之会长，依法照第九条之规定，曾未有违背法律之点，自然顺理成章，诸凡就绪，不知该益世报竟居然有未到先知之能力，预料定必有一番捣乱。此语虽出揣测，未免言之太过。……查报馆秉有闻必录之天职，倘我总商会改选后实有违背法律之处，舞弊营私之点，不妨尽情登载，此际则万不当妄行预料，无端揣测。”[①] 虽然后来在会长改选过程中并没有出现有人暗中运动当选而导致混乱的局面，但天津商会的会长改选延迟如此之长的时间，确实会引发种种猜疑，并产生一些负面影响。

1926年天津商会的换届改选仍然十分不顺利。原会长卞荫昌于是年11月因病去世，副会长杜克臣坚决要求辞职，众会董虽未停止换届改选的筹备工作，但拖延半年仍无结果，以致官厅认为商会“借故稽延”，要求“三日内选定会长，呈报备案”，后干脆指定张仲元、王益保二人“堪充总商会正副会长”，于1927年9月训令天津商会以走过场的形式选举二人为正、副会长。[②] 由此可知，天津商会制订了投票选举制度之后，仍然在实际操作过程中因各种因素的影响而不能很好地实施这一制度。

通过对清末民初天津商会选举制度发展变化进程的考察与分析，并结合上海、苏州等商会的选举制度进行比较，我们可以初步得出以下几点结论和启示：

在选举制度的建设中，清末民初天津商会的领导人在思想认识和实践操作两个方面都偏向于保守，不仅自身缺乏创造性的举措，而且很少主动借鉴和学

① 《津商会会董孙采岩辩驳〈益世报〉关于商会会长改选报道之公启》，天津市档案馆、天津社会科学院历史研究所、天津市工商业联合会编：《天津商会档案汇编（1912—1928）》第1册，天津：天津人民出版社，1992年，第70–71页。

② 参见胡光明：《论北洋时期天津商会的发展与演变》，《近代史研究》1989年第5期，第131页。

习其他商会已有的投票选举制度。天津商会坚持认为传统的“公推”方式优于现代“票选”制度，甚至当有关法规已明确规定商会必须实行投票选举制度的时候，仍然希望继续沿用旧的“公推”方式，这种情况在当时的全国商会中尚属少见。

但是，商会作为一个不同于传统行会的近代工商社团，实行新的投票选举制度是大势所趋，并不以天津商会领导人的主观意愿为转移。1915年《商会法》颁行之后，天津商会才不得不遵照有关规定制订了投票选举制度，其职员的产生方式也开始从“公推”变为“票选”。此后，天津商会同样进入了实行投票选举制度的新时期，但时间明显晚于其他许多商会，并且这一重要演变仍然不是出自天津商会领导人的主动行为，而是在其请求继续沿用“公推”方式遭到拒绝后，被动地接受政府有关投票选举的制度安排。据目前所见资料推断，类似于天津商会的这种情况在全国的商会中虽不能断定仅此一例，但估计不会很多。

如果说在清末商会正式诞生之际，上海商会在投票选举制度的建设方面发挥了开创性的重要作用，产生了突出的示范效应，那么在民国初期农商部通过制定和颁行《商会法》，对于推动天津商会实行投票选举制度则产生了不可缺少的外在影响。由此可知，在清末民初商会投票选举制度的建设与发展过程中，商会和政府两个方面以及两者之间的互动，都发挥了值得重视的作用和影响。

上海、苏州等江南地区的商会实行现代投票选举制度起步早，发展快，另有相当一部分商会随后予以借鉴和实施，但也有像天津商会这样在清末民初的很长一段时间内仍然拒绝实行投票选举制度的例外情况。因为近代中国是一个政治、经济乃至思想文化各方面发展都极不平衡的国家，具有现代意义的投票选举制度虽然得以在商会这样的民间工商社团中率先实行，但并非在各个商会中同步进行，而是存在着相当明显的差异，这种现象证实了清末民初各地工商界对现代投票选举制度认识的不一致。

第七章
无锡商会的选举风波

五四运动时期及其稍后的商会改选问题，一直受到商会研究者的重视。特别是1920年上海商会的改选更是令人关注，学术界对相关问题也存在着一些不同的看法。有学者认为，上海商会在五四运动之后的这次改选，“是一次划时代的历史性改组，也是当时上海新旧两代民族资本家地位升降、权力转移的信号”，“是上海商会建立以后的发展历程中的一个重要的历史转折点，它意味着这个上海工商界的重要社会活动舞台上绅商时代的结束和企业家时代的开始”。[①]但也有学者持不同意见，认为上海商会此次改选虽然原有正、副会长以及旧的会董多数未再续任，但“不是‘新派’打倒‘旧派’的结果，而是商会的制度使然”。这次改选对于上海商会来说，也“并不具有新旧交替的历史转折意义”。[②]

本文并非针对上述1920年上海商会改选问题的不同观点进行辨析，而是以无锡商会为例，对该时期的商会改选风波进行探讨。众所周知，五四运动前后近代中国政治、经济与社会的发展变迁均呈现出新的特点，传统与现代的新旧之争在各个领域都十分突出，甚至在一些领域形成了激烈的交锋和冲突，造成某种震荡性的社会效应，对其后中国近代历史的发展走向产生了不容忽视的重要影响。这种震荡效应在类似商会这样的民间工商社团中也有所反映，其具体

① 徐鼎新、钱小明：《上海总商会史（1902—1929）》，上海：上海社会科学院出版社，1991年，第247、251页；徐鼎新：《近代上海新旧两代民族资本家深层结构的透视——从二十年代初上海商会改组谈起》，《上海社会科学院学术季刊》1988年第8期，第40–41页。

② 李达嘉：《上海商会领导层更迭问题的再思考》，《“中央”研究院近代史研究所集刊》，第49期（2005年），第64、67页。

表现可从商会的改选风波窥见一斑。

需要指出的是，对这一时期商会改选问题的考察，当然首先需要对上海商会这样有着举足轻重影响的商会进行重点研究，但同时也很有必要分析更多的个案，包括对一些中小商会加以剖析，这样才能更加全面地了解和把握该时期的商会改选以及探讨由此所折射出的诸多问题。不仅如此，近二十年来的商会史研究虽然发展得十分迅速，取得了一系列高水平的研究成果，但主要关注于上海、天津、苏州等地的商会，对其他地区商会的探讨仍比较薄弱。本文希望通过对无锡商会的个案研究，为逐渐改变以往商会史研究的这种状况略尽绵薄之力。

第一节
会董改选前的“新派”与“旧派”之争

无锡商会诞生于1905年，时称锡金商务分会，是近代中国较早成立的商会之一。故而后人有称：“无锡商会之成立，后于上海，而先于各地。”[①]1919年3月无锡商会改选之前，按惯例由商会向所属各业发出通告，要求在限期内共同推选本业会员，并将推定会员姓名暨年岁、职业、住址等详细开单函送商会，以便依次选举会董和正、副会长。各业随即按部就班地援例推举会员，似乎并无什么新的异常情况。

不过，由于此前江苏有的商会在改选过程中出现过纠纷，并且在同年4月初江苏商会联合会大会期间由泰县、瑶湾、界首、沙浦等商会代表提议，对选举权及被选举权应作出明确规定，以息争端，大会经过讨论，拟定如下两条：“一、非入会会员不得有选举权及被选举权；二、自公布之日起至选举之日止，暂停入会。”同时，江苏商会联合会致公函江苏省实业厅请转呈农商部。农商部遂发布第876号指令：“查该省商会联合会事务所议定商会会员选举资格两条，为杜选举竞争起见，核于商会法尚无抵触，应即照准办理，除通令各省实业厅遵照外，仰即通行各商会一体遵照可也。”[②]

① 《最近一年间之县商会》，《锡报》1921年1月2日。引自无锡市工商业联合会、无锡市档案馆编：《近代无锡商会资料选编》，内部印行，2005年，第60页。

② 《规定商会选举会照会》，《锡报》1919年4月30日。引自无锡市工商业联合会、无锡市档案馆编：《近代无锡商会资料选编》，内部印行，2005年，第22–23页。

无锡商会此次改选，起初进展得比较正常和顺利，各业推选的会员均陆续地在当地报纸刊布，并确定7月5日投票改选会董。但在会董改选之前，商会内部有人对改选的203名会员中的部分人提出了两点质疑。一个是会董连任期限问题。按照《商会法》第24条的规定，会董连任以一次为限，而改选的会员中张鸣球、祝兰舫、周舜卿、华叔琴、吴方之、史问耕、高季莲、秦歧臣、杨经笙、荣德生、顾叔嘉、高映川、唐水成、杨翰西等人，均曾连任会董一次，应该不具备被选举权。另一个是拥有被选举权会员的年龄问题。《商会法》第20条规定，会员年龄未满30岁者，无被选举权。但当选会员中，程炳若、钱敬之、王积卿、杨蔚章、华凝云、蔡竹君等人，年龄均不足30岁，所以也不应具有被选举权。

类似的情况以前并非未曾发生，只是在一般情况下商会能够正常地加以处理，不会影响到会董的改选。但此次的质疑和争议似乎有较为特殊的背景，体现的是背后两种不同力量的较量，被时论称之为“革新派”（“新派”）和“守旧派”（“旧派”）之间的角逐。所谓“旧派”当然指的是那些年龄较大、过去担任过商会会董的一批人，“新派”则是指那些年龄较轻、希望通过此次改选进入商会会董领导层的一批人。上述对会董连任问题提出质疑者，显然系“新派”所为，而提出年龄不足30岁不得享有会董被选举权，则明显是“旧派”有针对性的反诘，并且双方均以《商会法》的有关条文规定作为依据。

随着会董改选日期的日益临近，双方的争议和角逐越来越突出，而且都借助报纸这一公共舆论工具互相指责。“旧派”在报上以“商界同人公启”的名义，首先说明历年商会选举并无弊端，也不存在所谓的“盘踞”会董现象。“吾邑商会创设十余年，历任会长、会董，悉凭会员秉公推举，与议员之运动选举者不同，是以历久尚无弊窦。今有议者，谓历年会董更动极少，不无盘踞之嫌。殊不知会董大半出于业董之有资望者，某业有事先由某业会董出任调查处理，无效再开大会公决之。”此外，还解释道：“会长、会董均尽义务，并无俸禄，此又与议员不同之点，即如历届会长、会董连任，报部之后，部中并未驳请撤销，吾邑如是，他处亦如是也。”这显然是想说明商会领导人实际上并无什么实际利益，只是尽义务，即使连任也均报由农商部批准，各地商会都是如此，并非无锡商会的独特现象。在进行解释的同时，“旧派”还针锋相对地公开批评“新派”企图运动改选，“觊觎会长等职，欲以选举议员之法行之，开出名单，大肆运动，揣度其意，无非视商会为利薮，彼果如愿，我等商人悉为鱼肉，可不惧哉？”[1]

“旧派”的这则公启登出之后，立即受到“新派”的强烈抨击。“新派”也以“商会会员同白”的名义在报上予以批驳：“新无锡报登有商界注意告白一则，不胜诧异，窃思此种卑劣手段，愈用愈奇。既知旧董等有盘踞之嫌，复多方面维护，冀贯彻其盘踞之志。吾辈常见市上商店广告，只有百年老店，从未闻有百年老董。此番商会改选，同人等本诸良心，有将不称职之会董予以一部分改选，讵知把持派遂造作种种危言，且公然假冒商界全体名义，登报耸闻，希图淆惑观听。愿吾全体商人幸勿堕其奸计，商界万幸。”[2]从这段文字不难看出，无锡商会改选之前的所谓新旧两派之争呈现出愈演愈烈之势。

在两派的激烈争论中，难免出现过激或是偏颇的言论。针对“旧派”所谓商会创设十余年来会长、会董选举“历久尚无弊窦”的解释，“新派”针锋相对地予以反驳说：“无锡商会成立已逾十年，而历届选出之职员大都为接近官僚臭味之绅富，欲觅一富于商业思想之办事人，几如凤毛麟角。故其平日所办之事，除联络官场敷衍商人外，几不知商会本身有法赋之职任，并不知商会为商人之代表，决不能持中立于官厅及商界间之态度，故无锡之商会，除调和诉讼外直谓之未办一事可也。我无锡近年来因商会之不良，蒙其影响者指不胜屈。”[3]应该指出，“新派”对无锡商会的这种尖锐批评显然带有较多的感情色彩，并非客观的态度和全面的评价。无锡商会成立以后尽管存在着这样或那样的缺陷，但绝不是像“新派”所说的，除了调和诉讼之外“未办一事”。实际上，无锡商会在联络商情、开通商智、促进工商业发展、保护工商业者利益、调解商事纠纷、协调地方税收乃至地方自治等许多方面，都发挥了令人瞩目的重要作用，产生了不可忽视的影响。此外，无锡商会还筹建了商团，在辛亥革命前设有8个支队，团员300余人，拥有数量可观的枪支弹药，对于维持市

① 《新无锡》1919年6月28日。引自无锡市工商业联合会、无锡市档案馆编：《近代无锡商会资料选编》，内部印行，2005年，第25页。

② 《锡报》（广告栏）1919年6月30日。引自无锡市工商业联合会、无锡市档案馆编：《近代无锡商会资料选编》，内部印行，2005年，第25页。

③ 《关于商会选举之谈话（一）》，《锡报》1919年7月1日。引自无锡市工商业联合会、无锡市档案馆编：《近代无锡商会资料选编》，内部印行，2005年，第25-26页。

场与地方社会秩序也具有重要作用。①

不过，“旧派”在争论中一味地指责“新派”的行动是“觊觎会长等职，欲以选举议员之法行之，开出名单，大肆运动”，而丝毫不对商会过去会董改选以及在相关方面存在的缺陷进行反省，这种做法同样难免有意气用事的成分，也很容易给人留下排斥新人和盘踞垄断的印象。“新派”正是抓住了这一点，以挖苦的口吻讥讽“旧派”“乃一般无意识之商民及守旧派之职员，一则曰，幸勿轻事更张，再则曰，报部并未驳诘。人谓其有意维护冀贯彻其盘踞之志，作百年老董之想，所论未免过酷。惟以任事多年、意志颓唐、公权残缺、智识不完之老者，昧于世界进步之趋势及自身言行之腐败，不早事退让提挈后俊，谋地方政治之更替、新旧之调度，及至新潮陡起，不为因势利导之补救，乃欲以牢不可破之主张，阻遏后起之进取，不第为有识者所窃笑，彼辈自省，当亦深愧平日之毫无布置也”②。

由此观之，在传统与现代相互碰撞、新旧冲突比较突出的五四运动时期，在一些商会的内部所谓新势力与旧势力的争论和较量也有不同程度的反映，这一争论和较量在商会改选时往往使双方的矛盾更加明显和突出。但各地商会的具体情况不无差异，结局也非千篇一律。就无锡商会而言，两派的争论从表面上看确实非常激烈，似乎是针尖对麦芒难以调和，给无锡商会的这次改选投下了浓厚的阴影，然而从后来的结果看，却并非完全如此。实际上，所谓“新派”与“旧派”虽然有着明显的年龄差别，加上所受教育的背景以及在其他方面的差异，在处理某些具体问题时的认识与表现当然会有所不同，但是，如果说两派在面对所有问题时都存在着明显的分歧，形成水火不相容的态势，则又有所夸大。划分新旧派别本身即是将错综复杂的历史简单化，往往容易失之片面。因为在近代中国社会转型过渡这一特殊的历史条件下，各个方面都普遍存

① 有关无锡商会的详细情况，请参阅汤可可、蒋伟新：《无锡商会与近代工商企业家的成长》，《江海学刊》1999年第2期；蒋伟新、汤可可：《推挽结构：近代地方商会与政府的关系——以无锡为例》，《近代史学刊》第1辑，武汉：华中师范大学出版社，2001年。还可参阅浦文昌、荣敬本、王安岭等著《市场经济与民间商会：培育与发展民间商会的比较研究》（北京：中央编译出版社，2003年）一书中“无锡商会的历史演变、作用及其与政府的关系”等内容。

② 《关于商会选举之谈话（一）》，《锡报》1919年7月1日。引自无锡市工商业联合会、无锡市档案馆编：《近代无锡商会资料选编》，内部印行，2005年，第26页。

在着新中有旧、旧中有新的现象，真正完全截然两分的新旧并不多见。再则，就当时无锡商会改选争论双方的具体情况而言，虽然不可否认存在着新旧两种力量的角逐，但很难说形成比较固定的对立集团，甚至谈不上形成所谓截然不同的两个“派别”，只是对某些具体问题产生了不同的看法。如果真正形成针锋相对的两派，双方之间的争论就绝不会仅仅产生于一时，而会在较长的时间内和在较多的问题上都持续出现争论，但这种情况我们在其后的无锡商会中并没有发现。

当时，双方均借助在当地报纸发文的方式批评指责对方，以形成一种舆论压力。报纸在刊发双方公启和告白的同时，也曾对无锡商会改选时出现的“新派”与“旧派”之争进行了比较客观和中肯的评论，对双方都予以规劝，希望各方谨慎认真地采取行动，相互体谅和合作，为商会及地方社会造福。例如《锡报》登载的文章以诚恳之言谆谆劝告“旧派”应以宽广的胸怀提携“新派”，即使“老者苟鉴于此事之不能绝对放弃，则当集合同派之意见，为有系统的主张，对于革新分子作诱掖奖劝之举，俾旧势力不致一朝打破，而商会收新旧和融之效。设竟认定商会问题可完全放弃，则亦当表示诚意，为后辈作恳切之指导”。该文还对新旧两派的融和，尤其是“旧派”扶持“新派”的重要意义苦口婆心地进行了阐释，说明老辈“百年后终须藉此辈少年支持地方。不转瞬而老者死，少者老，设无前人嘉模为之榜样，则届时又将酿成新旧冲突之祸实，今日新旧不能提携，阶之厉也”。如果能够克服意气用事，以大局为重，做到“新旧有所磋商，则商会及无论何项团体均将有所进步，而地方不致蒙纤细之害；设长此不相互维系，则冲突之潮流，岂仅商会选举而止？”此说确非虚言，工商界内部如果矛盾重重，纷争不断，其消极影响肯定不仅仅涉及商会的此次改选，还会波及其他许多方面。因此，该文最后代表地方公共舆论表达了对双方的殷切期望：“甚望老者觉，新者恕，凡属地方问题，悉为有责任之行动，夕阳未下又当受片刻之煦光，红日初升无令人如夏炎之却走。要之提挈之责在彼，而慎思而行，尤吾少年所当望膺者也。”[①]时人评论该文“终篇语长心重，委曲详明”，因而登载之后不无反响。可以说，地方报纸在无锡商会改选纷争的过程中，较好地发挥了公共舆论应有的功能与作用，也产生了

① 《关于商会选举之谈话（二）》，《锡报》1919年7月1日。引自无锡市工商业联合会、无锡市档案馆编：《近代无锡商会资料选编》，内部印行，2005年，第26-27页。

一定的影响。

尽管先前出现了所谓的“新派”与“旧派”之争，但1919年7月5日无锡商会还是如期顺利地进行了会董改选，次日即在报上宣布选举结果，并详列各位当选会董者所获得的票数。从选举结果看，新旧两派当选者大体相当。较之于以前旧会董居多的情况，则“新派”在商会领导层中的力量明显得到增强，这与同期改选的其他一些商会的情况大体相似。对这一选举结果，报纸舆论给予了高度肯定和赞扬：“商会选举会董今日循例榜示，其老少新旧居然支配停匀，商人程度之增高于此可见一斑。老年人恒持重有余，少年人多英锐可喜，更进而于此中选出胜任愉快之正副会长，维持旧有之成规，增进刷新之事业，吾邑商会振作可期。记者馨香以祝之矣。”①

不过，在新当选的会董中仍有数人连任超过一次，而且“闻有赵某等连署数十人，呈县邮递实业厅，其内容大致系攻讦商会之种种不合法云”。无锡县知事对此颇感为难，认为县署无决定之权，要求商会径行电请江苏省实业厅和农商部核示办理。实际上，类似的情况在其他商会中也时常发生，“有依地方习惯而得连任数次者”。每当遇到类似情况，一般也是报请主管官厅和农商部核查批示予以处理。②于是，无锡商会电呈农商部和江苏省实业厅，说明“会董与商会有密切关系，此次改选会董，依照呈奉大部5月6日批示办理，惟连任问题究应如何决定，伏乞钧鉴，速赐指令遵行，以免争持，俾得依期互选新会长而重会务，不胜急切待命之至”③。江苏省实业厅的批示是：“除特别会董之连任法律并无限制，无须解释外，其会董连任问题，本厅前于江浦、海安等商会改选案内，迭奉部令，只以一次为限。而上海、南京两总商会改选案，则部省令亦有特准通融连任三次者。先例既非一律，本厅亦难专决。该会此次改

① 《祝商会会董》，《锡报》1919年7月6日。引自无锡市工商业联合会、无锡市档案馆编：《近代无锡商会资料选编》，内部印行，2005年，第29页。

② 有的商会在改选之前采取了一些措施，以避免这种情况发生。例如上海总商会在1920年改选时，事先将已经连任两届会董的名单列出，通告会员，按照章程之规定请勿再选举他们为会董。见《总商会定期选举之通告》，《申报》1920年7月24日，第10版。

③ 《电请决定商会当选会董》，《锡报》1919年7月11日。引自无锡市工商业联合会、无锡市档案馆编：《近代无锡商会资料选编》，内部印行，2005年，第30页。

选既经电请部示，仰候部令遵行。”[①]

由于时过半月农商部没有回复，无锡商会再次电呈农商部，希望“迅赐批示，以便依序办理而重会务”。此时，又有人对此提出了质疑，甚至对农商部拖延不批的态度也表示怀疑，认为：“国家多故，政务虽忙，此区区者，断不致遗漏，何久久不复耶？令人不无生疑。农商部中之事务官与吾邑老党同臭味者，比比皆是。老党既横梗一与会同休之决心，即使部无碍口之电复，难保其不再唆使一般愚氓，出以种种之攻击，务使破坏而后已。”[②]实际上在报纸登载这一质疑之前，农商部已有批文下达：“连任问题，商会法第24条已明白规定，应俟各项成员选定后，呈经最高行政长官及主管官厅报部，再行核办。”[③]接到农商部批示后，无锡商会在报上发出通告，“除遵部令，凡经连任一次会董依照商会法之规定办理外”，当选的各位会董须于15日内答复是否应选。起初当选的会董中，有华艺三、蒋哲卿、唐保谦三人表示不愿应选，原已连任两届的会董也退出，均由选举时得票次多数者依序递补。以下是按选举所得票数列出无锡商会本届改选的22名会董名单：薛南溟、单绍闻、蔡兼三、孙鹤卿、钱镜生、陈湛如、赵子新、沈锡君、孙济如、温明远、王克循、苏养斋、吴侍梅、程敬堂、陈益三、刘友庭、江汀芝、许稻荪、荣瑞馨、陶仞千、江焕卿、邹泳卿。[④]

从上列名单可知，无锡商会改选前“旧派”和“新派”互控选举权资格存在问题的人员，最后均未当选。特别是在新一届会董中，人数较多的原有旧会董都没有连任，“新派”的会董则有所增加，这是比较引人瞩目的新变化。但这种情况也确实很难说是“新派”在改选纷争中取得了胜利，已经完全取代了“旧派”，掌握了商会和工商界的主导权。形成这一结果的原因，也不是“新派”势力已经强大到能够战胜“旧派”的程度，主要还是由于《商会法》相关

① 《关于商会会董连任之部厅原批》，《锡报》1919年7月30日。引自无锡市工商业联合会、无锡市档案馆编：《近代无锡商会资料选编》，内部印行，2005年，第33页。

② 《敬告新会董》，《锡报》1919年7月25日。引自无锡市工商业联合会、无锡市档案馆编：《近代无锡商会资料选编》，内部印行，2005年，第31页。

③ 《关于商会会董连任之部厅原批》，《锡报》1919年7月30日。引自无锡市工商业联合会、无锡市档案馆编：《近代无锡商会资料选编》，内部印行，2005年，第32页。

④ 《商会定期互选会长》，《锡报》1919年8月27日。引自无锡市工商业联合会、无锡市档案馆编：《近代无锡商会资料选编》，内部印行，2005年，第36页。

条文中有会董只能连任一次的明确规定。类似的情况在其他许多商会中也同样存在，不少“旧派”会董虽然受此限制而无法继续连任，但到下一届又得以重新当选。这与李达嘉详细考察的1920年上海商会会董改选的情况基本上是一致的。不过，无锡商会此次改选的具体情况表明，在这一时期的商会乃至工商界内部确实存在着所谓的新旧之争，只是相互之间的矛盾和冲突并未发展到十分尖锐激烈而无可挽回的程度，而是最终达成了某种调和：“旧派”既没有在此次改选中采取各种方式顽固地垄断把持商会会董和正副会长职位，也未因改选的结果而完全失去在商会和工商界中的影响力。这从随后正、副会长的选举结果也可以得到证实。另外，因受只能连任一次的限制而未当选的“旧派”会董中，后来又有杨翰西、唐水成、荣德生等数人由新一届会董推选为特别会董，可以说仍然得到“新派”会董的尊重。

第二节
新会长辞不就任与调查会员资格纠纷

无锡商会1919年的改选风波并没有因选出会董而结束，在此之后又为调查会员资格和新会长不愿应选引起了新的余波，进而导致无锡商会在较长时间内无法正常开展会务及从事各项相关活动，产生了不小的消极影响。

按照定例，商会会董改选结果宣布之后，各当选会董须在15日之内答复是否应选，随后将接着进行正、副会长的改选。无锡商会因前述会董连任问题等候农商部批示，延误了正、副会长改选的时间。直至会董选举后将近两个月，无锡商会才进行了正、副会长的改选。

在改选正、副会长之前，还曾出现另一个小插曲。起因是荡口镇商会报经无锡商会批准设立分会事务所，按照《商会法》及其施行细则之规定，该分会事务所可在无锡商会中增设会董1员。无锡商会虽已将设立荡口镇分事务所一事转呈农商部在案，但尚未奉批。荡口镇商会提出，虽尚奉批，但该会董在正、副会长选举时应具有选举权和被选举权。由于增设分事务所未奉部批，无锡商会对荡口镇商会的这一要求不能贸然应允，转而函请新当选的会董发表意见。“各会董大致均以荡口分事务所虽经转呈农商部，迄未奉部核准，于法律上尚未发生效力，又新会董虽经声明应选，须与新会长同时就职，现尚无权过问，分事务所额设会董是否有选举权，应由商会自决等语复之。”[1]荡口镇商会的这种请求，在当时还被人认为是企图觊觎会长、副会长职务，颇受指责。有人指出：“商会额定会董二十二人选定，未几突有荡口分事务所董事之姓名闻于耳鼓，虽其人素为社会所推重，然产生既未符于法令，居之即不能无疑，讵意当事诸君未能根本彻悟，更进而为选举会长、副会长之要求，无论设立之呈报主管部署准许与否，尚无把握。即该所合法之董事当然亦不能行使法定之职权。”[2]这种说法不无道理，因为依《商会法》第13条规定，分事务所在商会中虽应设会董，以执行分事务所之事务，但必须从商会额定会董中划出，现无锡商会改选的22名会董名额已满，所以不能再增设。于是，有人提出由“商会推选临时职员以维持之”，还有人建议将该分事务所推荐的会董人选担任特别会董。无锡商会最后采取的办法是将荡口镇商会推选的代表华绎之选为特别会董。

1919年9月1日，无锡商会以记名投票方式选举了正、副会长。22名会董中有2人因故请假未出席，共20人投票。先选举会长，薛南溟以18票当选；次选副会长，王克循以16票当选。由于先前会董选举时曾有所谓“新派”与“旧派”之争，因而正、副会长的选举也颇受舆论关注。选举后的次日，当地报纸即发表了如下评论：“吾邑商会会长昨日已选定矣，事前经有识之士锐意纠正，虽仍从事于新旧之调和，而能诉合乎事势之需要，振刷精神，和衷共济。记者对于正、副会长之贤明表示满意，而尤对于全体会董之协助，深其责望矣。”[3]

从正、副会长选举的结果不难发现，在确定商会最高领导人时“新派”与“旧派”依然达成了调和。当选为会长的薛南溟是“旧派”人物，系晚清维新派思想家薛福成的长子，著名无锡丝厂业巨头，名翼运，以字行，生于1862年。1908年曾担任无锡绅商学会（后改名自治公所）首任总董，1910年出任县商会总理，辛亥革命时担任锡金商会第三任总办。当选为副会长的王克循，则

① 《关于选举商会会长之函牍》，《锡报》1919年8月31日。引自无锡市工商业联合会、无锡市档案馆编：《近代无锡商会资料选编》，内部印行，2005年，第36页。

② 《县商会现在荡口分事务所当然不能取得法定职权》，《锡报》1919年9月1日。引自无锡市工商业联合会、无锡市档案馆编：《近代无锡商会资料选编》，内部印行，2005年，第37页。

③ 《敬告商会新会长、会董》，《锡报》1919年9月2日。引自无锡市工商业联合会、无锡市档案馆编：《近代无锡商会资料选编》，内部印行，2005年，第38页。

属于“新派”的代表。王克循系药业所推举，实际上该业在商会改选前推举新会员时只推选了周衡伯、徐萌泉两人，并无王克循，后又由药业事务所致函商会登入名册，“所有应缴入会费用，亦由王君照章缴纳”。

依过去有关论著对这一时期商会改选时新旧两派激烈争夺权力，尤其是“旧派”不愿意放弃长期把持垄断商会领导地位的传统说法，薛南溟当选为会长之后，“旧派”自然会额手相庆，为保住商会最高领导权而窃喜，薛南溟本人的声誉也会因此而在原有的多重光环上锦上添花。然而，薛南溟却致函商会表示：“昨日鄙人被选为商会会长，自维才识，当此潮流断难胜任，倘贸然就职，非特徒增悔容，抑且无补时艰，是以决计不愿应选。”[①]这一事实，与以往所说“旧派”一直企图垄断控制商会的相关结论明显存在较大出入。按照过去的说法推论，在“旧派”当选会长表示不愿应选时，“新派”又有了夺取会长职位的机会，也应感到高兴，但“新派”的表现并非如此。受薛南溟的影响，连新当选的“新派”副会长王克循也表示要与新会长一同进退，并致函商会说明：“本届选举，谬承诸公不弃菲葑，递以副会长事相属。自维下驽，惧弗克胜，惟有函避贤路，藉轻罪戾。况新会长薛南溟先生，已有不愿应选之宣言，仆何人，斯敢不随同进退？”[②]在是否应选这一问题上，“新派”与“旧派”采取了较为一致的行动。那么，薛氏不愿就任会长是否仅为表面文章，其真正目的是否希望借此抬高身价？从后来的结果看，这种推测显然也是错误的。而王克循与会长同进退的表态，可以说在很大程度上是表明一种姿态，并非真正不想担任副会长。此外，也不能说在会董和正、副会长选举中新旧两派在某种程度上达成了调和，意味着两派之间从此以后不存在任何矛盾。事实上，在此之后仍然有人就一些具体问题提出了非议。

在获悉薛南溟不愿就任会长的消息之后，当地报纸接连发表文章敦劝薛氏不要辜负商界的期望。有的对其声望给予了高度肯定，指明薛氏是会长最佳人选：“以声闻经验论，吾邑人士殆无出薛君之右者。值此商战日剧，商智日开，改组之余，大加整顿，求有能胜任愉快者，非薛君莫属。究其本，为十年

① 《商会新会长不愿应选》，《锡报》1919年9月3日。引自无锡市工商业联合会、无锡市档案馆编：《近代无锡商会资料选编》，内部印行，2005年，第38页。

② 《商会副会长当选后之表示》，《锡报》1919年9月4日。引自无锡市工商业联合会、无锡市档案馆编：《近代无锡商会资料选编》，内部印行，2005年，第39页。

前之旧会长也。”[①]有的说明在当时新旧交替、商会待兴的情况下，新当选的正、副会长均应不计个人之得失，承担重任。“吾邑商会之待整理，商民属望甚殷，值此新旧交替之间，复生波折，百务停顿，贻误非细。况二君之所斤斤表示者，特曰才德不胜，遗大投艰，非异人任。二君虚怀若谷，在个人之私德尚已，其如地方义务何？权衡轻重，亦君子所宜审也。”[②]报纸舆论的这些劝告，从多方面阐明了新会长就任的重要作用与影响，还强调了“地方人为地方服务，义不容辞”，多少会对薛南溟产生一些压力，但薛氏不为所动，不愿应选的态度非常坚决。

无锡商会也曾采取各种办法劝促薛南溟就任，但在操作方式和相关程序上存在某些问题，一度引起舆论批评。上届会长孙鸣圻、副会长蔡文鑫专文呈报江苏省实业厅，说明薛南溟不愿担任会长，“究应如何挽留会长之处，乞鉴核遵照”。实业厅长饬令无锡县知事酌核办理，设法挽留。县知事回复说商会本届选举会员后，一直未将当选各会员名册送县，无从调查。“对于挽留会长，拟俟该会将名册送县查核后，再行设法挽留。”报纸批评无锡商会未按规定在选举三日内将新职员呈县转报，“致实业厅令县挽留新职员之际，县署得借口未据册报职”而予以推脱，商会有关办事人员“误地方紧要公务，居之殊属有愧”。[③]受此批评之后，无锡商会赶紧将新选会员、职员名册报送县署。稍后，商会发出公告，请新选会董到会集议，“恭请会长、副会长就职，而重会务”。但商会的这一举动再次遭到舆论指责：“以开会解决会长、副会长辞职问题，亦属自扰之一端。旧会长不作正式之交替，一经老书记滥发通告开会，恭请会长就职，其出自新会董之公意欤，抑仍为老书记之主张也？吾不得而知矣。惟既有此一会，则今日会场正当之解决，当然由旧会长宣告正式交替，新会长就职；新正会长不就，以副会长代行其职权；副会长又不就，则宜于会董中公推一人，暂行管理会务，定期召集全体会董、会员以解决之。”[④]以上所

① 《义不容辞》，《锡报》1919年9月3日。引自无锡市工商业联合会、无锡市档案馆编：《近代无锡商会资料选编》，内部印行，2005年，第39页。

② 《再告新会长》，《锡报》1919年9月4日。引自无锡市工商业联合会、无锡市档案馆编：《近代无锡商会资料选编》，内部印行，2005年，第39页。

③ 《正告县商会》，《锡报》1919年9月19日。引自无锡市工商业联合会、无锡市档案馆编：《近代无锡商会资料选编》，内部印行，2005年，第41页。

④ 《县商会之自扰》，《锡报》1919年9月28日。引自无锡市工商业联合会、无锡市档案馆编：《近代无锡商会资料选编》，内部印行，2005年，第45页。

说之解决办法，虽有《商会法》有关条文作为依据，但在操作上并非如此简单。不过，无锡商会以召集新会董开会的方式恭请会长就职，在当时也确实难以产生效果。到开会之时，除上届正、副会长之外仅寥寥数名会董出席，“未能开会而散”。需要指出的是，操作方式和程序上的失误，并不否定无锡商会挽留新当选会长的真意。在全体会董会议流产之后，上届正副会长决定“先行征求新会董同意，由全体新会董特具公函，敦促新正副会长即日就职，以便交替，而重会务”①。

与此同时，无锡商会又出现了所谓调查会员资格问题的小纠纷。由于这期间某些商会在改选新会员时有不具备会员资格的人得以当选，引起工商界的不满。农商部多次收到有关指控呈文，遂发布第944号训令，强调商会为工商业之枢纽，关系至为重要。选举商会会员资格，必须符合《商会法》第6条之规定，方为合选。如有不合法定资格者，不得稍涉通融，致滋流弊。农商部还要求各省实业厅厅长转饬各该总商会、商会，所有会员入会资格应遵照《商会法》第6条各款之规定办事，不得稍涉含混。每届呈送选举会员名册时，应由该厅长详细严核，将各该当选人现充某商店或公司经理，或某业董事，为某业之经理人，详细注明册内；各店号中只可择1人为会员，不能同时有2人列为会员。以上两项有不合者，应由该厅长随时指驳，饬令再选，选定后再行报部。《商会法》第6条的具体规定是，符合以下条件之一者才具备当选为会员的资格：“一、公司本店或支店之职员，为公司之经理人者；二、各业所举出之董事，为各业之经理人者；三、自己独立经营工商业，成为工商业之经理人者。”②

江苏省实业厅接到农商部训令后，转饬无锡县署照会商会，速将新选会员及其现充各商业公司行号经理名册确查具报。不知是无锡商会具体办事人员理解有误，还是有人故意混淆，将新选会员、会董和正副会长名册一并报送县署，致使事情变得更加复杂。当时即有人指出，改选职员之册报与特令饬查会员资格之性质不同，应该分别报送，根本不能混为一谈。“在吾人悬揣县商

① 《商会会董公请会长就职》，《锡报》1919年10月3日。引自无锡市工商业联合会、无锡市档案馆编：《近代无锡商会资料选编》，内部印行，2005年，第46页。

② 上海市工商业联合会、复旦大学历史系编：《上海总商会组织史资料汇编》上，上海：上海古籍出版社，2004年，第201页。

会，自当即日将职员册报，而置遵令查报会员问题于别牍，或径俟职员名册转报上级官厅，及新职员辞职问题解决后，再为循例之查复，断不可同时并送，致牵动许多纠葛也。……对于改选职员之名册，依商会法施行细则第6条之规定，县署实无准驳之权，乃县署先之驳令查明更正，继以无权指驳允为转送，毋亦太恶作剧。”①

此间，又有江苏省议会的某位无锡籍议员特致江苏省省长快邮代电，指出无锡商会此次改选时，县知事杨梦龄身为选举监督却未依法办理，在没有报送和审定商会新选会员资格之前即举行会董选举。“讵料农商部忽来商会办理改选须先依法审定会员资格之文告，查锡商会会员资格半多不合，遂致此番选举无形中根本推翻。”②省公署接到此函后，饬令实业厅派员查明核办。从相关情况分析，该议员很可能与无锡县知事杨梦龄有矛盾，希望以此事对杨予以抨击，却未弄清有关事实。实际上，无锡商会选举会董时按规定函请县署派员监督，前往监督的官员并非杨梦龄本人，而是由杨特派警佐吴午亭担任此责。另外，该议员声称无锡商会新选会员半数不合资格，也与事实不符。不过，尽管该议员所指与事实不无出入，但无锡商会却因此次改选过程中一波又一波的纷争而难以平息安定。当地报纸不由得发表文章感叹：“好好一次商会选举，被一般喜欢显手段的人，夹杂些地方主义，弄得七颠八倒，几乎转不过弯来。单是与商会选举有关系的人搬弄倒还罢了，偏是毫无关系的人，仗着自己头衔，挟着私人作用，硬想出头说两声公道话，认真引用几句法律，偏又弄错了，惹人作一辈子的话柄。这是何苦呢？”③

可以说，无锡商会此次改选之艰难以及所引发的一系列纠纷，拖延如此之

① 《县商会之自扰》，《锡报》1919年9月27日。引自无锡市工商业联合会、无锡市档案馆编：《近代无锡商会资料选编》，第44页。引文中所说的《商会法施行细则》第6条的具体规定为：“会长、副会长及会董等职员选定后，除详具姓名、年岁、籍贯、住址、商业行号，经由地方最高行政长官或地方行政长官转报农商部备案外，得即就职。但应于就职后将就职日期转报到部。其期满连任或中途补充者亦同。”见上海市工商业联合会、复旦大学历史系编：《上海总商会组织史资料汇编》上，上海：上海古籍出版社，2004年，第205页。

② 《误认县知事为商会选举监督》，《锡报》1919年10月12日。引自无锡市工商业联合会、无锡市档案馆编：《近代无锡商会资料选编》，内部印行，2005年，第47页。

③ 《这是何苦呢》，《锡报》1919年10月12日。引自无锡市工商业联合会、无锡市档案馆编：《近代无锡商会资料选编》，内部印行，2005年，第47页。

长的时间不能迅速解决，并导致会务陷入停顿，自无锡商会成立后称得上是前所未有。下引一段史料反映了无锡工商界人士对这一状况的不满和忧虑：

> 好好的县商会选举弄到天翻地覆，小小的调查会员事件闹得手忙脚乱，这是何苦呢？平心而论，此次选举，未遂所欲者甚多，暗中捣乱以泄愤亦是人情之常，独不思彼以此施诸人者，人亦何尝不可施诸彼？况其手段知识犹万万不及人也。这是何苦呢？农商部之通令调查会员资格，明明是敷衍各地落选者之一种滑稽手段。观其将呈册发回原县，令其查核，可知其用意所在。不料县公署不是县知事做灵魂，有一二夹杂些地方主义之椽属，糊里糊涂卖弄手段，意欲借此兴波，平白地得罪了许多人，这是何苦呢？有人道，剔除了几个会员，可将此次成局推翻，另行重选，不知此种梦呓真正不值一笑。盖此等记名投票，如果真正发现有不合法的投票人，亦只能将不合法的投票人之票检出，倘被选人得票仍得多数，当选依然有效，丝毫不能动摇。……我们商人不问新旧，不知党派，只要于事有益，就是我们所愿。今好好的一个商会，因有几个暗中作祟，弄得百事停顿，试问还是与我们商人有益呢？有害呢？①

这一时期，其他一些地区的商会在改选时也出现了过去较少见到的类似纷争，这种现象实际上是当时近代中国社会变迁震荡期新旧社会力量矛盾冲突无可避免的具体反映。在工商界内部，同样存在着新旧两种力量的冲突和较量，而且这一冲突和较量在商会改选时势必表现得更为突出。无锡商会的改选风波，可以说是当时许多商会内部在新形势下发展变化的一个缩影，并非特殊的例外情形。

调查会员资格的纠纷并未延续很长的时间，因无锡商会改选的会员除少数同一行号存在2人以上入会的情况之外，多数符合《商会法》的规定资格，官厅也酌情变通，准予备案。但新会长不愿应选之事，却一直拖延很长时间未能解决。《锡报》再次发表文章，说明："商会改选后，以会员资格问题延搁多时，今始解决，行将交替。而新正会长又坚辞不就，何吾邑商会之多波折若是也？以地方人整理地方事务，苟有一分心力之可尽，决不容持之以消

---

① 《嘎！这是何苦呢》，《锡报》1919年11月1日。引自无锡市工商业联合会、无锡市档案馆编：《近代无锡商会资料选编》，内部印行，2005年，第48页。

极。矧众望所归如某公，岂容以一己之烦劳蔑弃之责，望某公其三思之。”①尽管社会舆论一再施加压力劝请薛南溟就任会长，商会新当选的会董也曾联名致函表示：“商会为法定机关，而正副会长尤为众商领袖，既经公选，万勿谦让。是以会董公同议决，公请先生俯顺商情，即日就职，以尽桑梓义务，曷胜盼祷。”②稍后，无锡县知事公署也向薛南溟、王克循二人发出照会，说明本届职员名册业已奉部核准备案，“相应照请贵会长查明，即日就职，无任盼切”③。但是，薛南溟接到县公署照会后仍然不愿上任，并表示自被选为会长后已经两次具函辞职，“自揣才识仍难胜任，殊负县长敦劝之盛意，抱歉良深，敬祈鉴原，准予辞职”。

从1919年9月1日正、副会长正式改选到1920年3月，薛南溟坚持不愿应选已长达近半年时间，新旧会长也无法交接。于是，有会董提议由副会长王克循先行就职，代理会务，获得多数赞同。王克循应允“勉力担任，暂维会务”，同时表示“会长一经就职，即可脱卸仔肩”。3月25日，王克循正式上任副会长，与旧会长交接各项会务。王克循上任后于4月5日召开第一次全体新会董常会，结果因是日为清明节，到会人数未过半而改为谈话会。当月10日再次召集会董常会，议决“敦请正会长就职案”等4项议案，决定“由全体会员公函敦请，并推单绍闻、蔡兼三两君为代表，登门劝驾，以示诚意”。无锡商会全体会员的公函表示：“溯自台端当选会长后，颇奉函辞，在先生让德高风，固征雅度，然按诸条文，同人既无权允许揆诸事，实本会亦端赖主持，敢恳先生为桑梓计，暂屈一己之主张，曲慰众人之期望，即日慨允就任，庶同人等有所遵循，得藉老成之硕望，共同会务之进行。”④但是，此举仍无效果。王克循上任副会长之后，无锡县署将其任事日期及代理会务等情呈报江苏省实业厅转呈省长，并复行农商部备案。5月上旬农商部批复：“查该会副会长，既经就职

① 《商会正会长辞职问题》，《锡报》1920年3月2日。引自无锡市工商业联合会、无锡市档案馆编：《近代无锡商会资料选编》，内部印行，2005年，第53页。

② 《商会会董公请会长就职》，《锡报》1919年10月13日。引自无锡市工商业联合会、无锡市档案馆编：《近代无锡商会资料选编》，内部印行，2005年，第47页。

③ 《县署敦劝商会新会长就职之照会》，《锡报》1920年2月26日。引自无锡市工商业联合会、无锡市档案馆编：《近代无锡商会资料选编》，内部印行，2005年，第51页。

④ 《函请商会会长就职》，《锡报》1920年4月13日。引自无锡市工商业联合会、无锡市档案馆编：《近代无锡商会资料选编》，内部印行，2005年，第56页。

任事，应准备案，并应转饬该副会长等敦劝会长从速就职，以重会务。”[①]可见，连农商部也希望薛南溟能够尽快上任。

由于薛南溟不愿就任会长并非故作姿态，而是发自内心地感到时势变迁，自己才识有限，断难胜任，因而即使农商部出面敦劝也不改初衷。转眼之间又过数月，无锡商会别无他法，经各会董议决，于10月间呈文农商部，说明薛南溟“当选后迄未就职，一再敦劝，始终坚执己意，察其情形，似难再行强迫。会务重要，会长一职，未便久悬，应否另行改选，请核示祗遵”。农商部批示江苏省实业厅查明薛南溟“不就职之情形，复部核办”。无锡县署将农商部批示转致商会，商会又专函致薛南溟“敬希赐复，以便转报是祷”。薛南溟复函全文如下：“昨奉公函，以鄙人不就会长一职，由县函请贵会查复，并录县函一件等因，查县函所称各节，系农商部咨照省公署，因鄙人坚不就职，请饬查明情形，核办见复，即经省公署训令实业厅转饬查明具复转咨，等因，而实业厅复训令县公署查明具复。是此案大部对于鄙人及贵会均有不信任之意，故有咨请饬查之举，不然大部何不径行批饬贵会查复乎？今县公署仍函请贵会查复，而贵会仍询诸鄙人，倘鄙人贸然答复，一经上达，恐与此案仍难解决。相应函复贵会查照，应否再行请示大部，此案究归何处查复之处，即请酌裁。”[②]显而易见，薛南溟在复函中认为农商部的饬令是对无锡商会和他本人的不信任，不愿贸然做出解释。

12月底，无锡商会举行会董特别会议，王克循也提出辞职。其所述理由：一是正会长迄未就职，对于会务不胜其劳苦；二是因外界不察，感受一种刺激，故辞职之意决。实际上，主要的原因是有米业商家指控王克循处理会务不当，乱发运米护照，江苏省实业厅派员前来密查，并饬无锡县署严加处理。《锡报》透露其记者探得江苏省长公署批令实业厅转行县署的公文云：“既据查明该副会长王克循商情隔膜，处理会务不甚妥洽，应遵照9年10月部咨，敦劝会长薛翼运立即就职，主持会务，否则另选补充。至擅发运米护照，抽收费

① 《副会长就职后之部令》，《锡报》1920年5月9日。引自无锡市工商业联合会、无锡市档案馆编：《近代无锡商会资料选编》，内部印行，2005年，第56页。

② 以上引文见《饬查商会长不就职理由》，《锡报》1920年11月17日。引自无锡市工商业联合会、无锡市档案馆编：《近代无锡商会资料选编》，内部印行，2005年，第59页。

用，似有其事，更应责成赵知事彻查实在情形，从严处办。”[①]王克循对官厅处理此事的方式和决定甚为不满，认为“官厅确有监督人民之责，而于法令有特别规定者，不能任意违法指挥人民；关于本案最后省令违法既错误之处不一而足，自应依法呈请原批官署自行纳正，倘不省悟，则应依行政诉讼法，请求行政院撤销其违法命令”。同时，王克循向无锡商会会董提出：“既有人呈控，自应引咎辞职，以谢邑人。”对于会务，“应一致敦请薛会长即日就任，倘薛会长坚执不允，则唯有实行改选，以重会务。惟须将正副会长一并改选，并应选择真正商人，幸勿再以似商非商之人补充，致贻商情隔膜之诮”。无锡商会会董详加讨论之后，认为对王克循的所谓指控完全系不实之捏名诬控，王克循不能因此而辞职，也不同意王克循提出正、副会长一并重新改选的建议。

对王克循的指控后来不了了之。1921年2月，江苏省实业厅批令无锡县署：薛南溟“既据声明不肯就职，应即遵照部省令文，另行补选可也”。无锡商会遂于5月1日重新补选会长，到会参加选举的会董有17人，王克循以全票当选。6月1日补选副会长，单绍闻当选。至此，无锡商会延续近两年之久的改选风波终于宣告结束。所谓“新派”与“旧派”之争，也随之无形得以消解。按照《商会法》规定，商会职员一般均以两年为一任期，所以无锡商会不久之后又面临新的改选。所幸无锡商会在其后的改选过程中没有再次遭遇类似风波，1922年11月1日无锡商会顺利改选了会董，12月5日改选正、副会长，24名会董中有22人出席，王克循以获得18票又当选连任会长，单绍闻也当选连任副会长。1924年底至1925年初无锡商会再次筹备改选，因江浙战事影响无法顺利进行，后来由于时局变动一直拖延至1928年的商会改组，王克循实际上担任无锡商会会长一职长达将近7年，其间也没有继续“新派”与“旧派”的矛盾纷争。

第三节 无锡商会选举风波的启示

通过深入考察和分析五四时期无锡商会这场延续两年之久的改选风波，我

① 《高濂控告商会长之省批》，《锡报》1921年1月5日。引自无锡市工商业联合会、无锡市档案馆编：《近代无锡商会资料选编》，内部印行，2005年，第61页。

们可以初步得出以下结论：

商会改选过程中所出现的种种以往少有的纠纷以及由此带来的震荡效应，表明随着五四时期近代中国社会的变迁，商会的历史进入一个新的发展时期。五四时期新旧思想与力量的碰撞交融，不仅在政治、经济、思想、文化等以往人们较为关注的领域中存在，同时也在商会这一工商社团中有着明显的体现。商人所信仰的名言虽然是“在商言商”，不问政治与其他，但却不可能完全游离于社会的发展变迁而生存在政治和社会以外的“真空”之中，因而仍然会直接或间接地受到整个社会转型和政治时局变化的影响。同时，伴随着时间的推移和时势的演变，五四时期工商界中的一代新人逐渐成长起来，他们势必要求在商会这一重要而有影响的工商团体中享有发言权，由此必然会在商会中引发过去所没有的一系列新的纷争，而商会的改选往往正是纷争的焦点所在。五四时期无锡商会旷日持久的改选风波，无疑是以事实说明了该时期工商界以及商会内部确实明显存在着新与旧两种力量的矛盾与冲突，而且这种矛盾与冲突有时还表现得十分激烈。

然而需要特别注意的是，五四时期的工商界和商会内部新旧两种力量的矛盾纷争有时虽然显得非常激烈，尤其是在商会改选问题上甚至达到了相当尖锐的程度，但工商界内部这种新旧之争的发展变化也有其自身的特点。如果说在当时的思想领域和政治领域中的矛盾纷争始终处于对立的态势，最终难以达成交融和调和的局面，那么工商界内部的纷争则并非始终誓不两立，完全有可能最后达至一种相互调和的结局。无锡商会改选风波的结果证明，即使是在商会改选这一新旧两种力量纷争的焦点问题上，最终在很大程度上仍可以说是以新旧调和的方式得到解决。特别是“旧派”代表人物薛南溟在当选为会长之后，面临着社会舆论的规劝压力，以及商会内部新旧两派乃至官厅的劝告，一直坚持不肯应选上任，更表明以往所说“旧派”始终企图垄断商会领导权而不甘让位，是一种似是而非的结论。

透过无锡商会的个案探讨还可发现，该时期一部分商会出现的改选风波，表面上看似乎导致了所在地区工商界内部的混乱与纷争，甚至其后续余波在很大程度上使商会在一段时间内难以正常地开展日常会务和相关活动，产生了明显的消极影响。不过，类似无锡商会这种改选风波的出现，也未尝完全没有正面作用。正是由于在改选过程中出现了纷争，最后才会产生“旧派”与“新派”调和的选举结果，尽管不能说通过一次转型震荡期的改选，“旧派”的势力已完全被打倒，实现了新旧两代商会领导人的更替，但无论如何“新派”在商会中的实力和影响较过去得到了明显增强，从而为商会的发展注入了新的活力。在此之后，无锡商会积极开展各方面的活动，包括整顿商规，劝办实业，举办物品展览会，筹办工商中学等，遇有重大政治事件时，无锡商会的态度和行动也显得更为积极活跃。故而时论有称：“无锡商会有隐然领袖各县之概，虽曰地方发达使然，果亦预议者应付有方之所致也。”[①]1924年8月，无锡商会为了进一步提高自身社会地位和扩大影响，发挥更加突出的作用，还曾向全国商会联合会江苏省事务所提出将县商会改组为总商会。次年2月，会长王克循坚持“运动改组总商会之意”，“适值此次段执政召集善后会议，规定总商会有出席资格，于是益觉改组之不容或缓”，又为此事“亲自赴宁对实业厅长切实讨论，俾能于改组以后派员出席善后会议，当由张厅长允为呈请咨部改为总商会”。[②]改组总商会的动议虽因故未能付诸实现，却体现了此次改选之后的无锡商会力图有新面貌和新作为的强烈愿望。种种事实表明，包括上海商会和无锡商会在内，许多商会在经历了这一时期的改选之后，纷纷开始进行变革趋新，很快就呈现出一种新的面貌。从这个意义上，说改选风波使一些商会的发展进入了一个新的历史时期，似乎并不为过。

---

① 《最近一年间之县商会》，《锡报》1921年1月2日。引自无锡市工商业联合会、无锡市档案馆编：《近代无锡商会资料选编》，内部印行，2005年，第60页。

② 《县商会改组总商会之动议》，《锡报》1924年8月21日；《县商会蜕化之先声》，《锡报》，1925年2月25日。引自无锡市工商业联合会、无锡市档案馆编：《近代无锡商会资料选编》，内部印行，2005年，第78、79页。

第八章 上海总商会换届改选纷争

上海商会不仅是近代中国成立最早、影响最大的商会，也是成立之初即于清末率先制定和实施具有近代特征之选举制度的商会，在当时产生了重要的示范效应。1924年以前，无论是清末的上海商务总会，还是民国初期的上海总商会，虽然名称有变，选举制度也有某些修改，但其换届改选基本上是按照选举制度的一系列规定平稳进行，并没有出现什么选举纠纷。

但是，进入20世纪20年代以后，随着政治动荡以及商会内部不同派系之间争权夺利，这一状况逐渐出现了变化。如同其他许多地区的商会一样，即使是首创商会选举制度的上海总商会，在换届改选中也开始发生选举纷争，导致内部会董、会员之间形成不同派别，各执一词，相互攻讦，甚或出现分裂，造成不良影响。例如1924年和1926年上海总商会相继进行的两次换届改选，连续出现了较为严重的纷争，引起当地工商界和社会舆论关注。仔细考察上海总商会这两次改选纷争，对于探讨20世纪20年代以后商会内部出现不同派系争权夺利以及商会选举发展变化的新动向，均有价值和意义。

1924年上海总商会的选举纷争大体上可以分为两个阶段。第一阶段主要是穆藕初针对总商会关于已连任两届之任满会董仍具有被选举权的通告，数度公开提出质问，总商会也公开予以回复辩驳，是一场有关如何理解并解释《商会法》相关条文的法理论争。第二阶段则是以会董傅筱庵为首的拥傅派，声称现任会长宋汉章不具备被选举为会董以及在随后的会长选举中享有选举权与被选举权的资格，并借此挑起纠纷，为傅筱庵竞选会长扫除障碍，拥宋派则坚决予以反对，认为宋汉章所具资格并无疑义，从而在总商会内部形成了一场争权与维权的激烈纷争。本章即对1924年上海总商会改选纷争的具体情况做初步探讨。

第一节 关于任满会董是否仍具有被选举权的争议

1915年12月正式颁行的《商会法》规定，会长、副会长、会董均以两年为一任期，这意味着商会每两年就必须进行一次改选。正常情况下，各商会均按此规定办理。1924年，上海总商会迎来了第七任会董和正、副会长的选举。[①]是年5月下旬，该会依惯例召开会董常会，议决本次选举事项：于6月1日通函各会员分发选举票，15日开选举票，次日通知当选会董，7月5日由会董互选正、副会长，10日新旧会长进行会务交接。

随后，上海总商会在《申报》等报章刊布致全体会员通函："查商会选举法，会董由会员投票选举，会长由会董投票互选。兹送上选举票一纸，会员录一本，年龄不及被选之会员名单一纸，统希台察，并请先期投票，于六月十五日上午十时起到会监视开匦，以昭慎重为荷。"[②]15日，总商会如期进行会董初选开票，秩序如次：摇铃开会，会长宣言，推举检票员（检票人数、报告人数、监视记数人数），规定次多数人数，宣告当选姓名，摇铃散会。江苏沪海道道尹代表颜德清到会监视。"检票结果，实投四百三十七票，内无效票一张，至下午五时完毕。"本次选举当选会董35人，次多数候补会董35人。《申报》于次日登载了当选会董及候补会董的全部名单及各自所得票数。[③]

---

① 上海商务总会在1912年改名为上海总商会，并于是年进行了总商会第一任职员选举，1914年进行第二任选举，至1922年则为第七任选举。而全国绝大多数商务总会都是在1915年底《商会法》颁布之后才依法改名为总商会，通常也都将1916年进行的选举称为总商会第一届选举。按照规定每两年须进行一次改选，至1922年则为第五届选举，上海总商会的文件中同样也将本章所考察的这次改选称为第五届选举。

② 《总商会通函分发选举票》，《申报》1924年6月1日，第13版。《商会法》第4章第20条规定：会员皆有选举权及被选举权，但享有被选举权者之年龄，须在30岁以上。当时的总商会会员中年龄未及30岁以上者共计14人，需事先列出名单，以免会员误选其中之人成为无效票。

③ 《总商会今日初选开票》，《申报》1924年6月15日，第13版；《总商会初选揭晓》，《申报》1924年6月16日，第13版。

从表面上看，上海总商会的本次选举在初选会董时似乎与以往并无二致，没有发生什么意外事件，但实际上在此期间曾发生关于任满会董是否仍具有被选举权的争议。按照《商会法》第24条之条文，“会长、副会长及会董任期满后，再被选者得连任，但以一次为限”①。依此规定，担任正、副会长或者会董，连任一次即为任满，不能再当选。在本次选举初选开票之前，上海总商会曾就此问题函告全体会员，说明《商会法》虽有连任一次为限之规定，但根据农商部有关连任次数之限制，会长、副会长及会董任期应“各别计算”的批示，以及中华全国商会联合会赣省事务所抄送复广州总商会之函稿，任满会董虽不能再担任会董，但可当选正、副会长，任满正、副会长也可当选担任会董，因此任满会董在初选时仍具有被选举权，否则即被剥夺当选正、副会长的应有权利。本次选举时，上海总商会现任会董中有14人“虽已任满，不能连任，但照章仍可当选，而有被选举及选举会长之权，俟会长选出，然后依法退出”②。

尽管上海总商会对任满会董仍可当选的理由做了较详细的说明，但依然受到反复的质疑和批评，并引发一番争议。6月6日，《申报》登载了工商界著名人士穆藕初致总商会函。该函首先质疑总商会任满会董仍可当选之通告“合法与否，玥未敢必”（穆藕初之姓名为穆湘玥），接着具体提出三点疑问：第一，会长由会董产出，二次任满之会董，既无再进行被选会董资格，是否仍享有选举彼选会长之权利？第二，设使二次任满之会董，依法应享有选举被选举会长之权利，则又发生两疑点，一是此届二次任满之会董，是否享有三次选举被选举会长之权利，二是此届二次任满之会董，俟会长选出依法退出后，另付推补，而此项推补之会董设使下届不当选，此项推补会董之选举被选举会长之权利，是否剥夺尽净，抑或准其下届额外授以选举被选举会长之权利？第三，商会所依据者，是否参政院议决之商会法，或此项商会法外，另有可以依据之各省商会事务所函稿？③

当日的《申报》同时登出了上海总商会复穆藕初函，阐明其所发通告的法

① 《商会法》，上海市工商业联合会、复旦大学历史系编：《上海总商会组织史资料汇编》上，上海：上海古籍出版社，2004年，第202页。

② 《任满会董仍可当选之函知》，《申报》1924年6月4日，第13版。

③ 《穆藕初与总商会之往来函》，《申报》1924年6月6日，第13版。

律依据“为民国九年三月农商部第三百号训令，对于商会法第二十四条限制连任之解释”，认为该会“奉行主管部解释商会法之通令，即系奉行商会法”，而且“上届办理选举，亦循例发有此项通告”。对于穆藕初提出的三点质疑，总商会也一一做出回复：关于会长由会董互选，既无被选会董之资格，何以有选举被选举会长之权利？总商会强调当选与连任系属两事，不得连任不能即指为不得再行当选，会董互选完毕后即行退出，不存在继续连任情形，亦与商会法条文毫无抵触。对于是否享有三次选举被选举会长之权利的疑问，同样“不成问题”，“盖二次任满之会董，被选会长，既系任期各别计算，则会长之任期，应从被选为会长时另行起算，不能指为第三次被选举会长也”。至于任满会董当选，于互选之后退出，再另行推补会董，也不违背商会法，“条文只限制不得连任，并非会董不得中途补人也”。[①]

如何理解和执行《商会法》第24条，以及任满会董是否仍具有被选举权的争议，实际上在此之前各地许多商会选举时就已产生，其缘由是《商会法》以及《商会法施行细则》的相关条文中均未明定会长、副会长和会董的任期究竟是合算还是分算，以致各商会理解不一，时起争议，纷纷抱怨“此项规定施行以来，在实际上均感困难，曾经各省商会迭向中央请求修正，迄未邀准”[②]。1920年3月，农商部鉴于修改《商会法》的程序较为复杂，遂为此专门发布训令：“查商会会长、副会长连任问题，各商会因会长、副会长均由会董内选出，与会董任期合算者居多，亦有因合算致起争执者，自应明定办法，以昭划一。会长、副会长与会董名称既殊，职务权限亦各不同，依商会法第二十四条之规定，其任期当然不能合算。嗣后各商会于改选之时，所有会长、副会长与会董任期，应即各归各算。从前有因合算争执，尚未另行选定者，亦应照此办理，以归一律，而免争端。”[③]然而，农商部的这一训令并未完全消除相关争议。1921年2月南昌总商会就此问题“又以文电请求农商部核示”，农商部的批示进一步说明：“查连任会长选充会董，连任会董选充会长，自属

① 《穆藕初与总商会之往来函》，《申报》1924年6月6日，第13版。

② 《大理院关于商会会长任期问题的解释》，马敏、祖苏主编：《苏州商会档案丛编》第三辑，上册，武汉：华中师范大学出版社，2009年，第18页。

③ 《直隶实业厅转发农商部关于商会职员任期核算办法函》，天津市档案馆、天津社会科学院历史研究所、天津市工商业联合会编：《天津商会档案汇编》（1912—1928）第1册，天津：天津人民出版社，1992年，第66–67页。

可行。前次通令解释，所谓各别计算，义即在此。”[①]不难看出，上海总商会在回复穆藕初时强调其通告之合法依据，主要来源于农商部的上述训令和批示。

但总商会的公开回复不仅未使穆藕初信服，反而又引发了其新的质疑。6月10日，《申报》再次发表穆藕初质问总商会的第二函。此函针对总商会的复函，坚持认为总商会之通告虽“有根据民九三月间及民十六月间农商部及大理院对于商会法第二十四条解释之意见，而于书面上则确实根据赣事务所致广州总商会之成案，此不可不声明，以昭实在”。另外，总商会的回复称“上届选举，亦循例发有此项通告”，但穆藕初指出：“查上届选举时，玥虽二次满任会董之一，确未见有此项同类之通告，且并未享有选举会长后退出之权利。而民国十一年选举会董名册内，关于任满之会董姓氏上，盖有‘二次连任照章停止被选’字样。”穆氏还要求总商会“检查上届选举票及查选举会长后退出者何人，推补者何人”，唯此才能“晓然于复函内所引证者”是否确实。更重要的是，穆藕初认为总商会对“部令实属误解”，农商部训令和批示所说的“各归各算”，确切的理解应该是：“第一任为会董，第二任为会长，第三任则又合法被选举为会董，第四任又合法被选为会长，如是递嬗，即至一二十任仍属合法。”如果是会长或会董接连两任，则当然受《商会法》第24条之约束，不能借口会长与会董职权不同，而二次任满之会董，仍享有选举被选举之权利。穆藕初还特别强调，选举之有效与否，全视选举人之资格合法与否而定。会董在互选正副会长之前，“必须正式就职，所投之票方能有效”，而任满“会董既已就职，则显然违背第二十四条之规定，即使选举后退出，而违法就职之咎岂能避免”。[②]不难发现，穆氏指出的最后一点确实是实际存在的一大问题。

次日，总商会也在《申报》刊发了再复穆藕初函。针对穆氏第二函之质疑要点，总商会在该复函中不仅详细列出了农商部训令的全部文字，以证明其通告并未误解部令，而且不厌其烦地转引1921年5月大理院统字第1509号公文，表明其通告完全符合大理院之解释。而大理院此一公文系对全国商联会赣省事务所呈文中列举的子丑两种说法做出的解释：“子说谓部令解释，与商会法实

① 《大理院关于商会会长任期问题的解释》，马敏、祖苏主编：《苏州商会档案丛编》第三辑上册，武汉：华中师范大学出版社，2009年，第18–19页。

② 以上引文均出自《穆藕初再函总商会问选举事》，《申报》1924年6月10日，第13版。

有抵触之处，例如会董甲已连任一次，若遵照部令解释，遇改选时自可当选为会长，惟会长一职，依商会法第十八条规定，系由会董互选，甲因受同法第二十四条之限制，不得当选为会董，自无由当选为会长；丑说谓部令解释，与商会法并无抵触，盖当选与连任系属两事，商会法只限制连任会长、会董之再行连任权，并未限制其再行被选权，观商会法第二十四条，不曰连任一次之会长、会董任期满后，不得再被选，而曰再被选者得连任，但以一次为限，不曰再被选者以一次为限，而曰连任以一次为限，可以得其当然之解释。故连任之会长，得被选为会董，尤属毫无问题。"全国商联会赣省事务所感到"以上两说，各具理由，究以何说为当，本所未敢擅决，理合照录此案关系文件，呈请钧院俯赐察核，指令解释，俾资遵守"。大理院的解释公文非常简单明确："查来呈所述各节，以丑说为是"，总商会认为其具体做法与大理院肯定之"丑说"完全相符，而穆藕初之"持论与赣事务所原函之子说相同，但此说未为大理院所采用"。对于穆氏提出上届选举未见有此项通告，以及任满会董姓氏上盖有"二次连任照章停止被选"字样等质疑，复函中说明上届选举贴有与本届同样之通告，本届不过查照旧卷办理，档案具在，"敝会查阅档案内粘存之十一年名册，亦并无此项字样，惟第三届选举，因大理院尚未有此项解释，或印有此项字样，此应特予声明者一也。"[①]

上述穆藕初的反复质疑以及总商会的答复，均刊于报章，在当时成为一场公开的问答辩论。不过，"这些论辩，纯粹限于法理层面，并没有权力或职位攻防的色彩"[②]。穆藕初之所以再三质疑任满会董仍享有被选举权的法理依据，主要是认为此一做法与《商会法》相关条文的规定存在矛盾，不仅其合法性值得怀疑，而且关系到商人信用这一重要问题。"商人素重信用，而信用之充分与否，全视办事之合法与否而定之，苟悖于法，信用亦因之而破产，影响于商业者甚大。"[③]总商会也认为穆藕初的反复质疑实乃钻研法理求精求实之举，并在复函中表示："台端关怀商法，一疑未释，往复辩论，不嫌其琐，此正学者虚心研究之态度，实堪佩仰。"[④]除此之外，值得注意的是，从穆藕初

① 《总商会再复穆藕初函》，《申报》1924年6月11日，第13版。

② 李达嘉：《上海商会领导层更迭问题的再思考》，载《"中央"研究院近代史研究所集刊》第49期（2005年），第76页。

③ 《穆藕初与总商会之往来函》，《申报》1924年6月6日，第13版。

④ 《总商会再复穆藕初函》，《申报》1924年6月11日，第13版。

致总商会函的文字里，似乎也可看到其中所流露出来的某种个人不满情绪。穆藕初致总商会函声称自己“既非会董，又非会员”，实际上1918年10月他就曾当选为总商会会董，并在分科办事名单中列名陈列所四位会董之一，稍后还被推补为总商会公断处职员。1920年8月总商会改选，穆氏再次当选而成为连任会董。只是在1922年换届改选时，穆氏因属已经连任的任满会董而没有再当选。由于其本人在上届选举时就是因“二次连任照章停止被选”，而此次换届改选总商会在选举开票前却又通函告知二次连任会董仍有被选举权，穆氏对此自然会有所不满而提出质疑，并特别指出：“上届选举时，玥虽二次满任会董之一，确未见有此项同类之通告，且并未享有选举会长后退出之权利。”

尽管如此，在这场公开论争过程中，穆藕初始终保持了较为平和的心态，主要探讨相关法理依据，阐述其个人不同的意见和看法。在其刊发的多封质问函中不仅均无激烈偏颇和故意刁难的泄愤文字，而且向总商会表示：“玥之哓哓不已者，实希冀为商业上有所禆益而已，非敢有恶于公等也。”[①]另还说明：“公等为商业重要分子，商法素所研究，务请明以示人，藉增商人之智识。”[②]总商会的复函同样较为理性，主要针对穆藕初之质疑要点予以解释和说明，并无过激的不妥文字，同时对穆氏的质疑之举予以肯定：“具征关怀商法，讨论不厌求详，至为佩仰。”[③]因此，这场公开论争对于帮助工商界人士进一步理解《商会法》相关条文、农商部训令以及大理院的解释，并非完全没有积极的意义。

另外，穆藕初的质问行动在当时不仅没有影响总商会选举的如期进行，也未产生其他什么负面的作用。虽然总商会于6月1日通函各会员分发选举票，4日发出《任满会董仍可当选之函知》，穆藕初在两日后就发表了质问总商会第一函，在总商会回复后接着又发表了继续质疑的第二函，但总商会的选举仍按部就班地正常进行，并在预期的当月15日开选举票，选出了35位当选会董和次多数候补会董35人。综合上述，可以说这场辩论主要是穆藕初与总商会之间就相关法理问题进行的一场论争，并不属于上海总商会本次选举中发生的争权夺利风潮。

---

③ 《穆藕初再函总商会问选举事》，《申报》1924年6月10日，第13版。

② 《穆藕初与总商会之往来函》，《申报》1924年6月6日，第13版。

③ 同上注。

在总商会回复了穆藕初的第二函之后，穆氏对于各方面解释选举法律问题“尚有疑义”，遂第三次公开致函总商会，“并用贵会语气，代拟一稿，送奉察阅”，希望总商会呈请大理院重行解释。穆藕初代拟呈请大理院重行解释的文稿重点阐明：“连任会董如互选在应选以前，则会董之资格尚未取得，焉得加入互选？否则连任会董，因法律上之限制，不能三次受任，则势必不待应选而先加入互选，待其不得被选为会长后，而再宣告退职，则事实上虽仅为三次当选之会董，而实质上不啻已执行三次会董之职务。既执行三次会董之职务，与三次连任何异？”[①]对于穆藕初代拟呈稿请大理院重新解释的这一要求，总商会召开常会进行了讨论，认为“如因解释变更之结果而使民九部令失其根据，必致各省商会同时发生困难。此时有无再请解释之必要”，应先致函全国商会联合会各省事务所征求意见，再行办理。[②]湖北事务所的回复认为“此案既有部文，又有院函，似无庸再请解释”。江苏事务所在回复中肯定了穆藕初“以法律解释法律，持论致为精当，平心论断，决不能轩部院而抑穆说”。但该事务所也阐明：“惟自大理院解释通告以后，迄今已逾三年，各省商会之依照组织者比比皆是，是前项解释，事实上业已实施。此时若因再请解释之故，而设有变更，则发生困难，必有更甚于今日者。”所以，“与其请求解释条文，不若催议修改商会法较为适当”。[③]此项建议可谓正合上海总商会的初衷。其实农商部也未尝不知《商会法》第24条之规定给商会选举带来的困扰，并曾于1923年向国会提出了《商会法》修正案，欲将会董连任条文中“但以一次为限”删除，只是因国会悬而未议，暂无结果。在此情况下，只有再请农商部迅催国会议决通过，才能一劳永逸地从根本上解决纷争。此后，未见穆藕初再就这个问题发表意见，上海总商会本次选举进程中第一阶段的论争也就此结束。然而，这并不意味着总商会的选举就可以顺利地继续进行。紧接其后，又在正、副会长选举前发生了更为激烈的争权夺利纷争，但穆藕初并未参与后来发生的这场涉及权力争夺的会长选举纷争。

① 《穆藕初对于商会选举之再三质疑》，《申报》1924年6月17日，第13版。

② 上海市工商业联合会编：《上海总商会议事录》第4册，上海：上海古籍出版社，2004年，第2141页。

③ 以上引文均引自《商联会苏事务所致总商会函》，上海市工商业联合会、复旦大学历史系编：《上海总商会组织史资料汇编》上，上海：上海古籍出版社，2004年，第417页。

第二节
关于宋汉章资格问题引发的派系纷争

宋汉章，1872年出生，浙江余姚人，曾担任上海中国银行行长、上海银行公会会长，系沪上金融界名流。1922年上海总商会换届改选，宋汉章获得289票，以最多票当选会董，接着又当选为会长，成为上海总商会的掌门人，社会地位和影响随之显著提升。

但是，宋汉章本人似乎对总商会会长一职并无眷恋。1924年总商会改选前夕的5月14日，中国银行致函总商会，说明："敝行代表会员宋汉章君今因病后不堪繁剧，坚向敝行辞去代表会员之职，兹特改推史久鳌君为敝行代表会员。惟宋君现任贵会会长，在六月底以前任务尚未终了，应请自七月一日起解除代表会员之职。"[①]宋汉章在改选前坚持要求辞去中国银行代表会员，显然是不愿参加本次选举，不愿继续当选总商会新一届的会董或会长。尽管如此，在会董选举中他仍然获得了99票，列35位次多数候补会董的第一位。

会董选举揭晓后，根据《商会法施行细则》的规定，当选会董须于半月之内填写总商会送达的就任声明书，如果"逾十五日未有就任之声明时，得以票数次多者递补"。至6月20日，已有5名当选会董力辞不就，照章应从候补会董中以得票数多者顺序替补。宋汉章得票数位列候补会董第一名，本应是首选替补者，但因其已辞代表会员之职，只能由列名其后者推补。至当月27日，中国银行又致函总商会，说明："史君向敝行声称，因事不能担任代表职务……无可再强，仍拟改推敝行长宋汉章充任贵会代表。"此时刚好又有一位当选会董王一亭坚决要求辞职，总商会遂将宋汉章推补为会董，并向宋本人函告前后之缘由："查执事本于候补当选人名居首列，前因向本会声称，业经声明自七月一日起解除会员之职，是以即照尊嘱，由名次在后之候补当选人分别递补。旋于本月二十七日接中国银行函称……当经本会复函于名册更正有案。依此情形，是执事于七月一日以后，其会员资格仍继续存在。即候补当选人之资格，于七月一号以后亦仍继续存在。此次王君辞不应选，自应仍由执事序补。"[②]

① 《总商会选长问题之重要函件》，上海市工商业联合会、复旦大学历史系编：《上海总商会组织史资料汇编》上，上海：上海古籍出版社，2004年，第408页。

② 以上引文均引自《总商会选长问题之重要函件》，上海市工商业联合会、复旦大学历史系编：《上海总商会组织史资料汇编》上，上海：上海古籍出版社，2004年，第409页。

7月5日下午，总商会按照预定日期举行由新当选的会董互选正、副会长会议。但在投票之前，“会董某君提出关于会董选举手续问题尚有研究，请众讨论，说明理由后，即有人加以解释，双方讨论颇久，未臻一致”。莅会监选的沪海道道尹王赓廷宣布休会十分钟，复会后又“讨论达三小时之久，仍无结果”，王道尹宣告“以手续方面既有讨论，决定延期数日，再为举行”。[①]这样，第一次互选新会长陷于流产。会议争执不下的所谓“会董选举手续问题”，即为宋汉章是否具备会员资格以及递补为会董并参选会长的资格。

7月7日，报章即登载会董谢天锡（字蘅牕）前此致总商会的两函以及总商会的复函，将有关宋汉章资格问题的纷争公布于众。谢天锡于7月1日所写第一函提出：“宋君既辞去中行代表之职，并由该行改推史君为代表，此次会董当选名单宋君仍列次多数之首，此出于投票者之误会所投之票，自不能仍作有效。……自中行改推代表，则宋君会员名义同时根本取消，即不辞职，亦不能再行膺选”，因为7月1日以后“宋君业已退出会员耳”。否则，将因“宋君一人之故，致本会蹈非法之嫌”。该函还要求总商会“将宋君不能膺选理由迅行函告各会董，以重选举，而符法规”。总商会7月3日的复函，说明在选举会董之前宋汉章仍具会员资格，其“选举权及被选举权，依法尚未丧失，则在此时期内所投之票，自不能认为无效”。另外，中国银行于6月27日来函仍推宋汉章为代表会员，“则自7月1日以后，宋君会员及候补当选人之资格继续存在，更无问题矣”。7月4日谢天锡致总商会第二函，坚持认为宋汉章不具备递补为会董之资格，更无参选会长资格。“中国银行六月二十七日撤回改推史君之函，须于六月十五日本届选举之前送达本会，方有回复宋君本届被选举权之效力，不能于本届选举业已揭晓之后，为之倒补资格。”[②]

谢天锡为何反复纠缠宋汉章的会员资格问题，不惜导致总商会的会长选举陷于流产？从表面上看，谢天锡此举是为了维护商会规章，担心“致与法规异趣”，谢天锡还曾表示：“鄙人对于宋君素所信仰，前后各函，并非对人而发，惟以法为共同所应守，不能因人而废法。”[③]从后来纷争发展的实际情形

① 《总商会会长昨日互选无结果》，《申报》1924年7月6日，第13版。

② 以上引文均引自《谢蘅牕与总商会往来函》，《申报》1924年7月7日，第13版。

③ 《谢蘅牕再致总商会函》，上海市工商业联合会、复旦大学历史系编：《上海总商会组织史资料汇编》上，上海：上海古籍出版社，2004年，第420页。

来看，显而易见，有关宋汉章资格之争表面上虽也涉及相关法规，但与第一阶段穆藕初与总商会之间就任满会董是否仍具有被选举权问题的法理论辩，在性质上是完全不同的，实则为总商会会长席位之争。谢天锡只是走上前台代人而言的公开发难者，背后还有始终未曾登上前台，但对此次纷争筹谋划策旨在觊觎会长一职的重要操盘人物，此人即是当时担任通商银行行长的总商会会董傅筱庵（名宗耀）。

据时任总商会秘书和会董会议记录员的孙筹成后来忆述："1924 年总商会改选前，原任会长宋汉章因病无意连任，由中国银行致函上海总商会更换代表。傅筱庵自知宋的声望甚高，无力与之竞争，现在大敌已去，自己作为通商总行行长，视余子皆不在话下，遂一面指使亲信纷纷加入总商会，培植势力，一面联络官厅，大事吹嘘，制造浩大的声势。"宋汉章改变态度愿意继续担任中国银行会员代表，并递补为会董之后，显然打乱了傅筱庵的如意计划，傅筱庵遂千方百计阻止宋汉章递补为会董并参与会长选举。谢天锡"是傅筱庵的心腹，煤业巨子，秉性粗鲁，素有大炮绰号"，遂成为傅筱庵的得力干将。在会长选举前的 7 月 2 日，谢天锡曾受命直接面见宋汉章，"劝宋辞递补会董之职，宋不允"。于是，谢天锡又在 5 日举行的会长选举会上提出宋汉章的会员资格问题，双方激烈辩论，在会董中形成拥宋和拥傅两派。拥宋者有霍守华、冯少山、田祈原、田时霖等，拥傅者有谢天锡、洪雁宾、陈良玉、谢仲生等。第一次会长选举会最后曾投票，"结果拥宋派投票，拥傅派未投。乃由道尹封存票匭，延期五天再开会，两日内如仍不协调，则电部请解释"。[①]

其实，宋汉章本人确实并不恋栈会长一职。早在1916年5月底，年仅44岁的宋汉章就当选为上海总商会会长，但他认为自己"非特资格尚浅，才识不及，未敢膺此重任，且银行事务纷烦，片刻不能相离，实无暇晷兼顾他事，为特掬诚具函谨辞，务请贵会另行推选贤能主持会务"[②]。总商会起初拟请选举得票次多数之沈敦和出任会长，但沈敦和也力辞不就，只得议定由上任会长继续维持会务四个月。当年9月，总商会仍函请宋汉章于10月1日前就任会长一

① 《孙筹成谈傅筱庵争做上海总商会会长》，上海市工商业联合会、复旦大学历史系编：《上海总商会组织史资料汇编》上，上海：上海古籍出版社，2004年，第471、472页。

② 《总商会正副会长之虚悬》，上海市工商业联合会、复旦大学历史系编：《上海总商会组织史资料汇编》上，上海：上海古籍出版社，2004年，第162–163页。

职。但宋依然列举诸多理由表示无法应允。及至10月底，上海总商会只能报经农商部批准重新选举会长，朱葆三当选就任。1922年宋汉章再次当选会长后，又向总商会表示不愿就任："窃以贵会会长事务繁重，以鄙人才力不及，殊难胜任；且对于社会公益事项，鄙人似已滥竽不少；况身任银行专职，实属刻无暇晷。有以上种种原因，实难分身就任，为特具函敬辞。只得请贵会查照尊示，按商会法施行细则第五条第二款，以次多数递补，以重会务。"[①]与此同时，同届新当选的副会长方椒伯也"声请辞职"。总商会为此召开特别会议进行商讨，决定公推数位代表力劝宋方二人就职。在总商会的再三盛情挽留下，宋方二人才以"公义所在，不容固辞"而"勉承斯职"。

既然宋汉章并不留恋会长一职，而且在本次总商会选举前已态度坚决地要求辞去中国银行代表会员一职，中国银行也致函总商会正式予以说明并改推史久鳌作为该行代表会员，为何后来他又突然改变态度愿意出任代表会员？是因为看到会董选举结果，自己名列35位次多数候补会董的第一位而改变初衷？这一解释显然与上述宋汉章本人的一贯态度并不相符。实际上，宋汉章在很大程度上可以说是被动地卷入了本次选举纷争，其改变态度同意递补为会董也并非出于本人的主观意愿，而是接受了他人一再敦劝的结果。据孙筹成记载，叶惠钧、闻兰亭等6位会董出面"请宋汉章俯念会务重要，并告以有行为卑鄙者早有组织，想做会长，你如不引退，则众望所归，必得连选连任。宋之挚友王省之，曾任道尹，亦在旁敦劝。宋初不允，后被迫无奈，只好应允。遂由中国银行致函总商会，仍推宋汉章为该行出席代表"。宋汉章虽应允递补为会董，但其竞选连任会长的意愿仍不是很积极。在会长选举会召开的前一日，上海《新闻报》发文称："吕静斋以上海汉口路商界联合会名义向部控告上海总商会宋、方两位会长，请速改选。此事与上月具名'全埠公正商民'所发之传单相呼应，显见幕后有人。宋汉章因此甚为灰心，离沪赴余山修养。"[②]

7月7日，报章登载了谢天锡致总商会反对宋递补为新会董并参与会长选举的两函，使总商会"会员亦分为两派，相互攻讦"。8日，拥宋派中的袁近

① 《新选总商会两会长均辞不就》，上海市工商业联合会、复旦大学历史系编：《上海总商会组织史资料汇编》上，上海：上海古籍出版社，2004年，第371页。

② 《孙筹成谈傅筱庵争做上海总商会会长》，上海市工商业联合会、复旦大学历史系编：《上海总商会组织史资料汇编》上，上海：上海古籍出版社，2004年，第472页。

初、胡哲生两会员在《申报》联名发表致总商会函，对率先向宋汉章公开发难的谢天锡提出了较为有力的质问："报载谢君两函，斤斤以法理为言"，借以认定宋汉章7月1日以后不复有当选会董资格，然本会章程第5章第10条会员资格之规定为"凡曾任会长、会董者，任满后仍认为会员"，因此，"宋君之会员资格，不以代表之有无而定其存废。谢君任本会会董有年，何以对于此项规定独未见及？"另外，选举票之有效无效，应在选举会场声明，不能事后追废。"六月十五日选举会董时，谢君亦为检票之一人，何以对于宋君之票，不即当场提议作废，听其列于候补名单之首？直至事隔半月之久，递补会董足数后，始行提出疑义，岂昧于前而明于后耶？抑事后受人之指使耶？二者当必有一于此矣。"①

此函所揭示的谢天锡质疑宋汉章资格之时间点确实耐人寻味。15日会董选举，宋之得票名列35位次多数候补会董的首位，随后又登诸报章，谢天锡当时不仅在选举现场而且按《申报》之报道还是检票人之一，却未对此提出任何疑义。其原因是当时的宋汉章并未改变态度表示愿意继续任代表会员职，拥傅派以为宋汉章不会递补为会董进而参与会长选举，更不会对傅筱庵竞争会长形成威胁。而在7月1日宋汉章递补成为会董之后，拥傅派立即感受到了严重威胁，不仅在次日即由谢天锡面见宋汉章，企图强行要求宋汉章辞不受补，而且私下找名律师代为草拟致总商会函。在遭到宋汉章拒绝后，谢天锡又在会长选举时公开发难，接着在报章连发致总商会两函，这一系列所作所为之目的无疑都是为傅筱庵竞争会长扫除障碍，所谓维护商会规章显然只是一个幌子。不宁唯是，以谢天锡之名在报章上发表的致总商会两函，很可能也并非出自谢天锡的手笔，而是拥傅派请他人捉刀带笔的产物。②

袁、胡两会员联名致总商会函发表之后，谢天锡不甘示弱又公开回复，坚持认为宋汉章已退会且失去会员资格，自己出面质疑并非受人指使，"此非可

① 《关于总商会选举之又一函》，《申报》1924年7月8日，第13版。

② 孙筹成在《傅筱庵两次争做上海总商会会长》一文中透露，谢天锡在面见宋汉章时曾"出示其反对宋当选新会董之函，谓总商会定章，选举前两个月之内停止调换代表，中国银行既已来函更换代表，宋的会员资格显已取消，无被选为新会董之权，选举会长时，无被选举权。……此函据说是请秦联奎等三个有名律师所拟"。见上海市工商业联合会、复旦大学历史系编：《上海总商会组织史资料汇编》上，上海：上海古籍出版社，2004年，第472页。

轻相诬蔑者，愿二君慎毋口不择言”，并声称自己“完全为法的问题，法为人人所应守，爱法即所以爱会，忝为本会分子之一，天良具在，难安缄默”。另还说自己在会董选举开票时，并没有担任检票员。[①]然《申报》6月16日登载的《总商会初选揭晓》一文称，新会董选举开票前，公推会董叶惠钧、劳敬修，冯少山、谢天锡、祝兰舫、石运乾、闻兰亭，会员区石溪、胡约常等9人为检票员。谢天锡说自己“到会之时，已在开始检票，并未推鄙人为检票员”。或许是公推检票员时谢天锡尚未到场而不知晓，而且事后其本人对此则新闻报道也未予以纠正，但这并非问题的关键，重要的是新会董选举结果揭晓时，谢天锡确实在场而且未表示任何异议。所以，袁胡二人针对谢天锡的回复，又致函特别指明：“谢君既认当日在场，何以于揭示候补当选名氏时，不闻提出异议？可见谢君早当认为有效，今事后忽强词争执，殊令人莫明其用意之所在矣。”[②]

与此同时，拥傅派还希望借助官方施加影响达到目的。先是谢天锡致函沪海道道尹王赓廷，强调宋汉章自7月1日退出会员，“则本届选举之无被选举权，不辩自明。……以非会员而谓可选充会董，违法莫甚于此”[③]。随后，拥傅派会员李征五、刘尤青、孙泉标3人也发表致王道尹函，认为宋汉章既已丧失会员，总商会选举将其列为次多数候补会董之首，后来又递补为新选会董，均属“违背法规”之举。此函要求道尹于总商会再选会长时，务必“驾临商会，详查究竟，严予纠正，以重选举而维法则”[④]。拥宋派会员石芝坤、陈佐棠、陈翊廷3人随即针对谢天锡等人致道尹函称各节一一予以驳斥，并请总商会“据以转函沪海道尹，庶将来呈请解释时部省长官可以明悉双方之理由”。[⑤]

对于总商会的这场选举纷争，当时的报章也发表评论文章予以解析。上海

① 《谢蘅牕再函总商会》，上海市工商业联合会、复旦大学历史系编：《上海总商会组织史资料汇编》上，上海：上海古籍出版社，2004年，第422页。

② 《总商会选长问题之昨讯》，《申报》1924年7月10日，第13版。

③ 上海市工商业联合会、复旦大学历史系编：《上海总商会组织史资料汇编》上，上海：上海古籍出版社，2004年，第423页。

④ 同上书，第424页。

⑤ 上海市工商业联合会、复旦大学历史系编：《上海总商会组织史资料汇编》上，上海：上海古籍出版社，2004年，第425页。

《民国日报》起初刊载的一文也强调应遵章办理："宋君之为人，其诚恳为商界所钦佩，且商界以外者，亦对之有好誉，以人论，各方都希望宋君继续当选总商会会长，但商会章程是否许可，却是个先决问题。……以并非会员而能当选会长，任何团体均无此例。"更何况"上海总商会有上海领袖团体之称，且为全国视线所重，我不愿其违背定章而开此恶例"。[①]该报接着发表的另一文，则十分感慨总商会此次选举会长出现的纷争，"有人愿做而一部分人不许他做，有人不愿做而一部分人强要他做，以致发生人选问题的争执""其情形为向所未有"，[②]表明总商会在选举会长时出现不同于以往的发展新动向，并强调此点更值得商界重视。上海《民国日报》与国民党关系十分密切，上引两文可以说在某种程度上反映了当时国民党中央执行委员会上海执行部对总商会选举纷争的关注与态度，只是国民党在上海影响并不大，对总商会此次选举纷争的发展走向也不可能产生明显的作用。

第一次会长选举流产后，总商会曾议定五日之后，即7月10日再召开选举会。但7月9日《申报》报道："虞洽卿君及新选会董某君，二日来向双方接洽，尚未得有结果。"[③]拥傅派表示在宋汉章资格问题解决之前，坚决不同意再举行会长选举会议。很显然，拥傅派就是要取消宋汉章在会长选举中的选举权与被选举权，这样才能达到其最终目的，如果宋汉章仍具有此资格，傅筱庵竞争会长的威胁就无法消除。这样，原定再开会长选举会的计划就不可能如期进行。10日，《申报》再发相关报道："本埠总商会会长选举，因手续上发生争执，以致延期。是日本定延会五日，于今日继续开会开票。现悉谢蘅牕方面，仍竭力主张须法律问题解决后，始可开票，否则任何人产生，均所否认。至另一方面，则以宋君物望才能，众所共仰，法律问题亦未有何疑问，故亦不认为有调和余地。闻调和人方面现正拟于法律方面，求一双方兼顾之解决法，而会长人选亦已择定一人，大约双方均可通过，惟因接洽尚未妥协，故今日拟暂再延缓，定今日先举行聚餐，以资商榷，俟调停就绪，再行定期开票。"[④]

然而，当时的报章评论对于调停能否起作用并不乐观，因"双方旗帜渐见

① 君素：《总商会本届会长问题》，《民国日报》（上海）1924年7月5日，第11版。

② 君素：《总商会选举》，《民国日报》（上海）1924年7月6日，第11版。

③ 《总商会选长问题之昨闻》，《申报》1924年7月9日，第13版。

④ 同上注。

显明，词锋渐见锐利，于此可卜疏解的前途了。……由部解释后，双方能否满意？还是个问题，而总商会从此更多事了”[①]。果不出所料，在此之后调停仍不顺利。虞洽卿等起初提出的调和方案是认定初次会长选举时已投之票有效，宋汉章如当选，“既因行务繁忙、精神不及，不妨允其辞去；或将会董连带辞去，再另行递补”[②]。据说拥宋派方面初始“颇有缓和之意”[③]，后因拥傅派“会员发言方面，对宋颇有责难，于是态度又趋转变”。另外，对这一调和方案，拥傅派中最为活跃的干将谢天赐表示不能接受。因此，调和陷入僵局，“多数意见，以为惟有请官厅解释”。但是，上海总商会在曹锟贿选事件发生后，宣布与北京政府脱离关系，“直接电呈北京农商部请求解释，恐招会员反对，故请王道尹解释。王道尹亦以原定延缓之期已到，尤难再延，只好将经过情形，呈报省长，请详为解释”[④]。

7月14日，总商会召开会董特别会议商讨解决选长问题方案。“经众讨论达三小时之久，尚无切实办法”，只得暂时休会。复会后继续讨论，朱吟江提出本会于1916年11月间因选举发生纠葛，曾呈准农商部“凡曾任会长会董满任后，仍认为会员”，业已编入本会章程第5章第10条，“则宋君资格当然存在，无论手续是否错误，仍应当选”。估计出席会议的拥宋派会董人数稍多一些，“结果认朱议实为解决纠纷之办法”。闻兰亭进而提出“论法律手续，七月五日投票者已占多数，当然以继续投票为是”，拥宋派的冯少山、叶惠钧等3人积极附议支持，遂请主席付表决，“举手者十六人，多数通过”，复又议定本月17日继续投票开匦。会议结束后，谢天锡即向总商会表示抗议：“本日开会，未能依法决议，鄙人不能赞同。况法者人人所应共守，绝对不得以多数人之轻与通融而损其尊严。事关法律解释，非会董会所能擅决。此案鄙人已经呈请官厅，依法解释，并闻陆君伯鸿等亦有同类之呈请，自应静候解释后方能进行互选事宜。”[⑤]道尹王庚廷也向总商会质疑：“究竟前次发生异议已否完全解决，未准声复。倘使尚未就绪，临时再有异议，必致更滋纠纷，自应暂缓

① 桐：《总商会选举能疏解吗》，《民国日报》1924年7月8日，第11版。
② 《总商会选长问题之昨讯》，《申报》1924年7月12日，第13版。
③ 同上注。
④ 以上引文均引自《总商会选长问题之昨讯》，《申报》1924年7月12日，第13版。
⑤ 以上引文均引自《总商会选长问题之昨讯》，《申报》1924年7月15日，第13版。

继续投票"[①]。于是，17日继续投票选会长之计划又告落空，仅叶惠钧、冯少山等7名会董到会，"签名小坐即散"[②]。

其他一些地区的商会在稍后发生选举纠纷而内部无法调解时，大多都请官方出面予以解决。此次上海总商会出现选举纷争也是如此，但有所不同的是，并非由总商会出面上报各级官署，而是由纷争双方直接向各级官署请求解释相关法规，以求得支持。由于双方纷争焦点之宋汉章会员资格问题比较复杂，各级官署也很难做出明确的法律解释，故而同样难以解决这场纷争。拥傅派的会员陆伯鸿等曾函电江苏省实业厅及省长公署，后又有会董朱葆三等致电省署，声称："本届总商会选举新会董，复选解除之宋汉章，实属违法，请饬纠正，重行互选。"但省署批示未遂其愿，只是说："该会职员解职，自应遵照商会法第二十九条第一项之规定，须经开会议决办理；至职员退职除名及停止被选举权，亦应遵照第二十八条之规定，须有会员三分二以上到会，得到会者三分二以上同意。"对省长公署的这一批示拥傅派显然非常不满意，朱葆三等再次致电实业厅，认为省署批示之按《商会法》相关规定办理，"与本案宋汉章之自行辞去会员，而无被选举权者绝对不同"，故不能适用。同时，请求实业厅"迅予据情转呈省长，仍与察核寒电所请，重行依法解释，免滋误会"。[③]此前，朱葆三还领衔与谢天赐等3名会董联名致电护军使何丰林，其中之言辞已不乏对宋汉章的人身攻击，声称："宋汉章于中行为行长，于总商会为会长，于行于会，独断独行，忽退忽进，忽解除，忽羼补，是违法以非会员而列选于前，复违法于已辞补而倒充于后，实自背根本之法规，兼乱惯行之通例。"但何丰林的公开回复也不过是"既经发生异议，自应依法纠正……据情函知沪海

① 《总商会选长问题之昨讯》，《申报》1924年7月17日，第13版。

② 《总商会选长昨又开匦未成》，《申报》1924年7月18日，第13版。

③ 以上引文均引自《总商会选长昨又开匦未成》，《申报》1924年7月18日，第13版。

道尹查照办理”。[①]

拥宋派的多名会董和会员祝大椿、项如松、张乐君、管趾卿等人，也针锋相对地先后致电护军使何丰林，谴责朱谢二人为“昔日以非会员而应选之人，今乃转以疑未失会员资格之宋汉章为不应列入候补会董，未免数典忘祖，不合事理”[②]。其所说之事乃是1916年总商会议定将“凡曾任会长会董满任后，仍认为会员”[③]一条补入章程，并奉农商部批准在案，而在那年选举中并非会员的朱葆三正是据此当选为会长，谢天赐也据此当选为会董，[④]二人“当时躬与其役，寂无一言，而此次轩然大波，日为剧烈之辩难，是否环境转移，黑白可以移位？否则恪守法规一语，当作何解？”[⑤]上海《民国日报》发表的评论文章在详述1916年朱葆三先出会后又得以选举为会长的经过后，也说：“以上的经过，别人或者可以不记得，或者不满意，惟朱君葆三因有自身关系，大概不致于健忘，现在朱君竟领衔反对了，岂不大奇！即主张争法案者，亦何必颠倒此白发老者若此。”[⑥]

① 以上引文均引自《关于总商会选长之函件》，《申报》1924年7月16日，第13版。此时，在上海商界举足轻重的朱葆三成为拥傅派的重要成员之一。朱葆三曾担任上海商务总会协理，总商会会长，全国商会联合会副会长，五四运动中因“佳电”风波受到各界强烈指责，被迫辞去总商会会长职务。孙筹成在忆述文章中说，朱葆三“此次领衔反宋，非其本意。16日他看见报上文件，有自己名字，深以为奇，正拟去函更正，谢蘅牕向朱请罪，说明电稿上之图章，由他串通朱的秘书偷出盖上。至此，朱知事已如是，无可反悔，除将谢面斥数语，也就默认了”（见上海市工商业联合会、复旦大学历史系编：《上海总商会组织史资料汇编》上，上海：上海古籍出版社，2004年，第473页）。从后来朱葆三又不断领衔函电各级官署攻击宋汉章的具体事实可知，其反宋应该并非出于被动地受拥傅派所利用。

② 《总商会选长昨又开匭未成》，《申报》1924年7月18日，第13版。

③ 同上注。

④ 上海《民国日报》的一篇评论文章较详细地说明了此事经过：“民国五年，总商会改选，旧会长朱葆三、沈联芳均声明出会，改选结果为宋汉章、陈润夫当选正副会长，均不就，而次多数沈仲礼、张知笙均只一票，难以递补，当时颇有会员无人之叹。其后经会董商酌，多主张仍请朱沈二人继任，然以既已出会，无从选举，遂于无法之中，想出在会章中加一条‘会长会董任满后仍认为会员’的条文，此事经过许多手续，呈省呈部，从七月至十一月，始得核准，重行选举，朱葆三、沈联芳得当选继任总商会正副会长。”（桐：《朱君葆三何健忘若此》，《民国日报》1924年7月16日，第11版。）

⑤ 《总商会选长昨又开匭未成》，《申报》1924年7月18日，第13版。

⑥ 桐：《朱君葆三何健忘若此》，《民国日报》1924年7月16日，第11版。

上海总商会选举纷争发展至此，双方各执一词，互不让步，而且论辩文字日趋激烈。《申报》的相关报道也开始以“总商会选长风潮”或是“总商会选举风潮”为题，用“风潮”替代以往的“纠纷”一词，反映出这场纷争愈演愈烈，而且似乎给人的印象是看不到纷争解决的任何希望。后虽曾有会员主张“通告各会员，定期召集全体大会，开会决议，取以多数公意办法，即为解决此次之纠纷，排难解纷，在此一举，维持会务，自不宜迟”[①]。但在纷争双方矛盾尖锐尚无调和迹象的情况下，召开全体会员大会不仅未必能够解决纠纷，而且有可能导致更加混乱的局面，所以总商会并未接受这一建议。

第三节
纷争之影响、发展变化以及会长选举的进行

在总商会选举纷争愈演愈烈之时，宋汉章和傅筱庵二人在公开场合都保持沉默不语，尤其是傅筱庵自始至终都未曾走上前台，似乎这场纷争与他完全无关。宋汉章当时身为未离任之会长，而且是纷争的焦点人物，从一开始即被拥傅派点名公开质疑递补当选会董不合法，如果始终不发声似有不妥。于是，在第二次会长选举流产后的7月18日，宋汉章在报章上发表了一篇公开信，说明自己“素性孤介”，而且大病之后，精力未复，此次选举不幸“引起双方法理之争，汉章以未解职之会长，自不能不为远嫌之计。……若为汉章个人计，原可辞不应选，以免除一切纠纷，惟以法律解释不得正当解决，此后仍无从遵守”。因此，他仍希望通过官厅之解释解决纷争，如解释结果认为不应递补，“在汉章得遂初衷，自所深愿，倘认递补有效，此后去就，深盼同仁本爱人以德之旨，应听汉章自由，不再加以督责”[②]。数日之后，报章报道宋汉章“离沪回绍兴原籍，以避风波。一俟纠纷解决后，仍复来沪，供应一切矣”[③]。

随后，拥傅派的朱葆三、谢天赐等人和拥宋派的闻兰亭、冯少山等又曾相继致电军民两长及实业厅，但仍未获得各级官厅之明确解释。另又有闻兰亭、朱葆三等人互致函件见诸报端，尤其闻兰亭等人致朱葆三的函以嘲讽语

① 《解决总商会选举纠纷之意见》，《申报》1924年8月16日，第13版。

② 以上引文均引自《总商会选长昨又开匦未成》，《申报》1924年7月18日，第13版。

③ 以上引文均引自《宋汉章离沪回绍》，《申报》1924年7月23日，第13版。

气表示："年高德劭、迭任本会会长如公者，作俑于前，将何以维持补救于后？""同人敬公爱公，更不敢尤而效之，以少数煽惑之词，致疑贤者。"[①]朱葆三的复函也毫不客气地指责闻兰亭等人一面请之官厅，一面擅自解决，"乃欲强入人罪"，实系"少数煽惑多数"。[②]在两派持续纷争而官厅无明确批示解决方案的情况下，总商会的会长选举迟迟无法进行，延至八月上旬仍无实质性进展。

纷争延续的时间愈长，在各方面所产生的负面影响也日益显著，对此表示不满者自然愈来愈多。

首先，上海总商会作为近代中国"第一商会"的良好声誉和公共形象，无疑因此而受到严重影响。会员尤森庭曾指出此次选举纷争"开自有商会以来未有若是如斯之恶例也"，并表示"上海总商会为全国商人所信仰，商人之精神聚焉，中外之观瞻系焉。乃迩为选长问题，此闹彼争，已近僵局。谈法律者，言之铮铮；论事实者，依据凿凿。森庭一介商人，按诸法理，固属茫然，惟在商言商，目击我最清白最高尚之总商会，弄得声誉狼藉，环境如斯，悲乎不悲？"该会员还特别指出："此种恶例一开，已为千古罪首，他省效尤，全国响应，谁尸其咎？"[③]《申报》发表的"时论"也指出总商会发生此一纷争，"非特商会之不幸，直国人之不幸"[④]。回顾此次选举纷争发生之前，上海总商会以及清末的上海商务总会经历的多次选举都比较顺利，从未出现类似的争论情形，而且多数当选的正、副会长还谦虚地认为自己才力不逮，难以胜任，为此而提出辞职，只是在总商会的竭力劝导下才就职，以至总商会领导人当选之后，"谦辞一层，已成我国通行之习尚"[⑤]。而本次选举情形则完全不同，在选举过程中出现如此严重的纷争，选举之后双方又互相指责，各不相让，无从调停，"我灿烂庄严之商会，从此并一会长选举会犹难开成，尚复何言？"[⑥]这

① 以上引引文均自《总商会选长问题辨难益烈》，《申报》1924年7月19日，第13版。

② 《朱葆三覆闻兰亭等文》，《申报》1924年7月22日，第13版。

③ 以上引文均引自《总商会选举问题之一意见》，《申报》1924年7月27日，第13版。

④ 《商会风潮平议》，《申报》1924年7月27日，第4版。

⑤ 《总商会常会讨论挽留新选会长》，上海市工商业联合会、复旦大学历史系编：《上海总商会组织史资料汇编》上，上海：上海古籍出版社，2004年，第372页。

⑥ 《项如松辞总商会会董》，上海市工商业联合会、复旦大学历史系编：《上海总商会组织史资料汇编》上，上海：上海古籍出版社，2004年，第438页。

自然严重影响总商会的社会形象，并引起广大会员的担忧与不满。

其次，受这场选举纷争的影响，有多位原曾声明愿意就任之会董稍后相继在报章公开发表致总商会函，愤而要求辞职，并表达了自己的不满。有的指出，会长选举“事出意外，因一人之异议，迄未依法开匭，遂致会务停顿，使我最清白、最高尚之总商会，名誉扫地。环境如斯，何能应付？所有第五届新选会董一职，掬诚辞退”[①]。有的表示：“辱承诸君子谬采虚声，连选为第五届会董，曾经到会互选。不料临时枝节横生，引起争端，以致开票无期，纠纷莫解。……瞻念前途，殊深杞忧，臂助无功，尤堪自惭，与其滥竽尸位，何如韬迹让贤。”[②]还有一部分会员纷纷要求退会。例如旅沪闽商沈次裳、伍嵩如、郭兆鲲等5名会员公开发表退会书，说明：“年来国事蜩螗，私争不息，北京国会各省议会，久为国人所厌弃，即如各省商会，亦徒仰军阀之鼻息，惟上海总商会间或能发表正论，为中外人士所信仰。今者因选举会长问题，发生纠纷，不惜以公有之机关，视为少数人所私有，并为一二人之牺牲，此种恶例一开，信用殆全扫地，前途已无希望，弟等实不愿滥厕会员之列，用特宣告退会，特此声明。”[③]于是，“会董辞职，会员出会，会将莫存”[④]，这对上海总商会而言，确实是前所未见的不幸事件，所产生的负面影响也至为明显。

再次，持续已久的选举纷争严重影响了总商会的正常会务开展，也影响了工商业的顺利发展以及其他相关各项事务。自选举纷争发生之后，开票无期，迁延日久，且两派相互攻讦，无解决办法，“遂致会务停顿”，难以为继。自清末上海商会成立以后即在工商业发展过程中发挥着不可或缺的重要作用，如今总商会因选举纷争致使会务停顿，无法正常处理各项相关事务，势必影响工商业的顺利发展。有会员即公开发表致总商会函不无忧虑地指出：“夫当此外债日增，财政纷乱，遍地匪祸，商业凋零，六省水灾，哀鸿遍野，实业不兴，生计日促，当此危局，正吾商人振刷精神，卧薪尝胆之时也，夫上海为通商巨埠，总商会乃商业领袖机关，重轻施设，不胜枚举。……此番为选举会长问题，而起纠纷，内则百事停顿，外则使人怀疑，会员所恐惧者，函电纷驰，

① 《总商会选长风潮之昨讯》，《申报》1924年7月20日，第13版。

② 《王晓籁严成德辞总商会会董》，《申报》1924年8月11日，第13版。

③ 《闽商退出总商会》，《民国日报》（上海）1924年8月7日，第10版。

④ 《项如松辞总商会会董》，上海市工商业联合会、复旦大学历史系编：《上海总商会组织史资料汇编》上，上海：上海古籍出版社，2004年，第438页。

更起误会。”[①]总商会的许多重要会务因此而延搁，例如为了协助维护社会治安，保护商人利益，上海南北市商团筹备处呈请护军使立案恢复商团，但未获批准。该筹备处议决转请总商会出面申报军署批准立案，以便早日成立。当时的总商会因正进行改选，决定此案移交下届办理。“不意改选发生风潮，会长迄未选出，此案亦因之中途停搁。”[②]此外，连开浚吴淞江工程也因总商会选举纷争而受到影响。报载吴淞江水利工程局派员测量招工投标后，中标承担该工程的吴淞江水利协会延期一个月未能开工，其缘由是“因总商会发生选举争执问题，影响及于该会，致会务无形停顿，迄今尚未开工。兹闻米业各帮代表及船业公所等，以开浚吴淞江，实属急不容缓，目下诸事齐备，本为提早兴工，昨特分头接洽，拟于日内召集各帮，开一联席会议讨论，催促水利协会从速兴工”[③]。

除了上述之外，五四运动期间因“佳电”风波的影响，对上海总商会颇为不满的商界人士曾另行发起成立“平民商会”，“俾免商家利害为少数官僚资格家所垄断”[④]。稍后，又有广大中小商人发起成立了为数众多的马路商界联合会，并共同组成上海各马路商界总联合会，成为总商会之外另一十分活跃的重要商人团体。在此次总商会选举纷争发生之后，受其影响又有会员另行发起并成立了其他商人团体。例如1924年8月中旬，霍守华、石芝坤、陈良槐、陈佐唐等近20名总商会会员联名发成立了沪商正谊社，其成立启示指出：“此次本会选长，以一二人怀挟私见，任意捣乱，票匭封置，会务停顿；驯致会董辞职，会员出会，瓦解之状，迫于眉睫，我庄严清白之上海总商会，竟不惜为一二人之牺牲品。会员为本会主体，际兹千钧一发，不容袖手旁观。同仁等因发起沪商正谊社，确定宗旨为挽救目前之危岌，促进会务之发展。”[⑤]这些新成立的商人团体，在某些方面或多或少削弱了上海总商会在工商界中的地位与影响。

① 《邬志豪致总商会函》，《申报》1924年7月22日，第13版。

② 《恢复商团因商会改选风潮延搁》，《申报》1924年7月14日，第13版。

③ 《总商会争执影响浚淞》，《申报》1924年7月24日，第13版。

④ 中国社会科学院近代史研究所近代史资料编辑组编：《五四爱国运动》（下），北京：中国社会科学出版社，1979年，第287–288页。

⑤ 《会员霍守华等刊登广告发起沪商正谊社》，上海市商业联合会、复旦大学历史系编：《上海总商会组织史资料汇编》上，上海：上海古籍出版社，2004年，第442页。

由于上海总商会的这次选举纷争是由谢天赐率先出面挑起的，而且其后他又一直是拥傅派中最为得力的发言者，始终态度坚决地反对调和解决方案和总商会继续选举开票的决定，因而在这场纷争的后期，不仅拥宋派集中火力猛批谢天赐，而且一部分会员也对其言行深表不满，使谢天锡本人以及拥傅派陷于较为不利的处境。霍守华等5名会员曾联名公开致函总商会全体会董，强烈谴责谢天赐“自始即胶执一己之成见，阻止选举进行，至不惜举本会地位、会员人格，全部毁弃，为其一人之牺牲品，法理人情，俱不能容”[①]，应立即予以解除其会董一职之处罚，以挽救总商会危局。紧随其后，又有张平夫、徐春荣等多位会员也联名公开发表致总商会函，直指谢天赐破坏选举之行为难以容忍：“试观七月五日之互选会，出席会董二十九人，提异议者只谢蘅牕一人”；7月14日之会董选长会，“表示反对者，又只谢蘅牕一人。谢氏一人，至始终争持，虽破坏选政、中止会务而不恤者，其居心何在，路人皆知。以私人得失之争，至不惜举神圣庄严之商业团体，供外力之蹂躏，此而可忍，我上海全体商人之人格，将安在耶？”[②]谢天赐所遭受的抨击，火力愈益猛烈由此可见一斑。

朱葆三作为上海工商界年事已高且向来以元老自居的资深代表性人物，卷入这场选举纷争并公开反对总商会继续选举开票的决定，成为阻挠选举进行的另一重要干将，影响甚大，由此也遭到批评和指责：“以老迈之年，任人舞弄，习为故常，观其任会长时之已事，其昧于事理，亦何足责。”[③]这实际上是翻出历史旧账，对朱葆三在五四运动期间担任会长时受到社会各界谴责的不光彩经历，予以嘲讽和抨击。谢天赐在受到如此严厉的谴责之后，不得不在报章刊登启事“以告社会”，声称其“对于此次总商会选举，力主审慎，根据事实，纠正错误，无非尊重法轨，爱护团体，硁硁之言，愚始终如一，既无丝毫对人之见，尤无坚执己见之心”。[④]但是，谢天锡的这番说辞并不能摆脱其作为挑起总商会选举纷争为首之人所遭受的指责。即使是资深的朱葆三此时也如芒刺在背，态度有所转变。据报章披露本次纷争之调停人相告，“谓某君以老

① 《霍守华等致会董函》，《申报》1924年7月19日，第13版。

② 以上引文均引自《总商会选长风潮之昨讯》，《申报》1924年7月20日，第13版。

③ 《霍守华等致会董函》，《申报》1924年7月19日，第13版。

④ 《谢蘅牕启事》，《申报》1924年7月22日，第1版。

会董之资格，不为调解，而亦卷入漩涡，领衔拍电”，此老者无疑是朱葆三。调停人因与其关系较深，“曾面进忠告，据云：所发五电，只有一电盖章，一误决不再误，深以调停为然。故调停人以为得此保障，力事奔走，以期奏效”。[①]

另外，道尹王庚廷在纷争中的所作所为也受到总商会会员的批评。会员赵南公曾直接致函王道尹，指出：“此次风潮，其内幕固别有所在，而致其争论延长，愈趋愈远，不能即时解决者，贵道尹似不能辞其责也。”第一次会长选举时，“贵道尹于时自应依据法律，顺从公意，断然执行职权，监视开票。讵因一人之异议，遂尔封闭票匭，致争潮从此掀起”。总商会会董议决7月14日继续投票，“贵道尹仍以一人之故，托词拒绝，致争潮愈演愈烈”。[②]会董冯少山在致江苏省长的电文中，更“申诉王道尹处置失当，违法背令，徇情渎职”，并要求“请予依法惩戒，实为公便”。[③]《申报》发表的“时论”则批评商会中人不应寄希望于官厅解释调停，因为“官厅之于商会，但核准其设立改章解散清算诸要端”，选举出现争议应由商会自行解决，“今不此之图，而诿之官厅，坐待调停，且以一时之祸，危及百年之大计，夫亦不智之甚矣”。[④]

按照《商会法》规定，新会长未选出并上任之前，仍由上届会长履行职责。随着选举纷争的发展演变，特别是看到会董会员纷纷提出辞职或退会，总商会声誉严重受损，加之官厅批示不起作用，仍身为会长的宋汉章深感不能继续置身事外，坐视纷争延而无解，遂返回上海并发表启事，说明：“旷职月余，省批虽回，纠纷依然莫解，会董纷提辞职之书，会员亦有出会之讯，以灿烂庄严之团体，酿成分崩离析之见端。汉章养疴山头，迭接各方来信，不胜触目惊心，内疚神明，外惭职守，在此会长任务尚未交卸以前，汉章岂能逃责？”宋还公开表示，将竭尽全力“就最短期内偕本会同仁，开诚布公，速谋解决，藉卸仔肩，以明素志”。至于各种“是是非非，听之公论”，人个在所不惜。最后则表明个人心迹云：“嗣后汉章对于商会事务，负疚已深，不敢再

① 《总商会选长潮调停昨讯》，《申报》1924年7月26日，第13版。

② 《总商会选举案之又一文件》，《申报》1924年7月23日，第13版。

③ 《冯少山致韩省长电》，《申报》1924年8月9日，第13版。

④ 《商会风潮平议》，《申报》1924年7月27日，第4版。

为担任。”[①]也就是说他本人绝不再继续出任总商会会长一职。

宋汉章回沪之后，即与副会长方椒伯一起连日“到会办事”，使总商会会务得以恢复。同时，宋汉章还以个人名义致函因选举纷争而宣布告退之多位会员，诚恳表示道歉，请打消退志。该函向这些会员说明其“适因事繁，不克踵谒”，不仅检讨自己“于会务无涓埃之补，而有邱山之损”，并且态度坚决地表示一定会在“任务未交卸之前，解决因选举而引起之重大纠纷”。[②]另外，宋汉章还逐日面约各会董到会，商议解决方法。“会董中大半已赞成宋君之意，愿以会务为前提，牺牲意见，继续投票，一俟其余数人同意后即可举行。”[③]与此同时，原居间调停者乘此时机加紧进行调和，上海县商会也曾“表示调解之意，务期选举问题，早为结束，沪地商业枢纽，得以进行勿坠”[④]。报载该会会长姚紫若（公鹤）先前曾为选长风潮致函总商会全体会员，力劝双方“推开板壁说亮话”[⑤]，随后又同双方接洽多次，双方“业已谅解”[⑥]。至此，拥傅派似乎也不好意思继续一意孤行坚持先解决所谓法理问题再进行选举的意见，情势趋于缓和。

8月17日，“经全体新会董推定全权代表徐庆云、朱吟江二君，连日磋商法律事实，均得适当解释，由徐朱二君协议结果，发表意见书一通，并即订定于本月二十一日下午三时开会，继续投票，已致函各新会董”。该意见书阐明：“现时所最要声述者，此次争执，虽见解两不相同，而爱护本会之心，初或无二，果能各方谅解，于法律上事实或有完[未？]到之处，亦无不可委曲求全，一经解释，共策进行，益见大君子以会务为前提，而本会之声誉亦日益重已。……为今之计，必不得已，欲解纠纷，只有速订日期，继续投票。”[⑦]总商会接受了这一建议，向新当选会董发出通告书，告知21日下午为“职员互选会长、副会长之期，继续投票”[⑧]。选举前一日，总商会还召集前任全体会

① 以上引文均引自《宋汉章启事》，《申报》1924年8月10日，第1版。
② 《宋汉章挽留退会会员》，《申报》1924年8月12日，第14版。
③ 《总商会选长问题之近讯》，《申报》1924年8月14日，第13版。
④ 《县商会调解总商会选长讯》，《申报》1924年7月22日，第13版。
⑤ 《总商会选长笔战将成尾声》，《民国日报》（上海）1924年7月22日，第10版。
⑥ 《总商会选长风潮有谅解说》，《申报》1924年8月2日，第13版。
⑦ 《总商会选举争执有解决希望》，《申报》1924年8月19日，第13版。
⑧ 同上注。

董，“开临时会董会，结束未了事宜”[①]。

21日下午，总商会继续进行正、副会长选举的会议如期顺利召开。包括宋汉章在内，新当选的27位会董出席了会议，另有8位会董因故未出席，但委托与会的会董代为投票。傅筱庵和谢天赐二人均未出席，分别指定由方椒伯、徐庆云代投。选举结果虞洽卿得19票，当选为正会长。宋汉章虽已明确表示不愿再出任会长，但仍获得15票，剩余的1票为顾馨一所得，可见宋汉章之声望仍得到相当肯定。图谋觊觎会长职位的傅筱庵则一票未得。副会长的选举结果是方椒伯以33票当选连任，袁履登得2票。[②]虞洽卿是本次选举纷争的调停人之一，他之所以能够当选，在很大程度上得益于两派纷争。虞当选会长之后，也一度表示辞不就任，但随后即应允。[③]据说虞是“不敢开罪于傅筱庵，提交辞职书，以明心迹。28日会董临时会议上一致挽留，并推顾馨一、谢蘅牕二人为代表，持函前往敦劝，虞始见允就。……傅筱庵失败后仍不甘心，曾叫虞洽卿长子去，对虞出任会长极表愤怒。因虞洽卿在政治上要靠傅帮忙，傅才这样神气”[④]。

新一届正副会长选出之后，由沪海道尹王庚廷电呈省长公署，说明选举“会场秩序整齐，毫无异议，理合将此次继续投票情形，据实电陈省长鉴核，转咨农商部，实为公便”[⑤]。9月1日，上海总商会顺利进行了新旧会长交接，本次选举纷争终于宣告结束。值得指出的是，正、副会长选举后，总商会即按照前述《商会法》之规定和农商部训令，任满会董可以当选，以便互选会长，但会长选举结束即告退出，不得再连任会董，结果有袁履登、荣宗敬、赵晋卿、叶惠钧等8人虽当选为新会董，但因“均为二次任满之会董，依法在会长

① 《总商会选长问题已有办法》，《民国日报》（上海）1924年8月19日，第10版。

② 上海市工商业联合会编：《上海总商会议事录》第4册，上海：上海古籍出版社，2006年，第2160页。

③ 虞洽卿曾致函总商会表示：“当互选之前，曾一再声明，凡为调人，概不应选，鄙人亦调人之一，更应践守前言，为特具函，掬诚告辞。”见上海市工商业联合会、复旦大学历史系编：《上海总商会组织史资料汇编》上，上海：上海古籍出版社，2004年，第446页。但也有说法认为他其实是担心自己出任会长，会导致一直图谋竞争会长职位的傅筱庵不满。两年之后总商会再次改选时，傅筱庵又采取种种手段全力攫取会长职务，当时仍身为会长的虞洽卿不顾许多会董会员的强烈反对，暗中帮助傅筱庵最终达到其目的。

④ 《孙筹成谈傅筱庵争做上海总商会会长》，上海市工商业联合会、复旦大学历史系编：《上海总商会组织史资料汇编》上，上海：上海古籍出版社，2004年，第474页。

⑤ 《王道尹呈报总商会选长文》，《申报》1924年9月2日，第15版。

选出后，一律退出”，“依次由得票次多数者递补”。[1]这一结果，表明本次选举第一阶段纷争中穆藕初质疑的总商会之有悖于《商会法》，并不是所谓严重的违法行为。

会长选举之后，对于本次选举的质疑还曾发生过一个小插曲。1924年10月初，报章曾披露会员赵南公等人又具呈省长公署和农商部，“谓此次改选有种种违法证据，实与全国信仰之上海商会名誉有碍，请求下令，将本届改选根本撤销，并迅令依法重选，以维法团等情。闻农部以真相难明，拟令行江苏实业厅详细查复，以凭核办”[2]。随后江苏实业厅通过省长公署转咨农商部，详细说明了总商会此次选举的经过及情况。农商部表示：“查该总商会此次选举纠纷，既经自行解决，所送职员表册，大致尚无不合。”但农商部认为赵南公以及另一会员赵耀呈文中所说商团特别会友不应拥有选举权的指控不无理由：“惟商团特别会友加入投票一节，为各处商会所无。……且查该会五年所送章程，内载有此项会友，当经本部删除，并饬遵照更正送部备案各在案，何以迄未遵照办理，至今尚有此项名目？”[3]实际上，上海总商会1916年正式印发的章程，已将原稿“各条内会友二字均即删去”，“凡会友均改为会员”[4]，不再有商团特别会友加入投票选举的条文。但在具体操作过程中总商会却予以灵活处理，如1918年改选时依然认定“沪北商团体操会义勇队打靶部超等毕业生，本会予以选举权，认为特别个人会友”。1920年和1922年改选时又说明：“上海万国义勇军中华队五年以上称职员，本会予以选举权，认为特别个人会友”[5]。1924年的改选仍然如此，总商会还在报章登布符合此项条件的117位特别个人会友名单。[6]不过，究竟商团特别会友有多少人真正参加了总商会选举还很难说。尤其此次改选，总商会发出的选举票计会员516张，商团特别会

① 《总商会连任会董退职者八人》，《申报》1924年8月23日，第14版。

② 《赵南公等控总商会改选违法》，《申报》1924年10月3日，第11版。

③ 《总商会选举解决后之部饬查复》，《申报》1924年11月2日，第15版。

④ 《总商会修正章程之呈报》，上海市工商业联合会、复旦大学历史系编：《上海总商会组织史资料汇编》上，上海：上海古籍出版社，2004年，第169页。

⑤ 《1918年上海总商会同人录》《1920年上海总商会同人录》，上海市工商业联合会、复旦大学历史系编：《上海总商会组织史资料汇编》上，上海：上海古籍出版社，2004年，第262、303页。

⑥ 《商团华队有总商会选举权之队员》，《申报》1924年6月4日，第13版。

友117张，共计633张，“检票结果，实投四百三十七票，内无效票一纸”[①]，亦即拥有选举权的196人实际未参与投票，估计其中有不少人系商团特别会友。万国商团华队公会后曾致函总商会主动表示将放弃选举权，不参与选举，改为颁发荣誉证书。[②]总商会在会董常会上对此案进行了讨论，确定“华队特别个人会友请给证书案，决由会给发褒荣状”[③]，在此后的总商会会员录中也不再有商团特别会友。

纵观1924年的此次选举纷争，可以看出在近代中国首创投票选举职员这一先进制度的上海总商会，在20世纪20年代新形势下的选举实践操作过程中，较以往出现了前所未有的新变化。

据李达嘉先生的详细考察，无论是清末的上海商务总会还是民初的上海总商会，“历届被举为总理、协理或会长、副会长者，几乎都辞不愿就”。原因之一是这些商界领袖营业繁忙，无暇分身；其二是政局动荡，战乱频仍，使得商会领导人难于处事。[④]由于“商会会长有义务而无权利，被举者无不推让，从未闻有争夺者”[⑤]。但是，至1924年上海总商会改选时却发生了延续近两个月的选举纷争，这在总商会的选举历史上可谓一大变化。如果说第一阶段的纷争还只是穆藕初与总商会之间就相关法理问题反复进行辩论，并非权利争夺，也未造成什么负面影响，相反还具有某种正面意义，那么第二阶段的纷争则可以说是打着维护法理的旗号，争夺会长席位的权力之争，对总商会的社会形象与会务进行均产生了较为严重的负面影响。

在这次选举中出现的权利纷争，主要也不是以往相关论著一贯注重的所谓总商会内部不同籍贯之帮派间的权利之争，而是带有不同政治色彩的派别之间的权力争斗。从此次纷争两派成员的省籍看，宋汉章和傅筱庵均同为浙江籍，

① 《总商会初选揭晓》，《申报》1924年6月16日，第13版。

② 《申报》报道称：“万国商团华队公会以上海总商会对于该公会称职五年以上之队员，给予选举权，以示优异，但此项资格，年多一年，苟无限制，则将来总商会之选举权，该公会有举足轻重之势，按之该公会重服务而轻权利之旨，不甚吻合，故拟将此项选举权奉还商会，改请发给证书，以资信守。昨已秉此意旨，函商会矣。”（《商团华队还商会选举权》，《申报》1924年7月11日，第13版。）

③ 《总商会昨日之议董会》，《民国日报》（上海）1924年8月21日，第10版。

④ 李达嘉：《上海商会领导层更迭问题的再思考》，《“中央”研究院近代史研究所集刊》第49期（2005年），第51、61、62页。

⑤ 《尊重商会体面之电稿》，《申报》1916年9月9日，第10版。

而拥宋派和拥傅派成员的籍贯则较为复杂，双方都是既有浙江籍又有广东籍或其他省籍的会董会员，显然不能说是商会内部某一省籍成员与另一省籍成员之间相互争夺权力。由于20世纪20年代以后近代中国政治更趋动荡，各派政治势力和军事力量纷起，总商会的许多活跃人物与不同政治派发生关系，甚至与地方军事力量不无关联。各政治派别和军事力量希望拉拢总商会领袖扩大其在经济领域的影响，或者是支持与其联系紧密者登上总商会领导人宝座，商会内部的某些成员同样也图谋借助这一外部力量，并通过其他种种方式甚至是不法手段，攫取会长和副会长职务，藉此获得一己之私利。商界人士姚公鹤即曾一针见血地指出："夫会长为义务职，不应有争夺之价值，不应争夺而必须争夺，则必其有作用可知，作用如何，以公鹤所见及者言之，（一）藉此可以巴结政府，（二）藉此可以联合各业。质言之，谄上骄下四字而已。"[①]所以，在此之后上海总商会正、副会长和会董当选后辞不应选的事例已不多见，争夺会长职位的情形开始出现，选举风潮也随之时有发生。

在当时的上海总商会内部，傅筱庵是较为善于经营政治资本的人物之一，与地方政治派别和军阀势力均保持着比较密切的联系，在商会内部也扶植了一些亲信。此次上海总商会改选时，傅筱庵希望借助外部势力的支持，通过商会内部亲信制造选举纷争，以荣膺会长一职。沪军使何丰林"曾向新会董打过招呼，希选傅为会长，现因此事与军事无关，不便擅作主张，致函嘱王道尹查照办理"[②]。由此不难理解道尹王庚廷在选举纷争中种种偏袒拥傅派的言行，以及拥宋派对其多有不满并予以强烈指责的缘由。由于拥宋派的坚决反对，以及随着选举纷争的发展，总商会内部乃至社会舆论对拥傅派的不满渐占上风，傅筱庵才不得不暂予收手，未能如愿当上会长。

在近代中国，一些商会发生选举风潮而自身难以解决时，通常都会呈请地方官员乃至农商部等各级官厅出面调解，而官厅有时也确实能够发挥其独特作用，提出为纷争双方所能接受的解决方案，最终使商会改选纷争得以平息。例如1933年6月，成都商会按照《商会法》中执行委员每两年改选半数，不得连任的规定进行改选，具体操作办法是在15名现任执行委员中以抽签方式抽出

① 《总商会选长笔战将成尾声》，《民国日报》（上海）1924年7月22日，第10版。

② 《孙筹成谈傅筱庵争做上海总商会会长》，上海市工商业联合会、复旦大学历史系编：《上海总商会组织史资料汇编》上，上海：上海古籍出版社，2004年，第473页。

7人退职，另选他人替补。但身为执委兼主席的王剑鸣却经人提议将名签取出不抽，也继续担任执委。随后有许多会员和同业公会指责此系违法行为，商会则多方辩驳，形成持续近半年之久的改选纠纷，最终由成都市政府确定以召开会员代表大会的方式，选出临时委员，“代行商会职权”，并在一定时限内重新进行执监委员改选。[①]又如1934年天津商会发生严重改选纠纷，50余个同业公会对天津商会之不满达到了无以复加的程度，强烈要求商会全体职员立即辞职，实行“根本改选”，天津商会则指责各同业公会对改选之筹备工作不予配合，致使改选不断延误。在纷争中双方互相攻击，各不相让，陷于僵持局面。最后，天津党政当局依照国民党中央新颁发的人民团体整理办法第二项之规定，对天津商会进行整理，并以此解决了改选纠纷。[②]但在上海总商会的此次改选纷争中，双方虽都向各级官厅呈报纷争缘由并提出自己的诉求，省长公署和实业厅也下达了批复，但对解决这场纷争于事无补。因此，这场纷争的最终解决，并非由官厅提出方案，而是上海总商会内部调停的结果。换言之，在解决总商会的这场纷争中官厅并未发挥明显的作用。

综上所述，在新的社会环境下总商会选举什么样的人担任会长较以往显得更为重要。如同《申报》发表的“时论”所言：“在在商言商之时代，所计议者，但为商务，故选任得失，亦止关于商业，至近日进言政治，则人选为尤重，得人不特于商业可图发展，且于政治可以攻错，失人甚或假公共名义，以便私图，即幸身之阶，亦较昔之夤缘为易，其牺牲或由商会而及国民，可不慎之又慎耶。”[③]依此而论，这次总商会选举纷争正是关涉会长人选的一场重要斗争，与总商会随后的发展走向紧密相关，傅筱庵觊觎会长一职并暗使手段制造选举纷争，不少会董会员认为他绝非合适的会长人选，因而坚决予以反对。宋汉章虽未继续当选连任会长，事实上他本人也多次表示不愿连任，但拥宋派仍在很大程度上达到了目的，因而这场选举纷争也并非完全没有正面意义。

最后需要指出的是，傅筱庵此次虽未能如愿坐上总商会会长的交椅，但并

① 参见李柏槐：《现代性制度外衣下的传统组织——民国时期成都工商同业公会研究》，成都：四川大学出版社，2006年，第5章第2节“围绕商会改选的冲突”。

② 有关此次天津商会改选纠纷的整个过程以及天津党政当局出面解决纠纷的详细情况，参阅朱英：《1934年天津商会改选纠纷与地方政府应对之策》，《武汉大学学报》（人文科学版）2015年第1期。

③ 《商会风潮平议》，《申报》1924年7月27日，第4版。

未放弃这一图谋，两年后再次改选时，他卷土重来并暗中提前做好舞弊安排，使更多亲信当选为会董，随后又全然不顾各方反对之声，在军阀孙传芳的帮助下终于如愿以偿地当选为总商会会长。但不久后，北伐军攻克上海，以勾结和支持军阀孙传芳的罪名对傅筱庵予以通缉。抗战时期傅筱庵又甘心附逆，在上海沦陷后当上伪上海市市长，不久被刺而死，并未落得一个好下场。

第九章
民初苏州商会的发展演变

学术界关于近代中国商会的研究取得了令人瞩目的一系列成果，但许多学者指出：已有成果在研究区域上过多地集中于上海、天津、苏州等少数几个大的商会，对其他地区商会的探讨仍比较薄弱；在研究时段上也主要关注清末民初，对民国时期特别是南京国民政府时期商会的发展变化缺乏充分的研究。这种状况确实是迄今为止商会研究的明显缺陷，需要尽快加以改变。不过，这并非意味着对清末民初上海、天津、苏州的商会已不需要再进行深入研究。实际上，即使对清末民初的这几个商会也还有不少新问题需要进一步进行考察和分析，以往的一些结论也值得重新反思。因此，在弥补上述现有研究缺陷的同时，仍有必要对清末民初上海、天津、苏州的商会做出新的探讨。本章即针对过去较少注意的民初苏州商会发展演变的几个问题，提出一些初步的看法。

第一节
政体变更后主动应对发展之举

早期的商会研究成果大多认为辛亥革命前后的商会由于对清王朝存在着较大的依赖性，政治态度倾向于保守，对革命运动只是采取了从权应变的策略，革命之后商会所关注的也只是如何弥补因武昌首义引发的震荡而给商人带来的经济损失，“二次革命”爆发时又抱持公开反对的态度，产生了突出的消极影响。近年来则有学者强调，不能简单地以对待革命的态度衡量商会政治态度的进步与保守，并出现了一些不同学术观点的争议。不难发现，如果仅仅以商会对待革命的态度评价其是非，确实存在着某些问题，而且很容易将商会看成十分保守甚至是反动的商人团体。但事实上商会的表现并非完全如此。以民初的情况为例，辛亥革命推翻了清王朝的封建专制统治，中华民国成立，许多商会的领导人都意识到这是中国历史上前所未有的“政体变更”，商会也必须与时俱进地主动进行变革，以适应新形势的发展变化。

在上海，辛亥光复后部分工商界头面人物认为“原有之商务总会系旧商部所委任，例应取消”，于1911年9月发起成立了上海商务公所。原商务总会也意识到：“现届星云复旦，汉土重光，气象一新，我商界亟宜趁此时机振刷精神，力图进步。”[①]不久，商务公所和商务总会经过数次协商，思想逐渐趋于统一，公认“现在民国大定，政治统一，应即规定办法”[②]，于1912年2月底实现“归并”，成立了新的上海总商会。

苏州商务总会虽未像上海商会那样为了适应新的形势成立了近代中国的第一个总商会，但也主动采取了一系列应对和改革措施。苏州光复之后，苏商总会即废弃了清朝商部颁发的“苏州商务总会关防”。1912年2月5日，南京临时政府实业部成立，苏商总会总理尤先甲、协理吴理杲于当日呈文实业部，说明：“商会虽社会性质，而对于各商业实为执行机关，与行政公署及各项局所文牍往还颇关紧要。本会前赴商部领到苏州商务总会关防一颗，已于苏州光复时废置。大部成立，此项关防是否由部刊发领用，或颁给定式字样由各商会自行刊刻之处，即赐核示祇遵。”[③]实业部对此也很重视，以总长名义批示：“商会名称以碍于条约、习惯两端，姑仍沿用苏州两字。惟前清商部颁给之关防自宜速即毁销，以新面目。至关防式样，仰该商会暂用旧式，改钤记两字，自行刊刻。余俟本部商会新章颁布，饬遵办理可也。”[④]苏商总会遵即刊刻“苏州商务总会钤记”，报明江苏都督府于1912年3月1日正式启用。由此可知，苏州商务总会在辛亥革命后的第一项主动应对之举，是废弃前清商部颁发之关防，呈请以孙中山为首的共和政府——南京临时政府之实业部批准，刊刻

① 《商务总会提出合并改良办法意见书》，上海市工商业联合会、复旦大学历史系编：《上海总商会组织史资料汇编》上，上海：上海古籍出版社，2004年，第131页。

② 《上海总商会第一广告》，《申报》1912年2月29日，第1版。

③ 《苏商总会为请示光复后组织名称暨关防式样事致实业部呈》，马敏、祖苏主编：《苏州商会档案丛编》第二辑，武汉：华中师范大学出版社，2004年，第3页。

④ 同上书，第4页。

启用了新的钤记。

从表面上看，废弃旧关防和启用新钤记似乎只是一种形式上的改变，但这一举措反映了当时苏商总会领导人顺应历史潮流的思想意识和实际行动。当然，更重要的是实质性内容的变革。在这方面，苏商总会也主动进行了一些尝试。1912年6月，总理尤先甲呈文北京政府工商部，从三个方面阐明了商会改革的意见。其一为"名称"之变革。按照前清商会旧章，商会分为商务总会、商务分会、商务分所三类，由此"不无阶级之嫌，且与商业性质未甚融洽"，应于通商口岸、商业较盛、事务较繁之区，设立商务总会，其余分会、分所一律改称某某商会，使之"有联络而无统辖，悉以商业盛衰为断，不必拘定省会、县治、镇市而异其名称也"。其二为"职员"称呼之改革。商会旧章规定领导人有总理、协理、议董名目，系沿袭前清上海商务公所总会办之旧习而命名，选举呈报后又加札委任，"至公牍首衔历叙顶戴官阶如衙署例，各业商人视总协理如长官，多具禀、批禀等陋习，政体变更，不堪再见"，因此也需要加以变革。就实际情况而言，"商界习惯，凡会馆公所之办事人，向称董事，商会虽社会性质，实为执行机关，与议事机关之会长、副会长稍有区别，组织商会大都以各业公所各客帮为根据，不如仍用董事名义，选举素行公正、饶有经验者数人为董事，名额多寡以事务之繁简为定"。其三为"印信"之简化。按前清定例商务总会奏请商部颁发关防，分会、分所准用钤记，公文程式也沿用衙署之例必须一律用呈、咨、移、牒等名目，"至为繁琐，与联络商情一层转无关系"，同样需要改革。应由工商部"采访各国公司、会社图记式样，颁示刊用。除赴部及本省行政长官陈述事由，仍参用呈文旧式外，所有与行政各公署及会社往来，均用署名函启，以归简易"。①

上述三个方面的商会改革建议，可以说都与政体变更后改变传统的封建陋习和顺应共和时代潮流有着不同程度的关联，进一步表明了苏商总会领导人的维新与改革之举。不难看出，"名称"的变革，是为了打破封建传统之"阶级之嫌"，体现总会、分会、分所之间的"平等"；"职员"称呼之改变，目的在于废除前清商会存在的某些封建衙门气息，使商会真正成为商人的组织；"印信"之简化，由前清所用呈、咨、移、牒等封建衙门之间的公文程式，改

① 以上引文均见《尤先甲为条陈商会改革意见致工商部呈》，马敏、祖苏主编：《苏州商会档案丛编》第二辑，武汉：华中师范大学出版社，2004年，第6页。

为"署名函启"，不仅是为了"以归简易"，同样也具有破除商会衙门气息的意义。

1913年5月，苏商总会又向工商部呈文说明修订暂行章程事宜："光复以来，本会于苏州一带商埠市面情形，随时秉承江苏都督指示办理。嗣经选举会董轮值驻会办事，沿袭旧名，藉维现状，均经报明有案。惟时移势迁，本会旧订章程不无抵触，自宜详加修改，以利执行。"①苏商总会的修订暂行章程将该会名称由前清的苏州商务总会改为苏州商会，职员称呼也相应改为会长、副会长和会董。工商部批示："查所呈暂行章程，除第七、八条两条未妥外，其余尚无不合。惟商会法现已稍有更改，与法制局修正原案略有异同，尚未经国会核议，应俟议决通行后遵照修改，再行呈报核办。现应仍暂照旧章办理，以归一律，而省手续。"②

就法定程序而言，由于相关的一些重要改革举措需要通过政府制定商会法，以统一的法规形式才能真正付诸实现，因而在北京政府正式颁布商会法之前，苏商总会只能根据当时的实际情况，经过商议形成以下议案：仍暂时沿用总理、协理名称，俟商会法颁行后再考虑更改，其任期为一年，连举连任，以一年为限，其由会长被选者，亦作连任算；议董也仍以一年为任期，本届任期满后有已经连任三年者，"得休息三分之一，以抽签定之"；成立商事公断处，从前理案名目应即取消，所有未结各案一律移交公断处办理；公推尤先甲、杭筱轩、倪咏裳、苏稼秋四人为常驻议董，如总理、协理因事不能到会，"得代行寻常各事"。③

1914年9月，北京政府颁布参政院议决的《商会法》，因该法将全国商会联合会和各省商务总会都予以取消，受到全国各地商会的强烈抵制。经过一年

① 《苏商总会为请核示修订暂行章程致工商部呈》，马敏、祖苏主编：《苏州商会档案丛编》第二辑，武汉：华中师范大学出版社，2004年，第11页。

② 《工商部批示》，马敏、祖苏主编：《苏州商会档案丛编》第二辑，武汉：华中师范大学出版社，2004年，第15页。工商部批示所称暂行章程"未妥"的第七条是："凡各帮各行每年公捐会费三百元以上者，得自行推举代表二人以上，经众认可，为本会会员。"第八条是："凡公司工厂年纳会费三百元以上者，亦得推二人以上之代表，经众认可，为本会会员。"

③ 《苏商总会关于未奉部颁商会法前会务事项的议案》，马敏、祖苏主编：《苏州商会档案丛编》第二辑，武汉：华中师范大学出版社，2004年，第6–7页。

多时间的争论，北京政府最后接受了商会的意见，于1915年12月公布修订的新《商会法》。从新《商会法》的相关条文可以发现，苏商总会在民国元年提出的商会改革建议都不同程度地得到了实施。首先，商会名称不再采用以前的商务总会、商务分会、商务分所之说，而是按所在地区名称改为某某总商会和某某商会，各地方最高行政长官所在地及工商业总汇之各大商埠设立总商会，各地方行政长官所在地或属地工商业繁盛者设立商会，而且“总商会及商会均为法人”，除此之外，“总商会、商会于其区域内因有特别情形认为有必要时，得设分事务所”；其次是商会领导人称呼的改变，不再有总理、协理和议董名目，而是改称会长、副会长、会董，“总商会会长一人，副会长一人，会董自三十人至六十人，商会会长一人，副会长一人，会董自十五人至三十人”。另还明确规定：“会长、副会长、会董、特别会董均为名誉职。”[①] 关于前述苏商总会提出的公文程式改革问题，新《商会法》中虽无明文规定，但1916年2月北京政府公布的《商会法施行细则》对此进行了规定：“总商会、全国商会联合会对于中央各部署及地方最高行政长官行文用禀，对于地方行政长官得用公函。总商会、商会及全国商会联合会自相行文均用公函。”[②]这一新的规定，显然也是采纳了苏商总会关于公文程式改革的建议。

第二节
选举制度的新旧交替

或许没有多少人注意到在中国近代历史发展进程中一个很有意思的问题，这就是具有近代特征的选举制度最早并不是出现在政治生活领域，而是在新式民间工商社团——商会中率先实行。中国的商会自1904年正式诞生起，即规定总理、协理及议董等所有领导人均以投票选举的方式产生。会员因属各业代表，与一般社团的普通成员有所不同，也通过选举选出。这种具有明显近代

① 《民国总统及国务卿签署公布之〈商会法〉》，天津市档案馆、天津社会科学院历史研究所、天津市工商业联合会编：《天津商会档案汇编（1912—1928）》第1册，天津：天津人民出版社，1992年，第701-702页。

② 《国务卿公布之〈商会法施行细则〉》，天津市档案馆、天津社会科学院历史研究所、天津市工商业联合会编：《天津商会档案汇编（1912—1928）》第1册，天津：天津人民出版社，1992年，第708页。

特点的选举制度，是以往许多相关论著判断商会属于近代中国新式商人社团的重要因素之一。由于在中国长期沿袭的传统封建社会中，不存在真正意义上的选举问题，自然不可能建立所谓的选举制度，故而在清末的商会等民间社团中确立这种选举制度，也可以说是近代中国社会从传统向现代转型变迁的具体反映。不过，商会的选举制度也有一个发展完善的过程。早期商会实行的选举，仍不同程度地带有某些传统的中国特色，民国成立之后商会的选举制度逐渐出现了新旧交替的发展演变。苏州商会也有类似值得重视的发展变化。

辛亥革命后，苏商总会鉴于当时政体变更，商会法尚未公布的特殊形势，曾经举行过一次过渡性的特别选举。1912年5月30日，苏商总会通过召开特别会议，议定选举16名董事，以一年为任期，如任期内商会法颁行，再遵章办理。总理、协理也暂不选举，俟部颁新章后再议。会务由当选各董事轮值负责，"用制签法制定任期先后"，公牍具名一律称商董。[①] 同年6月22日苏商总会举行了选举，实际选出董事25人，后又选举办事董事8人，以6个月为任期，每期4人驻会负责处理日常会务。1913年5月，董事一年任期将满，苏商总会先后呈文北京政府工商部和江苏民政长，说明："现在会董任期又将届满，而本会旧订章程，按诸现势，非加修正实难适用。今依工商会议报告录所载法制局修正商会法草案，参酌本会习惯，悉心厘认，拟就暂行章程十一章三十五条。"[②]

该暂行章程第五章的全部内容均为"选举"，制订了如下具体规定：

第十一条 本会在会各会员除左列各项外，年满三十岁以上者得被选举为会董，其年满二十一岁以上者均有选举会董之权。

（一）褫夺公权尚未复权者；

（二）受破产之宣告确定后尚未撤销者；

（三）有精神病者。

第十二条 会董由选举人公选，会长、副会长由会董互选。

第十三条 选举用记名投票法，由选举人躬自行之。

---

① 《苏商总会关于政体变更后会务事项的特别会议纪要》，马敏、祖苏主编：《苏州商会档案丛编》第二辑，武汉：华中师范大学出版社，2004年，第4–5页。

② 《苏商总会为录报修订暂行章程致江苏民政长呈稿》，马敏、祖苏主编：《苏州商会档案丛编》第二辑，武汉：华中师范大学出版社，2004年，第15–16页。

第十四条 选举会董以得票多数为当选，互选会长、副会长于选举时公订细则执行。

第十五条 凡于商工业之学术技艺富有经验者，经本会会员公众推举，延请为特别会董。

第十六条 会长、副会长、会董、特别会董举定后，由本会呈报工商部及本省行政公署存核。①

要分析上列民初苏商总会选举制度的发展变化，必须结合清末的相关规定才能看得更加清楚。关于议董选举权与被选举权，清末的苏商总会与其他许多商会一样，并非加入商会的所有工商业者均享有这一权利。因为商会的成员分为会员和会友两部分人，会友人数无限制，会员人数则有所限定。苏商总会规定，各工商业者“岁捐会费十二元者，经众认可，得为本会会友”。如各行、帮每年公捐会费300元以上，准其自行开列会友名单送会，依此递加，经众认可，即可成为会友。会员在会友中选出，人数并不多，充任会员者必须符合行止规矩、事理明白、在苏经商、年龄24岁以上等资格。其选举会员的具体规定是：“一行、帮每年公捐会费三百元以上，得举会员一人，依次递加，至得举三人为限。经会众认可者，得为本会会员。”各公司、工厂也照此例办理。②会友的选举权仅为选举所在行、帮的会员，只有为数并不很多的会员（苏商总会成立时限定“至多选举会员六十八员”）才拥有议董选举权和被选举权。这样的规定，对商会普通成员即会友的选举权利显然是一种限制。苏商总会于民初拟订的选举制度，在这方面有了较大的改变。从1913年5月苏州商会拟订的暂行章程可以发现，首先是商会成员不再分为会友和会员两类人，全部为会员，而且不限人数，“凡在苏州商埠范围内经营商业，开设商店，民国商法视为有能力者，经众认可，均得为本会会员”。其次是缴纳会费的数额明显降低，清末规定每年缴纳12元才能成为会友，民初则规定“凡入会会员须年纳六元以上之会费”，负担减轻后将会有更多的工商户积极加入商会。再次是年龄的要求也有所降低，清末规定必须24岁以上才能当选会员，民初则只是

① 《苏州商会暂行章程》，马敏、祖苏主编：《苏州商会档案丛编》第二辑，武汉：华中师范大学出版社，2004年，第13页。

② 《苏商总会试办章程》，章开沅、刘望鹤、叶万忠主编：《苏州商会档案丛编》第一辑，武汉：华中师范大学出版社，1991年，第18-19页。

限定会员年满21岁以上者享有选举会董之权，而对当选会员的年龄并无明确的限制。[①]上述三个方面的变化，在商会选举制度方面相应地带来若干变革，其中最为明显的是会董选举权与被选举权的扩大，由于取消了人数最多的会友层次，凡是加入商会者均为会员，加上会员的人数也不再有限制，因此在商会中拥有会董选举权和被选举权的人数较清末自然多得多。

除了拥有选举权和被选举权的人数增加之外，民初苏州商会选举会董和总理、协理的方式也有所改变。在清末，苏州商会与上海等地的商会一样，总理、协理和议董的选举方式均为“机密投筒法”。其具体操作方法是由商会印发选举票，遇选举议董之期，先期14日由理事将选举票填写号数及限期，另备各帮、行会员名单，分送有选举权之人，每人18张选举票（选18名议董），理事另立底簿，注明某号数分送某人。分发既讫，即将此簿严密封固，不可预泄。各人得票填写后，封固送商会，投入筒内。届期集众开筒点清，登录注簿，当众宣布选举结果。投票者不得选举本人，有选举票号数可以核对，亦不得写出某人所举。总理、协理的选举也采取同样的“机密投筒法”，只是分送选举票的时间不同，提前7天送出。[②]民初的苏州商会则改变了以往采用的这种“机密投筒法”，开始实施“选举用记名投票法，由选举人躬自行之”。从独特的不记名投票变为记名投票，显然是商会选举制度的一大变革。采用了记名投票方式之后，从某种程度上可以说选举的透明度得到增强，选举人需要更加谨慎和负责地行使其选举权利。

民初苏州商会选举制度的另一变革，是选举人选举权数的某些改变。苏州商务总会在清末制定的章程中虽未明确规定每一选举票拥有不同的选举权数，但在实际操作中却按照缴纳会费数额的多少，确定了同一选举票的不同权数。1911年1月，苏商总会通告选举规定时即透露：投票人每业不得超过3人，因各业限定至多只能推选3名会员，但“选举权照前例每业年纳六十元者一权，过一百六十元者作为两权，余依此类推”[③]。“前例”之说，表明苏州商务总会

① 《苏州商会暂行章程》，马敏、祖苏主编：《苏州商会档案丛编》第二辑，武汉：华中师范大学出版社，2004年，第12、13页。

② 《苏商总会试办章程》，章开沅、刘望龄、叶万忠主编：《苏州商会档案丛编》第一辑，武汉：华中师范大学出版社，1991年，第19页。

③ 《苏商总会通告选举规定》，章开沅、刘望龄、叶万忠主编：《苏州商会档案丛编》第一辑，武汉：华中师范大学出版社，1991年，第66页。

先前已经照此规定办理，并非于1911年才开始实施。这种规定显然使每个选举人的选举权不完全平等，而选举权数的多少则完全取决于各个行帮经济实力的大小。缴纳会费多的行业，其会员的选举权大于那些缴纳会费少的行业所推选的会员，这对经济实力较薄弱的中小行业显然不利。在1912年6月举行的过渡性选举中，苏商总会仍在很大程度上沿用了这种做法。据该会6月1日常会议定的选举事项记载，“凡年纳会费三十元者有一选举权，六十元者两权，以次递增”“凡选举票均注明权数”①。这一规定与以往相比较，只是降低了决定会员不同选举权数的会费数额，会员缴纳会费多而相应取得更多选举权数的规定并无实质性的改变。

不过，苏商总会多次提到以上举措只是商会法未公布之过渡时期内的暂行办法，希望民国政府尽快颁行商会法，以便对这一做法加以改革。1914年9月，经参政院议决的《商会法》及施行细则相继公布。上文已提及，《商会法》公布之初曾因全国商会联合会被取消等问题受到了海内外商会的抵制，北京政府最终接受了商会的要求，于1915年底又公布了重新修订的新《商会法》。实际上，1914年公布的《商会法》对商会选举制度已进行了较大的修改，商会并未对此提出不同的意见。因此，修订的新《商会法》在这方面并没有什么明显的改动。以下是1915年公布之新《商会法》关于选举方面的条文：

第四章　选举及任期

第十八条　会董由会员投票选举，会长、副会长由会董投票互选。会长、副会长及会董选定后，须经由地方最高行政长官或地方行政长官报告农商部。

第十九条　特别会董，推选富有资力或工商业学术技艺经验者充之。推选特别会董后，应依前条第二项之规定办理。

第二十条　会员皆有选举权及被选举权，但有被选举权者之年龄须在三十岁以上。

第二十一条　每选举时，一选举人有一选举权。

第二十二条　选举用记名投票法，由选举人自行之。

第二十三条　会长、副会长、会董均以二年为一任期，其中途补充者，须按前任者之任期接算。

① 《苏商总会关于政体变更后选举事项的常会纪要》，马敏、祖苏主编：《苏州商会档案丛编》第二辑，武汉：华中师范大学出版社，2004年，第21页。

第二十四条 会长、副会长及会董任期满后，再被选者得连任，但以一次为限。

第二十五条 新选之职员就职，旧职员方得解职。[①]

1915年底新《商会法》公布之后，包括苏州商会在内的各省商会都相继依照该法修改制订章程，确立新的选举制度。

苏州商会于1916年2月按照《商会法》规定进行了改组，改名为苏州总商会，并重拟章程，“邀集议董悉心研究，参酌习惯，依法修改”，制订了《苏州总商会章程》11章33条。关于选举制度方面的规定，基本上是参照《商会法》的有关条文而制定的。与1913年拟订的暂行章程相比较，新章程删除了“互选会长、副会长于选举时公订细则执行”之规定，更重要的是不再按照会员缴纳会费的多少确定其不同选举权数，而是依照《商会法》之规定，确认“每选举时，一选举人有一选举权”[②]。这可以说是民初包括苏州商会在内各个商会选举制度的一项进步性的重要变革。然而也要看到，商会选举制度的变革有时也不能忽视传统因素的持续影响。苏州总商会后来虽不再以缴纳会费的数额作为会员选举权数的核定标准，但又以另外的方式以示区别。如苏州总商会1916年3月21日通过了关于改组选举问题的议案，该议案规定：“照上届选举票十二元为一权者，今改为十二元有一选举票。……选举票每票选举十人。”[③] 其意为会员每年缴纳12元会费获取1张选举票，每张选举票可选举10名会董，如果缴纳24元获得2张选举票，则可选举20名会董。这表明苏州总商会会员缴纳会费的不同数额，对其享有的选举权仍有一定的影响。尽管如此，上述新的选举制度与清末相比较仍有较大变革。

除了商会职员的选举有所改革之外，苏州商会在民初新成立的商事公断处，其职员也是通过选举的方式产生。1914年4月苏州商会公布的商事公断处选举办法说明：“本会会员均有选举权及被选举权，选举用记名连记式，每票举十八人。当选正额二十七人，候补九人，以投筒票数三分之一为当选。一次

① 《民国总统及国务卿签署公布之〈商会法〉》，天津市档案馆、天津社会科学院历史研究所、天津市工商业联合会编：《天津商会档案汇编（1912—1928》第1册，天津：天津人民出版社，1992年，第704页。

② 以上引文均引自《苏州总商会章程》，马敏、祖苏主编：《苏州商会档案丛编》第二辑，武汉：华中师范大学出版社，2004年，第18页。

③ 《苏商总会关于改组选举问题的议案》，马敏、祖苏主编：《苏州商会档案丛编》第二辑，武汉：华中师范大学出版社，2004年，第37页。

不足额，举行第二次投票，以足候补人名额为止。”商会总理、协理虽“为本会行政领袖”，但“前项选举只有本身会员选举权”，并无其他特殊权利，在某种程度上体现了商会领导人与会员的平等。[①]

第三节
成立新机构与扩充活动范围

民初苏州商会在原有基础上不断发展的另一个重要表现，是成立了一些新的机构，活动的范围与职能也得到了扩充和加强，而且各方面的影响都相应有所扩大。

苏州商会在民初成立的新机构中，比较重要的是商事公断处。实际上，调解商事纠纷在清末是商会的职责之一，有些商会还成立了商事（务）裁判所。如成都商务总会设立的商事裁判所，“专以和平处理商事之葛纠，以保商规、息商累为宗旨”，使工商户“免受官府之讼累，复固团体之感情”。[②]保定商务总会成立商务裁判所之后，宣布“凡商号一切诉讼案件，概归商务裁判所办理”[③]。苏州商务总会在清末没有成立类似商事（务）裁判所的专门机构，只是在其1905年创立时拟订的试办章程中开宗明义地阐明“调息纷争”为宗旨之一，并设立十余名理案议董办理此事，对有关实施办法也作了比较详细的规定。如试办章程第48条规定：“在会之人因商业纠葛（如买卖亏倒财产、钱贷等），本会当为之秉公调处，以免涉讼。”第51条：“甲商在会，乙商未入会者，乙商另请公正人到会调处。”又如第54条规定：“如遇假冒牌号，混淆市面，诬坏名誉，扰害营业，本商因此而致有吃亏之处者，告知本会查明，确系被累被诬，应公同议罚议赔，以保商业。”[④]尽管苏州商务总会在清末积极地

① 以上引文出自《苏州商事公断处选举办法》，马敏、祖苏主编：《苏州商会档案丛编》第二辑，武汉：华中师范大学出版社，2004年，第95页。

② 《四川成都商会商事裁判所规则》，《华商联合报》第17期，宣统元年（1909年）九月。

③ 《保定商会设所裁判讼案》，《华商联合报》第8期，宣统元年（1909年）四月。

④ 《苏商总会试办章程》，章开沅、刘望龄、叶万忠主编：《苏州商会档案丛编》第一辑，武汉：华中师范大学出版社，1991年，第27–28页。除此处所引试办章程中的有关规定之外，苏州商务总会还于1905年制订了理案章程12条，对理结商事纠纷作出了更加详细的规定。见章开沅、刘望龄、叶万忠主编：《苏州商会档案丛编》第一辑，武汉：华中师范大学出版社，1991年，第521–522页。

受理商事纠纷，为保护工商业者的正当利益发挥了重要的作用，但由于未成立专门的商事裁判机构，在实践操作中仍存在着某些缺陷。

到民初，不仅广大工商业者迫切呼吁商会更加充分地发挥这方面的功能与作用，而且商会自身也进一步意识到此项工作的重要意义。苏州商务总会曾表示："伏查苏州为商埠范围，商业事务较繁，自应设立商事公断处。"[①]甚至连官府也深感发挥商会的这一功能，对于弥补政府司法职能之不足颇有裨益。1913年1月，北京政府司法部和工商部会同拟订商事公断处章程39条，明确指出，"商事公断处应附设于各商会"，"对于商人间商事之争议，立于仲裁地位，以息讼和解为主旨"。[②]另规定商事公断处设公断处长1人，评议员9至20人，调查员2至6人，书记员2至6人，评议员和调查员在商会现任会员中互选，以得票多数者当选，处长在评议员中互选，书记员由评议长会同商会总理或协理酌定。[③]此后不久，苏州商务总会即筹备成立商事公断处，并按照部订章程"公断处办事细则，由各商会拟定"之规定，自行拟订了办事细则47条，另又制定了理案章程20条。1914年5月，苏州商务总会商事公断处举行第一次职员选举，"选举票用记名单记法，以得票满三分之一为当选。票不足额，如法再选，以足额为止"[④]。结果典业商董庞式鋆当选为公断处处长，苏绍柄等20名商董当选为评议员，蔡恩铨等6名商董当选为调查员。

按照司法部和工商部会订商事公断处章程的规定，对商人间商事之争议，公断处只能"立于仲裁地位"，而且"两造对于评议员之公断，如不愿遵守，仍得起诉"[⑤]，这意味着商事公断处只是处于辅助政府司法机关的地位，并无真正司法意义上的最终裁判权和强制执行权。但是，苏州商会在民初成立了商事公断处这一专门机构之后，在调解商事纠纷方面发挥了更为突出的功能与作

① 《苏商总会为报送商事公断处细则请核转事致江苏民政长呈》，马敏、祖苏主编：《苏州商会档案丛编》第二辑，武汉：华中师范大学出版社，2004年，第89页。

② 《司法、工商部会订商事公断处章程》，马敏、祖苏主编：《苏州商会档案丛编》第二辑，武汉：华中师范大学出版社，2004年，第79页。

③ 同上书，第80页。

④ 《苏州商事公断处处长选举注意事项》，马敏、祖苏主编：《苏州商会档案丛编》第二辑，武汉：华中师范大学出版社，2004年，第97页。

⑤ 《司法、工商部会订商事公断处章程》，马敏、祖苏主编：《苏州商会档案丛编》第二辑，武汉：华中师范大学出版社，2004年，第81页。

用。根据苏州商会商事公断处受理案卷清册的不完全记载，从1914年7月1日至1919年5月29日，该公断处总共受理各类商事纠纷案39起。其中，由吴县县署和正式司法部门江苏高等司法审判厅移交公断处公断的纠纷案有16起（吴县县署移交13起，江苏高等司法审判厅移交3起）。通过苏州商会商事公断处的审理，这39起商事纠纷案有22起顺利断结销案，吴县县署移交者有8起结案，5起请查帐或核实案也均据实查复，江苏高等司法审判厅移交的3起查账案同样据实查复。[①] 经商事公断处审理后，未断结销案者多属证人或证据不全，或是被告未到场，按规定不能审理，而原告或被告不遵公断而继续赴司法机关起诉的纠纷案为数并不多，这表明苏州商会商事公断处受理商事纠纷的效率是比较高的，其功能与作用也受到商人乃至官府的肯定。另有事例表明，即使是商事公断处审理后，原告或被告不服而继续上诉到官方司法机关，但司法机关在判决时同样充分尊重商事公断处的公断结果，并以公断结果作为断案依据。这也间接说明了苏州商会商事公断处的影响与作用。[②]

在民初的反帝爱国运动中，苏州总商会的态度和行动更加活跃。例如五四运动爆发后，苏州总商会以正、副会长和全体会董的名义先是公开致电北京政府，表示："报载巴黎和会对于山东青岛、胶济等权利完全为日本继承，外交失败，言之可痛。溯自民国四年'二十一条'强迫签字后，我国各界恶感已深，今尤外示亲善，隐行攘夺，群情愤激，忍无可忍。佥以非将青岛完全由和会直接归还，一切密约悉予废弃，不足以保主权而救危亡。本会为保全国权领土实业经济起见，迫切陈词，务乞坚持到底，非达目的，勿令专使签字。商民等无论如何牺牲，愿为政府后盾，无任迫切待命之至。"[③] 这一态度，可谓表达了苏州总商会强烈的爱国之情。紧接着，苏州总商会又致电出席巴黎和会

① 《苏州商事公断处受理案卷清册》，马敏、祖苏主编：《苏州商会档案丛编》第二辑，武汉：华中师范大学出版社，2004年，第106–110页。

② 有关具体事例请参阅付海晏：《民初商会舆论的表达与实践——立足于商事裁判权的历史研究》，《开放时代》2002年第5期。关于清末民初商会受理商事裁判权的发展演变，参见马敏：《商事裁判与商会——论晚清苏州商事纠纷的调处》，《历史研究》1996年第1期；郑成林：《近代中国商事仲裁制度演变的历史轨迹》，《中州学刊》2002年第6期；任云兰：《论近代中国商会的商事仲裁功能》，《中国经济史研究》1995年第4期。

③ 《苏州总商会为反对在巴黎和约上签字致北京政府电稿》，马敏、祖苏主编：《苏州商会档案丛编》第二辑，武汉：华中师范大学出版社，2004年，第678页。

的中国专使，阐明："青岛关系我国存亡，非由和会直接交还并取消密约，概不承认，商民一致誓为后盾。"① 在获悉北京和天津爱国学生被逮捕的消息之后，苏州总商会还致电北京政府要求惩办国贼和释放学生。电文语气强硬地表示："京、津捕逮学生，蹂躏人权已极，视民不以为民，恐国亦将不国。上海全体罢市，力争惩办曹、章、陆，释放学生，并争回青岛，废除密约诸大端，政府果能顺从民意，人心立刻可定。否则，风潮激动，全国可危，商等实难负维持之责。"② 对中央政府采取如此强硬的口吻，这在过去苏州商会的历史上是很少见到的，从中不难发现民初苏州总商会在反帝爱国运动中的积极态度。

当时，抵制日货、提倡国货成为各界的共同呼声。此举虽会给商家带来经济损失，但在各界爱国热忱的推动之下，苏州大多数商人和总商会仍采取了积极行动。1919年5月18日，江苏省立第一师范学校全体师生致函苏州总商会，吁请"一致提倡国货，以为外交后盾"。同日，苏州总商会举行特别会议，议决"本会各商愿为政府后盾，担任劝导社会各界，不用日货，并应提倡国货"。同时还决定"本会各会员分任调查日货与国货种类之分别"，并宣布"振兴电灯公司业已出售日本，此项电灯亦属日货之一，应劝各界一律停燃，为不用他项日货之倡"。③次日，总商会向社会各界公开发出抵制日货的通告，希望市民"急起直追，始终不懈"，并刊印会董江锦洲（即江维祺）编撰的爱国白话韵文，"广为分散，互相警告"。这篇宣传韵文通俗易懂，感染力极强，无疑在当时具有相当的号召力。全文如下：

还我青岛地，取消条廿一。口诵与心维，宣言终无益。当此将亡时，援救最须急。国亡家不保，爱家先爱国。政府不可恃，人民当自决。武力既不能，克刚柔第一。日常须用品，最好用本国。万一不能

① 《苏州总商会要求归还青岛致巴黎和会中国专使电稿》，马敏、祖苏主编：《苏州商会档案丛编》第二辑，武汉：华中师范大学出版社，2004年，第679页。

② 《苏州总商会为惩办国贼废除密约致北京政府电稿》，马敏、祖苏主编：《苏州商会档案丛编》第二辑，武汉：华中师范大学出版社，2004年，第679页。

③ 《苏州总商会关于不用日货提倡国货的决议》，马敏、祖苏主编：《苏州商会档案丛编》第二辑，武汉：华中师范大学出版社，2004年，第693页。1919年6月21日，苏州总商会议决将密售日本商人的苏州振兴电灯公司"中止入会，吊销原给凭照，以保商权"。见马敏、祖苏主编：《苏州商会档案丛编》第2辑，武汉：华中师范大学出版社，2004年，第719页。

免，切弃仇敌物。依此办法做，热心加毅力。三年五载后，成效不可说。即是彼强权，自然生畏怯。一切欺人约，不醒恐不及。波兰亡国惨，久已编新剧。诸君看过后，前车应记忆。劝告文虽多，终恐难普及。热心诸君子，务请广传述。兼有不明者，详为细解说。于己尽份心，于国尽份力。此种劝告文，更宜贴墙壁。每日诵一遍，其志永不失。①

五四运动发展到高潮时，上海爱国商人为声援学生的爱国行动，纷纷罢市，产生了广泛而深远的影响。苏州爱国学生和商人也呼吁采取一致行动，请总商会“通告各业一律罢市”。苏州总商会顺应民意，于6月8日致电北京政府、江苏督军和省长，告知民情愤激，“今日全城罢市，仍争惩办曹、章、陆，释放学生，收回青岛，废除密约。四民鼎沸，愈陷绝境。敝会维持力竭，泣呼俯从民意，以挽危局”②。罢市之后，苏州总商会为维持时局，停止每周一次的常会，要求各业会董“逐日莅会，以便临时会议，互相接洽，协助维持”。此外，为了保障市民的日常生活，苏州总商会还于罢市当日发布紧要通告：“一、罢市后各业工人仍照常工作，务各镇静。一、粮食、菜蔬、日用必需之店，以及肩担负贩，仍应照常卖买。一、典当关系贫民生计，罢市后应仍照常当赎。”③ 由上可知，民初的苏州总商会在反帝爱国运动中态度更坚决，行动更积极，所发挥的作用与影响也更突出。

在促进实业发展方面，民初的苏州商会也积极争取发挥更为显著的作用。如工商业者有创新产品申请注册和专利，苏州商会即积极出面为其办理申报手续。著名纱缎业商董杭祖良开设杭垣富禄记庄，制造各种丝织、纱缎产品。由于晚清以降“日用服装一变而趋尚欧风，致舶来品之输入日益发达，而华货寖处于淘汰。推原其故，虽由华商墨守旧章，绝少改良之新品，然亦由前清时商标专利等章程商部未经明定颁布，故即有一二商人不惜资本创造新品，既无政

① 《苏州总商会关于抵制日货会议的通告（附：江锦洲编撰白话宣传韵文）》，马敏、祖苏主编：《苏州商会档案丛编》第二辑，武汉：华中师范大学出版社，2004年，第694–695页。

② 《苏州总商会为全城罢市、要求惩办国贼废除密约致北京政府电稿》，马敏、祖苏主编：《苏州商会档案丛编》第二辑，武汉：华中师范大学出版社，2004年，第682–683页。

③ 《苏州总商会紧要通告稿》，马敏、祖苏主编：《苏州商会档案丛编》第二辑，武汉：华中师范大学出版社，2004年，第685页。

府之保护，每遭莠商之破坏；设有创制精良销行适用，彼仿造冒牌者接踵而起，贬价滥售以伪乱真。遂至国货名誉一蹶不振，往者既贻噬脐之悔，来者咸有裹足之虞”。有鉴于此，杭祖良于1912年底“为挽回利权起见，爰不惜工本，改良各货，并制造文明线织华哔叽一种，物质坚韧，价值轻廉，极合新服制之用”[①]。由于担心他人仿冒，在分运各省推广销路之时，杭祖良希望能够将所产文明线织华哔叽并双鹿商标，通过商会呈请北京政府工商部准予注册，给予商标专利凭证。苏州商会积极予以配合，代为呈文工商部，请准注册给证。工商部批示：“查该商等所呈丝织样本，花色翻新，织工精密，以之推广国货，洵足挽回利权，合先准予立案，一俟商标章程规定颁布后，再行核夺注册可也。”[②]经苏州商会之努力获此批示后，商家在很大程度上解除了后顾之忧。

又如苏州纱缎业商董王兆祥等开办的纱缎庄于1912年11月“制成丝棉交织花呢一种，较之洋货坚韧华美，且售价轻廉，出品大受各界欢迎”。为扩大生产，王兆祥向市公所购地建造工场房屋六十余间，因该处较为荒僻，恐有疏虞，请求苏州商会移咨民政长、警务公所立案并予以保护。苏州商会当即照会吴县民政长和苏州巡警总局，请“准予备案，给示保护”。巡警总局表示将派巡警“于该场左近一带加意梭巡，以资防范”。吴县民政长也回复说：“制成丝绵交织花呢，为挽回利权起见，自应给示保护。”[③]可见，民初的苏州商会为了促进民族工商业的发展，尽力为工商业者提供各方面的帮助。

除此之外，民初苏州商会在其他方面的活动也比较活跃，并发挥了不同程度的作用。如组织商人参加外国商品博览会，劝募各业认捐欧战协济款，在辟城筑路过程中协调各方意见，抵制私销鸦片，协助治安防疫事宜，参与娱乐行业管理，整顿钱债积弊，协调捐税征收等，这些活动足以表明民初的苏州商会在清末的基础上得到了进一步发展。

① 《杭祖良为申请丝织新品华哔叽专利凭证致工商部呈》，马敏、祖苏主编：《苏州商会档案丛编》第二辑，武汉：华中师范大学出版社，2004年，第121页。

② 《工商部批示》，马敏、祖苏主编：《苏州商会档案丛编》第二辑，武汉：华中师范大学出版社，2004年，第122页。

③ 本段所引王兆祥呈文，以及苏州商会与巡警总局、吴县民政长的往来公文等，见马敏、祖苏主编：《苏州商会档案丛编》第二辑，武汉：华中师范大学出版社，2004年，第125–127页。

作为商办的民间社团，苏州商会在民国初期的一系列发展，可以说从一个侧面反映了近代中国民间社会从传统向现代的演变进入了新的历史阶段。其具体表现，苏州商会不仅能够在辛亥革命后政体变更的新形势下，与时俱进地采取了新的应对举措和发展措施，适应形势发展的需要，而且不断完善自身的选举制度，使商会的选举与以往相比较更具有广泛性和民主性。此外，苏州商会还积极成立了商事公断处等新的机构，在受理商事纠纷方面发挥了更为突出的作用。尤其值得重视的是，苏州商会在“五四运动”等反帝爱国运动中的态度更加积极，所产生的作用也更加显著。

苏州商会之所以在民初能够得到发展，其原因除了本文所述苏州商会的领导人在主观上顺应形势的变化，主动采取了一系列措施之外，辛亥革命推翻清王朝的封建专制统治，促使政体变更，并在各方面带来了新的气象，则是推动民初苏州商会发展演变不容忽视的客观因素。如果没有辛亥革命的直接影响，很难说苏州商会会有这些新的发展变化。另外还应看到，当时北京政府实施的相关新举措，对促进苏州商会和其他商会在民初的发展也产生了重要的影响。例如商会选举制度在民初出现新旧交替，既有商会自身的努力，同时在很大程度上也是受到北京政府新公布施行的《商会法》的推动。又如苏州商会商事公断处的成立，虽然缘于工商界人士和商会的强烈需求，但同样受到了北京政府司法部和工商部会同颁布商事公断处章程的影响。

还应注意的是，我们一方面肯定苏州商会在民初得到了发展，另一方面也不能过高地估计其发展程度和实际影响。就苏州商会长时段的发展历史而言，民初只能视为其发展变化中一个较为短暂的时期，而且从整体上看这一时期的苏州商会在其他许多方面的发展尚无新的突破，因而对其实际影响的分析和把握应该恰如其分。

第十章 国民党对商会的整顿改组

1927年国民党建立南京国民政府之后，面对商民协会和一些地方党部强烈要求取消商会的呼吁，以及工商各类团体的纷争，同时也为应对形势的变化，成立了民众团体整理委员会，开始对包括商会在内的各类民众团体进行整顿与改组。至1930年初，国民党中央执行委员会正式下令撤销商民协会，经过整顿改组的商会则陆续重新登记，继续得以保存。国民党对商会的这次整顿改组，是中国商会发展史上一次重要事件，因而以往研究商会的中外论著大都会提及，但除了个别新近在相关学术研讨会上发表的论文外，包括笔者所撰写的著作和论文，一般都是对国民党整顿改组商会给予严厉抨击和完全否定的评价。

以往的论著对国民党整顿改组商会的举措完全予以否定，主要是基于以下两个方面的原因：一是认为国民党对商会强制进行整顿改组，是其推行以党治国，实施反动专制独裁统治的一项重要措施。因为国民党要实行独裁统治，就不可能允许商会像以前那样在许多方面拥有独立性和自主权，不受官方的管理和制约，而必须接受国民党的控制。二是整顿改组之后的商会虽然在名义上仍得以保存，但与以前的商会相比较完全不可同日而语，尤其是丧失了以往作为民间商人社团的独立自主权，已经不再是真正意义上的为商人说话办事、代表商人利益的商会，而是受国民党的控制和利用，并且依附于官府的御用组织。所以，遭受国民党整顿改组是中国商会在其发展历程中由盛转衰的转折点。

前一个理由显然是由于过去受意识形态的影响，认为国民党是一个反动的独裁政府，在此前提下对其推行的许多举措往往未做具体深入的考察分析即简单地予以否定。至于后一个结论，实际上也缺乏实证研究的支撑。就笔者目前所接触的相关论著看，在考察的时段上大都限于清末至1929年以前的商会，并没有对整顿改组之后商会各方面的具体运作情况以及与政府之间的互动关系进行深入扎实的专题研究。[①]熟悉这一研究领域的学者都知道，对20世纪30至40年代商会的探讨仍然是商会史研究中相当薄弱的环节。这里先暂且不论第二个方面的理由是否合乎历史实际，本章也并非对此展开论述，但至少有一点可以断定，既然并没有对整顿改组之后商会的各方面具体情况进行系统深入的考察，就应该轻易得出结论。

需要说明的是，就研究方法而言，即使是分析当时的情况，也应该以长时段的眼光关照在此之前的历史背景与相关的诸多问题，不能仅仅孤立地看待南京国民政府建立后国民党对商会的整顿改组这一项举措。具体说来，分析国民党对商会的整顿改组，必须考察国民党推行商民运动的全部进程，而且要将这一事件与当时持续数年之久的商民协会与商会之间的存废之争结合起来进行分析。近年来，已有部分学者对商民协会进行了探讨，但较多的是限于对商民协会本身的分析，有的虽涉及商民协会与商会的关系，也没有结合国民党对商会的整顿改组展开论述。[②]另外，美国学者傅士卓（Joseph Fewsmith）撰写的专著（《民国时期的党、国与地方菁英——1890至1930年上海的商人组织与政治》*Party, State, and Local Elites in Republican China: Merchant Organizations and Politics in Shanghai, 1890—1930*，美国夏威夷大学出版社1985年版），论述了上海商人团体的兴起与政治化过程、商人团体与党治的关系，其中第6章有较多篇幅涉及商会与商民协会的关系、国民党对商会的整顿改组等问题。[③]该书

① 史学界现在只有少数几篇论文研究这一时期的商会，而且侧重于探讨某一个方面的问题。参见冯筱才：《中国商会史研究之回顾与反思》，《历史研究》2001年第5期。

② 笔者目前所见的论文有：金子肇：《商民协会と中国国民党（1927—1930）——上海商民协会を中心に》，《历史学研究》（日）1989年第10期；张亦工：《商民协会初探》，《历史研究》1992年第3期；乔兆红：《论1920年代商民协会与商会的关系》，《近代中国》（台北）第149期，2002年6月。

③ 该书共分三大部分，其中第二部分为“上海商民协会与党治的兴衰”，这部分具体又分为全书的第四、五、六章：第五章的标题是“国民政府在上海：商民协会及建立党治的努力”，第六章的标题是“商民协会的结束和党治的失败”。第六章有中译文载于《国外中国近代史研究》第20辑，北京：中国社会科学出版社，1992年。该文中译者将傅氏的名字译为约瑟夫•弗史密斯。台湾学者张力曾发表评论傅士卓此书的文章，见台湾国史馆编辑出版的《中国现代史书评选辑》第5辑。

提出了不少值得重视和具有启迪意义的观点，但个别结论值得商榷。

总之，有关国民党对商会的整顿改组这一重要问题，尽管以往的论著多有涉及，但其研究方法存在着某些缺陷，相关的结论也需要进一步推敲和论证。

第一节 整顿商会策略的制定

考察国民党推行商民运动的进程，对于了解和分析国民党整顿改组商会的行动将会获得许多新的认识，而以往的不少论著在论述这一问题时，正是由于很少考察国民党推行的商民运动，才得出一些似是而非的结论。笔者先前撰写的论著也出现过这样的失误。

1924年11月，国民党中央执行委员会设立了商民部（1927年9月改为商人部），并于当年底在广州成立了第一个商民协会，这可以说是国民党推行商民运动的发端。但当时的国民党更重视农工运动，尚未充分意识到商民运动的重要性，因而商民运动既无声势也无明显成效。国民党中央商人部后来解释说：一方面，"因为当时是第一、第二次全国代表大会之间，我们的党对商民运动应该怎样进行完全没有决定"；另一方面，"因为商民运动在革命的工作上算是一种草创，以前毫没有过去事实可根据"。这两方面的原因导致中央商民部虽然成立，"而实际的工作委实是干不来"。[①]应该承认，上述两方面因素在客观上确有一定影响，但并不能说是主要原因，更重要的原因在于国民党当时重视农工运动而忽视商民运动，并且对商会和商人存在着某些偏见，认为商会、商团反对革命，"商民又是落后阶级"[②]。直到1926年初，国民党才开始真正意识到动员广大商民，特别是中小商人参加革命的重要性。国民党在第二次全国代表大会正式通过的《商民运动决议案》中指出："国民革命为谋全国各阶级民众之共同的利益，全国民众均应使之一致参加，共同奋斗。商民为国民之一份子，而商民受帝国主义与军阀直接之压迫较深，故商民实有参加国民

① 中国国民党中央商人部编：《中国国民党商民运动经过》（手稿），台北：中国国民党中央委员会党史会藏档，部10690。

② 中国国民党中央商民部：《北京商民运动报告》，台北：中国国民党中央委员会党史会藏档，部0284。

革命之需要与可能。”[①]

《商民运动决议案》通过之后，促进了国民党对商民运动的重视，也推动了此后商民运动的发展。商民运动的主旨是“使商民参加国民革命之运动”，但国民党却认为原有的商会、商团均为不良组织，应予以否定。《商民运动决议案》首先断定：“现在商会均为旧式商会，因其组织之不良，遂受少数人之操纵。”其主要理由：一是商会对商人“以少数压迫多数之意思，只谋少数人之利益”；二是勾结军阀与贪官污吏，“借军阀和贪官污吏之势力，在社会活动，以攫取权利”，甚至“受帝国主义者和军阀之利用，作反革命之行动，使一般之买办阶级每利用此种商会为活动之工具”。[②]实际上，国民党人将商会定性为旧式反动组织并非始于1926年1月的“二大”，在此之前即有这一结论。国民党北京特别市党部于会前撰写并在会上发言的党务报告，将北京的团体分作革命及非革命两大类，非革命一类中又分为反动、妥协两种，北京总商会、银行公会、教育改进社、铁路协会等团体均被列为“反动派之团体”。[③]

当时的国民党既然如此认定商会的性质，认为“大多数之旧式商会不独不参加革命，且为反革命”，那么其对商会所采取的政策也就可想而知了。《商民运动决议案》明确指出：“须用严厉的方法以整顿之，对在本党治下之区域，须由政府重新颁布适宜的商会组织法，以改善其组织，更严厉执行。”另

① 中国第二历史档案馆编：《中国国民党第一、二次全国代表大会会议史料》（上），南京：江苏古籍出版社，1986年，第388页。

② 《商民运动决议案》，中国第二历史档案馆编：《中国国民党第一、二次全国代表大会会议史料》（上），南京：江苏古籍出版社，1986年，第388–393页。以下未注明出处者均引自《商民运动决议案》，不再一一作注。需要说明的是，中国第二历史档案馆编《中国国民党第一、二次全国代表大会会议史料》和荣孟源主编《中国国民党历次代表大会及中央全会资料》（北京：光明日报出版社，1985年）均收录了《商民运动决议案》，但二者在文字和内容方面却有所不同。为何会出现这一差异？笔者目前尚未考订清楚。据查台湾中国国民党中央委员会党史会收藏的商民部档案、1926年1月21日的《广州民国日报》，以及1927年由黄诏年编、商民部印行的《中国国民党商民运动经过》等各方面相关资料，所看到的《商民运动决议案》均与中国第二历史档案馆编辑的《中国国民党第一、二次全国代表大会会议史料》收录者相同。另外，在国民党第二次全国代表大会召开3个月之后，由国民党中执会印行的《中国国民党第二次全国代表大会会议记录》中所收录的也是同样的《商民运动决议案》。现在，国内外研究者绝大多数都是引用的这个版本，本文也是如此。

③ 《中国国民党第二次全国代表大会会议记录》，第6日第11号，中国国民党中央执行委员会1926年4月印行，第59页。

一个策略是令各地组织商民协会来抗衡商会，“以监视其进行，以分散其势力，并作其整顿之规模”。实际上，国民党的最终目的就是“号召全国商民打倒一切旧商会”。

国民党对待原有商团的态度也与对待商会十分相似。虽然取消商人武装团体合法性的《都市无组织商团之必要案》也是在南京国民政府建立后的1929年8月才正式通过，但国民党对待商团的这一政策同样早在1926年初国民党第二次全体代表大会上就已确立，并不是南京国民政府建立后为确立国民党一党专制而制定的新政策。《商民运动决议案》明确规定对待商团的政策是：“在本党政府下不准重新设立商团。”国民党认定：“在本党政府之市场，本党更可以运用军队之力、政治之力，以肃清土匪，肃清贪官污吏，保障一切商场之治安，商民更无武装之必要。”至于在当时国民党控制地区以外的地方，“亦当贯彻此主张，而实施之”。对于已经设立的商团则暂时加以利用，使其成为保卫城市中多数被压迫的小商人的组织，不被少数人所把持而成为压迫工农群众的工具。

不仅如此，国民党还在第二次全体代表大会上就确立了成立商民协会以取代商会的政策。组织商民协会是国民党推行商民运动最重要的举措，由于国民党认定商会中“所谓会长、会董事者流，不为买办阶级，则为前清遗老，或恶商劣绅”，均“处于不革命、反革命之地位”，这样的组织当然不可能领导商民参加革命，因此，必须成立新的商人团体，这就是商民协会。《商民运动决议案》规定了商民协会的以下三个重要原则：一是代表大多数商民的利益，通过将会费减至最低限度，使广大中小商人能够有入会之可能和发表意见的机会，真正做到代表大多数商民之利益；二是组织必须严密，因为“组织越严密则势力越集中，运用越敏捷”，所以每县应有县商民协会，全省应有省商民协会，全国则有全国商民协会，这样才能使其“成为严密的有系统之组织”；三是必须具备革命性，为使商民协会具备和保持革命性，首先是严格限制与帝国主义、军阀官僚勾结的反革命商民加入，其次是凡有国民党同志或党部所在地之商民协会，以党员为基本会员，并规定商民协会必须直辖于该地党部之商民部。可以说，商民协会是由国民党发起成立并直接控制的用以对抗商会的商人组织。显而易见，对商会进行整顿改组并不是国民党建立南京国民政府之后，为实现国民党一党专制所确定的一个新策略，而是国民党在建立南京国民政府前几年推行商民运动时期就已确立的对策。

第二节
商民协会与商会存废之争

如上所述，国民党在推行商民运动初期所采取的一项重要举措，就是想用新成立的商民协会取代原有的商会，但《商民运动决议案》只是规定对原有商会“用严厉的方法以整顿之”，并没有马上下令强行解散所有的商会。而且由于种种原因，国民党当时也未采取什么具体行动真正对商会进行整顿。因此，在商民协会成立之后的几年中，各地的商会依然存在并基本保留原有独立的民间商人社团特征，从而出现了商民协会与商会并存的新局面。

由于这两个商人团体并存，相互之间的矛盾与纠葛就难以避免。且不说国民党的初衷就是要用商民协会取代商会，仅就这两个商人团体所具有的不同特点看，也不可避免地经常会产生摩擦。商会的主要领导人都是各行各业的头面人物，连会员也大都是各行业的代表，基本上属于工商界上层，而商民协会的成员除了少数大商人之外，以中小商人为主，还包括店员在内，因而无论是经济利益还是政治利益都不可能完全趋向一致，自然会在一些相关的问题上意见相左。尽管商民协会是国民党直接组织的商人团体，有国民党强大的政治势力作后盾，但成立已数十年的商会也早已在工商界奠定了不可忽视的地位与影响，在与商民协会的冲突中并非都处于下风，二者常常形成针锋相对的局面。一部分商民协会曾希望借助国民党的政治权力将商会合并接管或是取消，国民党中央商民部也一度表示同意，向中央执行委员会提出“旧有商会组织不良，行动乖谬，应予提议取消，以改善并统一商人之组织”一案，商民协会更是攻击商会“在在阻挠商协之会务，我党商民运动良以此为心腹之患”。[①]

1927年3月，成都市商民协会呈文国民政府，指出“成都总商会自前清末叶成立以来，即由官僚主持于上，商听命于下”，要求明令予以取消。国民党中央商民部表示：“该旧商会劣迹昭著，殊堪痛恨，为此令仰该省党部商民部查照原呈各点酌量情形核查具复。”[②] 4月，长沙市商民协会呈请“将长沙旧商会实行取消以便统一商民组织，集中革命力量”。湖南省党部商民部表示支

① 《汉口商民协会致中央商人部函》，台北：中国国民党中央委员会党史会藏档，部0836。
② 《中央商民部致四川省党部商民部训令》，台北：中国国民党中央委员会党史会藏档，部1084。

持，并呈文中央商民部说明旧商会“每与各地商协暗相抵触，有妨商运之统一，当此革旧维新之际，自应铲除此种障碍”。中央商民部认为“长沙全市商民均已加入市商协，同一地域实无两团体并立之必要”，也予以批准。[①]5月，中央商民部还同意南昌市商民协会接管南昌总商会。[②]于是，其他一些地区的商民协会也纷纷效仿，甚至不经呈报即自行其是，结果引发了许多矛盾。国民党中央商民部又于5月报请中央执行委员会，提出：“除已经接管省份不计外，嗣后各省商民协会筹备处等团体对于旧商会之接管，应事前先行呈请中央予以核准，经中央党部核准，然后遵令接管。”[③]无论是取消还是接管商会，尽管有国民党中央商民部的训令，但实施起来仍将遭到商会的强烈反对，使商会与商民协会的矛盾冲突更加尖锐，因此，国民党中央执行委员会第22次会议议决的结果是“不准接管”。中央商民部又赶紧向各省党部商民部发布通令，说明“除湖南、江西已经接管不计外，合行该省党部商民部商民协会等团体遵即以后对于旧商会不得任意接管”。[④]不过，国民党也并未因此而完全改变对待商会的态度，只是根据当时的情况转而采取另一种权宜之策。下引一份国民党中央商民部呈中执会的“商民运动之最近方略”手稿，是笔者在台北国民党中央委员会党史会所藏商民部档案中查到的，从中可以看出这一微妙的变化。

> 现各省市县商民协会呈拟备案者极为繁夥（本月底另有详表报告），惟商协组织愈发达，而旧商会抵抗亦愈力，双方暗潮时常接触，加以旧商会类多大资产阶级，藉有数十年之历史，经济上之地位、社会上政治上的地位均在商协以上。至于商协均系新近成立，组织之分子多系中小商人，经济上社会上政治上的地位远不及旧商会。本部虽负有改选（原文本为“改组”，后改为“改选”——引者）旧商会、领导商民协会之职责，然以旧商会之势力在经济界、金融界占有优越势力，而政治之运用，如发行票券公债筹借饷糈等，与旧商会又有较为密切之关系，骨子里虽具有改造旧商会之坚决意念，而表面

① 《中央商民部致湖南商民部指令》，台北：中国国民党中央委员会党史会藏档，部1087。

② 《中央商民部致江西省党部商民部令》，台北：中国国民党中央委员会党史会藏档，部1103。

③ 《中央商民部致中执会函稿》，台北：中国国民党中央委员会党史会藏档，部1709。

④ 《中央商民部通令》，台北：中国国民党中央委员会党史会藏档，部6340。

上又不能不与以相当之周旋；对于商协会虽居于保护领导之地位，而表面上又不宜予以优越的权力。故本部对于旧商会拟采用阳予委蛇、暗施软化之方法，或消极方面设法剪灭其旧势力，积极方面设法促其参加国民革命。对商协采取一实际援助之手段，如予以补助费，添予政务等，而表面上对商会、商协一视同仁。①

显而易见，由于国民党起初制定商民运动方案时对工商界和商会的实际情况缺乏了解，没有认识到商会在经济、政治和社会上的重要影响与作用，对商会采取了比较偏激的举措，一些商民协会据此对商会强制进行接管和取消，但在实际操作过程中却遭遇了许多困难，使商民运动的发展受到严重影响。鉴于这种状况，国民党又不得不对商民运动的方略稍作修正，转而采取表面上对商会、商民协会一视同仁，实际上仍在各方面支持商民协会削减和“改造”商会势力的方略。当然，这一新方略并不表明当时国民党对商会的性质有了完全不同于过去的新认识，只能说是国民党在不得已的情况下，面对现实而采用的一种稍显缓和的隐蔽手段。正因为如此，商民协会与商会之间的冲突矛盾也没有因此而消除，甚至在不久之后又出现了更为激烈的商会存废之争。

有的论者指出商民协会与商会之间也有相互合作的表现，特别是“商民协会在成立初期，与商会组织互相渗透，行动互为表里，二者团结合作，共同致力于反帝反军阀的斗争。但随着南京国民政府的建立，大革命失败，商民协会与商会的矛盾冲突不断发生进而激化”②。从一部分地区的情况不难发现，在要求废除苛捐杂税、发展工商业和反对帝国主义的奴役等斗争中，商民协会确曾与商会共同联合开展过一些活动，这并不奇怪。因为尽管商会以大商人居主导地位，商民协会以中小商人为主，相互之间存在矛盾，但二者同为商人团体，又在某些方面有利益相通之处。如苛捐杂税损害整个商人的经济利益，发展工商业则是整个工商界的一致要求，帝国主义的奴役更是对整个中国民众的凌辱，所以在这些问题上商会与商民协会并没有什么利益冲突，能够协调一致地合作开展活动。汉口特别市商民协会与总商会于1927年5月联合召开武汉商民代表大会共议有关金融问题，除了汉口商协和总商会各派代表15人之外，

① 《关于本部商民运动之最近方略》，台北：中国国民党中央委员会党史会藏档，部10686。

② 乔兆红：《论1920年代商民协会与商会的关系》，《近代中国》（台北）第149期，2002年6月。

武昌商协和总商会也各派代表12人，双方代表“均有发言权、表决权及选举权”[①]。但是，商民协会与商会之间的矛盾也是显而易见的，而且早已有之，并不是在南京国民政府建立之后才不断发生进而激化。即使是在商民协会与商会合作较多的广东，情况也是如此。1926年9月，广东省务会议致国民党中央商民部的一份公函即透露了商民协会与商会之间的矛盾。由该函可知，广东全省商民协会先前曾致函省政府，提出广东第一次商民协会代表大会通过的决议案指明：“各地倒闭商店从新皆由旧商会开投，种种舞弊情形不知凡几，现在商民协会经已成立，旧式商会已无存在之必要，开投倒闭商店由商民协会执行，庶直接足以巩固商民协会之威信，间接足以打倒旧式商会之根基。”这显然是要削减商会在这方面的权力并取而代之，也是商会所无法应允的。广东省务会议商议此事后，认为“事关全省革命商民代表公意”“自当敬谨接受”，遂呈报中央政治会议核夺，旋奉函饬移交商民部讨论核定办法。[②]此事的最终结果虽不得而知，但反映出商会协会与商会之间存在的矛盾冲突，其意欲“打倒旧式商会之根基”的言辞也和盘托出了商民协会对待商会的态度。

第三节
国民党的应对与抉择

在1927年下半年及以后的近两年中，许多地区商民协会与商会的矛盾冲突日益激烈，并且直接关系到这两个商人团体的存废等重大问题。商民协会竭力要求取消商会，商会则给予猛烈回击。特别是在最大的工商业都市上海，由于地方党部公开支持商民协会，二者的冲突达到白热化程度，几乎使整个工商界都陷于混乱之中。面对这两个团体愈演愈烈的冲突，国民党中央起初希望进行调和，使两个团体并存，职能各有侧重。因为此时的国民党中央已意识到商会与商民协会并存是难以改变的事实，故而在《商会法草案要点说明》中指出：“起草新商会法有一前提应最先决定者，即商会与商民协会应否并存是也。查商会与商民协会之存立，在今日已为公认之事实。”[③]工商部长孔祥熙还阐

① 《武昌阳夏商民代表大会组织法》，台北：中国国民党中央委员会党史会藏档，汉6101。

② 《广东省务会议致中央商民部函》，台北：中国国民党中央委员会党史会藏档，部14016。

③ 《商会法草案要点说明》，台北：中国国民党中央委员会党史会藏档，政4/54—1。

明："查商人团体之组织，依据本党民众联合之事实，虽只有商民协会而无商会，但第一次全国代表大会公布之对外政纲，已明白确定商会为各省职业团体之一。"[①] 1928年7月，国民党中常会第157次会议议决"将商民组织分为两种，一为商民协会，一为商会，而以商会代表大商人，商民协会代表中小商人"，"商民协会受党的领导，商会受政府管理"。之所以需要二者并存，是因为"商会为本党经济政策之所在，商民协会为本党革命力量之所存"。很显然，此时的国民党对商会作用的认识与以往相比已有所变化。按照国民党中央的解释，商民协会为商人的集团，认业商的自然人为会员，以图谋商人之福利为目的；商会为商业的集团，认同业公会或商业的法人为会员，以图谋商业之发展为目的。"此原则一经确定，则商民协会固可由商人总会、店员总会、摊贩总会联合组织，但其组织分子则完全为商界的自然人，与商会之以业为组织单位者迥有不同。"[②]

这一决议显然改变了国民党推行商民运动时所议定的以商民协会取代商会的方略，因此对商会而言是一个福音，而商民协会则对这一决议深表不满，认为商民协会与商会二者只能保留其一。在国民党第三次全体代表大会召开前后，许多商民协会继续强烈要求取消商会，认为："商协会之组织，根据于中国国民党第二次全国代表大会商民运动决议案，实为辅助革命及代表商民利益之大团体，今与商会并立分存，不免有骈枝赘瘤之现象。敝会以为党部政府认商协而废也，则明令取消之；商协而万无取消之理也，则当统一其组织，巩固其团结，使商民运动亦如农民之仅有农民协会、工人之仅有工会。"[③] 1929年3月，国民党第三次全体代表大会在南京召开，江苏、浙江、福建、安徽、上海、南京、天津这四省三市的国民党党部又提出议案，要求取消商会，统一商民组织。上海总商会的冯少山等人则以全国商会联合会的名义，召集各地商会代表三十余人赴南京请愿，坚决反对取消商会，要求"遵守总理宣言""全国

① 《工商部长孔祥熙呈国民政府文》（手抄稿），1929年1月，台北：中国国民党中央委员会党史会藏档，政4/54—3。

② 《商会法草案要点说明》，台北：中国国民党中央委员会党史会藏档，政4/54—1。

③ 《江都县商民协会整理委员会致国民党三全会代电》（快邮代电），1929年3月19日，台北：中国国民党中央委员会党史会藏档，会3.1/17.5。

商会之应予永存”[①]，并进而提出撤销商民协会的要求。其他商会与同业公会也函电纷驰，予以呼应，明确阐明：“商会为我全体商民所组织之正式法定团体，于历史上有悠久之系统，于革命上有昭著之功绩，今闻三全大会代表竟有撤消之提案，商民协会竟有解散之请愿，群情骇愤，莫可名状。夫商会者为我全体商民所托命，今将横被摧残，所谓皮之不存，毛将安傅[附]？巢之欲倾，卵将安复？我商人当此千钧一发生死关头，能不植发裂齿誓与周旋？”[②]当时，因宁桂双方激烈争议导致战事将起，取消商会的议案在大会上未能正式讨论，这一争论也没有结果。但是，商民协会与商会的冲突并未因此而停息。在一些地区，商民协会与商会成员之间甚至发生了斗殴打砸事件，使事态进一步恶化，逼迫国民党中央不得不采取措施解决这一棘手的问题。

第三次全体代表大会之后，国民党开始整顿改组民众团体，重点整顿商人团体。不过，国民党中央最终解决了商民协会与商会纷争的方案，却是将商会整顿改组之后予以保留，取消商民协会。1930年2月，国民党中央执行委员会发布以下通令：

> 查商民协会原为军政时期应时势之需要而设，现在训政开始，旧有人民团体组织多不适用，曾经本会先后决议交由立法院从事修订。现查立法院制定之新商会法及工商同业公会法业经政府明令公布，此后商人团体之组织，自应遵照新颁法令办理。所有十七年颁布之《商民协会组织条例》着即撤销，各地商民协会应即限期结束。至于原有商民协会份子，除摊贩系属流动性质无组织团体之必要外，在中小商人当然包含于商会及同业公会之内，至店员分子，亦经本会决定于工商同业公会法施行细则中增加规定，使其有充任会员代表之机会，是商人团体之组织与名称虽变更，而实际上凡属商人俱有同等之机会。且组织既经统一，则过去大小商人之隔阂，舆夫店东、店员之纠纷，均可根本免除，而共同致力于工商之发展，以增进其相互之利益。昔日以少数垄断把持之旧商会，既经商会法施行后为澈底之改革，则商

① 《全国商联会主席冯少山上国民党三全会呈》，1929年3月24日，台北：中国国民党中央委员会党史会藏档，会3.1/20.44。

② 《上海新药业公会快邮代电：请打消〈撤销商会之提案〉由》，台北：中国国民党中央委员会党史会藏档，会3.1/3.6。

民协会自无分峙存在之必要。[①]

毫无疑问，这一结局大大出乎商民协会的意料，也是商会所没有料到的。不仅如此，这个结果与国民党最初推行商民运动时制定的以商民协会取代商会的方略完全相反。其后虽有一些地区的商民协会表示不满，要求国民党中央收回成命，但屡次遭到拒绝。

国民党中央最终为何完全改变初衷而采取这一举措？按照国民党自己的解释，商民协会是军政时期的产物，现在是训政时期，商民协会已不适用，所以应该解散。这个理由并非不能成立，但显然过于简单，既不能使当时的商民协会信服，也不能令现今的研究者满意。一些论者就自己的理解对此作出了不同的阐释。有的认为国民党在建立统一的政权以前，不相信控制旧商会的大资产者，希望组建自己控制的商民协会，用以取代旧商会；另一方面，国民党需要动员民众打倒北洋军阀以夺取政权，而在动荡的革命时期不可能指望过于着重眼前经济利益而缺乏政治远见的大资产者，只能动员比较富于变革精神的中小商人，所以也需要组织商民协会。上述两方面因素在国民党建立起自己的政权，特别是训政开始以后都不存在了，因而商民协会也就失去了任何存在的意义，只有寿终正寝。[②]有的论者指出，南京国民政府建立后，国民党放弃了大革命时期的国民革命目标，所以不再需要动员商民群众，中小商民由扶助和依靠对象一变成为控制的对象。加上国民党政权财政极端困难，亟需得到资本家阶级的财政支持和动员资本家阶级参加经济建设，因此，国民党很快改变了对待中小商民和资本家的态度，并将中小商人组成的商民协会予以解散。[③]简而言之，以上解释主要是认为南京国民政府建立之后，国民党已不再需要动员广大中小商人支持国民革命，因而商民协会也没有继续保存的必要。这种解释虽有一定道理，但依然显得较为简单，不能完全令人满意。另外，认为国民党政权此时因财政困难才转而依靠商会，并改变对商会的态度的理由也值得推敲。实际上国民党在广州建立政权以及开始北伐之后，财政上早已陷入困境，如果说是因为

① 《撤销十七年颁布之商民协会组织条例并限期结束各地商民协会》，中国第二历史档案馆编：《中央党务月刊》，1930年第19期，“公文”，第21页。

② 张亦工：《商民协会初探》，《历史研究》1992年第3期，第53页。

③ 乔兆红：《论1920年代商民协会与商会的关系》，《近代中国》（台北）第149期，2002年6月。

财政困难导致国民党政策的变化，则不应该等到这个时候才迟迟转变。

也有学者从另外的角度对国民党撤销商民协会的原因进行了解释，认为国民党为民众团体的维持、控制及满足其利益诉求付出了高昂的成本，但所得甚微，这种状况对于资源有限而又必须集中精力从事民族国家建设的国民党而言是绝对不允许的。此外，商民协会的成员大部分来自社会底层，人员庞杂，其知识水平、道德水平、能力水平极其有限，整体综合素质低下，败坏了民众团体的组织和声誉。而这两个方面正是国民党撤销商民协会不便明言的重要因素。[①]这一解释确有独到之处，但所谓商民协会成员素质低下，应该是早已存在的现象，如果这是导致国民党撤销商民协会的原因，还必须说明国民党为何唯独在这一时刻采取这种措施。很显然，以上解释也需要进一步加以论证。

笔者认为，保留商会并撤销商民协会是国民党商民运动转轨的结果。而导致这一结果的最终形成实际上有一个发展变化的过程，由于商民协会没有顺应商民运动的转轨进程，并且采取与商民运动转轨背道而驰的行动，最终逼使国民党中央不得不将其撤销。

不容否认，南京国民政府的建立确实与商民协会的撤销存在着联系，但这种联系主要不是表现在国民党建立南京国民政府之后，不再需要动员包括商民在内的民众给予支持，并将商民协会撤销。事实上，在建立南京国民政府之后，国民党并没有放弃推行民众运动，仍然强调“唤起全体被压迫民众为国民革命的共同目标奋斗”，也没有结束商民运动，而是面临新的形势对包括商民运动在内的民众运动的目标重新进行了调整，亦即本文所说的转轨。国民党中央曾反复强调“对于民众之宣传、组织与训练，自当继续为加倍之努力”[②]，同时指出以往的民众运动存在着不少缺陷，加之现在是训政时期，不同于此前的军事时期，因而需要对民众运动的目标加以调整。国民党第三次全体代表大会通过的党务报告决议案明确指出：“过去军事时期所施行之民众运动方法与组织，甚不完善，故以之施于训政时期，已立即暴露其不适于实用之大弱点，甚至以军事时期民众运动方法上与组织上固有之优点，而仍施之于今日之训政

① 张志东：《国家社团主义视野下的制度选择：1928—1931年的国民党政府、商会与商民协会，天津的个案研究》，提交“国家、地方、民众的互动与社会变迁国际学术研讨会”论文，2002年8月，上海。

② 荣孟源主编：《中国国民党历次代表大会及中央全会资料》（上），北京：光明日报出版社，1985年，第627页。

时期，根本上亦已不适用。诚以训政时期之工作，已于军政时期之工作大异其趣，过去工作，在于革命之破坏，今后工作，则在革命之建设也。”[①] 显而易见，国民党是要将民众运动的目标从以往的“革命之破坏”调整为新时期的“革命之建设”。

实际上，包括商民运动在内的民众运动的转轨，在南京国民政府建立不久即已开始进行。1928年6月，国民党第143次中常会通过了民众训练计划大纲，明确提出对新时期民众运动的四项任务是训练、组织、领导、扶助；后又为了使民众团体“一变而为发展产业及提高文化，并协助国民政府整个的计划和一致的步骤之下，从事于革命的建设”，制定了民众团体的组织原则及系统，确定“凡利益不同而义务各异的民众应使其分别组织”“民众团体应各保其完整一贯的系统”“民众团体应加设或改设担负建设工作的机关”等三个组织原则。[②]随着南京国民政府建立后整个民众运动的转型，商民运动也相应进行转轨，国民党对商人团体特别是商会的态度发生了很大的变化，不再像过去那样强调用商民协会取代商会，而是希望商民协会与商会并存。国民党中央民众训练计划大纲就已提出“制定商会法、商店法、店员服务法，保持商人店员独立之组织”[③]，重新制定商会法就意味着商会还将继续存在。后来，国民党更明确说明商人组织应包括商会和商民协会，“商会为本党经济政策之所在，商民协会为本党革命力量之所存”。

需要说明，在商民运动转轨之初，国民党并没有考虑撤销商民协会，而只是决定商会与商民协会并存。如果不是商民协会坚决反对国民党的这一举措，并采取了许多过激的行动，导致工商界日益混乱，使商会与商民协会的矛盾趋于激化，国民党后来也不会断然撤销商民协会。在国民党中央确立商会与商民协会并存的新方针之后，许多地区的商民协会对这一决定表示了强烈不满，仍坚持要求取消商会，上海市等一些地方省市的国民党党部也认为商会不应该保留。上海市商民协会还联合各地的商民协会，向国民党中央上书请愿，反对商

① 荣孟源主编：《中国国民党历次代表大会及中央全会资料》（上），北京：光明日报出版社，1985年，第635页。

② 中国第二历史档案馆编：《中华民国史档案资料汇编第五辑第一编政治（三）》，南京：江苏古籍出版社，1994年，第2–3页。

③ 中国第二历史档案馆编：《中华民国史档案资料汇编第五辑第一编政治（三）》，南京：江苏古籍出版社，1994年，第14页。

会与商民协会并存，认为“商人组织应归一统，不当强别为二”[①]。在国民党第三次全体代表大会召开前，上海等地的商民协会与一些地方党部更是遥相呼应，掀起了取消商会的高潮，也挑起了商会与商民协会的激烈冲突。上海、江苏等四省三市的党部在会上提出取消商会的议案，许多商民协会则联合组成请愿团在会外发表攻击商会的宣言，指责“各级商会本与帝国主义立于共存共荣的地位，买办商蠹，应有尽有，其在过去勾结帝国主义、串同军阀，以压迫中小商人、剥削民众之反动事实，早已彰彰在人耳目”[②]。面对商民协会这种咄咄逼人的攻击和污蔑，商会当然不甘示弱，也予以猛烈还击。同时，全国商会联合会、各省商会联合会和各省市商会也组织代表团赴南京请愿，形成商会与商民协会的激烈对峙态势。

商民协会和一些省市党部试图在国民党第三次全体代表大会上通过取消商会议案的计划落空之后，并没有就此善罢甘休，反而采取了更为激进的行动。就在大会闭幕约一个月之时，上海商民协会在上海总商会会所挑起纠纷，与救国会等团体的人员强行破门而入，占用总商会的房屋，引发了一场斗殴冲突，上海总商会被迫停止办公。与此同时，在北京、天津等地也发生了商民协会与商会之间的冲突事件。两个团体实际上进一步发展成为势不两立的敌对状况，国民党在商民运动转轨后制定的商会与商民协会并存的方略已无法实施，从而逼使国民党中央不得不在商会与商民协会之间做出选择。不难看出，由于商民协会自身不能顺应商民运动的转轨，并且不断挑起事端，造成混乱，使工商界陷入分裂敌对的局面，最终被国民党中央撤销。也可以说，国民党撤销商民协会和保留商会，是其促使商民运动从“破坏”转为“建设”的更进一步的举措。

第四节 重新认识国民党对商会的整顿改组

南京国民政府建立之后，国民党为什么要对商会进行整顿改组？如何看待国民党对商会进行的整顿改组？这无疑是需要进一步回答的问题。实际上，如

① 《市商民协会请统一商民组织》，《民国日报》1928年11月23日，第3张，第1版。
② 《各省市商协代表在京活动》，《时报》1929年3月22日，第7版。

上文所述，20世纪20年代国民党曾先后两次制定整顿改组商会的政策，应该综合起来进行分析。

首先，不能不注意此时的国民党在某种意义上可以说已经成为执政党，作为执政党，国民党必然会对许多相关政策进行调整，转而更多地从经济建设的需要以及规范管理商会等民众团体的角度进行决策。这时的国民党并不是单独对商会这一个团体进行整顿改组，而是对所有民众团体都进行了整理。1928年6月7日，国民党第144次中常会通过的《各级民众团体整理委员会组织条例》规定："为整理各地民众团体，并促成其组织之统一与健全，而期其发展起见，特设各级民众团体整理委员会。"民众团体整理委员会下设农民协会整理委员会、工会整理委员会、商民协会整理委员会（也有些地区名为商人团体整理委员会）、青年联合会整理委员会（学生联合会及其他青年团体）、妇女协会整理委员会，其职责为："一、代行各级民众团体执行委员会之职权，二、办理各级民众团体登记事宜，三，指导各级民众团体组织及其活动事宜，四，筹备各级民众团体之成立事宜。"[①]国民党之所以成立民众团体整理委员会对包括商会在内的各民众团体进行整顿改组，其理由前已述及，主要是因为从军事时期进入训政时期以后，作为执政党的国民党认为国民革命的主要目标不再是"破坏"，而是"建设"，而原有的民众组织不能适应建设时期新形势发展的需要，当然应该进行整顿改组。显而易见，此次整顿改组商会的理由与1926年的改组有着明显的不同。就此而言，国民党对包括商会在内的民众团体进行整顿改组，虽然不乏强化国民党统治地位的目的，但对一个新的执政党来说，也并非完全没有合理性。

其次，南京国民政府建立之后国民党将整顿改组商会作为整理民众组织的重点，与国民党从一开始就对商会持有一种偏激片面的认识有着密切的联系。前文已多次提到，国民党在推行商民运动之初就认定商会是由买办等少数人操纵的旧式商会，不仅不支持革命，甚至还勾结军阀与贪官污吏反对革命，必须用严厉的方法加以整顿，"对在本党治下之区域，须由政府重新颁布适宜的商会组织法，以改善其组织"。俟新的商人革命组织商民协会普及之后，即取代了商会。随着商民运动的转轨，这一政策虽逐渐有所变化，国民党意识到商会的作用与影响，强调"商会为本党经济政策之所在"，但国民党实际上并未真正完全改变对原有商会的某些偏见。因此，国民党执政之后不可能让商会原封

① 《各级民众团体整理委员会组织条例》，台北：中国国民党中央委员会党史会藏档，会2.3/85。

不动地保留下来，即使是最后解散商民协会而使商会继续存在，国民党也必然会制定新商会法对旧商会进行整顿改组。

再次，国民党两次整顿改组商会的策略也明显不同。国民党早先制定的政策是以新成立并由其直接领导控制的商民协会取代商会，此次则是使商会经过改组之后继续保留合法地位。两相比较，后一次整顿改组的策略显然对商会更为有利。从实际情况看，虽然商民协会已相继在各省建立，而且为数不少，但最后的结局却是国民党不仅没有按照原定方针以商民协会取代商会，反而在商民协会和一部分地方党部取消商会的强烈呼声中，将商会保留下来并撤销了商民协会。在实施这一新的策略时，国民党一方面是为了应对当时商民协会和部分党内人士对旧式商会缺陷的指责，另一方面是为自身政策的变化寻找理由，需要对商会进行整顿改组。所以，国民党对商会进行整顿改组是可以理解的。至于商会是被商民协会取代，还是经过整顿改组后得以继续保留，两个结局哪一个更好应该是没有疑义的。正因为如此，在国民党新商会法草案出台之后，立即受到一些商会的欢迎，而国民党内部主张取消商会的一部分人和商民协会则表示反对。南京特别市党部即抱怨说："本党对于民众运动方针屡经变更，不特民众怀疑，而本党同志之从事民众工作者亦莫知适从。"①

从以往的有关论著看，大多对国民党整顿改组商会予以否定的评价。例如有的学者以上海的情况为例，指出国民党以整顿与改组的手段，"终于完全控制了上海市商会，并通过它对上海工商界施加政治影响和实施政治统制。上海总商会（包括前清上海商务总会）时代按照民族资产阶级意志进行自主活动从此一去不复返了。在整个国民党统治时期，商会与政府之间的法律关系名存实亡，商会完全处于屈从政府意志的附属地位"②。笔者过去撰写的著作也持类似的观点，认为："国民党南京国民政府建立之后，采取强制手段对市民社会团体进行整顿和改组，并对保存下来的民间团体实施严格的监督与控制，使这些团体大都丧失了原有的市民社会特征。因此，近代中国自清末萌生发展而形成的市民社会雏形，受到极为严重的摧残，可以说已遭到国家的强制性扼

① 《中国国民党南京特别市党部提案》，台北：中国国民党中央委员会党史会藏档，会3.1/20.36。

② 徐鼎新、钱小明：《上海总商会史（1902~1929）》，上海：上海社会科学院出版社，1991年，第400页。

杀。”[①] 甚至有些外国学者在相关的著作中同样认为：“对上海资本家来说，国民党统治的第一年是一个灾难。……他们在1927年以前十年中在上海所享有不受政治控制的局面，因近似‘恐怖的统治’而突然结束了。”[②] 整顿改组之后重新成立的上海商会，“再也没有能力、没有希望与当地的政权对抗，仅仅变成地方政府的一个简单的分支机构”[③]。

过去之所以有上述这些看法，笔者认为主要是因为以往只是看到国民党对商会的整顿改组这一个方面，并将这一行动视为国民党是为了推行一党专政而对民间社团实施严厉控制，却没有注意到这一事件的另一方面，即在此之前商会在极为不利的背景下，为了自己能够得以保存下来与商民协会经历了数年的激烈争斗。国民党原本一直公开支持商民协会，将商会视为反动势力控制的旧式商人组织，而且国民党在从事商民运动之初，早就确立了以商民协会取代商会的政策。而到最后，不仅商会未被取消，相反却是商民协会被撤销。所以，在这场实力很不对称的争斗中，商会摆脱了面临取消的紧迫危机，得以合法地继续存在，尽管被迫进行了整顿与改组，但在某种程度上仍可视为是商会经过合法斗争取得了“胜利”。

不仅如此，最近有学者指出商会经过此次整顿和改组之后，出现了过去所没有的新气象，应该予以肯定。其理由是商会及下属各同业公会“经改组后确立了得到国家认可的在工商界中的垄断的、绝对的代表性地位。全国商联会、各省商联会、各地商会、各基层同业公会及各商店（或公司、行号）形成了一个自上而下行使权力的等级结构。商会及同业公会的主要成员由旧式会长、会董（或行董）制改为新式主席、委员制，采用了比较先进和民主的选举及会议制度，内部职能机构也在各主要成员的努力下日臻规范和完善”。因此可以说，“改组后的中国商会制度进一步与国际商会制度接轨，完成了一次具有重大历史意义的现代化变革”。[④]这一评价与以往的结论截然不同，但似乎有些

① 参见朱英：《转型时期的社会与国家——以近代中国商会为主体的历史透视》，武汉：华中师范大学出版社，1997年，第534页。

② [美]帕克斯·M. 小科布尔：《江浙财阀与国民政府（1927—1937年）》，蔡静仪译、李臻校，天津：南开大学出版社，1987年，第26页。

③ [法]白吉尔：《中国资产阶级的黄金时代（1911—1937年）》，张富强、许世芬译，上海：上海人民出版社，1994年，第313页。

④ 张志东：《国家社团主义视野下的制度选择：1928—1931年的国民党政府、商会与商民协会，天津的个案研究》，提交“国家、地方、民众的互动与社会变迁国际学术研讨会”论文，2002年8月，上海。

过高。实际上，在商民协会出现之前商会早就已经在工商界中确立了无可争议的代表性地位，在清末民初即已具有“登高一呼，众商皆应”的重要影响。民国初年全国商会联合会成立之后，商会也形成了全国商会、各省商联会、各地商会之间自上而下行使权力的等级结构。只有同业公会的正式建立稍晚，在当时不可能被明确地纳入这个网络结构之中。至于具有近代特征的民主选举及会议制度，在清末民初的商会中实际上也已基本确立。因此，认为商会经过整顿改组之后完成了一次具有重大历史意义的现代化变革的结论，还需要加以论证才能使人信服。不过，究竟如何全面客观地看待国民党整顿改组商会的举措及其对商会的影响，也确实有进一步探讨的必要。

还有一部分学者认为商民协会与商会之间的这场矛盾冲突，实际上是当时国民党与政府之间的冲突较量。商民协会被撤销和商会得以保留，是国民党推行党治的失败和政府维护其权力的胜利。从笔者目前查阅到的有关论著看，这种观点较早系由美国学者傅士卓所提出。他认为“商民协会的组织意味着党扩大了对社会，包括（或尤其包括）对商会的权力”，而“商民协会最终瓦解，如同其他独裁政权的‘第二次革命’失败一样，标志着国家对政党的胜利”。[①]后来，国内一部分学者承袭和发挥了傅士卓的这一观点。例如有的认为取消上海总商会的这一事件，从表面上看“是上海市党部与上海总商会的冲突，背后隐含的是上海市党部与上海市政府的权力竞争与冲突”，“上海市党部希望通过自己控制下的商民协会统一上海总商会，从而加强自己的政治力量，进而对上海市政府的权力作出有力的挑战”。[②]

但是，这种观点也有值得商榷之处。认为商民协会与商会之间的冲突代表国民党与政府之间的较量的主要理由，是国民党中央曾说过“商民协会受党的领导，商会受政府管理”。然而就实际情况而言，商民协会受国民党的领导与控制是比较明显的，因而它主要体现国民党的影响与作用，但所谓商会受政府管理则需要加以分析，至少不能说商会代表政府，也不能说商会的权力代表着政府的权力。在南京国民政府建立之前，商会一直是具有相当自治权力的独立民间社团，除了在特定的某些方面与政府发生联系之外，商会与政府之间并不存在直接的被领导与被控制的关系。应该说政府与商会之间的关系是国家

① [美]约瑟夫•弗史密斯：《商民协会的瓦解与党治的失败》，朱华译，《国外中国近代史研究》第20辑，北京：中国社会科学出版社，1992年，第157页。

② 赵利栋：《党、政府与民众团体——以上海市商民协会与上海总商会为中心》，提交“中华民国史（1912—1949）国际学术讨论会”论文，2002年8月，北京。

与民间社会的关系，也可以说是“公”与“私”的关系。连傅士卓也承认“商民协会与商会的权力基础截然不同。商民协会是党权‘公’的延伸，而商会则是‘私’的结合”[①]。虽然傅士卓是将国民党的权力视作“公”权力，但他却承认商会是民间社团，体现的是“私”权力。事实上，所谓“商会受政府管理”，与“商民协会受党的领导”存在着明显差异，并不能简单地据此认为商会代表政府一方，商民协会代表国民党一方。

另外，如果笼统地说商民协会与商会之争代表着国民党与政府之间的较量，对一些具体问题则难以做出合理的解释。例如在1928年下半年以后，国民党中央与一些地方党部之间对商民协会和商会所采取的态度事实上很不一致：许多地方党部要求取消商会，而国民党中央则已经改变了过去的政策，主张商会与商民协会并存，各自发挥其作用。此时，很难笼统地说国民党代表商民协会的利益，政府代表商会的利益。确切地讲，应该只是一部分国民党的地方党部仍继续公开支持以商民协会取代商会，而不是整个国民党都抱持这种立场。这也说明简单地定论商民协会与商会之间的冲突是国民党与政府之间的较量，与当时的历史事实不无出入。

还应指出的是，这一时期在国民党内部虽已出现党政关系的讨论，但国民党与政府之间的权力划分，实际上并没有达到十分明晰的程度。由于作为中央政府的南京国民政府以及各地方政府主要是以国民党为主导建立的，党与政府两者之间在人事上一直存在着相互交织和重叠现象，加之当时政府刚刚建立不久，在治理权限以及其他许多方面根本不可能脱离国民党而完全自主，因而在看待一些相关问题时难以将国民党与政府截然两分。总之，关于这一时期以及稍后一段时期国民党与政府之间的关系相当复杂，既不像以往简单所说的那样国民党实施一党专治，其权力从上到下无所不在，完全掌控了一切，但也没有形成政府与国民党之间权限分明，各负其责或相互对立的态势。关于党政之间究竟应该形成何种模式的关系，即使是在国民党内部对这一问题的意见也不完全统一，尚需进行更加深入细致的探讨。因此，在真正弄清这一问题之前，应避免类似将商民协会与商会之间的冲突视为党政较量的简单化做法，也不应以此推论国民党与政府两者中某一方面权力的削弱或增长。

① [美]约瑟夫•弗史密斯：《商民协会的瓦解与党治的失败》，朱华译，《国外中国近代史研究》第20辑，北京：中国社会科学出版社，1992年，第157页。

中编：行会篇

第十一章 中国行会史研究的回顾与展望

行会的产生、发展与演变从一个侧面反映了中国从传统社会向近代社会发展变迁的历史轨迹和特点。早在19世纪末叶，就有一些在华的外国人开始以田野调查的研究方式对中国行会进行考察。进入20世纪以后，更有一部分中外学者着手对行会进行比较系统的研究，并取得了一批颇具参考价值的研究成果。50—60年代国内史学界探讨中国资本主义萌芽问题时，行会也是其中的一个重要讨论议题。80年代以后史学界开始关注商会、同业公会等近代新式商人社团，但在研究商会和同业公会的过程中同样也不能不涉及行会，并且更进一步拓宽了行会研究的视野。

国内史学界对商会史的研究迄今不过20年的历史，却已经发表了多篇评介商会研究的文章，而行会史的研究至今虽已有百余年的漫长历史，却难以见到回顾与展望行会史研究的文章。据笔者所知，目前除发表了两篇评介会馆史研究的文章之外，尚无其他相关文章比较全面地评介百余年的中国行会史研究。①这种状况既不利于后来的相关研究者比较充分地参考和利用前人的研究成果，也在一定程度上造成了一些学术观点的重复，显然不利于行会史和相关研究领域更进一步向纵深发展。

有鉴于此，笔者深感实有撰写本文的必要。需要说明的是，撰写这样的评介文章必须查阅各方面相关的论著，笔者虽尽量收罗也不能确保没有遗漏，特别是外国学者的一些研究论著更难收集。因此，本文的评介以汉文研究成果为主，为了便于说明和比较各个时期的研究概况，也会适当参照介绍国外学者的有关论著。

① 参见王日根：《国内外中国会馆史研究评述》，《文史哲》1994年第3期；冯筱才：《中国大陆最近之会馆史研究》，《近代中国史研究通讯》（台北）总第30期。

第一节
中国行会史研究的发展概况

一、中国行会史研究的起步

中国行会史研究的起步，最早可以追溯至19世纪末20世纪初。初期阶段主要是一些田野调查性质的论著，带有较多的直观性，缺乏较为深入的研究性探讨。由于这些研究主要是以外国人写的著作为主，虽也有国人为配合清朝而制定商法，在调查商事习惯过程中留下的相关记录，但现在多作为史料看待，而且由于年代久远，至今已不易查阅，因此，介绍这一时期的研究概况，多以外人的论著为主。即使是外人的相关著作，也很难看到。长期致力于行会史研究的彭泽益先生，将他多年搜集的有关史料和论著编辑成《中国工商行会史料集》上下两册出版，该书辑录了一部分这方面的论著，使我们能够对当时的具体情况获得初步的了解。

1883年，美国人玛高温（D. J. Macgowan）在上海出版的一份英文刊物《中国评论》（*China Review*）上发表了《中国的行会及其行规》（*Chinese Guild and their Rules*）一文。[①]这大概是目前所能见到的最早有关中国行会的论著。但严格来说该文还称不上是真正的论著，因为除了简短的前言外，主要是辑录了某个行会的行规。1886年，玛高温又在上海出版的另一份英文刊物《亚洲文会杂志》（*Journal of North-China Branch of the Royal Asiatic Society*）上发表了一篇长文，题为Chinese Gilds or Chambers of Commerce and Trades Unions[②]，中文翻译为《中国的行会》。该文将当时的中国行会分作商会（Chambers of Commerce）和工会（Trades Unions），实际上指的是商人行会和手工业者行会。玛高温通过实地考察，在文章中不仅简略地介绍了宁波、温州两地工商行会的基本情况，还涉及有关行会的其他一些重要问题，例如行会的起源、行会

① 该文原载*China Review*，Vol. XII，1883，中译文见彭泽益主编：《中国工商行会史料集》上册，北京：中华书局，1995年，第51–57页。该文发表时署名K，彭泽益先生据步济时（J. S. Burgess）著《北京的行会》（*The Guilds of Peking*，New York，1928）一书的有关资料考订，认为该文作者实为玛高温。参见彭泽益上引书第51页。

② 原文载*Journal of North-China Branch of the Royal Asiatic Society*，Vol. 21, No. 3, 1886，中译文见彭泽益主编：《中国工商行会史料集》上册，北京：中华书局，1995年，第2–51页。

内部的管理、行会的功能与作用、行会与政府的关系、行会与外商的关系等。尽管该文对这些重要问题的论述都非常简略，而且不集中，但在研究的起步阶段能够提出这些值得人们思考的问题，同样有其价值。另外，玛高温这篇作为最早论述中国行会的长篇文章，在这一研究领域还具有开创性的作用与影响，20世纪初期一些西方人所写的相关研究成果，大都参考过该文。

原籍美国，后改入英国籍的马士（H. B. Morse）于1909年出版了《中国行会考》（*The Gilds of China*）。1874年马士从哈佛大学毕业后来到中国，长期在中国海关任职，直至1909年退休，晚年定居于英国。他也称得上是一位有较高知名度的学者，撰写过多部中国对外关系史、中国贸易史的著作，被誉为西方著名的中国问题专家。他撰写的《中国行会考》一书，也是当时西方学者所写有关中国行会史的著作中学术研究性质较强的一部代表性论著。[①]

《中国行会考》将中国行会分为手工业行会、商人会馆和商人行会三个部分加以考察，认为：手工业行会（即一般人所称之公所）是一种行业社团，“中国行会的第二种形式是会馆”，“商人行会是由所有本地商人所组成的”。[②]该书关于手工业行会的论述较为详细，内容包括手工业行会的起源、成员、与政府的关系、收入来源、行业崇拜、行会控制、行会雇工及收徒、行会裁判权等。关于会馆，则从起源、会员、管理、收入、行业崇拜、贸易控制以及与政府的关系等方面加以分析。至于商人行会，主要是以牛庄和汕头两个口岸的情况为例，从标准计量、贸易控制、商事仲裁等方面进行论证。全书可以说既有综合性的论述，也有具体的个案考察，而且以中西方行会的比较研究见长。

19世纪末叶，日本人也开始关注对中国行会的考察与研究。《中国经济全书》中的有关论述，比较集中地反映了当时日本人研究中国行会的主要观点。[③]该书第二辑的内容全部与商人、商业和手工业相关，其中第四编专论

① 《中国行会考》初版于1909年印行，1932年印行第2版。其主要内容的中译文见彭泽益主编：《中国工商行会史料集》上册，北京：中华书局，1995年，第57–90页。

② 这种提法与后来的研究成果有所不同，马士所说的商人行会不是行业组织，而是一种“大行会”，如牛庄大行会“由在牛庄口岸的重要的中国银号、钱庄老板和商人组成”。

③ 本书原名《支那经济全书》，全书共20辑，由日本东亚同文会编，1907—1908年在日本出版。清末即翻译成中文在国内出版发行，名为《中国经济全书》。本书内容全面，几乎称得上是涉及中国清代经济史各方面内容的一部“百科全书”，至今仍不失参考价值。

“会馆及公所”，强调：“欲知中国商贾之内容，而兼探究其规则习惯者，均须先研究其会馆、公所之真相，苟既熟悉其会馆、公所之规约习惯，则中国商人重要之机关，不难尽知，可断言也。”[①]该编共分为总说、会馆设立手续、会馆之构造、入会与退会、会馆岁入之财源、会馆之事业等六章，各章标题中虽只列出会馆，但其具体内容实则涉及会馆与公所，是当时论述中国行会十分详尽的著作。该书的另一特点是提出了一些值得研究的新问题和独到的学术见解，如关于不同会馆的异同，会馆与公所之间的差别，会馆、公所与各帮的关系等。编末的附录部分，还列出“北京、天津、汉口、上海、杭州各省人设立之著名会馆并其所在地”。该书第五编虽系论述“组合规约”，包括工业组合和商业组合，实际上也有相当的篇幅论及工商行会的行规，与行会问题有直接关联，并且涉及手工业和商业的许多具体行业。

这一时期国人虽无真正研究行会的论著问世，但一些地区配合制定商法开展商事习惯调查时，也开始对行会进行调查，并留下一些相关的文字记载，这也可以说是国人对行会的最早论述。只是这些文字大多已作为史料被研究者引用，而且很难查寻。例如目前所能见到的《湖南商事习惯报告书》，即有专章介绍湖南各县的会馆。[②]该报告书根据对湖南商界的调查，“考见商业团体之内蕴”，介绍了会馆的经费、董事、会议、罚则以及同业、同籍商号加入公会等相关问题。另外，该报告书还附录湖南各县商业、手工业、金融业、交通运输业、服务业的条规共计二百余件，实际上多属行会的行规[③]，是研究清代行会的重要资料。除此之外，在19世纪末20世纪初，国人中的一部分有识之士目睹了中国面临西方国家的经济渗透和侵略，意识到中国必须采取新的应对举措，也开始重视探讨传统行会组织的缺陷与变革趋新，有的还注意到当时的行会实际上已在功能上发生了某些变化[④]。

由上可知，在中国行会史研究的起步阶段，最初主要是在华外国人出于各

---

① 《中国经济全书》第二辑，两湖总督署藏版，光绪三十四年（1908年）七月印行，第383页。

② 《湖南商事习惯报告书》于宣统三年（1911年）在长沙铅印出版，彭泽益主编的《中国工商行会史料集》上册第一篇、第三篇收录了有关行会部分的内容。

③ 参见彭泽益主编：《中国工商行会史料集》上册，北京：中华书局，1995年，第111–116、199–533页。

④ 参见杨荫杭：《上海商帮贸易之大势》，《商务官报》光绪三十二年（1906年）第12期。

方面原因，开始对行会进行调查和研究，并发表了一些相关的成果。但是，整体说来，早期的研究以实地调查和一般性介绍居多，尤其是国人的有关研究十分薄弱，真正能够称之为学术研究成果者主要是一部分外国人的论著。即使是外国人的论著，在研究的深度和广度等方面也存在着明显的局限。

二、中国行会史研究的早期发展

20世纪上半期，中国行会史研究在初期起步的基础上逐渐取得发展。这一时期，国人对行会史的研究较诸起步阶段也获得了明显的进展。其表现之一，是开始陆续有国人撰写的专文问世。例如20年代中期郑鸿笙发表的《中国工商业公会及会馆公所制度概论》一文，论述了会馆、公所与一般社团的不同。[①]另外，这一时期还有数篇专门论述行会的论文发表。[②]尽管这些论文的数量不多，而且现在看来学术水准不是很高，但却是国人由以往侧重对行会进行一般性调查和介绍，转为开始对行会开展学术研究的具体表现。可以说，这一阶段是国人研究行会史的开端。30至40年代，一些相关的论著也曾论及会馆、公所等行会组织。例如窦季良的《同乡组织之研究》一书，从乡土观念、组织演变、集体象征、功能分析等方面，对包括会馆在内的四川同乡组织进行了比较全面的论述，是当时中国学者研究会馆史的重要成果。[③]不过，该书不是从行会研究的角度来探讨会馆，对上海、北京和苏州等城市中的会馆也较少论及。其表现之二，是出版了全汉升的专著《中国行会制度史》，该书是中国人撰写的第一部专门研究行会的学术著作，可以说是国内行会史研究在这一时期取得明显进展的最重要的代表作。[④]该书首先探讨了中国行会的起源以及早期的手工业行会和商业行会，然后按时间顺序对隋唐、宋代、元明时代的行会分别加以论述，另对会馆以专章进行了阐明，同时也论及近代的手工业和商业行会，最后的结论部分则分析了行会制度的利弊与衰微原因。

① 本文载《国闻周报》第2卷，第19期，1925年5月。

② 这一时期发表的主要论文有：成信：《中国的基尔特研究》，《先导月报》第1卷，第5期；全汉升：《我国古代行会制度及其起源》，《现代史学》第2卷，第1、2期；张景苏《平市会馆与行会之检讨》，《市政评论》第5卷，第4、5期；《关于唐宋时代之商人组合“行”》，《国风半月刊》第5卷，第1期；谢征孚：《我国的行会制度》，《中国劳动》第1卷，第1期等。

③ 窦季良：《同乡组织之研究》，重庆：正中书局，1943年。

④ 本书初版由上海新生命书局于1934年出版，1978年台北食货出版社再版，1986年三版。

然而也不得不承认，相比较而言，这一时期仍然是以外国人的研究成果居多，并且其研究更为全面，也更为深入。特别是日本学者的一批研究成果，具有较高的学术水平，开始超过西方学者而居于领先地位。20年代到50年代初，日本学者对中国行会进一步进行实地调查，陆续编写了（《北京工商基尔特资料集》《北京工商ギルド资料集》，东京大学东洋文化研究所相继出版了6辑），进而开展深入研究。例如和田清对会馆和工商行会起源的探讨《论会馆公所之起源》（《会馆公所の起原に就いて》，《史学杂志》第33卷第10期）；加藤繁对唐宋时期中国“行”的分析，以及对清代北京商人会馆的考察，著有《论唐宋时代的商业组织“行”并及清代的会馆》和《清代北京的商人会馆》（中译文见《中国经济史考证》第2、3卷，商务印书馆，1959年）；仁井田升利用第一手资料撰写的《中国的社会与基尔特》（《中国の社会とギルド》，岩波书局，1951年），分析了行会的分化和分类，行会与社会的结合以及行会的组织结构、职业伦理；根岸佶则不仅对行会进行了比较全面的研究，而且对上海行会做了翔实的区域性考察和分析，先后出版了《支那基尔特研究》（《支那ギルド研究》，斯文书院，1932年）和《上海基尔特研究》（《上海ギルド研究》，日本评论社，1951年）等多部有分量的专著；今崛诚二也发表了不少有关的论著，对清代和民国时期的行会进行了细致的研究，如《中国封建社会之构造》（《中国封建社会の构造》，日本学术振兴会，1955年）。30年代中期，另一位日本学者清水盛光撰写的长篇论文《传统中国行会的势力》，在借鉴以往众多研究成果的基础上，深入论述了中国行会的产生、行会政治无力的“处延限定”和“内涵限定”、行会的经济政策和统制力、行会内部的上下关系等许多重要问题，视角比较新颖。[①]

上述情况表明，这一时期日本学者研究中国行会的论著远多于同期中国和西方学者的有关成果，可以说是日本学者研究中国行会史的高潮。同时，日本学者的研究成果大多论述比较深入，具有较高的学术水平，理应受到后来研究者的高度重视。但是，由于种种原因，其后中国大陆的不少研究者并未对日本学者的这些研究成果予以重视和借鉴。

① 本文的日文载《满铁调查月报》1936年，第16卷，第9号，中译文（陈慈玉译）见《食货月刊》第15卷，第1、2期（1985年）。

三、中国行会史研究的进一步发展

20世纪50年代至今，中国行会史的研究获得了更为显著的发展。这一时期，海峡两岸中国学者的行会史研究实际上经历了两个阶段。下面分别予以简略介绍。

第一个阶段是50年代至80年代初。此阶段的行会史研究，主要是因史学界对中国资本主义萌芽问题的讨论而得到明显扩展。50至60年代，中国大陆史学界展开讨论的问题主要集中于少数几个研究领域，而中国资本主义萌芽问题正是其中之一。初期的讨论围绕着明清时期中国是否已经产生了资本主义萌芽展开，具体涉及一些行业的雇佣关系，尤其是手工业者雇工的身份地位是否已摆脱封建依附关系，行会对中国资本主义萌芽产生了什么影响？这些问题与行会存在着直接或间接的关系，也促进了行会研究的发展。

这一阶段行会史研究的发展，首先是表现在相关的研究论文发表数量有所增加，而且学术水平较前一时期在许多方面明显有所提高，同时后者的表现更为突出。例如有学者比较详细地分析了清代苏州手工业行会的基本情况，论述了苏州手工业行会的制度以及与资本主义萌芽的关系，还较为系统地论证了苏州手工业行会的特点与作用。[①]另有学者对19世纪后期中国城市手工业商业行会组织的恢复和发展趋势，重整行规对市场竞争的抵制，以及行会在19世纪后期新的历史条件下的地位和作用，提出了不少有价值的学术观点。[②]

其次是在专著方面。1966年台湾学生书局出版了何炳棣的《中国会馆史论》，该书虽然主要是论述会馆，并非专门从行会的角度进行探讨，但它的出版在某种程度上仍可看作是这一阶段行会史研究取得进一步发展的又一具体反映。该书针对以往国外学者，尤其是日本学者对地缘性会馆制度未做系统研究，不能圆满解答“我国明清及当代大都市中究竟有多少会馆和兼具地缘性的公所行会”的缺陷，依据大量史料，从籍贯观念的形成、北京会馆的起源与演变、会馆的地理分布、会馆与地域观念的逐渐消融等方面进行了深入细致的分析，阐明“地缘组织表面上虽反映强烈的地域观念，但无时不与同一地方的其他地缘业缘组织经常接触，发生关系，谋求共存共荣”，促进了“大群意识的

① 参见刘永成：《试论清代苏州手工业行会》，《历史研究》1959年第11期。

② 参见彭泽益：《十九世纪后期中国城市手工业商业行会的重建和作用》，《历史研究》1965年第1期。

产生”。[①]

再次是有关资料的整理与出版。这一阶段国内开始出版的碑刻资料集，实际上可以说是有关会馆、公所等行会组织的专题资料。50年代末，北京三联书店出版了江苏省博物馆编辑的《江苏省明清以来碑刻资料选集》，为其后海内外学者研究行会提供了极大的便利。另外，由彭泽益编辑的多卷本《中国近代手工业史资料》（中华书局，1962年）、李文治编辑的多卷本《中国近代农业史资料》（三联书店，1957年），辑录了不少有关行会的资料，对后来的行会史研究也多有裨益。80年代初，又有数本碑刻资料出版发行，包括李华编辑的《明清以来北京工商会馆碑刻资料选编》（文物出版社，1980年）、上海博物馆编辑的《上海碑刻资料选辑》（上海人民出版社，1980年）、苏州博物馆等编辑的《明清苏州工商业碑刻集》（江苏人民出版社，1981年）等。

中国行会史研究获得进一步发展的第二个阶段，是20世纪80年代初至今。80年代以来，中国商会史成为中国近代经济史学科当中一个十分引人注目的新研究领域，也带动了行会研究在原有基础上的进一步发展，更重要的是扩展了行会史研究的新视野，使行会史研究更加深入。特别是商会与行会的比较研究，促使一部分学者开始思考和研究过去行会史研究中未曾涉及的一些问题，例如商会与行会两者之间究竟有何区别与联系？商会成立之后，行会的组织结构、功能作用发生了哪些变化？不少学者就这些问题发表专文，从不同的角度进行探讨和争鸣。有台湾学者专门针对大陆学者的一些相关学术见解撰写了颇具分量的博士学位论文，探讨清代苏州的会馆公所与商会之间的关系。[②]

对商会与行会的比较研究，还涉及传统与近代的关系这一中国近代历史上更加宏观和具有理论性的问题，这也是行会史研究出现的新拓展。一部分学者对这个问题进行了讨论：有的侧重于分析商会与行会的不同性质，强调商会的

① 何柄棣：《中国会馆史论》“引言”，台北：学生书局，1966年，第2页。

② 参见马敏、朱英：《浅谈晚清苏州商会与行会的区别及其联系》，《中国经济史研究》1988年第3期；徐鼎新：《清末上海若干行会的演变和商会的早形态》，《中国近代经济史研究资料》（9），上海：上海社会科学院出版社，1989年；虞和平：《鸦片战争后通商口岸行会的近代化》，《历史研究》1991年第6期；丁长清：《试析商人会馆、公所与商会的联系和区别》，《近代史研究》1996年第3期；王日根：《近代工商性会馆的作用及其与商会的关系》，《厦门大学学报》（人文社会科学版）1997年第4期；黄福才、李永乐：《论清末商会与行会并存的原因》，《中国社会经济史研究》1999年第3期；邱澎生：《商人团体与社会变迁：清代苏州的会馆公所与商会》，台湾大学历史学研究所博士学位论文，1995年。

近代特征和行会的传统色彩，较多地将传统与近代作为对立的关系；有的则认为晚清的行会也已具有不少近代的因素，与商会的近代特征并非完全对立，亦即传统与近代具有某种统一和交融性。①

近年来，大陆部分学者又开始对近代中国的同业公会进行探讨，这一新的探讨也对促进行会史研究的发展有所帮助。行会和同业公会都是行业性的组织，但二者产生的社会经济背景却有着很大的差异，其功能与作用既有相似之处，也存在着许多不同。从行会到同业公会，是近代中国资本主义发展的结果。然而不能否认，同业公会尽管是民国时期诞生的新式行业组织，但它的诞生和商会一样，同样与行会有着紧密的联系，二者联系之紧密甚至远远超过了商会。因为商会是跨行业的新式商人团体，而同业公会则仍然是行业性的工商组织，许多同业公会完全由行会发展而成。于是，传统的行会如何向近代的同业公会转化？二者之间有何区别与联系？功能与作用有何异同？这些正是以往行会史研究中所未曾涉及的新问题。②

这一阶段，除了商会史研究的兴盛和对同业公会的探讨带动了行会史研究的扩展外，就行会史的自身研究而言也取得了比较明显的新发展。无论是研究会馆还是公所，这一阶段中国大陆学者发表的有关论文较过去明显增多，研究的问题也更加广泛，逐渐改变了大半个世纪以来中国学者研究行会史远远落后于外国学者的状况。

会馆史研究在这一阶段所取得的新成果显得尤为突出。据初步统计，仅1994年至2000年，中国大陆学者发表的与会馆相关的论文即有近50篇，内容涉及会馆的性质与功能、会馆的公益善举、会馆与社区地方事务、会馆公所与商会的异同、工商会馆的演变等，有的学者开始重视从社会整合与文化融合的角度，对会馆进行新的探讨。王日根的《乡土之链：明清会馆与社会变迁》（天

① 上一注释所列论文和著作，大都对这一问题从不同角度进行了讨论。

② 参见彭泽益：《民国时期北京的手工业和工商同业公会》，《中国经济史研究》1990年第1期；徐鼎新：《旧上海工商会馆、公所、同业公会的历史考察》，《上海研究论丛》第5辑，上海：上海社会科学院出版社，1990年；张仲礼主编：《近代上海城市研究》第7章，上海：上海人民出版社，1990年；王翔：《近代中国手工业行会的演变》，《历史研究》1998年第4期，以及《从云锦公所到铁机公会——近代苏州丝织业同业组织的嬗变》，《近代史研究》2001年第3期；魏文享：《论民国时期苏州丝绸业同业公会》，《华中师范大学学报》（人文社会科学版）2000年第5期，以及《近代工商同业公会的社会功能分析（1918—1937）——以上海、苏州为例》，《近代史学刊》第1辑，武汉：华中师范大学出版社，2001年。

津人民出版社，1996年），是这一时期大陆学者出版的研究会馆的一部重要著作。该著从社会变迁的大视野出发，将会馆置于社会政治、经济、文化发展的大环境中，考察会馆的演进、内部运作、社会功能、文化内涵以及历史地位。

对行会问题综合性的论述，也在原有基础上得到了进一步的深化。其具体表现是出版了台湾学者邱澎生的《十八、十九世纪苏州城的新兴工商业团体》（台湾大学出版委员会，1990年）一书，该书采取区域研究的方法，对明清时期（主要是清代）苏州会馆、公所的出现、组织发展、权力运作进行了比较深入的研究。另外，一些有代表性的论文，在总结和分析以往国内外学者有关研究成果的基础上，提出了不少颇有见地的学术见解。例如彭泽益先生发表的有关系列论文，在以往研究的基础上对许多具体问题的论述取得明显的突破。[①]王翔发表的论文，也从新的角度探讨了行会在近代的发展演变。[②]此外，这一时期新出版的有关中国近代经济史（包括区域经济史）和商人的著作，如傅筑夫的《中国经济史论丛》（三联书店，1980年）、许涤新、吴承明主编《中国资本主义发展史》（人民出版社，1985年）、段本洛、张圻福著《苏州手工业史》（江苏古籍出版社，1986年）、唐力行著《商人与中国近世社会》（浙江人民出版社，1994年）等，均以较大篇幅论述行会。这些新的论著，使国内史学界对行会史的研究达到了一个新的高度。

有关资料的整理出版，在这一时期也取得了新的进展。彭泽益主编、北京中华书局于1995年出版的上下两册《中国工商行会史料集》，是中国学者辑录的第一部大型行会资料专辑。全书近90万字，具体内容包括中外文书有关中国工商业行会论述、地方志有关工商会馆记述、各省工商行业条规选辑、通商口岸有关商业会馆公所调查报告、晚清报纸有关手工业商业行会新闻摘编、上海工商业公馆公所征信录选辑、档案史籍中有关工商业行会记事杂录、清末民初有关商会工商同业公会法规选录等。苏州市档案馆编《苏州丝绸档案汇编》（江苏古籍出版社，1995年），收录了该馆馆藏的大量苏州各丝绸行业性会馆、公所的档案资料。与行会内容紧密相关的碑刻资料，在这一时期也新出

① 参见彭泽益：《〈中国行会史料集〉编辑按语选》（《中国经济史研究》1988年第1期）、《中国行会史研究的几个问题》（《历史研究》1988年第6期）、《〈京沪苏杭工商行业碑文集粹〉序言》（《近代中国》1991年第2辑）等文。

② 参见王翔：《近代中国手工业行会的演变》，《历史研究》1998年第4期。

版了若干种。较重要者有广东省社会科学院历史研究所中国古代史研究室等编《明清佛山碑刻文献经济资料》（广东人民出版社，1987年），彭泽益选编《清代工商行业碑文集粹》（中州古籍出版社，1997年），王国平、唐力行主编《明清以来苏州社会史碑刻集》（苏州大学出版社，1998年）等。已出版的商会档案如《苏州商会档案丛编》第1辑（华中师范大学出版社，1991年）、《天津商会档案汇编（1903—1911）》（天津人民出版社，1989年），也收录了一部分有关行会的资料。会馆资料的出版同样取得了新成果，其中最值得一提的是北京市档案馆编《北京会馆档案史料》（中国档案出版社，1997年），该书辑录的资料均系北京市档案馆收藏的相关会馆档案，具有较高的史料价值。除此之外，近几年来北京、上海、南京等地的档案馆相继在有关的杂志上刊布一些会馆、公所的档案，也颇具史料价值。[①]

第二节 中国行会史研究中的若干问题

回顾史学界对中国行会史的研究，必须了解在这百余年的研究中学者们主要探讨了哪些问题，又在哪些问题上存在着不同的看法。以下从几个方面作一简略介绍。

一、中国行会的产生时间及特点

中国的行会究竟产生于何时？早期曾有人认为，中国“行”的存在最早可以远溯到春秋战国时期；也有人认为，在周末至汉代已有工商业行会存在。例如全汉升指出，说中国行会在远古已具有雏形，以及以为中国行会至少有两千年或两千年以上历史的说法，都难以得到证实。“然而，无论如何，从周末至

① 如《清末北京外城巡警右厅会馆调查表》，《历史档案》1995年第2期；《江苏吴兴市盛泽镇碑拓档案中会馆史料选刊》，《历史档案》1996年第2期；《清代北京颜料行会馆碑刻》，《北京档案史料》1994年第1期；《清代北京糖饼行靛行会馆碑刻》，《北京档案史料》1994年第3期；《民国二十一年油酒酱公会重修临襄会馆碑》，《北京档案史料》1995年第3期；《上海四明公所档案选》，《档案与史学》1996年第6期等。

汉代这个时候起手工业行会已有存在的事实了。”[①]但从后来的情况看，全汉升的这一结论并未得到多数学者的认同。长期以来，中外学者对行会始于何时这一问题并无定论，迄今仍有种种不同的见解。

有些学者认为，中国的行会始于唐宋时期的“行”。日本学者加藤繁曾对唐宋时期的“行”进行过专门探讨，虽然他没有明确地说唐宋时期的“行”就是行会，但却认为“行的最重要的意义，就在于它是维护他们的共同利益的机关。而共同利益中最主要的，大约就是垄断某一种营业”[②]。这实际上是认为唐宋时期的“行”已具有了一些行会的特征，是“有几分类似欧洲中世纪基尔特的商人组织”。50年代末，刘永成非常肯定地指出，“中国行会开始于唐代”，“到宋代，随着封建经济的发展，行会也日趋兴盛”。[③]此后，持此观点的学者为数不少。彭泽益也较为明确地指出：“一些散见的史料表明，至迟在八世纪末（公元780—793年），唐代已有行会组织的雏形存在。”[④]刘永成、赫治清后来又撰文进一步论证了这种观点，认为中国行会的历史大致可以分为两个阶段：“唐宋是行会的形成时期，明清是行会的发展时期。”[⑤]魏天安也指明，宋代的“行”在商品生产和流通过程中具有防止或限制竞争、垄断市场的作用，是一种封建性的组织，“不管这种作用同欧洲行会相比是强是弱，也不管其组织内部是否具有欧洲行会那样的平等原则，其性质都是行会”[⑥]。陈宝良不仅认为“中国商业性行会的组织，大概从唐代已经形成”，而且指出“这种商业社团与民间的宗教社团关系非浅”。[⑦]另外，在80年代中

① 全汉升：《中国行会制度史》，台北：食货出版社，1986年，第3版，第17页。全汉升还认为，独占某种手工业技术的血缘团体是行会的前身，当这种血缘团体不能保障其成员的生活时，行会就起而代之了。从时间上说，血缘团体的崩坏开始于春秋时期。古代直接记载商业行会的虽然绝无仅有，但不能因此便抹杀古代商业行会的存在（《中国行会制度史》，第10-11、23页）。

② ［日］加藤繁：《论唐宋时代的商业组织“行”并及清代的会馆》，加藤繁：《中国经济史考证》第一卷，吴杰译，北京：商务印书馆，1959年，第355页。

③ 刘永成：《试论清代苏州手工业行会》，《历史研究》1959年第11期，第30-31页。

④ 彭泽益：《中国工商行会史研究的几个问题》，彭泽益主编：《中国工商行会史料集》，“导论”，北京：中华书局，1995年，第5页。

⑤ 刘永成、赫治清：《论我国行会制度的形成和发展》，南京大学历史系明清史研究室编：《中国资本主义萌芽问题论文集》，南京：江苏人民出版社，1981年，第120-121页。

⑥ 魏天安：《宋代行会的特点论析》，《中国经济史研究》1993年第1期，第142页。

⑦ 陈宝良：《中国的社与会》，杭州：浙江人民出版社，1996年，第215页。

期还有个别学者认为，“行会在中国的正式出现，应始于隋”[1]，但赞同此观点者并不多。

然而，也有部分学者对中国行会产生于唐宋时期的见解持不同意见。例如傅筑夫强调宋代的“团”与“行”都不是商人自主成立的，而是缘于外力的强制，即因应官府科索而设立，并且主要是服务于官府，也没有任何管制营业活动的规章制度，因而并不是工商业者自己的组织，与欧洲的行会相差甚远，当然不能称之为行会。[2]许涤新、吴承明主编的《中国资本主义发展史》也认为，宋代的团与行虽然有时也维护工商业者本身的利益，“但它毕竟是官府设置的机构，不是本行业自己的组织；这与西欧的行会或基尔特的建立，有根本的不同”。另外，在行业内部也“并不贯彻均等的原则，存在着兼并之家和大小户分化的现象，也未见有限制开业、扩充或限制雇工、学徒人数的记载；这也与西欧的行会，有基本的不同”。[3]

关于手工业行会产生的时间，有的学者认为，在苏州、杭州从元代甚至从宋代起就已产生丝织手工业者建立的公所，即机神（圣）庙，并将其视为中国最早的手工业行会。段本洛、张圻福即指出：“早在宋神宗元丰年间（1078—1085年）丝织业同行就在苏州祥符寺巷建机圣庙，这是行会的雏形。明神宗万历（1573—1620年）以后随着商品经济和手工业的发展，苏州工商业行会发展起来。”[4]但是，也有许多学者对这一说法提出了质疑，有的还通过对有关史料进行了比较细致的分析，说明：“无论是杭州的机神庙、或是苏州的元妙

① 柯昌基：《试论中国之行会》，《南充师院学报》（人文社会科学版）1986年第1期，第3页。

② 傅筑夫：《中国工商业的“行”及其特点》，傅筑夫：《中国经济史论丛》下册，北京：生活·读书·新知三联书店，1980年，第417页。戴静华也在《两宋的行》（《学术研究》1963年第9期）一文中认为，不能将宋代官府立的“行”比附为“行会”，因为这两者是性质不同的组织。

③ 许涤新、吴承明主编：《中国资本主义发展史》第一卷，北京：人民出版社，1985年，第134页。也有学者似乎承认唐宋时期的“行”具有类似行会的一面，认为：“行既然是工商行业的一种组织，就多少有一些维护同行利益的作用，就这一点来说，它有类似行会的一面。”但同时又强调：“就行的其他方面来考察，就不能这么说了。”所谓其他方面，仍主要是指“行”系官府建立，在行业内部无限制等。参见汪士信：《我国手工业行会的产生、性质及其作用》，中国社会科学院经济研究所学术委员会编：《中国社会科学院经济研究所集刊》第2辑，北京：中国社会科学出版社，1979年，第219-222页。

④ 段本洛、张圻福：《苏州手工业史》，南京：江苏古籍出版社，1986年，第128页。

观、祥符寺的机神殿，在明代，还都看不出有丝织业行会组织。”[①]汪士信认为中国手工业行会出现的时期和发展趋势与商业行会大致相当，大概还要稍晚一些。具体来说，手工业“行会在清顺治年间还不见，康熙、雍正时才开始出现，乾、嘉以后逐渐增多，最多是在道光以后”[②]。也就是说，中国的行会产生于清代的康熙、雍正时期。

由上可知，关于中国行会究竟产生于何时，史学界仍存在着较大的分歧。出现严重分歧的焦点有二。一为行会是否只能由工商业者自行设立，不能由官府出面组织？由官府出面创立行会并加以控制，是不是中国行会产生过程中不同于西欧行会产生的特点？这主要关涉行会的理论问题，需要进一步加以探讨。二是唐宋时期的“行”是否具有限制竞争、保护同业垄断利益的行会特征？这方面主要只是史实的考订问题，需要发掘更多的有关史料进行更为充分的论证。

关于中国行会的产生特点，有些学者在论述行会产生的时间时也附带进行了说明。彭泽益认为中国行会的产生有中国的特色，它是在专制统治高度强化，宗法等级极其森严和富商大贾畸形膨胀的基础之上产生的，当然会有别于在政治分立、商业资本相对弱小的环境中，按马尔克原则组织起来的西欧行会。[③]魏天安比较了中国与中世纪西欧社会、政治、经济的诸多不同，阐明在宋代行会产生的过程中，由于参加行会的人并不具有西欧行会成员所拥有的市民权力，大的工商业行会都与官榷商品和政府消费有千丝万缕的联系，因而在经济上常常成为政府的附庸，各个行会只能在为封建统治服务的前提下，谋求自己的存在和部分经济利益。[④]汪士信认为，中国和西欧的诸多不同是导致中

① 许涤新、吴承明主编：《中国资本主义发展史》第一卷，北京：人民出版社，1985年，第139页。汪士信通过对记述杭州等地机神庙材料的考证，也说明“在明代还找不到一份手工业行规，当然更不要说是丝织业的行规了”。参见汪士信：《我国手工业行会的产生、性质及其作用》，中国社会科学院经济研究所学术委员会编：《中国社会科学院经济研究所集刊》第2辑，北京：中国社会科学出版社，1979年，第245页。

② 汪士信：《我国手工业行会的产生、性质及其作用》，中国社会科学院经济研究所学术委员会编：《中国社会科学院经济研究所集刊》第2辑，北京：中国社会科学出版社，1979年，第230页。

③ 彭泽益：《中国工商业行会史研究的几个问题》，彭泽益主编：《中国工商行会史料集》上册，“导论”，北京：中华书局，1995年，第6页。

④ 魏天安：《宋代行会的特点论析》，《中国经济史研究》1993年第1期，第146页。

国行会出现时间较晚的主要原因，如官手工业和与之相适应的匠籍制度，地方官府为科索目的而采用的编行制度，我国封建城市的成因和西欧不同，在清代以前我国手工业发展程度低下，都是限制中国行会产生的相关因素。[①]傅筑夫则断言，直至宋代，中国的手工业生产结构仍以家庭为基本核心，生产技术亦完全由家庭保密，这是中国手工业没有欧洲中世纪那种基尔特型行会制度的一个直接结果。[②]

二、中国行会的功能与作用

行会的功能与作用，主要体现在限制招收和使用帮工的数目，限制作坊开设地点和数目，划一手工业产品的规格、价格和原料的分配，规定统一的工资水平，维护同业利益，并举办迎神祭祀活动和公益救济事业。[③]对中国行会的这些功能与作用，绝大多数学者的认识是比较一致的。除此之外，还有一部分学者从其他一些方面论述了中国行会的功能与作用，并且在某些具体问题的认识上也存在着不同的意见。例如，行会是否阻碍了中国资本主义萌芽的发展就是一个意见分歧的问题。一种意见认为，行会限制同业竞争、保护同业独占垄断利益的功能，必然会阻碍中国资本主义萌芽的发展。50年代中期，黎澍在《关于中国资本主义萌芽问题的考察》（《历史研究》1956年第4期）一文中指出："行会制度是与资本主义经营相反对的制度。只有在资本主义的发展时期，才可能被突破，并使得在它控制下的手工工场成为资本主义的。"[④]60年代初期，彭泽益也曾提出，"行会组织妨碍着城市手工业资本主义的产生，这是已为大量历史事实所证明了的"[⑤]结论。当时，也有学者提出了不同的意见。刘永成指出，在清代苏州地区的各业作坊中那些带有浓厚封建性的行会陈

---

① 汪士信：《我国手工业行会的产生、性质及其作用》，中国社会科学院经济研究所学术委员会编：《中国社会科学院经济研究所集刊》第2辑，北京：中国社会科学出版社，1979年，第238–241页。

② 傅筑夫：《中国封建社会经济史》第5卷，北京：人民出版社1989年版，第345页。

③ 刘永成、赫治清：《论我国行会制度的形成和发展》，南京大学历史系明清史研究室编：《中国资本主义萌芽问题论文集》，南京：江苏人民出版社，1981年，第125–129页。

④ 黎澍：《关于中国资本主义萌芽问题的考察》，《历史研究》1956年，第4期，第11页。

⑤ 彭泽益：《鸦片战争前清代苏州丝织业生产关系的形式与性质》，《经济研究》1963年第10期，第67页。不过，彭泽益在本文中趋向于对行会的作用给予两方面的认识，即行会对资本主义的产生与发展既有束缚作用，又起了一定的维护和促进作用。

规，对于当时手工业作坊的生产活动不起主要的作用。他还以清代苏州手工业行会的情况为例，说明“不是自由竞争被禁止，而是有所发展”[①]。洪焕椿以明清苏州地区的工商会馆为例，也认为应该肯定其积极作用：“根据苏州工商业碑刻资料所反映的具体情况看来，把会馆、公所不加区别地一概看作是阻碍经济发展的封建行会组织，而看不到它在商品竞争中所起的积极作用，是不符合历史实际的。”[②]许涤新、吴承明主编的《中国资本主义发展史》第一卷，具体考察了明后期几个手工业中的资本主义萌芽，认为“并未发现行业组织阻碍萌芽产生的事例”[③]。戴逸主编的《简明清史》强调清代前期的行会对手工业的发展，起着束缚、延缓的作用，但也不能过分夸大这一作用，那种认为凡是有行会存在的行业中就绝没有资本主义萌芽的说法过于机械呆板。[④]

90年代以后，彭泽益认为史学界对行会与资本主义的关系一直存在着矛盾和模糊的认识，使之成为长时期扰人困惑的问题。完全否认某些行会对当地本行业中资本主义萌芽发展起了阻碍作用的观点，是一种回避事实的态度。因为“行会在一定历史条件下阻碍社会生产力发展，阻挠和干扰资本主义的兴起，已为大量历史事实所证明，几乎成为尽人皆知历史常识”[⑤]。

除了从经济上探讨行会的功能和作用，也有学者从其他一些方面进行了分析。全汉升认为，行会在道德方面可以培养成员勤勉、信用、互助和提高人格地位，具有积极功能。[⑥]近年来，又有一些学者开始重视对行会，尤其是对会馆的社会功能进行深入研究，这称得上是一个新的拓展。王日根的专著《乡土之链——明清会馆与社会变迁》即是探讨这一新问题的力作。该专著论述了明清会馆对地方社会整合以及中外文化整合的影响，说明会馆是流动社会中的有效整合工具，也是对家庭组织的超越，以及对社会变迁形势的适应与创造，在推进中国社会由传统走向现代的过程中发挥着积极的作用。邱澎生的博士学位

① 刘永成：《解释几个有关行会的碑文》，《历史研究》1958年第9期，第68页；《试论清代苏州手工业行会》，《历史研究》1959年第11期，第34页。

② 洪焕椿：《论明清苏州地区会馆的性质及其作用》，《中国史研究》1982年第2期，第15页。

③ 许涤新、吴承明主编：《中国资本主义发展史》第一卷，北京：人民出版社，1985年，第305页。

④ 戴逸主编：《简明清史》第1册，北京：人民出版社，1980年，第398页。

⑤ 彭泽益：《中国工商业行会史研究的几个问题》，彭泽益主编：《中国工商行会史料集》上册，“导论”，北京：中华书局，1995年，第20–23页。

⑥ 全汉升：《中国行会制度史》，台北：食货出版社，1986年，第197–198页。

论文《商人团体与社会变迁：清代苏州的会馆公所与商会》（台湾大学历史研究所，1995年）是着力研究商人团体在社会变迁中的作用与影响的代表作，该文主要从结社法令、经济政策、市场经济、都市社会四个方面，考察了会馆公所和商会等商人团体与社会变迁的关系，尤其是对会馆、公所的功能与作用提出了不少新的学术见解。

张忠民对清代上海会馆、公所在地方事务中的作用进行了较为全面的分析，认为上海会馆、公所在地方事务中的职能和作用主要体现在对地方公益事业的捐助，对地方政府所需行政经费的报效以及代办某些政府税捐，代地方政府对同乡成员实行有效的管理，以及当晚清社会剧变之时对地方自治的积极参与等几个方面。①王笛认为具有行会性质的会馆在功能方面是不断扩展的，“会馆的设立，起初主要目的是在保护各省间往来贩运的商人和远离家乡移民的权益，但后来会馆逐渐发展到在政治、宗教、社会各方面都有相当影响的机构”②。

三、会馆、公所的区别以及是否具有行会性质

中国的行会在组织形式上独具特色，以至在行会史的研究中引起了一些争议。其中，对会馆是否属于行会性质的组织争论较多。西方和日本学者早期在对会馆，特别是工商业会馆进行调查研究时，大多倾向于认为会馆是行会的一种组织形式。国内学者早期同样也大多如此，如全汉升明确指出，会馆一面是同乡的团体，一面又是同业的组合，可说是同乡的行会③。50年代至80年代初大陆学者讨论中国资本主义萌芽问题时，也较多地仍然是将会馆等同于行会组织。④

例如50年代末刘永成撰写的有关论文，认为在会馆制普遍出现后，会馆便成为中国行会的基本组织形式，可以看成是中国行会发展史上的重要变化。⑤

① 张忠民：《清代上海会馆公所及其在地方事务中的作用》，《史林》1999年第2期，第17页。

② 王笛：《跨出封闭的世界——长江上游区域社会研究1644—1911》，北京：中华书局，1993年，第563页。

③ 全汉升：《中国行会制度史》，台北：食货出版社，1986年，第101页。

④ 也有学者持另一种意见，例如郑鸿笙认为会馆“以捐助行为置备基金成立财产团体”，基金用于公益事业，具有“财团法人”和“公益法人”的双重性质；“公所以同业举出代表组织之，为法人之团体”。参见全汉升：《中国工商业公会及会馆公所制度概论》，《国闻周报》第2卷第19期，第19、20页。

⑤ 刘永成：《试论清代苏州手工业行会》，《历史研究》1959年第11期，第29页。

李华认为明清时期北京的行会大体可分为三类，其中之一即是同乡同行或同乡数行商人为保护自身的利益而建立的行会组织。[①]稍后，李华撰写的另一篇论文进一步指出，工商会馆具有行会的性质，它从表面上看是因地域性组织起来的，但有着共同的经济目的，有着为发展自己而制订的行规，因而不能一概视为同乡会。[②]胡如雷将明清时期的会馆、公所乃至行、帮都视同为行会，认为："明清之际，我国才真正形成了类似西方行会的工商业组织，或称会馆，或称公所，或称行，或称帮。"[③]

80年代以后，开始有学者对明清时期的会馆是行会性质组织的结论提出质疑。吕作燮接连撰写了两篇论文，认为将明清时期的会馆视作与西欧行会相同性质的组织，系沿袭早期日本学者的成见，是值得商榷的。早期明朝会馆与工商业者毫无关系，是同乡组织而不是同行组织，也并非工商业行会。对于苏州、汉口、上海等工商重镇的工商业会馆，吕作燮也进行了分析，他认为这些城市的公所具有行业组织的特点，而行业性会馆同样多属于地域行帮组织，与行会有很大区别。[④]

李华在具体论述清代湖北县镇的会馆时，也提出了与他过去不同的观点，认为湖北的这些会馆虽明确记载系"商人公建"和"商民共建"，却不是行会性质的组织。因为从这些会馆的建馆宗旨来看，大多是"诞神公祭"，再看不出还有其他什么活动，也没有发现会馆当中有限制行业间自由竞争的条规。[⑤]马敏也认为不能不加区别地笼统将会馆看作是行会组织，他以明清时期会馆、公所数量最多的苏州为例，说明尽管苏州90%左右的会馆都与工商业有关系，但其中绝大多数只是以地域性商帮为基础的同乡会性质的组织。[⑥]还有学者认

① 李华：《明清以来北京的工商业行会》，《历史研究》1978年第4期，第73–74页。

② 李华：《论中国封建社会的行会制度》，南京大学历史系明清史研究室编：《中国资本主义萌芽问题论文集》，南京：江苏人民出版社，1981年，第105页。

③ 胡如雷：《中国封建社会形态研究》，北京：生活·读书·新知三联书店，1982年，第271页。

④ 吕作燮：《明清时期的会馆并非工商业行会》，《中国史研究》1982年第2期，第67–69页；《明清时期苏州的会馆和公所》，《中国社会经济史研究》1984年第2期。

⑤ 李华：《清代湖北农村经济作物的种植和地方商人的活跃——清代地方商人研究之五》，《中国社会经济史研究》1987年第2期，第57页。

⑥ 马敏：《官商之间：社会剧变中的近代绅商》，天津：天津人民出版社，1995年，第177、247页。

为会馆和公所都不能说成是行会性质的组织，例如谢俊美指出："会馆公所同行会组织有联系，行会在相当程度上利用了会馆公所，加强对工人的控制，但它却不是行会这一类组织。"①

但是，也有不少学者针对上述观点提出了不同看法。徐鼎新指出，将会馆、公所截然区分成不同性质的社会团体，是拘泥于会馆、公所的称谓，而忽视了对其实质的考察。就上海的情形而言，会馆、公所在一部分同乡、同业团体中是通称的。因而会馆、公所的名称既不是划分同乡、同业团体的标志，也不是区别是否行会组织的依据。② 王笛则以四川的会馆为例，说明"会馆在当时发挥着工商行会的作用"，因为会馆既是地域观念的组织，又是同业的组织。③彭泽益认为，"明清时期的会馆并非工商业行会"的结论在逻辑上存在着明显的问题，因为明清时期的会馆虽的确有一部分并非工商业会馆，但有的会馆则是属于工商业会馆，且为数不少。④

蒋兆成通过考察明清时期江南一部分地区的情况，明确指出会馆、公所对产品的生产和销售，产品的规格标准、市场价格、原料分配、学徒人数、年限等均有比较具体的规定，所以其行会组织性质及其经济职能是非常清楚的。⑤吴慧通过综合分析许多地区会馆而得出的结论是：手工业会馆的行会性最强，专业性行业会馆次之，地域性包括几个行业的同籍商人的会馆又次之。纯地域性会馆（内部不分行业）只起着同乡共聚、祀神宴会以敦乡谊之所的作用，但这种性质的会馆数量并不多。⑥

还有学者阐明同乡与同业并不是划分会馆和公所的绝对标准：有些虽名为会馆，实际上却是同业组织；有些虽名为公所，却又是外乡工商业者团体。高

① 谢俊美：《清代上海会馆公所述略》，《华东师范大学学报》（人文社会科学版）2000年第2期，第41页。

② 徐鼎新：《旧上海工商会馆、公所、同业公会的历史考察》，《上海研究论丛》第5辑，上海：上海社会科学院出版社，1990年，第80页。

③ 王笛：《跨出封闭的世界——长江上游区域社会研究1644—1911》，北京：中华书局，1993年，第561–562页。

④ 彭泽益：《中国工商业行会史研究的几个问题》，彭泽益主编：《中国工商行会史料集》上册，"导论"，北京：中华书局，1995年，第13页。

⑤ 蒋兆成：《明清杭嘉湖社会经济研究》，杭州：杭州大学出版社，1994年，第432–433页。

⑥ 吴慧：《会馆、公所、行会：清代商人组织演变述要》，《中国经济史研究》1999年第3期，第127页。

洪兴以上海的会馆、公所为例，说明上海最早建立的商船会馆，即完全是行业组织。另外，“还有一些会馆、公所的组织者既是同乡，又是同业”[①]。彭泽益也指出，在一些地区，会馆、公所名虽不同，实则性质无异。中国行会机构所在地的名称除了会馆公所以外，还有许多名目，如流行于广东、广西等地的“堂”即是其中的一种，另有一些地区还以庙、殿、宫、会等名设立行会。[②]范金民综合各家之说，认为会馆公所有着一定的共同点，在名称上往往是相通的。考察其内部实质，应从地域或行业的角度，将会馆和公所分为地域性和行业性两大类。但他仍然认为只有行业性会馆、公所才属于行会组织。[③]

四、行会的发展演变

从已有的研究成果看，许多学者都认为中国的行会产生之后，在其发展过程中并非一成不变。特别是随着经济的发展和政府相关政策的演变，行会在不同的历史阶段也产生了诸多值得重视的变化。全汉升认为，由于商业资本空前发达，宋代的行会制度已出现不同于以往的变化。其具体表现包括手工业者因资本缺乏，受高利贷资本压迫而改变其从前独立的状态，成为商业资本的附庸。[④]

对于涉及行会发展演变的某些具体问题，一部分学者的意见并不完全一致。刘永成注意到清代乾隆以后，苏州不少会馆向公所转变的现象。这个转变包含着极其深刻的内容，是行会制度发展到鼎盛时期最后阶段的重要特征。另外，因手工业作坊在生产关系方面发生了变化，这一时期的手工业行会也带有

① 高洪兴：《近代上海的同乡组织》，《上海研究论丛》第5辑，第151页。

② 彭泽益：《中国工商业行会史研究的几个问题》，彭泽益主编：《中国工商行会史料集》上册，“导论”，北京：中华书局，1995年，第15–17页。邱澎生也说明清代苏州的商人团体名称其实不限于“会馆”或“公所”，像公局、公墅、公会、堂、局、书院、别墅等名称，都曾被商人用来命名捐款建成的建筑物，只是仍以会馆、公所两个名称最为常用（见邱澎生：《商人团体与社会变迁：清代苏州的会馆公所与商会》，台湾大学历史研究所博士论文，1995年，第55页）。王日根也指明，称会馆是同乡组织、公所是同业组织的说法并不准确，实际上有的同业组织也称会馆，也有的同乡组织称公所，还有的从会馆改称公所。因此，会馆与公所在很多场合往往不易区分（见王日根：《乡土之链：明清会馆与社会变迁》，天津：天津人民出版社，1996年，第53–54页）。

③ 范金民：《清代江南会馆公所的功能性质》，《清史研究》1999年第2期，第46、49页。

④ 全汉升：《中国行会制度史》，台北：食货出版社，1986年，第81–85页。

时代特点，“逐渐变成了对付工匠罢工的组织”[1]。《中国资本主义发展史》第一卷在论述这一问题时，认为清嘉庆、道光以后工商业组织以公所命名的逐渐多起来，这是从会馆时期向公所时期的转变，公所时期比之会馆时期，工商业组织的地域、乡土性减退，而行业性大大发展了。[2]吴慧也指出会馆与公所的消长兴衰，表明中国的商人组织经历了一个新的历史性的转折时期。公所的行业性不仅与会馆的地域性有明显的区别，而且与团行制度下的行业组织也有不小的差别。[3]

高洪兴论述了清末民初上海会馆、公所向新型同乡会发展演变的趋势，他认为近代上海的同乡组织经历了由同乡的会馆、公所向同乡会发展的过程，同乡会取代了会馆、公所的地位之后，原先的会馆、公所依然存在，但逐渐成为只是为死者服务的慈善机关。[4]但徐鼎新认为新型的旅沪同乡会出现以后，原有的同乡会馆、公所继续在社会生活中发生影响和作用，有不少仍以其素有的社会地位和影响，作为团体代表参加上海总商会成为“合帮会员”的重要组成部分，甚至会馆、公所的入会数和会员代表数均超过新型的同业公会、联合会、同乡会的数字，说明这些传统的工商团体在上海工商界还有相当的实力和能量。[5]徐鼎新还论述了行会在近代的另一种引人注目的发展变化，即跨省区同业总公所的出现。他以清末民初由江苏、浙江、安徽三省工商业者联合组成的江浙皖丝厂茧业总公所为例进行具体考察，阐明该总公所是既不同于旧式行会性的会馆、公所，又不同于新兴的资产阶级商会，而是兼有新旧两种经济因素的独特的同业团体。[6]

传统行会在近代的发展演变，也吸引了不少研究者的关注。虞和平认为鸦

---

① 刘永成：《试论清代苏州手工业行会》，《历史研究》1959年第11期，第25、42页。

② 许涤新、吴承明主编：《中国资本主义发展史》第一卷，北京：人民出版社，1985年，第298页。

③ 吴慧：《公馆、公所、行会：清代商人组织演变述要》，《中国经济史研究》1999年第3期，第119、123页。

④ 高洪兴：《近代上海的同乡组织》，《上海研究论丛》第5辑，第121页。

⑤ 徐鼎新：《旧上海工商会馆、公所、同业公会的历史考察》，《上海研究论丛》第5辑，第91–94页。

⑥ 徐鼎新：《试论清末民初的上海（江浙皖）丝厂茧业总公所》，《中国经济史研究》1986年第2期，第66页。该总公所1910年正式成立时称上海丝厂茧业总公所，1915年改称江浙皖丝厂茧业总公所。

片战争以后，随着对外贸易的发展，城市经济结构和功能的外向化和资本主义化，上海、汉口、广州、天津等外贸中心城市的传统行会走上了近代化的历程。[①]在另一篇论文中，虞和平主要论述了行会在西方影响下所产生的变化。他认为作为传统工商业组织的行会，进入近代以后在西方资本主义的侵略和影响下，并非如有的论者所言转向衰落，相反在数量上呈现出一个新的发展高潮，而且在性质上开始逐渐资本主义化。[②]钟佳华考察了清末40年间汕头行会由漳潮会馆到万年丰会馆，再由保商局过渡到新式商会的历程，认为行会以商人保护人的角色出现，奠定了它作为城市发言人的地位，这种演变趋势体现了商业组织权势的上升，为商人迈向城市自治打下了良好的基础。[③]

还有学者考察了行会在近代向同业公会的转变。20年代美国学者甘博尔（S. D. Ganble）通过调查，用表排列出北京前清旧有的手工业和商业行会在同业公会组织形式下的演变状况。此后，国内一些学者进一步对这个问题进行了研究。李华认为鸦片战争之后至清末民初，北京资本主义工商业逐渐发展起来，行会组织也相应地起了某些变化，不少行业的资本主义同业公会组织相继成立。“这些资产阶级同业公会，其中有一些是由封建行会组织转化来的。”[④]彭泽益以民国时期北京的情况为例，阐明原有工商业行会在民国时期有的衰落下去了，有的仍照旧维持其存在，但在同业公会的组织形式下发生了演变，可以说“同业公会是转化中的行会变种”[⑤]。王翔剖析苏州丝织业同业组织由云锦公所向铁机公会嬗变的个案，认为同治年间“重建”的云锦公所性质已经开始变化，逐渐由苏州丝织业的行业组织向纱缎庄“账房”的同业组织演变，亦即由旧式行会组织向资产阶级的同业团体转化，具备了中国早期资本家同业组织雏形的特征，只不过仍然沿用着旧的习称而已。民国年间，云

---

① 虞和平：《鸦片战争后通商口岸行会的近代化》，《历史研究》1991年第6期，第122–130页。

② 虞和平：《西方影响与中国资产阶级组织形态的近代化》，《中国经济史研究》1992年第2期，第100–103页。

③ 钟佳华：《清末潮汕地区商业组织初探》，《汕头大学学报》（人文社会科学版）1998年第3期，第89页。

④ 李华：《明清以来北京的工商业行会》，《历史研究》1978年第4期，第71页。

⑤ 彭泽益：《民国时期北京的手工业和工商同业公会》，《中国经济史研究》1990年第1期，第79页。

锦公所不仅完成了自身的转化，由资产阶级同业组织的雏形演变为它的成熟形态——“纱缎庄业同业公会”，而且从其内部派生出“铁机丝织业同业公会”[①]。魏文享指出，同业公会的根本目的仍是维护同业发展，这一点与旧式行会保持了一致，但由于公会产生与发展的经济结构与市场结构不同，其会员所采取的生产方式与管理方式不同，又使公会的效能与行会产生了几乎迥异的分野。[②]彭南生则从成员构成、经济功能、活动机制等方面比较了同业公会与旧式行会的诸多不同，认为从行会到同业公会的转化，标志着工商同业组织近代化的基本完成。[③]

徐鼎新认为20世纪初上海行会开始向同业公会转变，进入新旧工商团体并存的历史时期。到民国建立以后，又有不少行业组织相继把原来的公所改组成公会，或建立跨地区的公会、联合会。但较多的同业团体仍然沿用公所或会馆名称，或者一个行业内公所与公会并存，各立门户，各有自己的势力范围和组成人员。因此，在近代中国“行会制度的多种变化”确实是存在的。[④]宋钻友认为从会馆公所到同业公会的制度变迁，是同业组织从传统向现代的转型，经历了近百年的时间，大致分为从开埠通商至1904年，从1904年商会诞生至1929年南京国民政府颁布《工商同业公会法》，从1929年至1948年这三个阶段。推动同业组织现代化的主要动力是经济结构和社会环境的变化，清末西方民主思潮、法律知识的广泛传播，北京政府和南京国民政府的有关政策也产生了重要作用。[⑤]黄汉民指出，辛亥革命前后上海已有较多从旧式行会演化而成的商业同业公会，民族工业行业中也开始有少数试办“公会”，但大多还没有完全摆脱旧式行会组织的影响，是“一种具有资本主义经济某些特征的混合型同业组

① 王翔：《晚清苏州丝织业“账房”的发展》，《历史研究》1988年第6期，第117页；《从云锦公所到铁机公会——近代苏州丝织业同业组织的嬗变》，《近代史研究》2001年第3期，第111、113、121页。

② 魏文享：《试论民国时期苏州丝绸业同业公会》，《华中师范大学学报》（人文社会科学版）第39卷第5期，2000年9月，第86页。

③ 彭南生：《近代工商同业公会制度的现代性刍论》，《江苏社会科学》2002年第2期，第132–138页。

④ 徐鼎新：《旧上海工商会馆、公所、同业公会的历史考察》，《上海研究论丛》第5辑，第90–92页。

⑤ 宋钻友：《从会馆、公所到同业公会的制度变迁——兼论政府与同业组织现代化的关系》，《档案与史学》2001年第3期，第40、43页。

织”[①]。魏文享也认为，近代工商同业公会最常见的是由旧的行会组织改组、分化或合并而成，其次是由新兴行业直接遵照有关工商同业公会法令建立。在近代，虽然行会的衰落是不可阻挡的历史趋势，但由于维护同业发展的根本需求、社会政治经济环境的恶劣以及抵制外国资本主义入侵与掠夺的需要，行会仍有继续存在的可能与必要。[②]朱榕通过考察上海震巽木商公所到上海特别市木材同业公地的发展演变，阐明行业组织近代化进程的快慢、程度的深浅，往往与其内部成员的构成、观念的更新、组织形式的演变、功能设置的转化，以及外部社会环境（尤其政治环境）变迁产生的直接或间接的刺激因素与作用相互关联紧密，互为因果。[③]

关于行会制度在近代工场手工业和机器工业兴起之后的分解与衰落，也有学者进行了分析和论述。西方学者如玛高温、马士、甘博尔等人的早期研究成果一般都认为，晚清和民初的行会仍然能够在很大程度上强制同业者遵守行规，包括产品价格、工资和劳动条件、招收徒工的数量等方面的规定。[④]但后来也有学者提出了不同的意见。刘永成认为，清代乾隆以后行会即已开始分解，“标志着行会开始分解的重要特点，是大量的会馆向公所的转变”。进入近代甚至到民国，之所以还存在着行会制度，是因为这种分解有一个较长的过程。[⑤]彭泽益则认为此说所举的例子，如苏州武林会馆改为杭线公所等，都是清末的事情，不能作为乾隆年间行会“分解”标志的论据。[⑥]

① 黄汉民：《近代上海行业管理组织在企业发展与城市社会进步中的作用》，张仲礼主编：《中国近代城市企业·社会·空间》，上海：上海社会科学院出版社，1998年，第175、176页。

② 魏文享：《近代工商同业公会的社会功能分析（1918—1937）——以上海、苏州为例》，《近代史学刊》第1辑，第52、49页。

③ 朱榕：《上海木业同业公会的近代化——以震巽木商公所为例》，《档案与史学》2001年第3期，第53页。

④ 王翔《近代中国手工业行会的演变》，《历史研究》1998年第4期，第60-61页。

⑤ 刘永成：《试论清代苏州手工业行会》，《历史研究》1959年第11期，第29页。八十年代初刘永成与赫治清合写的《论我国行会制度的形成与发展》一文，认为清代乾隆以后行会的内在矛盾也已开始暴露，首要表现就是行会的分裂，其次是会行会旧规的“废弛”和行会约束作用的逐渐减弱。参见南京大学历史系明清史研究室编：《中国资本主义萌芽问题论文集》，南京：江苏人民出版社，1983年，第130页。

⑥ 彭泽益：《中国工商业行会史研究的几个问题》，彭泽益主编：《中国工商行会史料集》上册，“导论”，北京：中华书局，1995年，第15页。

全汉升认为行会的衰微是不可否认的事实，究其根由则既有内在的原因，也有外在的原因。[①]柯昌基强调行会在近代的功能与影响已明显消减，特别是辛亥革命后，随着民族资本主义经济的发展，行会的势力日减，只在少数古老的行业里留下了一席容身之地。有些地方的行会即使勉强保持，“也是有名无实，没有任何实质性的内容”[②]。彭南生也认为，清末民初随着民族资本主义经济的发展与行业变迁的加速以及民国政府的政策导向，旧式行会逐步退出了历史舞台，代之以新式工商同业公会。[③]王翔认为工场手工业和近代机器工业的兴起，是对行会制度的致命威胁，而手工业行会很少能够组织起坚强的抵抗，无法阻止自身的衰落和资本主义生产方式的成长。但是，也不能说处在衰落过程中的行会已全然不起任何作用。许多手工业行会仍然试图对其成员之间的竞争加以种种限制，并在一定范围内和一定程度上发挥着作用和影响。[④]唐文权认为苏州商会诞生之后，“商会作用的大大加强，使工商各业公所名存实亡，呈现出解体的种种迹象”[⑤]。

五、行会与商会的区别及联系

如果说行会是中国传统的工商组织，那么诞生于清末的商会则是新式商人社团，两者在许多方面都存在着不同，对此大多数学者并无异议。但是，行会与商会究竟有哪些具体的差别，在哪些方面存在着联系和共同点？学术界对这些问题的看法仍多有争议。

日本学者中有的将商会视为全市性的商业行会，即旧式行会的联合体，认为商会与行会并不存在本质区别。如根岸佶指出，中国“商会的外观同外国商业会议所无异，而其实质，征之于它的内容和进行的活动，显然是行会性的”[⑥]。仓桥正直也认为，晚清中国的行会“是具有强烈行会性质的商业会议

① 全汉升：《中国行会制度史》，台北：食货出版社，1986年，第205–210页。

② 柯昌基：《试论中国之行会》，《南充师院学报》（人文社会科学版）1986年第1期，第6–7页。

③ 彭南生：《民国时期工商同业公会政治参与行为的实证分析——以民初上海工商同业公会为考察重点》，《近代史学刊》第1辑，第18页。

④ 王翔：《近代中国手工业行会的演变》，《历史研究》1998年第4期，第63、66、68页。

⑤ 唐文权：《苏州工商各业公所的兴废》，《历史研究》1986年第3期，第72页。

⑥ 转引自徐鼎新：《中国商会研究综述》，《历史研究》1986年第6期，第84页。

所”[①]。中国学者对这一问题则持有不同的意见。

马敏、朱英分析了苏州行会与商会的区别及联系，认为“近代的商会与传统的行会有着许多原则性的本质区别，不能简单地视商会为行会的联合体”。不过，行会与商会又存在着比较密切的联系，也可以说是一种千丝万缕的血缘关系。[②]朱英在其专著《辛亥革命时期新式商人社团研究》中也阐述了类似的观点，并明确将会馆、公所作为“前近代社团”，将商会作为“近代社团”，以示区别这两种组织是性质完全不同的工商团体。[③]邱澎生则对这种将商会与行会两相对立的划分提出了不同看法，认为这种划分忽略了行会在组织发展过程中不同籍贯、不同职业的动态变化。[④]

邱澎生还进一步论述了商会与会馆公所是既相异又相似：相异之处是商会成员的跨行业性特征，不同商会彼此间的联络能力较强，以及商会组织规章具有全国统一性和结构完整性；相同之处是经费都来自结社商人的捐款，具有详细的组织章程，并自行设立团体的管理人员负责商人捐款的管理工作。另外，商会成立以后还与会馆公所形成了密切的互动关系。[⑤]王翔也指出商会与行会关系密切，各地商会次第成立，大多都是利用原有行会制度的基础，将原有的工商业行会组织汇聚一处。[⑥]吴慧同样强调，作为特定地域工商各业联合体的

① 仓桥正直：《清末商会和中国资产阶级》，丁明炤译，中国近代经济史丛书编委会编：《中国近代经济史研究资料》（1984年上半年），上海：上海社会科学院出版社，1984年，第50页。

② 马敏、朱英：《浅谈晚清苏州商会与行会的区别及其联系》，《中国经济史研究》1988年第3期，第80–87页。

③ 朱英：《辛亥革命时期新式商人社团研究》，第1章，北京：中国人民大学出版社，1991年。

④ 邱澎生：《评朱英〈辛亥革命时期新式商人社团研究〉》，《新史学》（台湾）第4卷第3期（1993年），第148–149页。

⑤ 邱澎生：《商人团体与社会变迁：清代苏州的会馆公所与商会》，博士学位论文，台北：台湾大学历史研究所，1995年，第106–125页。另外，邱澎生在其《十八、十九世纪苏州城的新兴工商业团体》（台北：台湾大学出版委员会，1990年）一书中阐明，相对于20世纪的“商会”与“同业公会”来说，会馆、公所当然是“传统”的工商业团体，但相对于18世纪以前的种种传统工商业团体，会馆、公所这些工商业团体，却又呈现出许多不同的特质，所以“传统”也不再是那么“传统”，同样可以称之为“新兴工商业团体”（见该书第3–4页）。

⑥ 王翔：《近代中国手工业行会的演变》，《历史研究》1998年第4期，第62页。

商会，不是对公所的否定或取代，而是以公所为其成员基础。[①]张恒忠以上海的情况为例，说明清末上海作为区域结社的行会“不但在数额上增加了，其性质也与前有相当的差异”，是构成清末民初上海总商会的主体，尤其在清末上海商务总会时期，“上海商会可说是这些区域结社的职盟”。[②]

虞和平也认为行会与商会既存在着不同，又有许多相同之处：商会的功能集中在经济和政治方面，不像行会那样还有宗教、联谊和福利方面的功能；行会是合一业而成一会，商会则是联百业而成一会。“行会与商会的结合是以它们两者的某些同质因素为基础的”，如果将商会的组织特性与行会的潜在适应性相对照，“就可以发现商会的主要特性正是行会所具有的潜在适应性的放大”。[③]范金民也阐明，行会与商会的关系“是发展与进一步发展的关系”，商会不仅并未替代会馆公所的作用，相反它还必须通过会馆公所才能充分发挥自己的作用。[④]黄福才、李永乐则从另一方面指出商会与行会的相同点，认为商会虽然是新成立的商人社团，但也具有不同程度的“封建性和买办性”，与行会有某些相似的一面，也有着共存的基础。[⑤]

关于会馆与商会的关系，王日根指出，不能简单地认为会馆与商会的区别在于有无同乡关系，也不能笼统地讲会馆具有褊狭地域性而商会具有开放眼光，或者说会馆是传统社会组织而商会是现代社会组织，实际上会馆与商会在许多方面有着共同的追求，这是会馆能成为商会“合帮会员”的前提。[⑥]丁长清认为，商会与会馆的不同在于，它已不是以地缘为纽带组成的某地区、某帮商人的组织，而是各帮商人的全国性组织；与公所的不同则在于，它不是某一

① 吴慧：《会馆、公所、行会：清代商人组织演变述要》，《中国经济史研究》1999年第3期，第123页。

② 张恒忠：《上海总商会研究（1902—1929）》，台北：知书房出版社，1996年，第20页。

③ 虞和平：《西方影响与中国资产阶级组织形态的近代化》，《中国经济史研究》1992年第2期，第106页；虞和平：《商会与中国早期现代化》，上海：上海人民出版社，1993年，第160–161页。

④ 范金民：《明清江南商业的发展》，南京：南京大学出版社，1998年，第273、275页。

⑤ 黄福才、李永乐：《论清末商会与行会并存的原因》，《中国社会经济史研究》1999年第3期，第65页。

⑥ 王日根：《近代工商性会馆的作用及其与商会的关系》，《厦门大学学报》（人文社会科学版）1997年第4期，第28页。

行业的组织，而是各业全体商人的共同组织。[①]

六、行会与政府的关系

从截至目前的研究成果看，大多数学者认为中国的行会与政府存在着比较密切的关系。其原因一是政府必须利用行会达到各方面的目的，二是行会也需要依靠政府的支持发挥某些方面的职能，因而两者之间有着互用互补的关系。如同刘永成所说：手工业作坊主及其行会组织如果不在某种程度上依附封建政治势力，或与之勾结，便很难开设作坊；封建官府为了保证税收以及通过行会雇募工匠，对手工业作坊进行征物征役等的方便，也得对作坊主和行会组织在一定程度上给以保护。[②]

中国行会的建立与政府不无关联。政府对于行会的建立往往采取比较积极的态度，并对行会进行不同程度的控制。刘永成、赫治清认为，封建政权为确保赋税收入和满足行会会员为垄断市场的要求，加强对城市工商业的管制和剥削，必然要对行会组织进行干预和控制，以至把它变为官府对工商业者实施统治和征敛的工具。[③]全汉升认为，“免行钱”的实行是行会与官府之间建立的一种新经济关系。[④]柯昌基指出，中国行会的两大特征之一，就是一开始便从属于国家，始终未能争得对城市的自治权。政府高高地凌驾于行会之上，行会不过是它属下一个可以任意欺凌的走卒而已。[⑤]李华认为承值官差，负责替代官府向工商业者摊派徭役，征收赋税，是行会与封建政府有着千丝万缕联系各种表现，同时行会组织也要依靠和勾结封建官府，对会员进行控制。[⑥]

在太平天国农民战争期间，行会遭受严重破坏，19世纪后期行会组织迅速重建和恢复，并进入一个新的发展时期。彭泽益认为，这一时期行会得以重建

① 丁长清：《试析商人会馆、公所与商会的联系和区别》，《近代史研究》1996年第3期，第307页。

② 刘永成：《试论清代苏州手工业行会》，《历史研究》1959年第11期，第45页。

③ 刘永成、赫治清：《论我国行会制度的形成和发展》，南京大学历史系明清史研究室编：《中国资本主义萌芽问题论文集》，南京：江苏人民出版社，1981年，第122、120页。

④ 全汉升：《中国行会制度史》，台北：食货出版社，1986年，第69–71页。

⑤ 柯昌基：《试论中国之行会》，《南充师院学报》（人文社会科学版）1986年第1期，第11页。

⑥ 李华：《论中国封建社会的行会制度》，南京大学历史系明清史研究室编：《中国资本主义萌芽问题论文集》，南京：江苏人民出版社，1981年，第92–93页。

与恢复，一方面是各地商人和手工业者出于维护自身利益的需要，另一方面也仍然是出于适应官府差务的需要，官府在各方面利用行会组织为其服务。[①]还有学者认为19世纪后半期会馆公所的恢复，是旧式行会的卷土重来："行会的重建体现着封建统治秩序在城市里的恢复，对城市资本主义萌芽的成长造成极其严重的障碍。"[②]王翔则对此种观点持有异议，认为不应将会馆公所的"重建"与行会组织的"重演"混为一谈。一些重建的公所，实际上已不是旧式行会，而是新型同业组织。[③]唐文权以苏州的情况为例，阐明太平天国之后重建的各业公所虽"继续保持着传统封建行会的模样"，但由于时代和社会性质的演变，其内部也相应出现了过去所没有的新变化。[④]

七、中外行会比较研究

绝大多数学者认为，中国行会既与西欧行会有许多相似之处，同时在某些方面又有不同之处。关于中国行会制度与欧洲行会制度的"共性"，李华认为：中西方行会都与封建统治者存在着联系，只有程度的不同，没有实质的差别；中西方行会在初期都曾抑制竞争，但后来实际上又都存在竞争；中西方行会内部各阶层之间的关系，都是用一条宗法关系的纽带，紧密地联系在一起；中国的行会内部与西方行会一样存在着学徒制度。[⑤]但刘永成、赫治清指出，官府将行会变为对工商业者实施统治和征敛的工具，这是中国封建社会不同于中世纪欧洲各国的一个重要特征。不过，他们也认为"清代的工商业行会同欧洲封建社会的行会，在性质和职能上基本相同"[⑥]。

关于中国行会不同于西欧行会的特点，首先是在产生形成方面。彭泽益阐

① 彭泽益：《十九世纪后期中国城市手工业商业行会的重建和作用》，《十九世纪后半期的中国财政与经济》，人民出版社1983年版，第179页、209–216页。此文原载《历史研究》1965年第1期。

② 茅家琦主编：《太平天国通史》下册，南京：南京大学出版社，1991年，第324–331页。

③ 王翔：《从云锦公所到铁机分会——近代苏州丝织业同业组织的嬗变》，《近代史研究》2001年第3期，第110–111页。

④ 唐文权：《苏州工商各业公所的兴废》，《历史研究》1986年第3期，第64–67页。

⑤ 李华：《论中国封建社会的行会制度》，南京大学历史系明清史研究室编：《中国资本主义萌芽问题论文集》，南京：江苏人民出版社，1981年，第92–99页。

⑥ 刘永成、赫治清：《论我国行会制度的形成和发展》，南京大学历史系明清史研究室编：《中国资本主义萌芽问题论文集》，南京：江苏人民出版社，1981年，第123、125页。

明中世纪西欧城市中的行会是随着城市的兴起，在反对封建领主的斗争中形成，并在反对城市贵族的斗争中发展。所以西欧的行会不仅是一个同行业的、经济的、社会的组织，也是一个手工业者战斗的组织。中国行会最初却是官府为了便于管理坊市的“行”，收缴赋税，差派徭役，协助政府平抑物价而建立的。[①]范金民指出，江南相当部分的行业性公所与中世纪的行会在产生目的、成立时的社会背景等方面都不一样，很多是为了谋求官方保护，还有一些行会的创立或恢复是为了维护行业信誉和产品质量，同时也是为了对付西方经济势力并与之展开竞争，这也与西欧行会的建立原因有所不同。[②]虞和平则提出了不同的见解，他认为：西方的行会一般是在政府的批准下成立的，“中国的行会基本上是自发组成的”；西方行会制定行规时有官府直接参与，“中国的行会则完全由自己制定和修正行规”，然后报请官府备案出示。虞和平还论述了鸦片战争后中国新设的行会，有些是随着本行业在对外贸易的间接影响下获得兴盛而产生的，有些随着出口品加工工业和进口替代品制造工业的产生发展而成立的。[③]

其次是在功能与作用方面，中国的行会除了具有西欧行会的一些基本功能，还发挥了某些独特的作用，其中比较突出的是在举行祭祀与慈善救济等方面的作用。刘永成指出，中国的“行会以迎神祭祀活动和公益救济事业为其重要内容”[④]，这些活动具有浓厚的封建色彩。洪焕椿认为，各会馆公所兴办的善举内容不一，虽带有封建色彩，“但对于维护同业利益，加强集体行业的内部团结，以利竞争，都是起了重大作用的”[⑤]。

至于在行会基本功能方面的差异，唐力行指出，与西欧的基尔特相比较，中国商人业缘组织的排他性与专业垄断性都显得较弱。[⑥]范金民将会馆公所区分为地域性和行业性两类，认为地域性的会馆公所无不以联乡谊、祀神祇为宗

① 彭泽益：《中国工商业行会史研究的几个问题》，彭泽益主编：《中国工商行会史料集》上册“导论”，北京：中华书局，1995年，第3、5页。

② 范金民：《清代江南会馆公所的功能性质》，《清史研究》1999年第2期，第50–51页。

③ 虞和平：《商会与中国早期现代化》，上海：上海人民出版社，1993年，第155–156页；《鸦片战争后通商口岸行会的近代化》，《历史研究》1991年第6期，第123页。

④ 刘永成：《试论清代苏州手工业行会》，《历史研究》1959年第11期，第44页。

⑤ 洪焕椿：《论明清苏州地区会馆的性质及其作用》，《中国史研究》1980年第2期，第14页。

⑥ 唐力行：《商人与中国近世社会》，杭州：浙江人民出版社，1993年，第105–106页。

旨，而行业性会馆公所未必限制竞争、垄断市场，其与欧洲的行会有很大的不同，既具有救助同业、社会救济等慈善事业方面的功能，又在镇压工匠反抗、保证产品质量、维护营业信誉、提倡公开竞争等方面发挥了作用。[①]

由于不同的社会环境与形成过程，西欧一些国家的行会在城市中具有自治权，而中国的行会在这方面却鲜有建树。汪士信指出，西欧一些国家的行会确实拥有特权，这不仅表现在每个行会制定的行规具有法令的效力，还表现在各个行会联合起来可以左右所在城市的市政，控制城市议会，拥有自己的武装。中国的行会具有行会所特有的、基于自卫基础上的对同业的全部经济约束力，但没有西欧式的政治上的行会特权。[②]李华也认为，由于欧洲中世纪与众不同的城乡关系，某些新兴城市里的行会组织，逐渐形成了它本身所具有的特点，如争取城市自治，自行管理行政，自行规定税收等，往往和封建庄园主处于对立的地位。中国许多方面不同于欧洲的特点，则决定了中国行会不可能具有欧洲行会那样的权力。[③]

再次是在组织形式和类别上，中国的行会比较复杂，不仅有会馆、公所等不同的名称，在商人行会与手工业行会的发展方面，中国也具有不同于欧洲的特点。李华认为，中国行会组织在明清时代，地方商人行会占很大比例。"地方商人组成行会，这正是欧洲行会组织所无，是我国行会组织所独有的特殊现象。"欧洲在中世纪行会制度处于初期阶段时商人行会也占优势，但随着经济进一步发展，社会分工不断扩大，手工业者很快从商人中分离出来成立手工业行会，并占据优势地位。中国手工业行会由商业行会分离出来的时间很晚，分离的过程很缓慢，数量也不多，商业行会得以长期占统治地位。[④]

① 范金民：《清代江南会馆公所的功能性质》，《清史研究》1999年第2期，第52页。

② 汪士信：《我国手工业行会的产生、性质及其作用》，中国社会科学院经济研究所学术委员会编：《中国社会科学院经济研究所集刊》第2辑，北京：中国社会科学出版社，1979年，第217、231页。

③ 李华：《论中国封建社会的行会制度》，南京大学历史系明清史研究室编：《中国资本主义萌芽问题论文集》，南京：江苏人民出版社，1981年，第102页。

④ 李华：《论中国封建社会的行会制度》，南京大学历史系明清史研究室编：《中国资本主义萌芽问题论文集》，南京：江苏人民出版社，1981年，第103–107页。

第三节 中国行会史研究存在的问题及展望

百年来史学界对中国行会史的研究，虽然呈现出逐步发展的趋势，取得了不少值得重视的研究成果，但同时也存在着一些问题。为了更进一步促进中国行会史研究的发展，需要对这些问题进行探讨和分析。以下试从若干方面谈谈笔者的一些不成熟看法。

一、理论运用方面存在的问题

初步考察了中国学者有关行会史研究的主要成果之后，总体感觉是迄今为止部分学者虽然在理论运用方面作出了一些尝试，却显得不够充分，特别是与近些年来史学界在商会史研究方面的理论探讨相比较，行会史研究中的理论创新显然有所不及。[①]

20世纪80年代以前的行会史研究，主要是在中国资本主义萌芽的理论框架范围内进行，几乎可以说没有独立的理论研究体系，在研究过程中，具体运用较多的是马克思主义经典作家有关西欧行会的理论。西欧的行会虽具有某些典型性的代表意义，马克思主义经典作家的有关理论对中国行会史的研究也具有重要的指导意义，但是如何准确全面地理解马克思主义经典作家有关西欧行会的理论，并结合中国的实际情况运用于中国行会史的具体研究，则仍然存在一些问题。正因为理解和运用的不同，才会出现有的学者以马克思主义经典作家的有关理论为依据，提出中国历史上不存在行会的说法，有的学者则只是简单地以经典作家论述西欧行会的理论套用于中国行会史的研究，在许多具体问题的研究中造成不少的困惑。另一个不容忽视的问题是，要看到世界各国的行会有多种多样的不同模式，马克思主义经典作家所论述的只是西欧行会，其相关的理论可以作为研究其他国家行会的一种指导，却不能将其对西欧行会各方面的论述全都当作一成不变的主要依据。否则，对于与西欧行会存在着众多不同的中国行会，就很难给予合乎历史实际的描述与分析。中国历史和现实的发展，与欧美甚至其他亚洲国家的明显差异人所共知。因此，在研究行会和其他任何中国问题时，除了借鉴西方的理论，还需要结合中国的国情建立符合实际

① 有关商会史研究中理论框架的运用，参见冯筱才：《中国商会史研究之回顾与反思》，《历史研究》2001年第5期，第158–161页。

的理论体系。这一点，恰恰是行会史研究中比较缺乏的一个重要环节。

近十年来，参与研究行会史的学者队伍与以前相比较出现了一些变化。早期主要是古代史学者对明清时期行会的研究，后来则有一部分近代史学者开始对明清与近代行会进行探讨，这部分学者大多是从早先的商会史、同业公会史研究进而扩展到行会史研究，由此使行会史研究在理论运用方面出现了一些新的变化。特别是在商会史和同业公会史研究的带动下，一部分学者在商会与行会的比较研究中开始运用“传统与现代”的理论框架，亦即现代化理论，这称得上是行会史研究在理论上的一大进展。有关的具体研究成果在上节的“行会与商会的区别及联系”中已作介绍，这里不再重复。

但是，从目前的研究成果看，运用“传统与现代”这一理论框架研究行会史仍然存在着某些片面性。一种倾向是过于强调行会所具有的传统落后因素，忽略了行会内部自身在近代的发展演变，亦即行会内部现代因素的出现；另一种倾向是夸大行会的发展变化，过于强调行会已具有的现代因素，而忽略其受传统落后因素的制约与影响。如何准确和全面地考察行会在近代发展演变过程中所存在的传统与现代因素，进而比较客观地分析这两种因素对行会在各方面的作用与影响，还需要更多的实证研究加以验证。

除了现代化理论的运用，在行会史研究中还可以参考借鉴其他相关理论。在这方面，商会史研究的进展特别值得借鉴。如在商会史研究中除了采用“传统与现代”即现代化理论，还有学者运用“社会与国家”之公共领域和市民社会理论，透过商会用新视野考察清末民初社会与国家的发展变化，以及商会与政府的新型互动关系[①]。尽管有学者指出，公共领域和市民社会理论运用于商会研究还有待进一步完善，甚至个别学者提出不同的意见，但不可否认，这一理论的运用对于改变以往就事论事的商会研究格局产生了一定的积极作用，仍值得借鉴。商会虽然是近代出现的新型商人社团，行会则是较早产生的传统工商组织，但二者都属于工商业者组成的民间团体，因而行会史研究同样可以借用公共领域和市民社会理论进行新的探讨。不仅如此，各业行会又大多是商会

① 参见马敏、朱英：《传统与近代的二重变奏——晚清苏州商会个案研究》，成都：巴蜀书社，1993年；朱英：《转型时期的社会与国家——以近代中国商会为主体的历史透视》，武汉：华中师范大学出版社，1997年；王笛：《晚清长江上游地区公共领域的发展》，《历史研究》1996年第1期。

的基层组织，商会与政府的互动离不开各业行会的支撑。如果借鉴公共领域和市民社会理论，将考察国家与社会新型互动关系的对象进一步下移至行会，不仅可以为行会史研究提供新视野，或许还可对商会与政府的互动得到某些新认识。事实上，国家与社会这一理论分析框架，20世纪90年代以后在社会史和其他相关学科领域中也有较多的实际运用，并取得了一批重要的研究成果，受到许多学者的重视与好评。其原因是，“以国家与社会这一理论作为社会史研究的分析性话语，使得各种选题分散的基层社会研究具有了相对统一的理论指向和更为深刻的问题意识及更加广阔、宏观的研究视野”①。

近二十年来社会史研究中运用的某些理论分析框架，在行会史研究中同样也值得参考借鉴。例如80年代以后社会史研究的复兴，与借鉴法国年鉴学派为代表的西方社会史研究理论和其他新兴社会科学理论有着相当紧密的联系。所以，社会史研究中各种理论框架的运用在中国历史学中显得十分突出。如区域社会史理论框架的运用，社会学、人类学、宗教学、地理学等相关学科理论的借鉴，在许多社会史研究成果中都不难看到。从学科的分类来说，行会作为社会组织之一种，应该也属于社会史的范畴。但迄至目前，除了个别学者对会馆的研究采取了一些社会史的理论方法外，其他在社会史研究中已较多运用的各种理论分析框架，却在行会史研究中较少运用，这显然是行会史研究的一个缺陷。②

需要说明的是，以上笔者虽一再强调理论创新对行会史研究深入拓展的重要意义，但并不因此而否认或是忽视具体实证研究的重要性。仅有理论的创新，而没有扎实的实证研究，这种理论创新并无任何实际意义。从中国历史学许多分支学科的发展进程不难发现，所谓理论创新说起来往往十分深奥，如果只是单纯探讨这些理论问题会越来越糊涂。实际上，新的理论框架在很大程度上主要是为我们提供新的研究视野和研究角度，完善我们的研究方法，帮助我们更加全面和更加深入地开展实证研究。

① 赵世瑜、邓庆平：《二十世纪中国社会史研究的回顾与思考》，《历史研究》2001年第6期，第170页。

② 关于近二十年来社会史研究中理论分析框架的运用及相关成果的介绍，参见赵世瑜、邓庆平：《二十世纪中国社会史研究的回顾与思考》，《历史研究》2001年第6期。

二、研究方法方面存在的问题

研究方法的改进，往往会对某个研究领域甚至是学科的发展产生至关重要的影响。要想使行会史研究在已有基础上获得更进一步的深入发展，也必须从这方面进行认真总结，在改进研究方法方面做出更多的努力。

从以往行会史研究的发展情况看，与缺乏理论创新比较相似的是，在有意识地改进研究方法上也做得不够。特别是20世纪80年代以前的研究成果，大多主要采用传统的历史学研究方法，一般性地就行会的某些具体问题开展研究，给人一种比较单一和沉闷的感觉。80年代以后，不少学者开始采用比较研究的方法，使行会史研究在原有基础上取得明显的进展。目前所见的比较研究，一是与国外行会，主要是西欧行会进行比较；二是与商会和同业公会进行比较。在比较研究方面虽已取得值得重视的成果，但仍然存在着需要进一步改进的地方。例如中外行会的比较研究，除了与西欧行会的比较，还应与更多国家和地区各种不同类型的行会进行比较，这样才能更为准确地认识中国行会的特点。上文已经提及，西欧的行会虽具有代表性，但它毕竟只是世界上各种行会范型中的一种，仅仅限于与西欧行会作比较是远远不够的，中外行会的比较研究应该在更广的范围内进行。彭泽益已经指出，欧洲中世纪拜占庭行会与西欧行会一样也是手工业者和商人的组织，但由于社会经济条件的不同，它至少有两点不同于西欧行会，一是为国库的利益服务，二是内部成员不同。[①]很显然，中外行会的比较需要扩展至西欧以外的更多国家。目前，中国行会与亚洲国家如日本行会的比较研究还是一个空白，这也是亟待弥补的一大明显缺陷。

即使是与西欧行会进行比较，也应注意西欧各国之间的差异，而不能不加区分地将西欧各国行会都视为没有任何差异且在各方面完全相同的组织。因为西欧各国在历史传统、社会结构、文化素质以及民族心理、地理环境等方面尽管有许多相同之处，但同样存在一些差异，所以，西欧国家的行会也是同中有异，只是我们没有仔细地予以研究和区别。如果将中国行会笼统地与西欧行会进行比较，而不注意西欧各国之间行会的差异，有时也会得出一些似是而非的结论。因此，在进行中外行会的比较研究时，最为稳妥和有效的方法是将中国

① 彭泽益：《中国工商业行会史研究的几个问题》，《中国工商行会史料集》上册，“导论”，北京：中华书局，1995年，第3–4页。

的行会与某个具体国家的行会进行比较，如中国和英国、中国和日本行会的比较，这样就可以避免笼统比较带来的缺陷。但是，这样的比较研究成果，在行会史研究中尚付之阙如。

以往中外行会史比较研究中存在的另一个问题，是对比较的对象即外国行会缺乏深入具体的研究。其具体表现，是对外国行会的第一手资料占有很不充分，这从一些研究成果征引外国行会资料的注释中绝大部分属转引的第二手资料即可见得。许多涉及中外行会比较的论著，只是直接利用国内外一些研究外国行会成果中的观点和结论，没有真正对外国行会进行深入研究。由此而得出的结论，其准确度和可信度不能不令人怀疑。事实表明，比较研究是一项非常有实效同时又是非常困难的工作，其前提是必须找准比较的对象，而且要知己知彼。如果对比较的对象既未占有大量第一手的资料，也未作深入细致的研究，就很难做出真正扎实可靠的比较研究成果。所以，中外行会史的比较研究，在这方面还需要进行更艰苦的努力才能取得新的进展。

还有一种值得注意的现象是，在进行中外行会的比较研究时，要防止先入为主和为己所用的研究方法，在论述中国行会不同方面的问题时，根据自己的需要，或套用欧洲行会的模式，或简单认定是中国行会的特点，其结果必然导致标准不一，人言人殊。范金民论述清代江南会馆公所时曾指出，江南的行会千姿百态，“不能不作具体分析，一见公所甚至会馆公所即认定为欧洲式的行会，更不能凭概念、凭直感，以中世纪欧洲行会的模式来准齐江南的公所。我们不能在用欧洲行会的特点框套江南的公所不符合时就说这是中国行会的特色，而在论述中国行会的作用时却又以欧洲行会来生搬硬套”[①]。

中国是一个地域辽阔且各地区政治、经济、文化等方面发展都很不平衡的大国，不同地区的行会常常具有某些不同的特点。例如有些地区的会馆更多地体现出同乡组织的特点，并非完全由商人组成；有些地区的会馆则兼有同乡组织和行会二重性质，商人在其中起主导作用。如果仅仅对某个地区的会馆进行考察，而不进行综合分析，就难免以偏概全。因此，除了中外行会的比较，还可进行不同地区行会的比较研究。

分层次的研究方法，在过去的行会史研究中也存在一些问题。这里所说的研究层次，主要是指宏观、中观和微观三个不同的层次。具体说来，宏观研究

① 范金民：《清代江南会馆公所的功能性质》，《清史研究》1999年第2期，第52–53页。

是从整体上对中国行会的综合论述，中观研究是对某个城市或区域行会的考察，微观研究则是对某个行会进行深入细致的分析。就一般情况而言，比较充分的微观研究应是中观研究的基础，中观研究是宏观研究的基础。如果微观研究和中观研究都不充分，宏观研究势必缺乏应有的基础与条件，所得出的结论也难免会出现这样或那样的欠缺。

行会史研究的现有成果，在很大程度上呈现出某种相反的发展趋势。考察地区性行会的中观研究和从整体上对行会进行综合论述的宏观研究成果为数不少，其中又以宏观研究的成果居多，而深入剖析某一行会的微观研究则难得一见。近年来才开始有个别学者采取微观研究的方法对某一行会的发展演变进行了翔实的考察与分析，如王翔通过搜集大量的有关资料，比较深入地探讨了苏州丝织业同业组织从云锦公所到铁机公会的发展变化过程。但类似这样的微观研究，到目前可以说是少之又少，这显然是行会史研究中不能忽视的一个缺陷，也是在今后的研究中亟待加强的一个重要环节。如果说明清时期的行会由于资料大都极不完整，很难对某个行会单独进行深入细致的微观研究，那么到了近代，在一些工商业比较发达的城市，留存下来的部分行会的各种资料已使这种个案研究成为可能。问题的关键，在于我们是否充分意识到微观研究的重要性，并勇于下苦功夫去搜集有关的档案、报刊、方志、碑刻等各种资料，沉下心来进行扎实的微观研究。

定性研究与定量研究的有机结合不够充分，是行会史研究的方法论中存在的另一个问题。尤其是相关的定量统计，在已有的行会史研究成果中十分缺乏。目前所见比较普遍的情况，大多是一种定性的研究。有些论著虽有一些统计，但主要是限于对一些地区会馆、公所数量的统计，这一统计尽管也有其意义，却对阐明行会的各方面具体情况并无多大作用。更重要的是，应该分作若干方面，对行会进行具体的定量分析，特别是可以做量化分析的资料，不宜用一般的定性分析取代。如果缺乏比较充分的定量分析，仅仅通过定性研究所得出的结论，往往难以具有说服力。如同有学者曾指出的，论述近代上海行会的现代性演变时，单纯以企业家正在变成这些过渡中的商人团体的领袖人物为依据是不够的，因为上海当时具体有多少行会正在发生此种转变，所占比例如何，在上海的行会组织中，又有多少领袖是处于转化中的“企业家”，所占比例又如何，这些都需要做具体的量化分析，否则其论点不足以服人。[①]由此可

① 冯筱才：《中国商会史研究之回顾与反思》，《历史研究》2001年第5期，第162页。

知，将定性研究与定量研究有机地结合起来也是今后行会史研究需要加强的一个十分重要的环节。

除了上述几个方面的问题之外，在以往的行会史研究中，还或多或少地存在着采用“举例子”论证某一结论的研究方法。如有的论者通过举出某些例子说明会馆不属于行会组织，也有论者举出另一些例子论证会馆是行会组织，从而各自用不同的例子得出不同的结论。在史学研究中许多学者通常都会采用这种研究方法，对此笔者也并非全然反对，问题是要小心避免这种方法极易导致的片面性。已有学者明确指出：“这种方法颇为流行，却是不科学的，因为举例子往往会离开具体的历史过程。”[①] 列宁也曾说明：“社会生活现象极端复杂，随时都可以找到任何数量的例子或个别的材料来证实任何一个论点。”[②] 因此，采用“举例子”的方法时需要特别小心谨慎，必须随时注意任何一个例子都有其时空的限制，不宜轻易地将其放大为一种具有普遍性的现象。

三、研究主题和内容需要进一步拓展

行会是工商业者组成的经济组织，因而以往的行会史研究大多侧重于经济史方面的研究主题，这是理所当然的正常现象。但作为社会团体，行会也包含和体现着多方面的社会内容，所以仅仅侧重于经济史方面的研究主题是远远不够的，这或许正是行会史研究在中国历经较长时间却未能取得较大突破性进展的原因之一。

例如在论及中国行会的功能时，绝大多数论著都会提到行会开展崇拜神灵的活动，并认为这是行会最为常见的活动内容。但是，多数论著对行会的这一主要活动只是给予一般性的介绍，而且往往简单地将这一活动视为行会的封建迷信活动，是行会传统的保守性和落后性的具体表现，有的学者还将是否开展神灵崇拜活动作为区别商会为新式商人社团，行会是旧式传统组织的标准之一，却很少有人对中国行会这种行业崇拜活动真正进行深入细致的考察。实际上，我们完全可以拓展研究的主题，结合经济史方面的研究，同时从文化学、宗教学的角度对行会的这一活动进行分析。中国工商业者的宗教信仰与其经济

① 许涤新、吴承明主编：《中国资本主义发展史》第一卷“总序”，北京：人民出版社，1985年，第24页。

② 列宁：《帝国主义是资本主义的最高阶段》，法文版和德文版序言，《列宁选集》第2卷，北京：人民出版社，1972年，第733页。

活动紧密相联，本来就是相关研究中一个长期存在的薄弱环节。从明清到近代，随着基督教的传入，工商业者的宗教信仰发生了值得重视的变化，对其从事的工商活动也产生了不容忽视的影响，然而这一重要问题却一直未引起研究者的重视，相关的研究成果非常少见。李乔的《中国行业神崇拜》（中国华侨出版公司，1990年）一书，虽对这方面的问题有所涉及，但该书侧重于介绍，在分析论证方面还缺乏学术深度，也没有紧密结合行会进行论述。[①]郭立诚的《行神研究》（台北：中华丛书编审委员会，1967年）和任骋编《七十二行祖师爷》（台北：木铎出版社，1987年），与李乔说的情况基本相似。笔者认为，对行会崇拜神灵活动及其变化的具体剖析，可以为探讨工商业者的宗教信仰问题提供一个很好的典型事例，在这方面应该进行深入探讨。

又如中国的行会虽主要是一种经济组织，侧重于发挥经济方面的功能，但同时又是一个特殊的社会团体，具有社团的独特功能，在这方面同样也可以进行深入细致的分析。对于各个行会普遍开展的慈善活动，不应仅仅停留于一般性的介绍和叙述，而应从社会史的新视野加以考察。及至近代，中国传统的慈善活动开始向近代新型慈善公益事业转化，产生了新的社会影响。行会的慈善活动是一成不变，还是随着时代的发展出现了某些新的转变？行会开展的各种慈善活动，对于工商业者在各方面究竟产生了哪些影响？对于维系行会的发展，乃至对基层社会的运转，又有哪些作用？对这些问题都可以分别进行深入研究。除了慈善活动，对行会在地方基层社会中所扮演的重要角色，也应给予重视并做实证研究。目前，已有个别学者在这方面开始进行探讨，如张忠民探讨了清代上海会馆公所在地方事务中的作用[②]，王日根分析了会馆在社会变迁和社会整合过程中的影响[③]，但从整体上看这方面的研究仍十分不足，需要更多的学者从不同的角度进行多层次的考察和分析。

---

① 戴文葆在该书的序言中就行业神崇拜与行会的关系进行了说明，但他认为行会敬神是借神祇发挥“精神上宪兵的作用”，遇有同业纠纷、伙友争议、违章事件、本业习惯等问题，利用神充当仲裁角色；由于行会本身带有封建垄断性质，神祇的迷信也是雇主业主施展花招的掩护，在商品交换范围日益扩大的情况下，行会成为生产力发展的障碍，钳制和压迫帮工的工具，行会崇拜的神祇也成为愚弄帮工的帮凶（见李乔：《中国行业神崇拜》“序二”，北京：中国华侨出版公司，1990年，第6–7页）。这些结论显然不是从整体上对行会敬神活动进行的分析，只是就其中的某一方面给予说明，仍有值得进一步商榷之处。

② 参见张忠民：《清代上海会馆公所及其在地方事务中的作用》，《史林》1999年第2期。

③ 参见王日根：《乡土之链：明清会馆与社会变迁》，天津：天津人民出版社，1996年。

有些由同籍商人组成的会馆和公所，在一定程度上还具有与同乡会相似的功能，许多相关的论著都曾提及，日本学者大谷孝太郎撰有《上海的同乡团体和同业团体》一文，但长期以来中国学者很少有人深入进行类似的比较研究。同籍商人组成的会馆、公所与同乡会尽管有某些相似之处，但两者毕竟不是完全相同的组织，相互之间在组织结构、功能作用等各方面有哪些差别？进入近代以后，会馆、公所与同乡会的发展变化有何不同，影响又有哪些差异？对此可以采取个案考察与综合论述相结合的方式，进行具体而深入的研究。近年来，已有少数学者撰写的论文开始注意到这些问题①，但尚未引起更多学者的重视。

在其他许多方面，同样可以进一步拓展行会史研究的内容和深度。例如行会史的研究虽然历经百余年，但有关行会内部的许多具体运作情况，我们实际上并不是非常清楚。包括行会内部组织结构的状况与变化究竟是怎样的？行会的领导人与职员如何产生和怎样履行其职责？行会对各种违反行规的成员具体如何处置？其依据主要是成文的行规，还是不成文的习惯法？行会与官府的互动究竟涉及哪些方面的事项？具体采取哪些方式？是被动还是主动？商会诞生后行会如何扮演其基层组织的角色？职能如何分工？诸如此类，这些问题在有关行会的论著中往往只是简略涉及，很少见有扎实的专题研究成果问世。最近，才看到有个别学者开始注意考察行会内部的运作机制。如任放从制度架构切入，对清代湖南手工业行会的运作机制进行了分析，认为行会条规“是制度架构与经济合同的混合物”②。目前，这方面的实证研究仍显得十分薄弱，拓展行会史研究的内容和深度，需要进行更多深入细致的专题研究。

由于许多方面的专题研究比较缺乏，系统深入的综合研究没有坚实的基础，相关的成果实际上并不多。关于全面研究中国行会史的专著，早期有根岸佶等日本学者撰写的数本著作，晚期则有美国学者罗威廉（William T. Rowe）的力作《汉口：一个中国城市的商业和社会（1796—1889）》（*Hankow: Commerce and Society in a Chinese City, 1796-1889.* Standford University Press,

① 高洪兴的《近代上海的同乡组织》一文（见《上海研究论丛》第5辑）论述了上海会馆、公所与同乡会的关系，很有参考价值，但文中的有些结论还需要更多材料的论证。宋钻友的《一个传统组织在城市近代化中的作用——上海广肇公所初探》（见张仲礼主编：《中国近代城市企业·社会·空间》，上海：上海社会科学院出版社，1998年）认为进入民国以后，广肇公所呈现出加强与同乡移民群体联系的迹象，其职能的重心已转移到为全体同乡服务。

② 任放：《论清代湖南手工业行会的运作机制》，《求索》2001年第5期，第122-124页。

1889）[①]。特别是罗威廉的专著对汉口商业行会有许多比较精辟的论述，在西方的中国史学界产生了相当大的影响。中国学者则除了全汉升早在20世纪30年代出版过一本《中国行会制度史》之外，其后很少有研究行会的专著问世。邱澎生的《十八、十九世纪苏州城的新兴工商业团体》一书，主要探讨了会馆、公所的组织发展与权力运作，虽然作者指明该书在术语上避免采用“行会”这个字眼，但实际上该书仍然是20世纪中期以后中国学者撰写的一部论述地区性行会的专著。[②]

这里附带谈谈行会史研究中拓展研究主题和内容值得重视的另一个问题。翻检国外学者研究中国行会史的成果，再与中国学者的研究成果相对照，使人时常产生各种各样的感叹。其中比较明显的一个感受是国外学者的一些成果，包括20世纪上半期的研究成果，已具有相当的学术深度，对有关行会的许多问题的探讨也比较全面，而其中有些问题在中国学者的研究成果中却一直较少涉及。另一个感受是，中国学者对外国学者的相关研究成果未予以足够的重视，许多论文甚至只字不提国外的相关研究成果，这样既不符合学术规范，也容易形成无创新性的低水平重复研究的成果。例如日本学者清水盛光的长篇论文《传统中国行会的势力》，是一篇研究中国行会的力作。该文不仅论述的问题比较全面，而且在探讨中国行会的起源、中外行会的比较、行会与政府的关系、行会内部的上下关系等许多问题上不乏独到的见解。该文1936年发表于《满铁调查月报》之后，又于1985年在台北《食货月刊》刊出了中译文，但是笔者查检的众多中国大陆学者撰写的行会史研究论文中，却没有一篇引用过清水盛光的这篇论文。即使是像前面提到的罗威廉所写在西方中国史学界已产生

---

① 有关该书具体内容的介绍可参见彭雨新、江溶：《十九世纪汉口商业行会的发展及其积极意义——〈汉口：一个中国城市的商业和社会（1796—1889）〉简介》，《中国经济史研究》1994年第4期；另见杨念群：《“市民社会”研究的一个中国案例：有关两本汉口研究著作的论评》，《中国书评》（香港）1995年总第5期。

② 邱澎生：《十八、十九世纪苏州城的新兴工商业团体》，台北：台湾大学出版委员会，1990年，第2页。该书之所以避免采用“行会”一词，据作者解释其原因：一是在学术著作长期自觉或不自觉地以欧洲基尔特（Guild）为比附对象的影响之下，传统中国工商业团体的全貌已被严重扭曲，“行会”几已成为“中国基尔特（Guild）”的同义语，在尚未出现坚强论证之前，不宜用“行会”这个术语；二是在20世纪中国政府明令工商业团体采用“商会”或“同业公会”等正式称谓之前，传统工商业团体几乎没有一个正式而统一的称谓，为免挂此漏彼，不如使用“工商业团体”来称呼（见该书第2–3页）。

较大影响的著作，也很少看到中国学者在研究行会史的论著中加以介绍和引用。如果说过去因为闭关锁国，与国外的学术交流受到限制，难以看到国外的相关研究成果，出现这种情况尚属情有可原，那么在当今改革开放，与国外的学术交流已十分密切，而且现代资讯手段已十分发达的状况下，仍然继续如此则值得中国学者反思和检讨。

四、资料的整理与出版尚待加强

史学界一部分学者为搜集和编纂行会资料付出了辛勤的努力，其中包括早期外国学者通过实地调查的方式搜集资料，然后加以整理出版。这些资料的出版，特别是数本碑刻资料问世之后，为更多学者研究行会创造了便利的条件。众所周知，历史研究最基本的前提是史料的搜集，可以说，不同历史时期取得的行会史研究成果，都与当时相关史料的发掘编纂有着密切的关系。但是，与大型成套商会档案的出版相比较，行会史资料特别是有关同业组织档案资料的整理编纂与出版仍显得比较滞后。

行会资料的整理编纂与出版滞后，也是制约行会研究进一步深入发展的因素之一。如上所说，要想弄清行会内部的组织结构及其演变，考察行会具体如何行使其职能，全面了解行会与官府的互动关系，深入探究行会在近代的发展变化，如果仅靠目前已出版的资料将很难进行这方面的研究。如果不花费更大的人力和财力挖掘和编纂新的资料，研究者断难在行会史研究中取得突破性进展。

据笔者所知，全国许多地区的档案馆都或多或少地保存着同业组织的档案，有些档案馆的馆藏案卷甚至多得惊人，完全不亚于商会档案。但由于未编纂出版，研究者利用很不方便，而且成本较高，难以负担。例如上海市档案馆保存了大量同业组织和同乡组织的档案，该馆虽为便于研究者利用，已分期分批将这些档案制成了缩微胶卷，毫无保留地提供给研究者查阅，但因未出版成书，外地研究者查阅仍不太方便。如果能将这些档案编纂出版，无疑将是行会和同业公会研究者的福音，甚至能够像商会档案出版后促使商会史研究成为热点一样，也推动行会史和同业公会史的研究进入一个新的发展阶段。

第十二章 中国传统行会在近代的发展演变

中国传统的行会是进入近代以前就已存在的同业组织。这种传统的同业组织具有多方面的功能，曾在社会整合与经济运作进程中产生过比较重要的作用。但到晚清以后，外国资本主义势力日益入侵，中国传统经济逐步瓦解，新的经济成分不断增长，面临着这些前所未有的变化，传统的行会组织在许多方面明显表现出难以适应新形势需要的缺陷，于是也不得不出现若干新的嬗变，到民国以后，更被新型同业组织——同业公会所替代。考察传统行会在近代所遭遇的困境及其演变，对于了解同业公会的产生与作用将不无裨益。

第一节 传统行会在近代面临的挑战

关于中国传统行会的功能与作用，外国学者较早从政治和经济两个方面进行过探讨。有的学者认为中国行会在政治方面的势力与影响较弱，但也有学者认为行会这方面的功能较强。前者以魏复古、韦伯、梅邦等为代表，后者以哥尔、朱尼干等人为代表。日本学者清水盛光曾详细分析上述各家之说，其结论是中国行会在政治方面的影响是软弱无力的。之所以如此，“一方面由于割据主义而受到外延的限定，另一方面因为国家官僚势力的存在而受到内涵的限定”，归根结底则是由于“都市之空气并不自由”。清水盛光还认为，“中国行会的特征是政治势力的脆弱性和其活动范围只限于经济生活”，换言之，行会在经济上对成员的统制力非常强大。[①]这一结论大体上是能够成立的，因为中国的行会确实在政治上不仅没有多少权力，实际上也较少开展这方面的活动。同时，中国行会在经济上对同业的限制与约束较为严格，由此可以说行会在经济上具有较强的势力。

事实表明，在中国工商业发展的历史进程中，行会确有其独特的功能与作用。特别是到明清时期，行会已较为普及，在经济方面所产生的多重作用与影响更是令人注目。就一般情况而言，传统行会的功能与作用主要体现在限制招收和使用帮工的数目，限制作坊开设地点和数目，划一手工业产品的规格、价格和原料的分配，规定统一的工资水平等。[②]其主要目的在于防止业内和业外的竞争，维护同业利益，同时也对中国传统手工业和商业的运作具有某种规范作用。对中国传统行会的这些功能与作用，绝大多数学者的认识是比较一致的。也有学者强调，行会虽采取各种措施限制竞争，但并不意味着行会内部就因此而不存在竞争。

不过，除了经济方面的功能和作用之外，中国的传统行会还具有西欧行会所不具备的某些功能。例如许多行会都十分重视联络乡谊，救济同业，办理善举，尤其是外地工商业者和商人建立的会馆、公所，更是将其作为重要职责。因为外乡人在他乡异地无论是经商还是经营手工业，往往会遭遇更多的困难，需要相顾相恤。传统的中国又是一个非常重视乡土人情的国度，外出经商者常常按地域籍贯形成商帮，遇事互帮互助，行会作为工商业者的组织，也自然而然地承担了这方面的职责。如同苏州蜡笺纸业绚章公所建立碑文所说："身等朱蜡硾笺纸业帮夥，类多异乡人氏。或年老患病，无资医药，无所栖止；或身后棺殓无备，寄厝无地。身等同舟之谊，或关桑梓之情，不忍坐视。……现经公议，筹资……建立绚章公所，并设义冢一处……身等司年，轮流共襄善举。"[③]这表明中国传统行会在慈善公益方面也发挥了独特的功能与作用。

① ［日］清水盛光：《传统中国行会的势力》，日文原载《满铁调查月报》1936年第16卷，第9号，中译文载《食货月刊》1985年第15卷，第1、2期，第51页。

② 刘永成、赫治清合撰的《论我国行会制度的形成和发展》（载南京大学历史系明清史研究室编：《中国资本主义萌芽问题论文集》，南京：江苏人民出版社，1981年）对此有比较详细的论述。

③ 苏州博物馆、江苏师范学院历史系、南京大学明清史研究室合编：《明清苏州工商业碑刻集》，南京：江苏人民出版社，1981年，第98页。

进入近代以后，由于受西方资本主义入侵的影响，中国传统的经济结构开始逐渐发生变化，作为传统经济组织的行会也面临过去所没有的新处境，在许多方面或被动或主动地相应发生了某些变化。但关于鸦片战争后中国行会的演变，学术界的论断并不一致。

一部分学者认为传统行会的功能与作用在近代已逐渐消减，特别是资本主义机器工业的产生与发展对行会制度造成了极大的冲击，并导致其衰落。新式商人团体商会的诞生，也在很大程度上使工商各业传统行会组织的功能与作用受到削弱，行会已呈现出解体的趋向。但是，也有一部分学者认为鸦片战争后，随着对外贸易的发展、城市经济结构和功能的外向化和资本主义化，上海、汉口、广州、天津等外贸中心城市的传统行会走上了近代化的历程，不仅没有走向衰落，相反还在数量上呈现出一个新的发展高潮，并且在性质上开始逐渐资本主义化。

上述两种不同意见，从表面上看是相互矛盾的，实际上却揭示了行会在近代同时存在的两种历史命运。鸦片战争以后，中国的经济逐渐被动地卷入世界资本主义经济体系，一部分传统的手工业和商业由于受到西方资本主义入侵的冲击，不能适应新形势的发展变化而逐渐走向衰落，这些行业的行会也难以为继。不过，鸦片战争后中国进出口贸易获得了迅速发展，又出现了许多新兴的商业和手工出口加工行业，并在这些行业中相应产生了新的行会。同时，中国原有的一部分与进出口贸易相联系的工商行业，在鸦片战争后受对外贸易发展的刺激，也获得了新的发展机遇，这些行业的行会组织仍然起着重要的作用，并未明显出现衰落的现象，有些行业甚至还成立了新的行会。

类似的情况，在一些通商口岸城市是比较突出的。例如上海的洋布公所、洋油杂货公所、震巽木商公所（洋木业）、集义公所（进口海产业）、蛋业公所、报关业公所，汉口的西皮杂货公会、洋广杂货公所、猪鬃公所、混元公所（蛋业）等，都是随着这些新兴的外贸行业的产生发展而成立的。旧有行业在对外贸易中获得迅速发展而建立行会组织的行业，在上海有丝业会馆、茶业会馆、煤炭公所、丝绸业公所，在汉口有茶业公所、皮业公所、油业公所（桐油业）、钱业公所、商船公所等。

应该注意的是，进入近代以后，无论是原有的传统行会还是新成立的行会，都面临着与过去完全不同的新形势，在各方面承受着较大压力，需要进行自我调适，不断采取新的举措，否则很难发挥其作用。其主要原因，是行会的传统功能与作用在新的条件下难以像过去那样得到切实的贯彻。我们知道，传统行会对同业的种种限制措施，包括限制招收和使用帮工的数目，限制作坊开设地点和数目，划一手工业产品的规格、价格和原料的分配，规定统一的工资水平等，都是为了防止业内和业外的竞争，垄断市场以获取高额利润。行会对同业的这些限制，在封建社会商品经济不很发达的历史条件下，一般能够借助官府告示的形式得以顺利执行，很少有违规者表示不服或是采取反抗行动。但是到了近代，封建经济逐渐解体，不仅西方资本主义入侵中国，而且民族资本主义随后产生并不断发展，商品经济成为不可阻挡的历史潮流。不仅如此，早期资本主义经济的特点之一就是自由竞争。在这种新的历史条件下，行会如果一成不变地保持传统的封闭性和排他性，在开店设厂、招收学徒、产品规格和价格、原料分配等方面继续用行规加以严格限制，力图防止和阻挠竞争，不仅会成为阻碍资本主义经济发展的一大障碍，而且在实践中难免常常受到抵制。

例如苏州煤炭业坤震公所于1910年重订行规，要求："凡各店出货，秤皆由公所较准，一律十五两作一斤为公秤，发给各店"使用；售价"由公所集议"，各店"照单出售，不准高抬，并不得贱卖"；进货也"由公所发给盖戳起货票，方准起驳"。如有违例者，"公所即发知单，邀集同人开会，酌量议罚，以戒不谨之风"。[①]但是，这种沿袭传统限制同业的旧式行规并未得到该地170余户同业的一致接受，迁延达4个月之久也未获通过。最后，坤震公所不得不对其做了重大修改，有关统一使用公秤和管理进货的规定被删除，统一售价的规定也改得较前松动。[②]与此相似，苏州靴鞋业履源公所草章中有关"公所会议定价，不得自行高低"的行规，在重订章程中也被删去。[③]

在近代，工商户突破行规的限制与约束，向行规挑战的事例也屡有发生。1909年，苏州肉业敬业公所为限制新店开设，垄断店行交易，在旧方式难以控制的情况下，又与猪业公所订立了一份"联盟信约"，试图切断新设店铺的货源。尽管如此，公所仍然不能切实控制新店铺的开设。就在敬业公所与猪业公所的盟约订立不久，即有张氏、任氏两家新店"违规"开业。猪业公所恼羞成

① 苏州市档案馆藏档：《苏州商会档案》，第32卷，第9页。
② 苏州市档案馆藏档：《苏州商会档案》，第401卷，第19页。
③ 苏州市档案馆藏档：《苏州商会档案》，第1181卷，第4页。

怒，多方阻止，张氏和任氏对公所的压力坚持不从，直至双方对簿公堂，最终公所也未能制止张氏、任氏开店。尤其令公所业董十分恼火的是，在双方激烈争讼之际，同业中的杜某等十余人不仅不站在公所一边，还联禀控告业董勒捐肥己的劣迹，公开支持张、任二人向公所挑战。[①]行会陷入这种尴尬的处境，在过去是很少见到的。

到民国时期，行会的传统权威进一步受到侵蚀而遭遇挑战。当时，一部分外国人在华考察时明显感觉到这一情况。例如1919年，美国商务官员阿诺尔德出版的《中国商业便览》一书写道："在中国，竞争尚处于极其旧式的状态，行会成员以低于规定的价格出卖产品的情况一再发生，对此，行会实际上已不可能防止。"驻广东的美国领事也说："由于行会要求其成员采用相同的工资和价格，大多数行会成员甘冒被行会除名的危险，秘密地违反行会的这些规定。"日本学者在北京进行实地调查后，同样指明："由低价出卖所引起的同业之间的纠纷是很多的。绸缎洋货行、药行、烟草行、制鞋行，如果问到纠纷之事，首先都会举出这种竞争所引发的问题。"[②]

类似的现象，在其他许多地区也是屡见不鲜，实际上已具有一定的代表性和普遍性。因此，晚清时期行会不得不在限制约束同业开店等方面有所放松。就一般情况而言，鸦片战争以后，通商口岸的行会虽然对同业行号的业务活动仍有种种约束，但已不如以前那么严格。比较明显的是外贸行业的行会对其成员的经营规模和经营方式没有什么限制，只是对新设行号征收入会费，对各成员行号的营业额进行稽核，以便按一定比例提取经费。因此，新老从业者都可以根据外贸行情的起落和自身资力的厚薄随时新增或停歇自己的行号，不像以往那样受行规的限制。如上海茶业中的徐润，1859年设立绍祥字号兼营茶叶，随后几年在温州、上海等地另设茶栈多家。五金业中的叶澄衷，先后在上海开设老顺记、新顺记、南顺记、可炽钱栈、可炽顺记等行号，老顺记还在汉口、九江、芜湖、镇江、烟台、天津、营口、温州等地设立分号，经营范围包括五金、煤油、机器、钢铁、洋烛、食品等多种进口货物。这种情况并不少见。与叶澄衷相似，周舜卿起初在上海设立升昌铁行和震昌五金煤铁号，随业务的发展后在上海、汉口、无锡、苏州、温州、常熟、常州等地设立十余家分号，经

① 苏州市档案馆藏档：《苏州商会档案》，第205卷，第13页。

② 转引自王翔：《近代中国手工业行会的演变》，《历史研究》1998年第4期，第63页。

营范围也扩大到油麻、杂粮的出口。[1]

上述这些事实说明，行会在近代遭受到前所未有的挑战，其传统的经济功能与作用在实践中已很难像以往那样得到落实。面临这种境遇，即使行会想固守过去的行规也无济于事。正如有的学者所指出的："从总的方面看，手工业行会的规章从形式到内容都已经和正在发生着或隐或显的变化。行会最基本的防止竞争的职能已经难以执行，行会成员使用工徒的人数已经突破了以往的限额，对生产的限制亦已放松。一些地区的行会对会员的生产额已经无法加以任何限制，每一手工业者只要不低于同业公会的定价，可以尽量生产，尽量出售……即使以低于行会的定价进行竞争，行会纵想干涉，也多半心有余而力不足。"[2]于是，一部分行会不得不逐渐顺应时势，或被动或主动地对行规进行了修改。

在近代中国，尽管民族资本主义的发展一波三折，但其总体趋势是商品经济日益发达，市场竞争也日趋激烈。特别是甲午战争以后，外国资本主义的入侵进一步加深，从而迫使工商业者为了生存和发展，不得不冲破传统行规的束缚，想方设法推陈出新。更为严峻的是，民族资本主义工商业不仅面对内部的激烈的竞争，还必须随时应对外国资本主义的强力排斥和挤压。相比较而言，外国资本主义企业一般来说资本更为雄厚，技术与管理更为先进，加上通过不平等条约而享有种种特权，在与中国民族资本的竞争中往往处于十分有利的地位，民族资本的发展由此而处处受阻，困难重重。行会如果一如既往地用陈规陋俗对同业加以限制和约束，只会使同业处于更为不利的艰难处境，在与资金与技术都非常先进的外国资本的激烈竞争中败下阵来。这也是行会在近代遭遇的两难困境，并促使行会自身不得不进行变革。

对此，许多行会已有切身感受。一些行会的有识之士认识到，只有破除传统的壁垒森严，联合同业，才能利用团体的力量与外人竞争，抵御外国资本的扩张渗透。例如清末的上海水木业公所已意识到自身的这一新职能，认为："自立者，自强之原素；而团体者，自强之妙用也。今之公所，非团体之机关部乎？"过去公所从事的慈善事宜，只是"团体之余绪，非团体之精神命脉。

① 虞和平：《鸦片战争后通商口岸行会的近代化》，《历史研究》1991年第6期，第128–129页。

② 王翔：《近代中国手工业行会的演变》，《历史研究》1998年第4期，第65–66页。

精神何在？在捍御外侮，而爱护其同类；命脉何在？在联合心志，而切劘其智识材能”，其目的是“共求吾业之精进而发达，以之对外则优胜，以之竞争于世界则生存，而自立之效果始成”。[①]这显然已在很大程度上改变了传统行会重在限制同业的功能。

到清末，还有些行会深感势孤力薄，迫切希望打破行帮和地域的壁垒鸿沟，联合各业力量以与外商竞争。1908年，湖南旅鄂商人将汉口湖南会馆改为商学会，明确表示：“外人商务之竞争，转瞬万变，迫不容待，又何能以一陂一障之抵力，当此汪洋巨海之潮流乎？故欲言竞争，当从商务下手，更当从汲汲以普及于一般商人之教育学会下手，不容缓也，毋庸疑也。”由此可见，此时已有行会不仅不惧怕竞争，而且主张联合起来与外商竞争，“老少贫富之商人，一律结一大团体”“考究中外商业竞争之所以然，以便预为改良进步”。[②]

关于行会制度在近代工场手工业和机器工业兴起之后的分解与衰落，已有学者进行了分析和论述，但也存在着一些不同的意见。早期西方学者如玛高温、马士、甘博尔等人的研究成果一般认为，晚清和民初的行会仍然能够在很大程度上强制同业者遵守行规，包括产品价格、工资和劳动条件、招收徒工的数量等方面的规定。[③]但后来有学者提出了不同的意见。刘永成认为，清代乾隆以后行会即已开始分解，“标志着行会开始分解的重要特点，是大量的会馆向公所的转变”。进入近代甚至到民国，之所以还存在着行会制度，是因为这种分解有一个较长的过程。[④]不过，彭泽益认为此说所举的例子，如苏州武林会馆改为杭线公所等，都是清末的事情，不能作为乾隆年间行会“分解”标志

① 上海博物馆图书资料室编：《上海碑刻资料选辑》，上海：上海人民出版社，1980年，第322页。

② 《江汉日报》1904年7月2日。另见武汉大学历史系中国近代史教研室编：《辛亥革命在湖北史料选辑》，武汉：湖北人民出版社，1981年，第304–305页。

③ 详请参阅王翔：《近代中国手工业行会的演变》，《历史研究》1998年第4期，第60–61页。

④ 刘永成：《试论清代苏州手工业行会》，《历史研究》1959年第11期，第29页。20世纪80年代初刘永成与赫治清合写的《论我国行会制度的形成与发展》一文，认为清代乾隆以后行会的内在矛盾已开始暴露，首要表现是行会的分裂，其次是会行会旧规的“废弛”和行会约束作用的逐渐减弱。参见南京大学历史系明清史研究室编：《中国资本主义萌芽问题论文集》，南京：江苏人民出版社，1983年，第130页。

的论据。[1]从有关史实看，说清代乾隆时期行会制度已出现分解似乎太早，但到晚清时期行会传统的主要功能与作用受到挑战和削弱确实有不少具体表现。

另有不少学者进一步对此进行了论述。全汉升认为行会在近代的衰微是不可否认的事实，究其根由则既有内在的原因，也有外在的原因[2]。柯昌基强调行会在近代的功能与影响已明显消减，特别是辛亥革命后，随着民族资本主义经济的发展，行会的势力日减，只在少数古老的行业里留下了一席容身之地。有些地方的行会即使勉强保持，"也是有名无实，没有任何实质性的内容"[3]。但这一结论似乎过于夸大了行会势力的消解，实际上行会的作用与影响在一些地区和行业仍不同程度地存在着。彭南生认为，清末民初随着民族资本主义经济的发展与行业变迁的加速以及民国政府的政策导向，旧式行会逐步退出历史舞台，代之以新式工商同业公会。[4]王翔认为工场手工业和近代机器工业的兴起，是对行会制度的致命威胁，而手工业行会很少能够组织起坚强的抵抗，无法阻止自身的衰落和资本主义生产方式的成长。但是，也不能说处在衰落过程中的行会已全然不起任何作用。许多手工业行会仍然试图对其成员之间的竞争加以种种限制，并在一定范围内和一定程度上发挥着作用和影响。[5]唐文权认为苏州商会诞生之后，其"作用的大大加强，使工商各业公所名存实亡，呈现出解体的种种迹象"[6]。

总而言之，绝大多数学者肯定行会在近代面临着前所未有的新形势，遭遇了十分严峻的挑战，其作用与影响开始逐渐削弱。但是，我们也不能完全否认有些行会在近代新的历史条件下曾一度获得新的发展，只是其发挥的功能与作用与以前相比有所不同。因此，要考察近代行会的历史命运，除了分析其衰落的一面，还应论述其革变趋新的一面，这样才能比较全面地认识行会在近代的发展变化，了解同业公会这一新型同业组织诞生的历史渊源和现实根基。

① 彭泽益：《中国工商业行会史研究的几个问题》，彭泽益主编：《中国工商行会史料集》上册"导论"，北京：中华书局，1995年，第15页。

② 全汉升：《中国行会制度史》，台北：食货出版社，1986年，第205–210页。

③ 柯昌基：《试论中国之行会》，《南充师院学报》1986年第1期，第6–7页。

④ 彭南生：《民国时期工商同业公会政治参与行为的实证分析——以民初上海工商同业公会为考察重点》，《近代史学刊》第1辑，第18页。

⑤ 王翔：《近代中国手工业行会的演变》，《历史研究》1998年第4期，第63、66、68页。

⑥ 唐文权：《苏州工商各业公所的兴废》，《历史研究》1986年第3期，第72页。

第二节
传统行会在近代的变革趋新

到19世纪末20世纪初，一部分行会的业董及成员逐渐向近代新兴工商业者转变，不再属于传统的旧式封建商人和手工业者。这是行会在近代能够出现变革趋新的一个重要原因。而行会成员的这一发展演变，与近代中国资本主义工商业的产生和发展紧密相联。鸦片战争以后，在通商口岸逐渐出现了经销西方资本主义国家机器工业产品的新式商业行业，与此同时中国的一些传统行业开始发生变化，从旧式商业向新式商业演变。例如19世纪50年代，上海的商业中出现了一些过去所没有的新式行业。大约在1850年，上海诞生了第一家专营洋布的同春洋货号，此后专业洋布店逐年增加，到50年代后期达十五六家。1858年振华堂洋布公所成立，标志着这一新式行业已经形成。上海新兴的五金业店铺也在60年代初开始建立，此后不断增设，至19世纪末已达五十余家。除此之外，上海新形成的商业行业还有西药业、颜料业、呢绒业等。[①]这些新兴行业的商人，与传统行业中的商人显然有所不同，在各方面都与资本主义经济建立了十分密切的联系，属于近代新兴的商人群体。

一部分原有的行业，在与资本主义经济发生联系之后也开始逐渐产生变化，其中丝业、茶业、钱业等行业的表现尤为突出。其原因是，旧式的丝、茶行栈在鸦片战争后与外商洋行直接发生了密切联系，在经营方式、利润来源等许多方面较过去有所改变，并且促进了一大批新式丝茶行栈的设立。钱庄作为中国传统的金融机关，在近代也越来越多地与进出口贸易和新兴资本主义工商业发生密切的业务往来联系，其繁荣盛衰逐渐与新兴工商业发展的起伏紧密相关。与之相适应，这些行业的商人也开始从旧式商人向新兴的工商业者转变。他们当中的许多人，有些原本即是行会中的成员，有些则是后来才加入行会，但都对行会成员的演变产生了不同程度的影响，也直接促进了行会在近代的变革。

有学者指出，行会成员转向对外贸易和投资于新式企业而转化成为拥有巨资的新式工商资本家，是近代行会成员资产阶级化的一个重要途径。从实际情况看，这种现象确实比较普遍。例如上海丝业行会中的黄佐卿，以丝商出身，于1881年创办公和永丝厂；黄绅记丝号主黄播臣也于1884年开办绅记缫厂。上

① 参见黄逸平：《近代中国经济变迁》第7章，上海：上海人民出版社，1992年。

海五金洋货业行会中的叶澄衷，以开办顺记五金洋货行起家，于1890年创办燮昌火柴厂，1894年又创办纶华丝厂。1895年以后中国民族资本主义工商业得到进一步发展，行会成员投资创办新式工商企业者为数更多。在汉口，洋广货业行会董事宋炜臣投资创办了既济水电厂、扬子机器厂等企业。棉布、烟土业行会董事韦紫封，集股组织应昌公司，承租湖北纱、布、丝、麻四局；另一董事李紫云，于清末出任汉口商务总会总理，1912年入股楚兴公司，承租湖北四局，1914年又创办了汉口第一纱厂。杂粮杂货行会董事徐荣廷是楚兴公司的主持者，为汉口最大纺织业资本集团裕大华纺织公司的创建者和首脑人物。[①]正是行会成员的这一变化，使一部分行会意识到随着各方面形势的变化，不能继续固守传统的陈规陋俗，必须变革趋新。

与此同时，许多行会的管理功能和组织制度也逐渐发生了某些变化。可以说，这一时期的一部分行会，包括在近代新的历史条件下成立的新行会，在性质上与传统的行会相比较已有所改变。例如，这一时期的许多行会在宗旨方面发生了某些变化，其具体反映是不再强调行会的独占性和垄断性利益，而是希望整个同业联合起来共同发展。晚清苏州的糖食公所公开阐明以“联络商情，亲爱同业”为宗旨。广货业唯勤公所也是以“联合团体、讲求保护自治”“开拓风气、集思广益”“振兴商业，保全捐数”为宗旨和目的。上海的振华堂洋布公所更是以“联络商业，维持公益，研究商学，兴发实业，以冀同业之发达”为宗旨。[②]还有许多行会强调要联合同业，共同与外人进行商战。如沪南钱业公所认识到：“中西互市以来，时局日新，商业日富……顾商战之要，业欲其分，志欲其合。盖分则竞争生，而商智愈开；合则交谊深，而商情自固。公所之设，所以浚商智联商情也。”[③]与传统行会采用落后的行规限制竞争、维持少数人的狭隘利益的做法相比较，显然已有所不同。

在组织制度上，不少行会开始由封闭性逐渐向开放性转化。其具体表现

① 参见虞和平：《鸦片战争后通商口岸行会的近代化》，《历史研究》1991年第6期，第126页。

② 参见马敏、朱英：《传统与近代的二重变奏——晚清苏州商会个案研究》，成都：巴蜀书社，1993年，第138页。

③ 上海博物馆图书资料室编：《上海碑刻资料选辑》，上海：上海人民出版社，1980年，第398页。

是，对入会的限制和增设商业店号的限制已不再像过去那样严格。对待新生的同业者，许多行会只需其承认会规，缴纳会费便准其入会，有的甚至采取了自愿入会的办法，体现了近代社团的自愿原则。有关十家之内不得增设同业店号的规定，在许多地区的行业中实际上已经废除。因此，考察有关史实即不难发现，鸦片战争后不仅行会的数量进一步增加，而且各个行会的成员不断扩大。例如上海洋布业在1858年成立公所时有成员店号16家，1884年增至65家，1900年又增至130余家。[①]这样的情况，在全国各地尤其是通商口岸城市中是相当普遍的。

到清末，联结各业的新式工商社会团体——商会在各地相继成立，所在地区的行会纷纷加入，成为商会的基层组织。这也是行会从封闭走向开放的一个具体表现。商会虽然属于近代新式工商团体，与传统的行会在各方面都有着明显的区别[②]，但是，各地商会又“大都以各业公所、各客帮为根据”[③]。这并不是说商会通过强制方式要求各业行会加入，而是本着自愿的原则，以其促进工商业发展和保护工商业者利益独有的功能及凝聚力吸引各业行会主动加入。近代中国的商会有团体会员和个人会员两类成员，所谓团体会员主要是清末的行会和民国时期的同业公会。从实际情况看，尽管商会并未强行要求各业行会加入，但商会确实在许多方面都具有超越行会的功能与作用，“商会之设，为各业商人互相联络，互相维持，以期振兴商务，自保利权起见”[④]，自其诞生之后发挥了越来越重要的积极作用，所以工商各业认识到“公所为一业之团体”，商会为“各业之团体”，是“众商业之代表人”，因而大多数行会都积极踊跃地加入了商会。行会加入商会之后，其封闭性明显削弱而开放性增强。因为商会是包容工商各业的新式团体，不是像公所、会馆等传统行会那样依赖业缘或乡缘关系组织而成，商会的宗旨就是“联络各业，启发智识，以开通商

① 上海市工商行政管理局、上海市纺织品公司棉布商业史料组编：《上海市棉布商业》，北京：中华书局1979年版，第15页；上海博物馆图书资料室编：《上海碑刻资料选辑》，上海：上海人民出版社，1980年，第357–358页。

② 有关商会与行会的区别及其联系，参见马敏、朱英：《浅谈晚清苏州商会与行会的区别及其联系》，《中国经济史研究》1988年第3期。

③ 苏州市档案馆藏档：《苏商总会呈工商部条陈》，1912年6月5日。

④ 《保定商务总会禀呈试办便宜章程》，见甘厚慈编：《北洋公牍类纂》，第21卷，光绪三十三年（1907年）铅印本，“商务二”。

智”[1]。在商会定期召开的各种会议上，各业商董经常聚议，“开诚布公，集思广益，各商如有条陈，尽可各抒议论，俾择善以从，不得稍持成见”[2]。通过商会召开的这种前所未有的各业商董联席会议，传统行会彼此封闭隔膜、壁垒森严的落后态势明显改观，工商各业之间的联系大大加强，从而得以朝着互通商情、共谋实业发展的开放性发展。正因为如此，一些地区的工商业者交口称赞：“盖自设立商会以来，商情联络，有事公商，悉持信义，向来搀伪攘利、争轧倾挤之风，为之一变。”[3]

行会组织制度在近代的另一个重要变化，是其内部机构较从前完备，职员分工更加明确。传统行会内部的职员以往只有司年、司月和执事，到近代有些行会根据经济发展的需要，增设议长、监议员、评议员、调查员等，并一律经由“投票公选”。1907年成立的苏城糖食公所，在组织形式上就给人以一种新异之感。其职员与旧有的司年、司月、执事显然有别，除了推举总董一员外，还设有“经济董事”和“评议董事”各8人，专理各项经济事务，并揭明以“联络商情、亲爱同业”为宗旨，规定“每年正月同业皆诣公所，谈议商情一次”。凡议定一事，须经总董酌核、同业中十分之六同意，“始可准行”。这些含有一定民主色彩的改革，使旧式公所在向近代同业公会转变的途程中迈出了第一步。1909年苏州广货唯勤公所为认捐发起组织“同业研究议会”提出以“联合团体、讲求保护自治”“开拓风气、集思广益”为宗旨和目的。其内部设有议长、监议员、评议员、调查员等旧公所不曾有过的职员，并一律“投票公选”，所议范围包括“生计盛衰，捐项多寡以及各种善举、一切公益改良进步、将来推广实业学堂、制造出品等事”。[4]这些内容明显超出了旧有行规议条所包含的范围。20世纪初商会成立，也进一步促进了行会的演变，有的行会虽仍属同行商业性组织，却将名称改为行业商会。还有的实际上已开始向同业公会转化，如上海的洋货商业公会、踹业公会、保险业公会等已体现出同业公会的某些特点。

在实际功能方面，一部分行会也产生了较为突出的变化。其表现之一是旧

① 天津市档案馆、天津社会科学院历史研究所、天津市工商业联合会编：《天津商会档案汇编（1903—1911）》上册，天津：天津人民出版社1989年，第5页。

② 《奏定商会简明章程》，《东方杂志》第1年（1904年）第12期。

③ 苏州市档案馆藏档：《苏州商会档案》，第72卷，第5页。

④ 苏州市档案馆藏档：《苏州商会档案》，第68卷，第3–5页。

有功能逐渐丧失，尤其是对所属行号生产经营范围和雇员数量的限制，对商品价格和市场的强制性垄断等，行会逐渐失去了以往那样的实际控制能力，有的甚至干脆较少加以限制和干预。表现之二是新的功能不断增强，包括：作为商会的基层组织，协助商会联络同业，开通商智；以团体力量帮助同业抵御西方列强的经济渗透，与外国资本竞争；调解同业纠纷，改善同业关系，提高相互间的凝聚力等。

需要特别指出，在近代不少行会的功能主要体现于采取新的举措，帮助同业提高生产和经营水平，增强竞争能力，其目的就是在与外国资本进行激烈竞争的艰难情况下得以生存和发展。因此，许多行会都非常强调在经营中不准弄虚作假，以免造成不必要的经济损失。例如，上海的茶业会馆为了保持本业的商业信誉，防止外商借故索赔、退货，提高竞争能力，在1870年制定的规条中拟订了多项严禁舞弊的规定，包括："不准再做样箱尾箱，总要一律，不得高下"；凡收购进栈之茶均由"栈司随手开箱，以装样罐"；无论华洋行栈，一律不准对客商留难勒索等。[①]珠玉业新汇市公所为维持信誉，也要求"珠宝玉器各商入市贸易者，莫不以信实为主。故定章不论珠宝翠玉，凡属赝品，概不准携入销售，致为本汇市名誉之累"[②]。

还有一些行会更是顺应时代的发展，采取若干新的方式，引导同业积极参与研究商学，提高商智，培养新型人才，以适应日趋激烈的竞争环境。例如上海洋布公所意识到"世界潮流趋新革故，公所为私法机关，不得不一遵新法，俾洽时宜"，并在清末相继创办振华堂补习学校、英文补习学校、振华义务学校等各种新式学校，其宗旨为"研究商学、兴发实业，以冀同业之发达"[③]。水木业公所为使同业之中"弊相除，利相兴，相师相友，共求吾业之精进而发达"，在清末筹办了"两等小学一、艺徒夜学四"。[④]此外，还有金业办的金

① 参见虞和平：《鸦片战争后通商口岸行会的近代化》，《历史研究》1991年第6期，第129页。

② 上海博物馆图书资料室编：《上海碑刻资料选辑》，上海：上海人民出版社，1980年，第369页。

③ 江苏省博物馆编：《江苏省明明清以来碑刻资料选集》，南京：江苏人民出版社，1981年，第508页。

④ 上海博物馆图书资料室编：《上海碑刻资料选辑》，上海：上海人民出版社，1980年，第322页。

业初等商业学校，水果业办的华实学堂，豆米业办的豆米业学校，衣业办的衣业学校，苏沪帮鲜肉业办的香雪义务学堂，水炉业办的水炉公学等。苏州的一些同业公所同样创办了新式学校，例如1906年苏州纱缎业“以同业独立，学堂不假外求，既为一业广陶成，且为各业树标准”，发起创设初等实业学堂，分本科、预科两级，均定四年卒业，所需经费由“同业担任，不假外求”①。紧接着，苏州经纬业和米业也为兴学育才、开通商智而创办新式学堂。

传统行会的功能与作用在近代的变化，还有其他一些方面的具体反映，这里难以一一列举。实际上行会功能的变化，在当时已引起相关人士的注意。有人将其概括地表述为：“会馆有时行公议裁判等事，俨如外国领事馆；公所为同业之机关，俨如商业会议所。其始不过曰联乡谊、营慈善而已，浸假而诉讼冤抑之中为之处理矣，浸假而度量衡归其制定矣，浸假而厘金归其承办矣，浸假而交通运输之规则归其议决矣。”② 尽管各个地区行会组织变化的情况不一致，但其发展的总体趋势十分明显，这就是朝着适应资本主义经济运转的趋向转变。

但应该注意的是，不能否认行会在近代的变革趋新仍经历了一个较为漫长的过程。尽管由于外国资本主义入侵的冲击，以及随着资本主义经济的发展，许多行会或被动或主动地进行了一些变革，但不可否认也有不少行会力图维持旧有行规，对同业及外来者的经营活动继续进行限制，对民族工商业的发展产生了明显的消极影响。揆诸史实，这方面的事例同样不少见。据1892年6月4日《字林沪报》透露：“粤省工艺之流，行规最严。其或为外行搀夺，则必鸣鼓而攻，无滋他族，实逼处此。凡有各业，所在皆然。”直到辛亥革命前广州商会成立时，类似的情况仍然存在。广州总商会曾感叹：“本商会以生利为目的，无如风气未开，诸多阻力，如激励工艺，反为行规压制；制造新款，指为搀夺；烟通机器、伐木开矿，毁为伤碍风水；工厂女工，诬为藏垢纳污；土货仿造洋式，捏为妨碍厘税。”③

另据《申报》记载，1880年奉化江沛章等人到宁波销售伞骨，宁波伞骨匠首马上聚集同业加以阻止，并“拉货擒人”。江氏告之官府，得到的结果却

① 章开沅、刘望龄、叶万忠主编：《苏州商会档案丛编》第一辑，武汉：华中师范大学出版社，1991年，第744页。

② 钱荫杭：《上海商帮贸易之大势》，《商务官报》光绪三十二年（1906年）第12期。

③ 《广东总商会简明章程》，《东方杂志》第1年（1904年）第12期。

是“谕令奉化人此后如至宁波销售，必须随众入行。如不入行，不准潜来宁波生意。至于奉化人赴慈溪、余姚销货，应听慈、余旧处旧规，不得私专其利”[①]。这显然是沿袭了行会禁止外地人随意售卖的传统规定。

对于同业违反规定减价销售，许多行会也沿用旧规严加制止，并予以处罚。例如1887年杭州有一豆腐坊“为招徕生意起见”，自行将豆制品改样放大，暗中“较常减价”，同行共相抵制，要求整顿行规，最后议定“悉照旧定价”，“倘有私收小钱，及私自改样减价者，即罚戏一台”。[②]

对于违反行会规定多招收学徒的作坊，在有些地区更是受到了严厉的制裁。“同治壬申，苏郡有飞金之贡，先是，业金箔者，以所业微细，自立规约，每人须三年乃授一徒，盖以事此者多，则恐失业者众也。其时有无赖某者，以办贡为名，呈请多授学徒，用赴工作。既得批准，即广招徒众，来从学者，人贽六百文，一时师之者云集。同业大忿，于是援咬死不偿命一言，遂群往持其人而咬之，人各一口，顷刻而死。吴令前往检验，计咬伤处共一百三十三口。然何人咬何处，人多口杂，不特生者不知，即起死者问之，恐亦不能知也，乃取始谋先咬者一人论抵。”[③]这样的事例虽然并不多见，但也反映了传统行会势力的影响在近代仍不能小视。

除此之外，一些地区的行会在近代仍不准同业私自领货、学徒出师不入行，对于违规者也继续给予处置。例如1877年苏州陆寿所开的浆坊，因“不守行规”私自领，同行查知后“公同议罚，呼陆吃茶”理论，进而导致“互相斗殴”。又如1880年间上海南市挑皮匠郭洪根，“近因其徒满年，故另置一担，令其随同生理”。同行得知，“以郭徒未尝入行，不独不准挑担，且将其担拉去；又拉郭洪根至县喊控，称伊不遵行规，请为究办”。1891年间上海茂丰祥乌木作坊有学徒满师，因未出捐入行，行头遂“攫其器具，使不能作工”。该作坊主投诉县衙，行头不仅“抗不将器具交还”，还号召同业抵制，“令各工匠一律停工，各作亦闭门不作贸易”。[④]

① 彭泽益：《十九世纪后半期的中国财政与经济》，北京：人民出版社，1983年，第204页。

② 《西泠烟雨》，《申报》1887年6月13日，第2版。

③ 陈其元：《庸闲斋笔记》，1874年版，卷4，第5页。

④ 彭泽益：《十九世纪后半期的中国财政与经济》，北京：人民出版社，1983年，第206–207页。

以上事例表明，进入近代之后，虽有一部分行会在新的历史条件下采取措施逐渐变革趋新，但同时也有一部分行会在某些方面试图固守传统的陈规陋俗，继续用行规对工商业者的经营活动予以种种限制和约束，这显然不能适应资本主义工商业的发展，甚至起了阻碍作用。因此，行会的整体变革尚有赖于制度性的更新，而不能仅仅是局限于小范围的改变。因此，同业公会这种新型同业组织的诞生，就成为近代中国经济发展和社会进步的迫切需求。

第十三章 中国近代同业公会研究概论

近些年来，随着学术研究的不断深入和当前中国经济、社会发展的实际需求，一些既具有学术价值又不乏现实意义的研究课题越来越受到学术界乃至政府有关部门的重视。在中国近现代社会经济史研究中，近代中国的同业公会研究就是这样一个方兴未艾并且日益受到更多学者和职能部门关注的新课题。

第一节 同业公会研究的学术价值

同业公会是中国近代特别是民国时期普遍成立的新式工商行业组织。它的产生，称得上是中国工商行业组织从传统的行会向现代行业组织发展变化的一个重要标志。同业公会成立之后，不仅在各个行业的自治与自律、整合与管理过程中起着不可或缺的重要作用，而且在维护各行业的同业利益，促进各行业发展乃至整个社会经济生活的运转进程中发挥了令人瞩目的作用。同时，同业公会在很大程度上又是在新的历史条件下政府进行经济调控与管理的重要市场中介组织。显而易见，同业公会在市场经济发展中的这些重要作用决定了同业公会研究具有很高的学术价值。

以更为宏观的历史眼光看，同业公会既是新式行业经济组织，也是近代中国林林总总的民间社团中一类独特团体，其主要职能、活动内容与影响虽然集中反映在经济方面，但也常常突破经济而渗透到社会生活中的其他诸多领域，甚至包括政治生活领域，从而在近代中国社会转型与变迁的过程中发生作用和影响。因此，对同业公会的深入研究，能够增强我们对近代中国民间社团乃至整个民间社会在民国时期发展演变特点的具体认识。由于受近代中国特殊国情的制约，作为民间社团的同业公会成立后，与政府也一直保持着比较密切的互动关系，这种互动在不同的历史时期或是在面临不同的问题时，常常会出现不同的方式，并产生了相应的结果与影响。对此进行深入细致的考察和分析，还可以使我们更为具体地了解近代中国民间社会与政府之间的互动模式，探寻社会与国家良性互动的契合点。所以，对同业公会的深入研究也有助于深化和细化对近代中国民间社团的演变、社会结构的变化、社会转型与变迁的特点等一系列重要问题的研究，这就进一步凸显了同业公会研究的学术价值及意义。

第二节 同业公会研究的现实意义

历史的经验教训总是能为今人提供某种参考或借鉴。在此意义上可以说，同业公会不仅是中国近代社会经济史研究中颇具学术价值和吸引力的一个新课题，也是中国当下市场经济发展、政府职能转换、行业自律规范等一系列现实需求所迫切呼唤的一个重要研究课题。

在改革开放以前，中国实行一元化的计划经济管理模式，各级政府通过有关部门不同程度地承担了组织生产、流通和分配的全部经济职能。不仅如此，在政治、经济、组织体系等各个方面也形成了一种相互合一的高度统一的体制。在这一体制之下，当然不需要类似商会、行业协会这样的民间中介经济组织发挥作用。改革开放四十余年来，中国经济的发展呈现出蓬勃生机，其他各个方面也出现了前所未有的巨大变化，商会与行业协会的发展及其作用随之显得越来越重要[①]。

首先是政治与经济高度一体化的传统格局逐渐改变，政府主动实现职能的转换，强调以发展经济为重点，而且通过实施“政企分开”的举措，不再巨细

① 近年来，已有部分学者对市场经济条件下的行业管理问题进行了论述，并意识到建立行业协会或同业公会的重要作用。参见宋美琰：《建立市场经济过程中的行业管理问题》，《经济研究》1995年第8期；李午龙：《构建新型的监管体系：关于组建我国商业银行同业公会的思考》，《上海金融》1997年第8期；吴刚：《“入世”与行业协会创新》，《北京行政学院学报》2001年第3期等。

无遗地包办一切经济活动，政府在保留对经济宏观调控权力的前提下，在一定程度上撤销了对社会经济生活领域的某些强制性的直接干预，经济生活的政治化开始削减，从而逐步形成了一个具有相对独立性的经济活动领域。但是，政府在经济上放权之后，在政府与企业之间必须有一个能够承接相应职能的民间经济组织来发挥上联下结和协调规范的作用；否则，在协调和管理上将产生“真空”和断层，经济的发展，尤其是市场经济就会出现混乱无序的状况。事实表明，只有商会以及行业协会具有这种功能和作用。

其次是改革开放以来，政府从全面推行计划经济转变为大力鼓励发展社会主义市场经济。随着市场经济的迅速发展，拥有独立自主性的个体企业、私营企业以及乡镇企业在国民经济中的地位越来越重要，并且形成了若干新的有影响力的社会群体，它们既需要自己的团体表达和维护其利益，也需要熟悉有关业务的组织来协调和规范其经营活动，并为其提供多功能的服务。无论是从现在的情况看，还是就将来的发展而言，只有商会和行业协会能够有效地发挥这一作用。党和国家也已充分意识到商会与行业协会的重要作用，党的十四届三中全会通过的《中共中央关于建立社会主义市场经济体制若干问题的决定》明确提出“发展市场中介组织……发展行业协会、商会等组织的作用”。这显然是将商会、行业协会的发展作为建设社会主义市场经济体制的重要环节。

再次是我国正式加入世界贸易组织之后，不能不遵守国际通行的贸易规则，也更需要各个行业高度自律，自觉地在生产、流通等领域中按照市场经济的准则运作。虽然政府各级部门在这方面制定了若干法规和章程，但在实际执行过程中往往出现这样或那样的问题。造成这一状况的原因有很多，其中的一个重要原因是缺乏健全的行业自律组织对本行业实施行之有效的约束和规范。这个问题不解决，我国的众多行业就很难利用加入世界贸易组织的契机向国际市场拓展，相反，还会遭受严重挫折。

当前，我国商会和行业协会在发展过程中存在的诸多缺陷和问题，主要包括独立运行的机制尚未建立，设立标准不统一，发展不平衡，权利不明确，制度不健全，职能受到限制，自身建设问题等，严重制约了市场经济的发展。要保证市场经济稳定有序地顺利发展，就必须尽快解决商会和行业协会发展所面临的问题。

1949年以后，由于众所周知的原因，原有的商会和同业公会都被取缔了，商会为工商联所取代，同业公会的职能也由各行业管理部门接收。但到20世纪80年代末，尤其是90年代以来，随着市场经济的逐步建立，同业公会以及类似的行业协会先后在许多地区建立起来，并受到民营工商业者的欢迎和政府职能部门的重视。对于行业协会在市场经济中的重要地位与作用，无论是工商业者还是政府职能部门都已达成共识，并且正在朝着建立数量更多、行为更为规范的行业协会的方向发展。目前，有些地区的行业协会较为规范，切实发挥了比较重要的作用，但也有不少地区的行业协会只是徒具虚名。为什么会出现这种情况？我们无疑可以借鉴历史上同业公会的经验，结合现实，认真加以探讨。在我国加入世贸组织之后，市场经济的发展迎来了前所未有的机遇。但这种机遇与挑战并存，怎样更好地利用这一机遇而避免负面影响，促进中国市场经济快速健康地发展，还需要政府加速职能转换，建立规范的市场经济秩序，加强行业的自治自律。其中的关键因素之一，即是发挥同业公会或行业协会的积极作用。至于如何结合中国的国情建立规范的行业协会并充分发挥其作用，政府部门与行业协会怎样确立良性的互动关系，也可从近代中国同业公会的研究中探寻到不少颇具启迪意义的结论。因而，近代同业公会研究的现实意义可谓有目共睹。

第三节 同业公会研究的现状

民国时期是近代工商同业公会的兴起和发展时期，这一主题在当时还没有被纳入历史研究领域，对之进行研究的主要是经济领域的学者，大多是从保护行业利益、维护行业发展的角度来阐明同业公会建立的必要性[①]。这些“当时”人士的认识对我们了解工商同业公会兴起的社会因素有重要的参考价值。有的同业公会将本行业的组织流变及活动概况编撰成书，以为志鉴，如上海银行公会所属《银行周报》杂志社编有《上海银行公会事业史》一书[②]。对现在

① 关于近代银行业同业公会的建立在当时受到较高的重视，不少经济界人士从促进银行业发展的角度论述了近代同业公会建立的必要性。如士诰：《银行公会效能之发挥》，《银行杂志》第1卷第2号；陈行：《我国银行公会与近代银行发之关系》，《银行杂志》第1卷第16号；汉口《银行杂志》社在该刊创刊号上所登载的《汉口银行公会创设之经过》。

② 徐沧水编：《上海银行公会事业史》（《银行周报》第400号纪念增刊），1925年印行。

的研究者而言，这类著文的史料价值更甚于其研究价值。概而观之，这一时期对行业组织的研究主要集中于行会，只有少数兼及同业公会。郑鸿笙的《中国工商同业公会及会馆公所制度概论》应属为数不多的代表性论文之一[①]。李森堡的《同业公会研究》可以说是民国时期对行业组织研究的集成之作，但该书指的同业公会比较宽泛，包括行业性的会馆和公所，不是严格意义上的较行会更高阶段的行业组织。[②]

在1949年后直到1980年，有关行业组织的研究主要集中于唐、宋“团”“行”及明清会馆、公所之上，大多围绕资产阶级萌芽和行会性质的主题展开，涉及工商同业公会者仍较少。直至80年代初，中国学者对工商同业公会研究方进入初萌阶段。从学术渊流上讲，可以说得益于以下数种背景因素的推动。其一，是针对资产阶级研究弊端的反思。章开沅先生提出要克服辛亥革命史研究中不分行业和地区的空泛性缺点，强调要对辛亥革命前后的资产阶级群体做认真、细致、深入的调查，“除了企业家与企业集团以外，行帮、公所、会馆、商会、商团、码头、集镇等等都应该列入我们的研究课题”[③]。这一呼吁不仅使商会研究得以兴起，也可视为同业公会研究得以萌动的预言。其二，商会研究由资料整理起步，经十余年努力，终蔚为壮观。其中，不少商会著作在论及商会与会馆、公所组织之关系时，不乏对行业组织变迁的真知灼见。这也可以说是同业公会研究得以兴起的第二个背景因素。其三，行会史研究逐步摆脱单纯的性质之争而进入了较深层次的探讨。[④]在此期间，同业公会虽没有

① 郑鸿笙：《中国工商业公会及会馆公所制度概论》，《国闻周报》第2卷，第19期，1925年5月。

② 李森堡：《同业公会研究》，上海：青年书店，1947年。

③ 章开沅：《解放思想，实事求是，努力研究辛亥革命史》，《辛亥前后史事论丛》，武汉：华中师范大学出版社，1990年，第33页。此文最早刊于《辛亥革命史论丛》第1辑，北京：中华书局，1980年。此后，章开沅又在《辛亥革命史研究何深入》（《历史研究》1984年第4期）、《关于改进研究中国资产阶级方法的若干意见》（《历史研究》1983年第5期、《传统与近代的二重变奏——晚清苏州商会个案研究》序（马敏、朱英，成都：巴蜀书社，1993年）及《中国近代史上的官绅商学》序（章开沅、马敏、朱英主编，武汉：湖北人民出版社，2000年）等文章中多次呼吁与强调社会群体研究的重要性。

④ 彭泽益：《十九世纪后期中国城市手工业商业行会的重建和作用》（《历史研究》1965年第1期）、《〈中国行会史料集〉编辑按语选》（《中国经济史研究》1988年第1期）、《中国行会史研究的几个问题》（《历史研究》1988年第6期）；王翔：《晚清苏州丝织业“帐房”的发展》，《历史研究》1988年第6期。

成为独立的研究主题，但也产生了一些间接性的成果。上海社会科学院出版社及中华书局出版的几本行业史著作均涉及相应行业的同业公会组织。①

1990年以前港澳台学者研究同业公会的著作也较少，可见者只有侯家驹的《台湾同业公会之研究》一文②。而日本学者由于较早一直关注中国的行会史研究，因而涉及同业公会的成果较多，如仁井田陞、今崛诚二、幼方直吉、根岸佶等人在有关行会的研究中都涉及同业公会③。但可能是限于资料，有关同业公会的专题研究并不多。阿维那里乌斯的《中国工商同业公会》可算是海外学者研究同业公会的最早著作。④在欧美学者中，法国学者白吉尔和美籍华裔学者刘广京写有相关研究文章。⑤

进入1990年代，随着行会研究的进一步拓展以及商会研究的深入，同业公会的重要性也逐渐凸显出来。商会史研究者，如朱英、马敏、虞和平、徐鼎新等，都重视会馆、公所和同业公会作为商会基层组织的作用，注意到了清末民初传统的会馆、公所向"近代化"的同业公会转化的趋向。⑥彭泽益、王翔等

① 类似著作有上海市粮食局等编：《中国近代面粉工业史》，北京：中华书局，1987年；上海市西药公司等编著：《上海近代西药行业史》，上海：上海社会科学院出版社，1988年；上海百货公司等编著：《上海近代百货商业史》，上海：上海社会科学院出版社，1988年。这几部著作大多为叙述历程而不是研究问题，但对于揭示各业同业公会的演变及其功能有一定的参考价值。

② 侯家驹：《台湾同业公会之研究》，《台湾银行季刊》1972年23(3)。

③ 今崛诚二：《河东盐业同业公会的研究》，《史学杂志》第55卷第9、10期，第56卷第1期，昭和19－20年（1944—1945年）；今崛诚二：《近代开封的商业公会——崩溃过程中的封建社会的形势》，《社会经济史学》第18卷第1、2期，昭和27年（1952年）；幼方直吉：《帮、同乡会、同业公会和它们的转化》，《近代中国的经济与社会》，昭和26年（1951年）。

④ 阿维那里乌斯：《中国工商同业公会》，彭泽益主编：《中国工商行会史料集》上册，北京：中华书局，1991年。阿维那里乌斯对会馆、公所以及同业公会仍是混而言之，并未作严格的界定与区分。

⑤ ［法］白吉尔：《上海银行公会（1915—1927）——现代化与地方团体的组织制度》，洪泽主编：《上海研究论丛》第3辑，上海：上海社会科学院出版社，1989年；Liu, Kwang. Ching，Chinese Merchant Guilds：An Historical Inquiry，*Pacific Historical Review*，1988，Vol.57，No.1.

⑥ 朱英：《辛亥革命时期新式商人社团研究》，北京；中国人民大学出版社，1991年；马敏、朱英：《传统与近代的二重变奏——晚清苏州商会个案研究》，成都：巴蜀书社，1993年；徐鼎新：《清末上海若干行会的演变和商会的早期形态》，《中国近代经济史研究资料》第9辑；虞和平：《鸦片战争后通商口岸行会的近代化》，《历史研究》1991年第6期。

学者也由传统行会研究“顺流而下”，开始对同业公会加以关注。[①]

近年来，同业公会被作为近代经济史研究领域的重要命题多次在国际学术讨论会上提出。1998年7月，在由天津社会科学院等单位主办的首届“商会与近代中国”国际学术讨论会上，许多学者明确提出要加强对商会基层组织的研究，其中即包括同业公会。[②]在2000年7月由香港大学亚洲研究中心和香港中文大学历史系联合举办的第三届中国商业史国际学术研讨会上，又有学者呼吁要加强工商同业公会研究。[③]同年8月，在华中师范大学中国近代史研究所主办的“经济组织与市场发展”国际学术讨论会上，不仅有更多学者强调加强同业公会研究的必要性，而且提交会议的论文中有3篇以同业公会为研究对象的专题论文[④]。这表明，同业公会研究逐步进入更多史学研究者的视野，极有可能成为近代史研究的新热点[⑤]。

由于现实中同业公会组织在民间的重新兴起，一部分经济管理人员和经济学者表现了浓厚的兴趣，同时也抱着鉴往资今的“实用主义”态度将眼光投向了历史上的同业公会。据不完全统计，自20世纪90年代至今（2008年），有关新兴同业公会的研究文章有53篇，而有关民国同业公会的研究也为数不少。原商业部副部长季铭对上海粮食同业公会的情况做过研究。[⑥]颜鹏飞、邵秋芬对成立于1899年前后的上海外商保险业同业公会的成立背景及过程做了详细的考

① 彭泽益：《民国时期北京的手工业与工商同业公会》，《中国经济史研究》1990年第1期；王翔：《近代中国手工业行会的演变》，《历史研究》1998年第4期。

② 现在不少学者特别是商会史研究者将有关会馆、同业公会研究视为商会的相关领域，从它们的组织联系及学术传承来看未尝不可，但这绝不意味着同业公会须局限于商会的研究模式，它本身也具有成为独立领域的可能性。

③ 胡光明、宋美云、任云兰：《首届商会与近代中国国际学术讨论会综述》，《历史研究》1998年6月；朱英：《网络结构：探讨中国经济史的新视野——第三届中国商业史国际学术研讨会述评》，《历史研究》2000年第5期。

④ 关于会议情况参见朱英：《经济组织与市场发展国际学术研讨会综述》，《历史研究》2000年第6期；与会有关同业公会的论文分别是王翔《从云锦公所到铁机公会——近代苏州丝织业同业组织的嬗变》，后载《近代史研究》2001年第3期；魏文享《从会馆公所到同业公会——近代工商同业公会发展原因探析》；李德英《民国时期成都同业公会研究》。

⑤ 马敏在评点了近十年来的商会的研究状况后指出：商会与同业公会的研究是商会史进一步深化的方向之一。参见马敏：《近十年来中国的商会史研究及其展望》，该文曾提交2000年“经济组织与市场发展”国际学术研讨会，后刊于《近代史学刊》2001年第1辑。

⑥ 季铭：《解放前上海粮食同业公会与交易市场情况》，《中国粮食经济》1996年第4期。

证。[①]吴奋对从1931年至1949年的上海市保险业同业公会组织及功能的演变做了系列研究。[②]他们尽管在出发点及方法论上与历史学者有着较大差别，但也是同业公会研究领域内不可忽视的力量，有利于从不同层面认识近代工商同业公会的复杂性与多面性。特别应该指出的是，近年来开始陆续有探讨近代同业公会的专著问世。已经出版的有李柏槐的《现代性制度外衣下的传统组织——民国时期成都工商同业公会研究》（四川大学出版社，2006年），郑成林的《从双向桥梁到多边网络：上海银行公会与银行业（1927—1936）》和魏文亨的《中间组织：近代工商同业公会研究（1918—1949）》（华中师范大学出版社，2007年），郑成林的专著是个案考察，魏文亨的著作属于宏观论述，两者的研究互相印证，相得益彰，可谓从不同的层面对近代同业公会进行了深入细致的探讨。

第四节 同业公会研究应注意的问题

要推动同业公会研究深入发展，有许多问题尚待更多的学者进行考察和分析。首先，需要进一步拓宽视野，在结合近代中国国情的前提下勇于借鉴和创新，建立符合本土实际的同业公会研究理论体系；其次，在研究方法上，除了坚持实证研究与动态考察的有效方式外，也应综合借鉴和运用多学科的研究方法，加强宏观、中观与微观研究，这样才能使同业公会研究不断向纵深发展；再次，应拓展研究主题，既重视同业公会本身的研究，又关注与同业公会相关联的其他问题的探讨，并增强与行会、商会以及与外国同业公会的比较研究；最后，要加速同业公会资料，包括大量有关档案文献的挖掘、整理与出版。可以相信，经过学术界同仁的共同努力，同业公会研究将会不断走向深入，并将对促进中国近现代史研究的发展产生积极的影响，同时也将对现实经济的发展

① 颜鹏飞、邵秋芬：《中英近代保险关系史研究——中国首家外商保险同业公会(FIAS)和伦敦海外火险委员会(FOCF)考证》，《经济评论》2000第2期。

② 吴奋的这3篇文章分别是：《上海市保险业同业公会时期：1931年10月—1937年10月》，《上海保险》1993年第12期；《抗日战争时期的上海保险公会》，《上海保险》1994年第1期；《解放初期的上海保险同业公会（1949.6—1952.2）》，《上海保险》1995年第10期。

产生一定的积极作用。

尤其需要指出的是，20世纪90年代以后，同业公会研究虽然取得了一定的进展，但在资料整理方面尚十分欠缺。目前仅上海、北京、苏州等地档案馆所办馆刊时有摘录，有的编有资料集，但过于零碎，还不足以资系统研究之用。[①]上海档案馆推出了上海银行商业同业公会档案缩微卷本，并公开发售。据介绍，该缩微卷共有13万幅页面，字数在3000万字以上，分十大部分，包括上海银行商业同业公会自身的组织流变、与政府的金融与经济关系、下设机构及会员银行的发展与活动等各方面内容，对研究近代上海金融史及乃至整个民国经济史都具有不言而喻的意义。[②]

① 如《旧上海工商业同业公会评议价格史料》，《档案与史学》1994年第2期；《苏州丝绸档案汇编》，南京：江苏古籍出版社，1994年，这本资料集对研究苏州丝绸业各同业公会的情况是不可或缺的，也是目前所见有关同业公会的最集中的资料集。另在关于苏州、天津的两本商会档案资料汇编中也夹杂有同业公会的史料。

② 参见陈正卿：《一部蕴藏丰富的珍贵大型史料集——〈上海市银行商业同业公会档案〉缩微卷简介》，《档案与史学》1995年第3期。

第十四章 中国近代同业公会的传统特色

同业公会是近代中国工商业者的新型社团组织，它的产生也是中国行业组织从传统的行会向现代工商同业组织转变的一个重要标志。自1918年北京政府农商部颁行《工商同业公会规则》和《工商同业公会规则施行办法》之后，同业公会在全国各地纷纷正式成立。不少论著都强调：同业公会明显不同于传统的行会，是资产阶级性质的新式行业自治与管理组织；同业公会是具有开放性、自愿性、民主性的资本家阶级同业组织，从行会到同业公会的转化，标志着工商同业组织近代化过程的基本完成；就经济职能而言，近代工商同业公会已摆脱行会的封闭性，它主要是利用资本主义的经济杠杆维护资产阶级的整体阶级利益，其经济职能表现出资本主义竞争机制的特征。① 从总体上看，这些结论并不为错，但同时应该注意的是，在近代中国新旧杂陈的转型过渡时期，许多新生的事物都或多或少地在某些方面保留着旧的残余，不仅旧中有新，而且新中亦有旧。同业公会也是如此，它虽属近代新型工商同业组织，但也保留着某些旧式行会的特色。本文即选取若干具体事例，主要对同业公会的某些传统特色略作论述，以期对近代中国的同业公会获取更加全面和客观的认识。

① 彭南生：《近代工商同业公会制度的现代性刍论》，《江苏社会科学》2002年第2期；魏文享：《试论民国时期苏州丝绸业同业公会》，《华中师范大学学报》（人文社会科学版）2000年第5期；徐鼎新：《旧上海工商会馆、公所、同业公会的历史考察》，《上海研究论丛》第5期，上海：上海社会科学院出版社，1990年。

第一节
维护同业垄断利益的非常举措

同业公会诞生之后，在很大程度上改变了中国各个行业之间壁垒森严、阻止竞争、强制保护同业垄断利益的传统格局。但在面临同业切身利益遭受严重损失的情况下，某些同业公会并不是通过市场经济的杠杆进行调节，而仍然是有意无意地采取强行限制的传统方式，力图维护本业的垄断性经济利益。因此，不能说同业公会诞生之后近代中国真正出现了市场开放、平等竞争的新局面。下述民国时期江浙两省持续多年的茧行设立之争，可谓集中反映了这一错综复杂的历史现象。

所谓茧行设立之争，是江浙两省丝绸业和丝茧业围绕着限制还是开放茧行设立所产生的纷争。众所周知，丝绸业是中国传统手工业中举足轻重的首要行业之一，而江浙两省历来是丝绸业最为繁盛的区域。但到民国时期，由于各种因素的影响，两省的丝绸业经常遭受沉重打击。蚕茧原料不足，是丝绸业常常面临的困境。在清末，从事蚕茧收购的商家都是向官府领帖开设茧行，类似于传统的牙行制度。为了达到控制蚕茧原料的目的，部分丝绸厂家通过官府的支持自行开办茧行，或者与某些茧行缔结特约专门为其收购。茧业行会也严格禁止无帖开行，并限制一帖只能开设一行，不得跨地多设茧行。到民国时期，由于丝绸业不断发展和生丝出口贸易持续增长，国内丝绸业生产原料不足的难题始终没有很好地得到解决，而且显得越来越严重。当时，作为独立中间商性质而不受丝绸厂家控制的茧行，数目也日益增多。这些茧行收购蚕茧之后，为谋取更高利润，并不是转手卖给丝绸厂家，而是转售洋行供出口。一些洋商见有利可图，也纷纷设立茧行大量收购蚕茧。于是，丝绸厂家所需的原料更加短缺，迫使江浙两省丝绸业公所不得不禀请官府采取新措施。所谓新措施并非适应新形势发展的积极做法，依然是类似于行会制度的更大范围的限制性规定。先是浙江省颁行了《取缔茧行条例》，其具体做法是在全省范围内划分丝区和茧区，规定在丝区内不得开设茧行，在茧区内仅保留原有茧行，并限制各茧行设立茧灶的数量[①]，对于茧区内新开茧行加以严格限制。这一举措很快为江苏

① 茧行所设之灶是用于烘干鲜茧的干燥炉，茧行将收购的鲜茧烘干后即易于保存，不必急于脱手，可以待价而沽，在茧价目上涨后再卖出。

省丝绸业所效仿。1914年，苏州纱缎业云锦公所、丝业公所接连呈文苏州总商会，要求依照浙江的做法在苏属吴县境内划分丝区和茧区，并制定具体办法12条。在丝绸业和总商会的请求下，江苏也于1915年实施与浙江相类似的《取缔茧行条例》，由江苏省省长咨农商部立案施行。该条例第一条即明确指出“江苏全省茧行自民国四年起取缔如左”，具体做法是：将江宁、句容、溧水、高淳、吴县、吴江等六县列为丝区，不准开设茧行；其余54县划为茧区，每县已设茧行5家以上者，5年内停止发给新设茧行登录凭证；未设茧行之县，此后以均以5家为限；已设之茧行，必须查明灶数，自本年起不得添筑茧灶。①

由于茧业公所对《取缔茧行条例》采取抵制的态度，浙江和江苏两省敢于违例开设茧行的茧商也大有人在。例如1916年即有“浙省茧商破坏民国四年南京会议定案，蒙请明年茧行登录凭证七十余张之多”②。在江苏，茧商增设茧行而引起纠纷的案件也屡有发生。由于纠纷不断和争论日益激烈，1916年底，浙江省议会通过了修订的茧行条例议决案，将原定四周距离50里内不得新设茧行的限制改为四周距离限20里以内。1917年6月，江苏省议会也参照浙江的办法通过了新修订的取缔茧行条例。

如果说同业公会成立之前传统的丝绸业公所坚持以强制方式限制茧行设立并不足怪，同业公会成立后仍继续采取相同的方式，则表明丝绸业行业组织的演变也没有相应改变该业对待这一问题的态度。江苏省1915年施行的划分丝区、茧区，限制设立茧行的条例，原定推行五年后“再由巡按使酌核办理”。到1920年已届期满，丝绸业要求苏州总商会向江苏省省长禀请继续“推广丝区，恢复每县五家之原案，并于宁、苏、常、镇四府以外，令饬各县知事，迅予推广蚕桑；四府以内各属茧行，陆续饬迁，冀达完全丝区，以裕丝织原料”③。不难看出，丝绸业所希望的是更进一步严格推选取缔茧行的措施。对丝绸业的这一要求，江苏的几个总商会、部分县商会和新成立的江浙丝绸机织联合会都表示支持，并“均以茧行吸收丝织原料过多，有碍各地丝绸营业及机

① 《江苏全省茧商取缔条例》，苏州市档案馆编：《苏州丝绸档案汇编》上，南京：江苏古籍出版社，1995年，第421–422页。

② 《云锦公所为请限制浙省茧商增设茧行的提案》，苏州市档案馆编：《苏州丝绸档案汇编》上，南京：江苏古籍出版社，1995年，第422、423页。

③ 《云锦公所为请限制开放茧行致苏总商会略》，苏州市档案馆编：《苏州丝绸档案汇编》上，南京：江苏古籍出版社，1995年，第430页。

户生计为言”，致电江苏省省长转告丝绸业的要求。茧业商人则提出了完全相反的要求，江浙皖丝茧总公所向江苏巡按使上书历陈取缔茧行条例之弊病，并特别强调取缔茧行条例于“法律之不合”：“方今人民所凭依者法律，法律内载，营业得以自由，丝茧为正当之营业，应受国家同等之保护，况丝茧纳税比较绸缎增逾数倍，反以区域束缚，使不得自由，中国商战毋怪不逮外人远甚。”[①] 茧业的要求也很明确，就是取消丝区、茧区的划分，放开设立茧行的限制。面对丝绸业和茧业完全不同的要求，官府也感到左右为难。

在此之前的1919年曾掀起一次小小的波澜。起因是浙江省议会议决废止取缔茧行条例，将茧行完全放开。结果在江浙两省丝绸业中引起了强烈反响，“苏浙各商会、各丝绸业、各团体公民呈电纷驰，佥请维持丝绸机业”。在众多商会和丝绸业的坚决要求下，江浙两省省长只得咨请农商部同意，宣布：“所有产丝县分，自九年（1920年）分起，拟即暂停添发茧帖二年，以维现状。”[②]同时，召集两省丝绸业代表举行会议，讨论具体办法。会议议决五项办法，其中比较重要的一项是“浙江旧杭、嘉、湖、绍暨江苏旧宁、苏、常、镇、松各属，概作完全丝区，永远不准添设茧行茧灶”，另一项是“江浙两省丝绸各业兴革事宜有关法令者，应作为国家行政，由中央官厅制定，并以江浙两省丝绸机织联合会为咨询机关”。[③]这两项办法的用意很明确，那就是一劳永逸地维持丝区不准添设茧行茧灶的规定，此后永远不得以任何理由改变；而要求有关法令必须由中央官厅制定，则是为了防止两省议会再有通过《废止〈取缔茧行条例〉案》之事的发生。

1920年年底召开的江苏省议会也将讨论茧行开设事宜列为重要议题之一，其态度与官厅和商会显然有所不同。11月，江苏省议会经过大会讨论，“以茧行既加限制，少数行家必有把持抑价诸弊。农民直接受害，蚕业间接受害，且使业织者享受保护垄断之利，安于固陋，致不能与外国丝织品竞争，于推广蚕

① 《江浙皖丝茧总公所为请废止划分丝茧区域致江苏巡按使禀》，苏州市档案馆编：《苏州丝绸档案汇编》上，南京：江苏古籍出版社，1995年，第403页。

② 《江苏省长关于界停发放茧帖事致苏总商会训令》，苏州市档案馆编：《苏州丝绸档案汇编》上，南京：江苏古籍出版社，1995年，第433、434页。

③ 《纱缎业王兆祥等为请转省驳回开放茧行案致苏总商会函》，苏州市档案馆编：《苏州丝绸档案汇编》上，南京：江苏古籍出版社，1995年，第437页。

桑，改良织物，均有妨碍，议决废止取缔茧行暂行条例，咨请省长公布”[①]。江苏省议会通过废止取缔茧行条例之后，立刻引起丝绸业同业公会的强烈反对。江浙丝绸机织联合会在报章刊登此消息的次日急忙致电江苏省省长，态度强硬地表示：“报载省议会通过废止茧行条例案，群情惶骇，丝织原料，缺乏已达极点，若任自由领照，则遍地茧行，竭泽而渔，行见两省数千万机工生命，立填沟壑。议员昧于工商状况，通过病民祸国议案，我工商誓不承认。届时万恳驳回原案，拒绝公布，以救丝织实业，无任迫切。”[②]字里行间，不难发现丝绸业同业公会对江苏省议会通过《废止〈取缔茧行条例〉案》的激烈反对态度。江浙两省的商会原来支持取缔茧行条例，此时当然也反对江苏省议会废止这一条例。苏州总商会议决，“由各该公所以团体名义，分电省署及财、实两厅，请求万勿公布”[③]。杭州总商会也致电江苏省省长表示：“此时茧多丝少，于两省机工生计，关系甚巨。苏浙唇齿相依，丝绸又为出产大宗，若不请求设法维持，则数千万工人生计，因之断绝，殊非地方幸福，为此电呈鉴核，准将废止茧行条例案，勿予公布。”[④]

12月2日，发生了南京绸缎业千余名机工捣毁江苏省议会和殴掳十余名议员的暴力事件，引起社会舆论的一致批评。省议会被毁案发生后，南京绸缎业虽饱受社会舆论的指责，但仍抱定抵制议会通过的《废止〈取缔茧行条例〉案》的决心，甚至准备聘请4名律师“到法庭与议会争辩”[⑤]。与此同时，江浙丝绸机织联合会、中华国货维持会也联名发表《驳正省议会开放茧行案之理由书》，主要针对省议会《废止〈取缔茧行条例〉案》审查报告提出的几点理由，具体阐明茧行条例绝不能废止。[⑥]最后，江苏省议会不得不作出让步。1921年1月，江苏省议会数次举行临时大会重新讨论此案，所通过的议案对早先规定不得设立茧行的丝区是否开放茧行并没有做出明确的定议，而是交由这些地区

① 《江苏省议会致总统等电》，中国第二历史档案馆编：《中华民国史档案资料汇编 第三辑 民众运动》，南京：江苏古籍出版社，1991年，第24页。

② 《省会通过废止茧行例之反响》，《申报》1920年11月22日，第10版。

③ 《地方通信·苏州》，《申报》1920年11月27日，第8版。

④ 《杭州快信》，《申报》1920年11月26日，第7版。

⑤ 《南京快信》，《申报》1920年12月7日，第7版。

⑥ 《江浙丝绸机织联合会等关于驳正省议会开放茧行案之理由书》，苏州市档案馆编：《苏州丝绸档案汇编》上，南京：江苏古籍出版社，1995年，第439–440页。

的农会、商会和官厅根据具体情况决定。这与其原议《废止〈取缔茧行条例〉案》所说的“商民得自由在全省各县开设茧行”，应该说确实是一种妥协。

同年4月，北京农商部也就整顿蚕桑丝绸办法作出了批示。前曾提到1920年4月，江浙两省专门召开过丝绸会议，议定了五项具体办法，呈请两省省长、实业厅咨请农商部定案。从农商部的批示看，官厅对待茧行问题纷争的态度与以前相比并无明显变化，农商部只是将两省丝绸会议所订的具体办法“略加修改，批准公布”。原有的《取缔茧行条例》实际上基本得以继续推行，多年纷争的结果，包括由此引发捣毁省议会的暴力冲突之后，似乎又回到了问题的原点。

不过，《取缔茧行条例》虽得以继续维持，但这终究只是权宜之计，而且与营业自由、平等竞争的原则相悖。既然是权宜之计，要想持久维持也很困难。在此之后，茧行不断对这一规定提出意见，并要求予以修改，江苏省农会也请求取消部颁整顿蚕桑丝绸办法。1926年江苏省财政厅、实业厅决定在蚕桑业确系发达的溧阳、金坛、宜兴三县，以及原有茧行偏于东北两乡之丹阳县西北两乡，准予酌量添设茧行。[①]1927年10月，江苏省政府第43次政务会议又议决新的《江苏省暂行茧行条例》，自公布之日起通令各县遵照办理。新条例完全打破了以往对设立茧行的限制，明确规定“江苏全省各县皆得设立茧行”，唯一的限制是，如果该县已设茧灶之烘茧量超过产额二成，停止发给茧帖。[②]这表明，从更加长远的发展来看，在市场经济的条件下，限制营业自由和平等竞争的行政举措是难以一成不变地长期推行的，它终究会随着时代的发展而被淘汰。

新条例实施之后，丝绸业中虽仍有人请求缓发茧证，但官厅坚持按照条例办理。1930年11月，南京国民政府工商部召集工商界代表在南京举行全国工商会议。在这次会议上，吴县的纱缎业同业公会、丝业同业公会、铁机丝织业同业公会又联名提出了《请取缔各属茧行案》。该提案认为，仅仅在茧灶烘茧量超过产额二成的地区限制设立新茧行过于宽泛，并要求：“限制江苏之旧宁、苏、常、镇、松，浙江之旧杭、嘉、湖、绍各属，嗣后不准添设茧行茧灶，并

① 《吴县知事公署为奉令核准开放部分茧行致总商会函》，苏州市档案馆编：《苏州丝绸档案汇编》上，南京：江苏古籍出版社，1995年，第442–443页。

② 《江苏省暂行茧行条例》，苏州市档案馆编：《苏州丝绸档案汇编》上，南京：江苏古籍出版社，1995年，第445–446页。

从严取缔分行、分庄等化名变相；二、饬令各县政府查明民十六以后新领茧帖一律吊销，不准续开。”[①]这显然是想恢复《取缔茧行条例》，但是，此次大会的审查会对该提案“议决保留”，而且大会表决也“照审查意见通过”，最后并没有通过该提案。

从上述江浙两省围绕茧行设立的纷争不难发现，无论是传统的行会公所，还是新成立的丝绸业同业公会，都不顾营业自由、平等竞争的原则，力图采取强行限制设立茧行的传统方式来维护本业的经济利益，其中虽不乏保证丝绸厂家的原料来源，维护中国丝绸业发展的动机，并且得到了工商各业共同组织的新型社团——商会的支持，但其做法和客观效果仍与传统行会限制设铺开店并没有多少本质上的区别，这显然是近代中国同业公会保留行会色彩的一种具体反映。

第二节
承袭行会对官府的依赖特点

近代中国同业公会保留某些传统行会特色的第二个具体表现，是在一些重要的问题上，常常并非真正遵循市场经济的法则行事，而是仍然对官府有着较强的依赖性，在很大程度上继续依靠官府的行政权力达到自己的目的。

中国传统行会的内部强制管理之所以能够维持，也即行规能够对有关的手工业者和商人产生约束作用，除了经济方面的原因之外，在很大程度上离不开官府的支持与保护，这种情况甚至到19世纪中后期仍是如此。绝大多数行会在拟订了行规之后都要报经官府批准，然后以刻碑的形式公开告示，其目的是借助官府凸显行规的权威性，强制同业必须一体遵守，不得有违。如果遇有违反行规内部不能处置时，行会也往往请求官府判决惩处。官府的判决则大多是以行规为依据，按行会的请求对违规者予以处罚，从而使行规进一步具有了法律效力。

民国时期同业公会成立之后，在这方面虽有某些变化，但同时又在很大程

① 《请取缔茧行案》，实业部总务司、商业司编：《全国工商会议汇编》第二编，1931年，第76–77页。沈云龙主编、台湾文海出版社影印的《近代中国史料丛刊》将该书收录为三编第20辑。

度上承袭了传统行会的这一特点，依然对官府存在着较强的依赖性，而且同样经常需要借助官府的权威，达到强制同业一体遵守本业规章，以及实施某种带垄断性的举措以维护同业经济利益的目的。前述江浙两省围绕茧行设立的纷争即已证实了这一现象。在纷争的早期是丝绸业行会不顾丝茧业的强烈反对，通过官府施行严格限制茧行设立的《取缔茧行条例》，以保证丝绸厂家的原料来源，维持丝绸业的生存与发展；到后期两省丝绸业同业公会成立，当省议会议决废止该条例时，两省的同业公会一方面坚决抵制省议会的这一决定，另一方面同样是请求官府继续实施该条例，并且能够暂时达到其目的。从同业公会采取的这种具体方式看，与过去的行会并没有多少明显的区别。

与过去略有不同的是，民国时期的官府有时会对这种违反营业自由和平等竞争且带有强制性的垄断举措存在一些疑虑。例如农商部就对强行实施《取缔茧行条例》的合法性有所警觉，对江苏划分丝茧区域办法12条提出过质疑，认为这一举措可能会产生某些窒碍。农商部指出："查前拟丝、茧分区办法，以理论言，营业贵乎自然，不当以官厅权力为之束缚。"只是当时的农商部也无法跳出调解这一纷争的两难困境，提不出更好的办法，所以也只能表示："以事实言，绸业既不能改用厂缫，若非丝、茧分区，截留鲜茧，必致土缫日少，将使绸业无立足之地。似不得不照各该县委前详办理。"[①] 这说明在理想制度和现实利益发生矛盾冲突而必须二者选其一时，官府还是倾向于选择支持丝绸业要求，维持眼前实际利益的方案。

1930年发生的围绕同业业规问题所产生的争议，也反映了这种类似的情况。国民党于1927年建立南京国民政府之后，着力于从"革命的破坏"转变为"革命的建设"，力图加强对商会和同业公会的整理改组与法规建制，于1929年8月颁布了新的《商会法》和《工商同业公会法》，同时要求各地商会和同业公会在整理改组之后重新注册备案，由此确认其合法地位。次年6月，改组后的上海市商会召开了第一届各业会员大会，上海肠业同业公会、花粉同业公会、华洋百货商店同业公会筹备处、上海履业同业公会等，均在会上提出内容相似的议案，其主要要求是呈请工商部咨请立法院在商会组织法中加入"凡成立同业公会之同业商人，虽未加入该同业公会，亦应遵守该公会之决议。如有

① 《吴县知事为转知农商部咨会丝茧分区窒碍事致苏总商会函》，苏州市档案馆编：《苏州丝绸档案汇编》上，南京：江苏古籍出版社，1995年，第399页。

违反者，该公会得依法起诉”，并提出凡经官府核准之业规，均应视同政府颁布之条例，在法律上享有不容置疑的地位，未入会之同业也应严格遵守。这一要求显然是希望借助官府的力量，强制规定未加入同业公会的同业工商户也必须一体遵守同业公会的业规。上海市商会会员代表大会对这些内容相似的议案进行合并审查后认为，尽管“同业公会之决议自不能及于未入公会同业之商人”，但经过此种官府核准程序之后，“其性质自与公会单独之决议不同，而与官厅为该业特订之条例无甚殊异”。[①]上海商会与各同业公会虽也承认，由于《工商同业公会法》并未强制同业入会，因此，从理论上说同业公会的决议不能强迫未入会同业遵守，但同时强调，如果同业公会制定的行规被政府批准备案并明令一体遵守，其法律效力就与公会单独决议不同，而如同政府颁布之条例，对未入会同业也具有法律约束力。分析而言，面对未入会同业对同业公会的挑战，同业公会仍承袭以往的方式，试图借助官府法令力量来加强自己的权威，避免因未入会者违规造成同业经济损失和团体离散局面的出现。经过表决，上海市商会会员大会通过了此案，并依决议呈交工商部批准。

但工商部起初对同业公会的此种要求持有不同的看法。同年9月，工商部批复：“查同业行规并非法律，无强制之可言，而各业所定之行规，又往往含有垄断性质，或讳反善良习惯之处。在主管官厅，对于各业情形，容有不明，虽经予以审核，仍难保其必无流弊。此种不良行规，以法律通例言之，即诉诸法庭，亦难予以保护，何得迫令同业一律遵守。故若不问行规之内容，凡经官厅核准无论已未入会均须遵守，非特于会无济，反足惹起纠纷，来呈所称未入会同业均应一律遵守行规等情实有未合。”[②]这更进一步说明，民国时期的官府与过去对待行会并非完全相同，在面对同业公会的要求时，官府常常会从合理与合法两个方面加以考虑，而不是全然应允同业公会的请求。

同业公会则一直继续努力以达目的。上海各同业公会“以行规关系重要，自奉部驳，群情失措”[③]，纷纷联合上书、请愿，并呼吁通过上海市商会的社会影响力动员本地和全国工商界据理力争。上海肠业公会、上海新药业同业公

① 《各同业公会呈请官厅核准备案之行规应视同官厅为该业特订之条例未入会同业应共同遵守案》，《商业月报》第10卷第7号，1930年6月。

② 《为请重核同业行规事呈社会局文》，《商业月报》第10卷第11号，1930年9月。

③ 《市商会呈请维持同业行规案》，《申报》1930年10月31日，第9版。

会还出面联合各业公会，拟定呈文，准备推派代表入京请愿。[①]1930年11月，南京国民政府工商部为制订工商政策、发展国民经济，邀请工商界代表在上海召开全国工商会议。在这次会议上，上海社会局应同业公会的要求，提出了“各业业规呈准主管官署核准者同业应一体遵守案”，其中心内容仍然是要求官府明文规定，无论各业公司、行号是否加入同业公会，都必须遵守同业业规。[②]与会的工商部代表依旧提出疑问，认为同业业规固然重要，但“如有不良分子借同业公会来规定许多恶业规，岂能强制同业一体遵守”？特别是《工商同业公会法》并无强制公司、行号加入公会的规定，如果要把入会人所定的业规强制不入会的人去遵守，显然在法理上说不通。由于与会的工商界代表大多赞成这一提案，全国工商会议还是原则上通过了行规一案，请工商部对于上海社会局之提案采择办理，但未明确提出呈请立法院修改工商同业公会法的要求。这意味着此案虽获原则性通过，但能否顺利实施还取决于官府的态度。

为了推动官府实施这一议案，各地商会、同业公会在全国工商会议结束以后，继续纷纷呈文工商部、行政院及立法院。从11月4日至12月5日，江阴县商会筹委会、杭州市商会、宁波商统会、汉口总商会、北平市总商会、南京总商会、浙江省商统会先后分别上呈对上海方面表示声援。上海煤业同业公会等63个同业公会、上海各业维护行规委员会也继续上书吁请，似乎已形成全国工商界的一致要求。[③]面对全国各地商会及同业公会的一致呼吁，工商部亦不得不重新考虑行规问题一案。1930年12月工商部呈文行政院，表示经再三考虑，“以少数服从多数之原理，复由官厅审核以防其流弊，似属可行”。显而易见，在全国工商界的再三呼吁之下，工商部的态度已有所转变，实际上接受了

① 《同业公会维护行规》，《申报》1930年10月10日，第20版；《同业公会消息》，《申报》1930年10月13日，第16版。

② 实业部总务司、商业司编：《全国工商会议汇编》（上），1931年印行，第51页。

③ 中国第二历史档案馆藏档：六一三－1228，《江阴县商会筹委会呈为同业公会呈准立案行规均应一律遵守具情》，1930年11月4日；《为同业行规经规定实施无论已未入公会各同业均应遵守特陈述二项意见》，1930年11月10日；《杭州市商会电请核准同业行规一案》，1930年11月14日；《请鉴核准维持旧有习惯所订行规虽非会员应一律遵守》，1930年11月17日；《为汉口总商会呈准上海商会据上海市南货业等84业公会连名函以行规为同业公会之命脉请呈院部重行核议一案》，1930年11月24日；六一三－1229，《工商行规施行案》，1930年11月。六一三为全宗号，其后为目录号。下引中国第二历史档案馆资料同。

同业公会的要求。[1]

1930年12月17日，行政院向上海市政府颁发训令，对上海社会局在全国工商会议上所提议案表示同意，同时补充规定："各业所订之行规务必一秉至公，而官厅对于审查之标准应以有无妨碍社会人民生计为去留，如有抬高价格，限制出产及妄定处罚条款，或涉及劳工问题各情事，务须严格取缔。又如定有处罚条款，仍须逐案呈请核断，不得擅自执行，庶于商法情理，双方兼顾。"[2]这表明政府已正式同意行规一案，而转从加强政府审核与行规的施行环节来防止垄断现象的出现。这一补充说明即是对主管官署审核行规条款时的具体标准。同时，政府也加强了对行规执行的干涉，规定同业公会不得私自执行处罚，必先报主管官署同意方可执行。于是，关于行规问题案的争议以政府接受同业公会的请求，并加强政府干预力度而结束。在行政院训令的指导下，一些地方政府出台了行规审查的相关条例，商会与同业公会也开始重整行规。不过，同业公会基本上达到了依靠官府而使业规具备法定效力的目的。

第三节
同业公会保留的传统特色辨析

上文主要从以强制方式保护同业垄断利益和对官府的依赖两个方面，阐明了近代中国同业公会保留的与行会相似的传统特色。需要指出，在中国近代传统经济与现代经济纷然杂陈的过渡历史时期，同业公会在某些方面保留了行会的传统特色，这并不足为怪。实际上类似的现象并非仅仅存在于经济领域，在政治、思想、文化、教育等各个领域中也都不同程度地存在着这种新旧并存的情况。众所周知，行会的传统商业习俗在此之前已沿袭长达数百年，在工商界、官府乃至社会上都几乎达到了根深蒂固的地步，要想在短时期内全部予以根除，事实上是无法做到的。即使有了制度性的规定，也需要较长的时间才能真正在实践中完全付诸落实。在一般情况下，理想的经济制度与实际经济习

① 中国第二历史档案馆藏档：六一三－1229，《未入公会之同业应遵守行规一案应请上海市社会局所提议案之三项办法外取缔有高抬价格限制出产情事请核转施行》，1930年12月5日。

② 严谔声编：《商人团体组织规程》，上海市商会，1936年，第209页。

俗之间往往存在着相当的距离，还需要不断在实践中加以调适。更何况近代的工商同业公会章程和实施细则本身相当简略，只是就同业公会的设立、选举以及组织结构做了规定，并没有在同业公会的权限和其他方面给予相应的具体说明。既然制度本身也有缺陷，那就更不能避免同业公会在某些方面承袭和保留行会的旧特色。

但是，这并不意味着同业公会继续采取传统的强制方式保护同业经济利益、限制他业发展的做法就是合理的，更不能说是合法的。虽然由政府颁布的同业公会规章在这方面并没有做出具体规定，但中华民国成立后颁行的约法即已明确指出了营业自由的基本原则，无论是理论上还是实践中人人都必须遵守宪法，同业公会当也应遵守这一原则。但从民国时期江浙两省丝绸业围绕茧行设立的态度和举措却不难看出，同业公会再三请求官府发布行政命令，强行取缔和限制丝茧业设立茧行，实际上违背了营业自由和平等竞争的基本原则。不能说当时的同业公会对此毫无认识，因为被限制的丝茧业商人已经明确指出了这一点。如苏州茧商钱镜秋原本已领取凭证，在吴县东桥乡投资开设钱大源茧行，但依照《取缔茧行条例》则在被取缔之列。钱镜秋对此深感不服，并理直气壮地表示："营业自由，载在约法，奸商垄断，素悬厉禁……今如此情形，则约法失其效力，垄断视为正当，振兴商业更非所望于将来。"[①]类似这样的批评在当时是比较多的，丝绸业同业公会不可能听不到，只不过是充耳不闻罢了。

民国时期的同业公会对官府的依赖性仍然较强，官府对同业公会，则并不像以往行会时期那样有求必应，而是提出了相关的一些疑问，只不过碍于同业公会的再三要求，加上其他方面的一些具体原因，最终往往又不能不应允同业公会的要求。江浙两省限制茧行设立的情况如此，1930年同业公会请求业规经由官府批准，使之具有法令效力而强迫未入会同业遵守的事例，其情形也是如此。起初，官府也对这种做法存有疑虑，尤其担忧由此形成同业垄断，有违营业自由的精神。但是，同业公会不屈不挠地坚持这一要求，持续不断地上书请愿，最终迫使官府做出了妥协。这些事例都表明，民国时期同业公会对官府的依赖，主要是在近代中国特殊的国情之下出于同业公会自身的主动行为，并不

① 《茧商钱镜秋为茧行被勒闭事致吴县知事公署呈》，苏州市档案馆编：《苏州丝绸档案汇编》上，南京：江苏古籍出版社，1995年，第452页。

是官府的压迫使然。

就客观后果与影响而言，同业公会依赖官府实施保护同业利益、限制他业发展的强制性举措，除了违反营业自由和平等竞争原则、在经济制度的建设方面产生了不良影响之外，就是对本业的发展也只能是一时的权宜之计，并不能真正保证本业解除困境，走上长久繁荣兴盛的发展之路。例如江浙两省实施《取缔茧行条例》多年，并没有帮助丝绸业摆脱每况愈下的窘困。到1920年，两省丝绸业的境况更加危急，“机织原料均已告竭，欲购无从……产绸各区纷纷停织，危险情状不堪设想”[①]。这说明在市场经济时代，单纯依靠垄断措施至多只能产生一时的作用，而不能保持长期稳定的发展。

此外，主要依靠官府获得某种垄断，也妨碍了同业公会在其他方面的革新进取以适应市场经济需求的努力。例如江浙两省丝绸业同业公会将本业的衰退原因，始终只是单纯地归之为茧行设立过多造成的原料短缺，而完全不检讨自身在设备更新、技术改良等许多方面注重不够的影响，这种只强调客观原因而不注重主观因素的单一思维方式，约束了丝绸业对这一问题进行全面与客观的认识，同时也留下了遭他人批评的口实。苏省议会曾批评说，《取缔茧行条例》实施数年，“业织者依然安于固陋，不求改良，徒享保护垄断之利，而不能与外国输入之丝织品竞争”[②]。平心而论，丝绸业者主要将本业的衰败归因于茧行设立过多，除了一再要求官厅取缔茧行外，较少在其他方面进行反思和采取相应的对策，这不能不说是一种缺陷。

总而言之，近代同业公会成立之后，并没有完全改变过去工商各业只注重本业发展、缺乏全局意识和前瞻眼光的短视行为。《申报》发表的一篇“杂评”，敏锐地观察到当时的江浙丝绸业者只强调本业眼前利益得失而不顾及他业的缺陷，并说明这一缺陷将来也会对本业和整个工商业的长远发展带来不利影响。该文指出：“此业与彼业，有互相维护之关系，利我业而有害于他业者，则他日他业之害，必仍将影响于我业。故以目前之利害为利害，与少数人之利害为利害，结果或且适得其反。有知识之商人，洞明此种关系，放大眼光，以计全局之利害，而己之利害亦即寓于其中，决不作目前与少数人把持之

① 《云锦公所为请限制开放茧行致苏总商会略》，苏州市档案馆编：《苏州丝绸档案汇编》上，南京：江苏古籍出版社，1995年，第430页。

② 《苏议会纪事》，《申报》1920年11月21日，第7版。

想也。将来有知识之商人日多，此种利害冲突之争端必日少。盖为目前计，为少数人计，有利害冲突；自全局观之，无所谓利害冲突。”同时，该文还呼吁官厅在制定相关政策时应从全局的角度考虑问题：“事固有利彼而害此者，然当局之立法，必统筹全局上根本之利害以为利害，而不能沾沾焉计一业之利害也。”[①] 应该说，这种辩证的认识在当时还是比较全面和公允的。事实表明，只有随着市场经济的进一步发展，制度建设更趋完善合理，工商业者在实践中的认识也逐渐提高，社会经济的发展才能走上更加规范的道路。

① 《废除茧行条例之争》，《申报》1920年11月26日，第11版。

第十五章 天津工商同业研究所初探

随着近代中国经济与社会的发展，工商同业组织经历了从传统行会向近代同业公会演变的历程，并发挥了日益显著的作用与影响。在这一演变过程中，有许多值得重视的过渡性环节以往常常被忽略，没有进行深入细致的研究。例如在清末民初的天津出现了为数较多的工商同业研究所[①]，体现了工商同业组织发展变化的一种新趋向，却没有引起研究者的关注。迄今为止，尚未看到专门研究清末民初天津工商同业研究所的论文。另外，不同地区工商同业组织的演变既有许多共同的特征，也体现出若干区域性的特点，因而对近代中国工商同业组织的发展演变不仅应该进行综合性的探讨，还需要做一些区域性的个案考察，这样才能更为全面和准确地把握近代工商同业组织发展变化的各方面情况，避免以偏概全。有鉴于此，本文主要对清末民初天津工商同业研究所略作考察与分析。

第一节 天津工商同业研究所的建立

在清末民初，天津工商同业组织发展变化的一个突出特点，是比较普遍地建立了名为研究所或研究会的新型同业组织。在其他地区的工商界中，这一时期虽然也曾有与此命名相同或相似的组织出现，但天津的同业研究所仍有其明

① 清末民初的天津新型同业组织并非都命名为研究所，还有研究会、公会等称呼，甚至有少数沿用了传统的“公所”之称，但性质大体相似。本书为行文之便，在一般情况下都用研究所的称呼。

显的特点。

从数量上看，清末民初天津工商同业建立的研究所为数较多，并非少数行业的独立分散行为，体现了当时天津工商同业组织发展演变的整体新趋向。就目前所能看到的资料判断，尚未见到其他地区的工商各业建立如此数量的研究所。根据保存下来的天津商会档案文献的相关记载，我们可以大致了解清末民初天津工商同业研究所建立的具体情况。详见下表：

清末民初天津工商同业研究所表①

会、所名称	建立时间	设置地点	会、所长姓名	董事及职员人数
鞋商研究所	光绪三十年建立，民国元年改组	天津宫北白衣庵	王文润 孙翰臣	10
染商研究所	光绪三十年三月	城内民立五十一初等小学堂内	杜宝桢	9
门市布商研究所	宣统二年四月	天津宫北白衣庵	张荫棠 王绣章	12
南纸书业研究所	宣统二年六月	东门内二道街	李樾臣 张秉乾	4
鲜货商研究所	宣统二年九月	北门西福安里	祁宝玉 刘养泉	10
天津估衣商研究所	民国元年三月	北马路体仁广生社内	张恩普 程振先	4
洋广货商业研究所	民国元年五月	河北善后协会内	铮锦棠 高星北	6
转运商业公会	民国二年二月	天津俄界	许子书 祁筱田	12
镜工研究分会	民国二年八月	侯家后清静庵内	王恩普	
天津米业公益研究会	民国二年三月	东门外扒头街	杨明僧 罗承汉	24
缝纫研究会	民国二年九月	天后宫内	李家鸿	

① 此表据天津市档案馆、天津社会科学院历史研究所、天津市工商业联合会编《天津商会档案汇编（1912—1928）》第1册（天津：天津人民出版社，1992年，第138-191页）相关资料制成。

续表

会、所名称	建立时间	设置地点	会、所长姓名	董事及职员人数
药业研究所	民国二年九月	鼓楼北张公祠内	张春泉 华仪斋	5
砖瓦商研究所	民国三年十二月	南门西小马路	李遇春	13
天津酒商研究所（天津酒业公所）①	民国四年六月	南马路旧草厂庵内	李稚香 刘镕斋	22
毯行公所	洪宪元年一月	天后宫内	韩阕	3
旧五金行研究所	民国五年三月			
天津灰煤公所	民国五年四月	二道街小药王庙		5

上表所列清末民初的天津工商同业研究所还不能说是十分完整的统计，可能有遗漏。但是，从中我们可以看出一些基本的情况。在这17个工商同业研究所中，5个建立于清末，12个建立于民初，还有一个起初在清末建立，到民初又进行了改组。这表明辛亥革命后中华民国建立，为振兴实业开辟了新的局面，不仅使工商界人士的思想认识有所提高，也对促进天津工商同业研究所的发展产生了积极的推动作用。有的研究所建立于清末，但后来中止活动，在民国建立的推动之下又重新组建。这些研究所虽然名称不一，但性质与功能较为相近，其中大多数系由商人组成，也有少数是由手工业者、转运业者或工厂主建立。如毯行公所由天津三十余家制毯工厂于1916年1月发起成立，天津灰煤公所由五十余家生产和销售灰煤的企业共同建立。不能否认的是，官厅的支持对于天津工商同业研究所的建立也产生了一定的作用。据张荫棠等人代表天津全体门市布商所写的呈文透露："蒙警察厅厅长召集商家演说中有谆谆谕劝各行商须立研究所，可以发达商业，犹免彼此相攻之说，商等退而感悟。拟重开研究，随经全体表决，仍在前立之研究所旧址照前定期限开理[所]研究，并将前研究所之简章聊加增删，所中由同业全体公推正副所长各二员，以资表率而

① 直隶天津警察厅致天津总商会函表示对该所遵章予以保护，所用称呼为"研究所"，《天津商会档案汇编（1912—1928）》第1册所列"天津各行业公所调查表"，也称该所名称为"酒商研究所"。但查其章程第一条名称却为"天津酒业公所"。

便办公。”[①] 这说明当时的官厅对于工商各业建立同业研究所，采取了劝导和支持的积极态度。

在清末民初，由工商业者组建的各种团体并不少见，首先最有影响力的当属清末即已产生的商会，其次是民国时期的同业公会。但商会、同业公会以及其他一些工商团体，都是由政府出面制订统一的名称和规章，以自上而下的行政动员或者带有强制性的方式促使工商界组建而成。而清末民初天津工商同业研究所的建立，却并非遵令而行，主要是工商界人士自身的主动行为。天津工商同业之所以主动积极地建立研究所，综要言之出于下几个方面的动因：

其一，兴利除弊，维护利权，促进工商业的发展，尤其是促进同业的兴旺发达。这一动因从下引各个研究所拟订的宗旨即可显而易见。

门市布商研究所1910年成立时的宗旨为："本所为兴利除弊起见，团结同志以谋公益，合群力以图改良。"1915年修订的宗旨同样是："本所以研究商业，庶期发达，结合团体，倡销国货，兴利除弊，力谋公益为宗旨。"

南纸书业研究所："本所为联合同业，共保利权，研究书纸品类逐渐精良，图谋日有进步为宗旨。"

镜工研究分会："本会之设，专为结合团体，研究改良，息本行之纷争，求本行之进步。"

缝纫研究会："本会以振兴实业，体恤工艰，剔除积弊，维持公益为宗旨。"

药业研究所："本所为联合同业共保利权，研究药品改良进步为宗旨。"

旧五金行研究所："本所为维持商业研究，改造五金器具，以无用化为有用，不使天产矿质一旦废弃为宗旨。"[②]

其二，通过建立研究所，进一步加强联络同业之间的感情，相互沟通，发挥同业群体力量的优势，更好地促进本业的发展。

---

① 《门市布商请立研究所函并附简章及工商部批》，天津市档案馆、天津社会科学院历史研究所、天津市工商业联合会编：《天津商会档案汇编（1912—1928）》第1册，天津：天津人民出版社，1992年，第142页。门市布商研究所原本成立于清末的1910年，后因故停止活动，于1915年重建。

② 以上引文分别见天津市档案馆、天津社会科学院历史研究所、天津市工商业联合会编：《天津商会档案汇编（1912—1928）》第1册，天津：天津人民出版社，1992年，第141-142、144、160、170、171、179页。

有些研究所在阐明其建立缘起时，对此已进行了比较充分的论述。如门市布商研究所曾说明："窃商等门市布商家数虽见日繁，而人心本极涣散，不第无团体想念，且有互相攻击之想，何止贻笑外人，而于营业失败者不无少见。"因此，"商号等尤有请者，该行内人心不齐，似宜力为结合，庶可风气开通，用收成效"。[①]这显然是希望通过成立研究所，以改变同业涣散不群的落后传统，达到共同兴盛发展的目的。天津酒业公所呈请立案时特别指出："窃商等因向来各商号不相联合，势同散沙，以致酒业不甚发达。现为公同利益起见，借用直隶商会联合会地址设立酒业公所。……专为研究酒业应办事件，以期日见进步。"[②] 在清末，虽然工商各业互相隔绝的状况通过成立商会而有所改善，但各业自身的涣散不群以及由此产生的种种缺陷，还需要通过建立新的同业团体才能加以克服。天津的这些新型工商同业研究所，可以说在很大程度上正是应这一需求而产生的。

其三，通过成立研究所制订新的条例规章，防止和惩处违章行为，保护同业的经济利益。

保护本业工商户的经济利益，是同业组织的主要职能之一。在这方面，无论是传统的行会，还是新型的同业组织都是如此，只不过所采取的方法有所不同。例如天津"米业历年之困苦，若不设法补救，前途危险不堪设想"。故而1913年3月米业公益研究会成立时特别强调以"研究本米业，振兴商务及遵守米业规则为宗旨"；同年成立的缝纫研究会在呈请立案时也说明："窃商等伏查自民国成立，各商界皆有团体，惟缝纫工人犹如散沙，杂乱无章，时有困难之虞。商等联络工人，如遇作工，互相维持，不得任意行为，故不揣冒昧渎陈立案，请设缝纫研究会，愿为整顿缝纫规则。"[③]

---

① 《门市布商请立研究所函并附简章及工商部批》，天津市档案馆、天津社会科学院历史研究所、天津市工商业联合会编：《天津商会档案汇编（1912—1928）》第1册，天津：天津人民出版社，1992年，第141、140页。

② 《众酒商请立酒业公所函并附简章名单及批》，天津市档案馆、天津社会科学院历史研究所、天津市工商业联合会编：《天津商会档案汇编（1912—1928）》第1册，天津：天津人民出版社，1992年，第173-174页。

③ 《商民李家鸿等呈请立天津缝纫研究会函并商会调查函》，天津市档案馆、天津社会科学院历史研究所、天津市工商业联合会编：《天津商会档案汇编（1912—1928）》第1册，天津：天津人民出版社，1992年，第167页。

其四，合同业之群力，与洋商竞争，挽回利权。1913年初天津转运同业众商意识到：“夫路政之行效，由于商家之转运，而转运之遍通，全赖群力之联合”，遂联合建立转运商业公会，“其宗旨分为十条，无非为公家谋划利益”。具体内容包括“运仿西法”，因为“欧美转运，水以轮船，陆以火车，非常稳妥，非常迅速。洋商行之于前，华商趋之于后，本会勉以进之，不使华商趋于洋商势力范围之下”；另还包括有“挽回利权”，“我国虽有铁路，而转运之利往往为倭人、俄人所夺，遂成莫大之漏卮。本会思有以抵制之、挽回之，以免利权之外溢”。[①]

综上所述，清末民初天津工商同业研究所建立的原因，与传统行会的产生有明显的不同之处。传统行会的建立，都是围绕着如何达到限制和保护同业的经营生产行为，维护本业带垄断性的经济利益这一根本目的；而清末民初出现的天津新型工商同业研究会所，在采取新方式维护同业经济利益的同时，并不完全局限于本业的狭隘利益，还注重促进整个民族工商业的发展和权利的维护，因而在一定程度上关注了整个工商界的公共利益，甚至也包括了国家和民族的利益，这些可以说是清末民初工商同业研究所不同于传统行会的具体表现之一。当然，要充分阐明天津工商同业研究所的性质，还需要从其他一些方面加以论述，下节我们即对此作具体分析。

第二节 天津工商同业研究所的性质

单从“研究所”或是“研究会”的名称来看，很容易使人认为清末民初的天津工商同业研究所是从事工商学理研究的组织。在清末的一些地区，也确实产生过由工商业者组成的以研究工商如何发达为目标的学术研究性团体。当时的工商业者意识到：“中国今日商业已有一落千丈之势，若非设所研究，集商界之群策群力，共谋改良发达之机宜，何以自立于商战剧烈之时代？”[②] 1909

① 《铁路转运商成立转运公会文并附宗旨十条》，天津市档案馆、天津社会科学院历史研究所、天津市工商业联合会编：《天津商会档案汇编（1912—1928）》第1册，天津：天津人民出版社，1992年，第197页。

② 《海内外商会纪事》，《华商联合报》第16期，宣统元年（1909年）八月。

年，广东石城县商务分会总理柳龙章等禀告清朝农工商部，提出在各省商务总会附设商业研究所。禀文说明："商会之设，原以联络商情，研究物品，讲求制造，振兴商业为第一要义。中国物产富饶，商力雄厚，若不设立会议研究之所，恐无以联商情而开商智，于商业前途终难望其发达。"[①]农工商部对此建议表示大力支持，札饬各省商务总会据情酌拟办法，切实施行。此后，一些地区的商会成立了商业研究所。但这些研究所并非由某一行业建立，而是由商会的各业代表组成，因此与天津同业研究所的性质存在明显不同。1909年底成立的天津商业研究所，以"研究物品，讲求制造，除商弊，利商益，振兴商业为宗旨"。各个行业公举热心公益、熟悉商情的商董一员，作为研究所总董，凡"关于兴商业，革商弊，调查商业之盛衰，补救商业之困难"，皆约集各董悉心讨论。[②]此外，在清末的上海、天津、杭州等许多地区，商界同仁还成立了商学公会。北洋商学公会的宗旨是："研究商学，维持商律、商规，以冀商业之发达为宗。"工商各业中"凡愿入会考求商学者，经会董或会员二人联名介绍，详叙事由，保其品行方正、按律经商、热心公益，年在二十一岁以上，经会董用秘密投筒法投票，得多数认可者，即允其入会"。[③]此会的主要活动是"研究商学"，属于明显具有研究性质的团体，同样与工商同业研究所的性质存在差异。

那么，清末民初的天津工商同业研究所属于何种性质的组织呢？从各方面情况看，这一时期的天津工商同业研究所大多数不是主要探讨工商学理的研究性组织，而是一种以发挥经济职能为主的新型同业组织。确切地说，是传统行会向近代同业公会演变过程中的一种新型过渡性的同业组织。

首先，清末民初天津工商同业研究所的成员并非不同行业的工商业者，一般是同业商家或手工业者，而且其成员为数较多，并非少数商家组合而成，因此称得上是该业有代表性的新型同业组织。

① 苏州市档案馆藏：《苏州商会档案》，第14卷，第32页。

② 《津商会禀陈将原设研究会扩充为直隶商业研究总所并以染商总董杜宝桢为会长文及部批》，天津市档案馆、天津社会科学院历史研究所、天津市工商业联合会编：《天津商会档案汇编（1903—1911）》上册，天津：天津人民出版社，1989年，第316页。

③ 《北洋商学公会章程》，天津市档案馆、天津社会科学院历史研究所、天津市工商业联合会编：《天津商会档案汇编（1903—1911）》上册，天津：天津人民出版社，1989年，第307、309页。

例如1904年鞋商研究所成立时，有67家同业商号加入；1910年成立的门市布商研究所，入所商家达71家；稍后建立的南纸书业研究所的成员有同业商号36家；估衣商研究所建立时成员有同业商号42家；天津酒业公所的同业成员有55家商号；灰煤公所建立时，“惟事属创办，暂时入会仅有五十余家，每家年认捐洋二元”，该所虽然刚开始建立，其入会同业商号已达50余家，应该并不为少；旧五金行研究所在报请立案的简章指明其成员构成和数量：“本所由津邑五金铜铁行四十余家结合团体，公立旧五金行研究所，以资维持。”[①] 有个别研究所更是由同业全体商号组成，如药业研究所“系经全体药商赞成，全行之人员，均宜砥砺进行，交换其知识，增长其志气，总期药品改良，精益求精，如有特别之研究，须报告本所，待公众同意以便实行”[②]。转运商业公会成立时，说明：“今我同业诸人集议，在天津车站附近组织公会一处，名曰‘转运商业公会’，专理各商公益公事，将来遇有转运大事，可由会中担负完全责任，其铁路新辟之站亦可联为一气，以广招徕。”[③]上述情况表明，清末民初的天津工商同业研究所不是由少数同业商家建立的组织，而是由拥有足以代表某个行业的多数商家共同建立。

也有个别由手工业者建立的研究所，其成员中包括数量不少的同业工人，缝纫研究所即是如此。该所创办者事后说明其缘由：“窃商等前拟创立缝纫研究会，原以津郡缝纫工人散漫无纪，团体不坚，如聚尘沙，势难竞胜。是以工党联络，切述利害，各工人始皆恍然，转悔前此之受愚，赞成今会之速立。”该业工人加入此研究所，缴纳会费洋五角，“工人如有屈抑，到会陈说，由本会查办；如有困难，由本会酌量接济，以尽扶助同类惠爱作苦之义”。[④]

① 以上各研究所的成员数据见天津市档案馆、天津社会科学院历史研究所、天津市工商业联合会编：《天津商会档案汇编（1912—1928）》第1册，天津：天津人民出版社，1992年，第139、140、143、152、182、179页。

② 《天津药业研究所简章》，天津市档案馆、天津社会科学院历史研究所、天津市工商业联合会编：《天津商会档案汇编（1912—1928）》第1册，天津：天津人民出版社，1992年，第172页。

③ 《铁路转运商成立转运公会文并附宗旨十条》，天津市档案馆、天津社会科学院历史研究所、天津市工商业联合会编：《天津商会档案汇编（1912—1928）》第1册，天津：天津人民出版社，1992年，第197页。

④ 《署直隶民政长取消缝纫公所指令及商民等申述应准立会维持文并附试办章程》，天津市档案馆、天津社会科学院历史研究所、天津市工商业联合会编：《天津商会档案汇编（1912—1928）》第1册，天津：天津人民出版社，1992年，第168、170页。

但总体而言，由于清末民初的天津工商同业研究所包含了为数较多的同业商家，属于新型同业组织，而不是研究性质的团体，因而与天津商会的关系十分密切。各业研究所建立时，都是通过商会转请官府立案；遇到有争议的事件无法自行调解时，同业研究所往往请商会出面予以解决。另一方面，天津商会有时主动指导同业研究所开展相关的行动。例如1913年药业研究所建立时，天津商会专门致函说明："窃维我国家承前清积弱之余，更新缔造，惟以财政竭枯，举国经济日促于穷，上下交困，非从事于我工商界力求进取，不足以药国艰，而济时危。"为此，天津商会提出三项需要讨论研究的具体内容，要求药业研究所"公同开议深究邃讨，详为惠复"。这三项内容是："制药尽用中国物产，相约共守，以维利权，兼保国货"；"独出心才［裁］，别立门户，或仿造时商标不可相类，为实力之进取"；中药受到西药之冲击，"究用何法以扩充我国之药业，俾与欧美颉颃，并驾齐驱"。[①]

其次，不少研究所承袭了以往同业组织的某些基本职能，在以下许多方面发挥了促进同业发展和规范同业商家经营活动的重要作用。

一是议定同业应兴应革之各项事宜，兴利除弊，促进同业共同发展。各个研究所都规定了日常定期开会议事的时间，如有紧要事件则召开特别会议，一般都是围绕应兴应革诸事进行讨论，如有争议以多数人意见为准，或者通过投票表决。例如南纸书业研究所规定："本所每逢开通常会日期，有提议者，有答议者，有演说者。提议者，以何者为当兴，何者为当革，何者能抵制外货，何者能畅销全球；答议者或者赞成，或者辩驳，或者自述己见，或者环质他人；演说者，但演说本行利弊，或买卖中应知应行各节及能增长智识之事、进行商业之方。"[②]药业研究所也有类似的详细规定，并要求："本所研究之日，均须亲到，如确有要事不能脱身，须托在所之人员替代。倘因事多一次不能表决，下期续议。"[③]鲜货商研究所还就如何解决争议做出了明确规定：

① 《张春泉等创办药业研究所说帖并附章程及商会复函》，天津市档案馆、天津社会科学院历史研究所、天津市工商业联合会编：《天津商会档案汇编（1912—1928）》第1册，天津：天津人民出版社，1992年，第172–173页。

② 《南纸书业请立研究所函并附章程及劝业道批》，天津市档案馆、天津社会科学院历史研究所、天津市工商业联合会编：《天津商会档案汇编（1912—1928）》第1册，天津：天津人民出版社，1992年，第144页。

③ 《天津药业研究所简章》，天津市档案馆、天津社会科学院历史研究所、天津市工商业联合会编：《天津商会档案汇编（1912—1928）》第1册，天津：天津人民出版社，1992年，第172页。

“遇研究要件，总以多数为标准。如有难以决定者，须用投票法公决。”[①]

二是维护同业信誉，不准阳奉阴违，以次充好，欺诈顾客。如鞋商研究所在禀告天津商务总会阐明其设立缘由时指出：“窃商等查现地各马路设摊售卖靴鞋络绎不绝，间有门市内局商号容心制造恶劣货物设摊出售，欺饰行旅，名誉攸关，商等议定简章七条，公同认可并盖印各号图章为据，拟于今正[？]一律实行。”[②]药业研究所也规定：同业商家必须“实事求是，敦重品行，力图前进，倘有借端招摇，败坏名誉者，一经查出，定当除名”[③]。

三是根据市场行情和质量高低议定产品价格和售货规则，保护同业利益，维持市场正常运行。天津灰煤公所章程规定，每月开会一次，专门“讨论本月灰煤发售市价，或涨或落，必须根据货物之高次并按照各种成本，公同参酌分别议定价目，关照各同行公平出售，不得将次货冒售高价，亦不得将高货烂盘贱售，有碍公众营业”[④]。有的研究所对同业商家无故降价或抬价销售产品均有限制，如鞋商研究所规定：“各号卖货不准无故折扣及张贴大减价等事，亦不准抬高价值垄断把持，必须定价持平，倘有歇业之家急须甩货者，到会声明，经会中认可后行。”[⑤]天津的米业商家众多，加上属于较特殊的行业，如无统一规章，难以避免各种混乱，因此，天津米业公益研究会1913年成立时即制订了同业售货6条办法，包括“公同核议改用洋银买货，实价不扣，专为便商起见”；“无论船装车载，言明河坝交秤”；“无论米麦各粮及面粉均售现

① 《鲜货商研究所简章十六条》，天津市档案馆、天津社会科学院历史研究所、天津市工商业联合会编：《天津商会档案汇编（1912—1928）》第1册，天津：天津人民出版社，1992年，第186页。

② 《鞋商研究分会请查禁私自设摊售卖靴鞋函并附章程》，天津市档案馆、天津社会科学院历史研究所、天津市工商业联合会编：《天津商会档案汇编（1912—1928）》第1册，天津：天津人民出版社，1992年，第138页。

③ 《天津药业研究所简章》，天津市档案馆、天津社会科学院历史研究所、天津市工商业联合会编：《天津商会档案汇编（1912—1928）》第1册，天津：天津人民出版社，1992年，第172页。

④ 《天津灰煤公所简章》，天津市档案馆、天津社会科学院历史研究所、天津市工商业联合会编：《天津商会档案汇编（1912—1928）》第1册，天津：天津人民出版社，1992年，第183页。

⑤ 《鞋商研究分会请查禁私自设摊售卖靴鞋函并附章程》，天津市档案馆、天津社会科学院历史研究所、天津市工商业联合会编：《天津商会档案汇编（1912—1928）》第1册，天津：天津人民出版社，1992年，第139页。

洋”等。1917年，天津米业公益研究会又根据情况变化，公同议定续行简明章程6条，具体内容均与粮食买卖相关。①

四是制定招收工人、学徒毕业规则，规范招人用人办法。由手工工场和工厂等企业建立的研究所，在这方面大都有具体规定。如毯行公所公同议定，工厂招用工人时，须以证书为凭，问明由何处辞退，由该工厂知照毯行公所，了解是否对于前厂欠有常支，俟前厂答复后方能聘用。如有私自聘用者罚银60元，对于前厂之常支，应由新厂担负赔偿。学徒毕业时，由该工厂知照公所出具毕业证书收执。有此证书，别家方可聘用，倘无证书同行私自招用者，罚银60元。除此之外，毯行公所全体成员还议定了优待工人学徒章程4条，规定：“凡工人学徒有正当商酌事件，当举出代表人来公所面告一切，由公所知照评议部召集会议，表决后再行答复。”②

五是拟订同业共同遵守执行的违规处罚条例，以维持公议规章的权威和保护入所同业商家的利益。天津估衣商研究所规定：“同业各商号应遵守所章进行，倘有奸商阳奉阴违，破坏大局，私买窃取货物，经本所调查员查出，将该号不但开除所外，即照所买之物价值之多寡按十分之五罚金，所有罚金若干，存储本所，遇有公益之事提出办理，并登报宣布周知。如果该号不守所章，不认罚款，准本所送由商会评议办理。”③有的研究所甚至所定处罚较重，如鞋商研究所规定，所有成员必须“遵守章程，各号如有阳奉阴违，私行设摊者，查出罚洋一百元，将罚款充作分会公费，立将该摊收回，并将违章情形登报宣布，以示耻辱”。另还规定：“如有违章受罚之家，将罚款限三日交到，如违限不交者，禀请严行追缴。”④

① 《大米商组织米业公益研究会请立案文及批并附章程与续定简章》，天津市档案馆、天津社会科学院历史研究所、天津市工商业联合会编：《天津商会档案汇编（1912—1928）》第1册，天津：天津人民出版社，1992年，第164-165页。

② 《地毯厂商请立公所函并附公议章程及优待工徒章程》，天津市档案馆、天津社会科学院历史研究所、天津市工商业联合会编：《天津商会档案汇编（1912—1928）》第1册，天津：天津人民出版社，1992年，第177-178页。

③ 《估衣商研究所增加规则九条及新职员名册》，天津市档案馆、天津社会科学院历史研究所、天津市工商业联合会编：《天津商会档案汇编（1912—1928）》第1册，天津：天津人民出版社，1992年，第156页。

④ 《鞋商研究分会请查禁私自设摊售卖靴鞋函并附章程》，天津市档案馆、天津社会科学院历史研究所、天津市工商业联合会编：《天津商会档案汇编（1912—1928）》第1册，天津：天津人民出版社，1992年，第138、139页。

上述这些职能，涉及同业工商户的具体经营活动以及其他许多方面的内容。显而易见，如果清末民初的天津工商研究所只是属于研究性质的团体，而不是同业公认的行业组织，就不可能具备这些重要的经济职能并发挥类似的作用。

需要说明的是，以上介绍的这些经济职能并非当时每一个天津工商同业研究所都全部具备，有些研究所可能更强调其中的一部分职能，而对另一部分职能有所忽略。还有一种情况是，有些研究所的章程在某些方面并未制定明确的规定，但在实践操作中却发挥了相似的职能，产生了实际影响和作用。

第三节
天津工商同业研究所的过渡特征

作为从传统行会向近代同业公会演变过程中的一种新型过渡性的同业组织，清末民初的天津工商同业研究所既保留了传统行会的某些残余，又具备了传统行会所没有的诸多新特点，甚至与后来的同业公会存在某些相似之处，这种双重色彩使这一时期的天津工商同业研究所呈现出明显的过渡特征。

上节介绍天津同业研究所的各项职能中，实际上有些是属于传统行会的功能。如制定产品销售的统一价格，规定同业商家必须一体遵守，不得随意改变；以罚金的形式惩罚违规的同业商家，也是传统行会一贯采取的办法。有的研究所在创办时所拟章程中甚至带有与传统行规相似的规定，被官府饬令予以修改。因为与传统行会的建立一样，清末民初天津工商同业研究所建立时，也需要报请官府批准立案，只有这样才能具有合法性并由此建立同业组织的权威性。而在向官府报请立案时，一般需要将创办章程随同呈报审核。毕竟工商同业研究所属于新型同业组织，在创办章程中如果太过于明显地保留传统行会的行规，连官府也会要求修改。1913年镜工研究分会成立时即遇到这样的情况。下引直隶天津县行政公署的一则布告透露了此事的前后经过。

省行政公署指令实业司案呈，据天津工务分会呈称：窃敝会于本年七月二十五日接奉隶都督兼署民政长第八千六百十四号批示：呈及清折均悉。查研究会性质系以交换知识、改良进步为宗旨，此次该会送到所改简章如第四、第五、第六、第七等条，仍不外乎行规，与研究性质殊属不合，未便列入简章之内，仰即转饬删去，另拟呈送核办。折存。此批等因。奉此，敝会遵即转饬该会，所拟简章如第四、第五、第六、第七等条业经删去，现据该会另拟简章一份，呈送前来，理合呈请宪鉴，伏乞核示饬遵等情。据此，除批：据呈及简章均悉。此次该会所改简章大致尚妥，惟查第六条迹近勒令入会，应即删去，余准如呈立案。候令天津警察厅长及天津县知事，发给布告，以次保护，似即转饬知照，此批，等因。印发外，合行照录简章指令该知事，即便遵照发给布告，以资保护。此令。奉此，合行布告，为此告仰津邑商民人等一体知悉：自告之后，务须一律保护，毋得藉端搅扰，致于究惩，切切特告。[1]

尽管我们现在无法看到镜工研究分会前次和此次呈报的简章，只能查阅到已修改过两次的新章，但从天津县行政公署的这份布告可以得知，在此前官府已要求镜工研究分会修改简章，主要是删去其中与传统行规相近的多项条文，此次报送的修订简章虽删去了这些条文，但第六条仍有类似于行会强行要求同业商家加入的规定，因此被要求再予删节。这说明围绕着删去简章中与传统行规相似的规定，镜工研究分会多次反复修改简章，实际上反映了该研究会起初试图保留较多的传统行会特色，后来只是奉官府之命才加以修改。

不仅如此，镜工研究分会在随后的实际运作过程中碰到问题，有时也想采取与传统行会相似的方式加以处理。1914年3月，该会向天津商会呈文说明，议定会中经费由在会54家手工作坊各筹资洋一元，以应急需，但有万顺德等4家作坊“胆敢从中破坏，横生阻力，抗违不遵，实属目无法纪”，请求商会“迅速开会评议，以决是非而维工业”。但天津商会表示：“查研究之设，本行字号愿入会与否，听其自便，不准勒派。是以该会前拟简章第六条奉前民政长批示更正，现该来书因万顺德不付经费请由本会评议，迹近强制，尤与设会宗旨不符，未便照准。”[2] 这一情况表明新成立的某些研究所仍希望仿照传统

① 《直隶天津县行政公署布告第113号》，天津市档案馆、天津社会科学院历史研究所、天津市工商业联合会编：《天津商会档案汇编（1912—1928）》第1册，天津：天津人民出版社，1992年，第161页。

② 《镜工研究会会长王恩普请评议拒纳会费各商号函及商会驳语》，天津市档案馆、天津社会科学院历史研究所、天津市工商业联合会编：《天津商会档案汇编（1912—1928）》第1册，天津：天津人民出版社，1992年，第162、163页。

行会的方式，对拖延缴纳入会费的成员进行处罚，有违新型同业组织自愿加入的原则，因而受到天津商会的拒绝。

清末民初的天津工商同业研究所虽然保留了一部分传统行会的残余，但更多体现了近代新型同业组织的特点，在某些方面甚至与后来成立的同业公会较为相似。以下试从若干方面对此予以说明。

第一，与清末民初的商会一样，大多数同业研究所都采取了自愿加入的原则，不像传统行会那样强制要求同业必须加入。由于在传统的行会制度下，从事某个行业的商人或者手工业者不加入行会就难以为同业者所认同，也就意味着不可能进行正常的业务经营，特别是新开业者如未经过行会允许，根本无法开张，因此工商业者不得不加入本行业的行会。可见，在是否加入行会的问题上，实际上带有相当大的强制性，工商业者并无选择的权利。而清末民初的天津工商同业研究所大都实行自愿加入的原则，这也是近代新型同业组织的一个显著特点。虽有如前所述个别研究所初创时曾想保留接近于勒令同业加入的条文，但也被官府或商会制止。

从实际情况看，清末民初的天津同业研究所虽然已有许多同业工商户加入，具有相当的代表性，但由于实行自愿加入的原则，并没有包括同业的所有工商业者。有的研究所直接在章程中明文规定了自愿加入的原则，如药业研究所简章指明："凡在本所与会各商号经理人，皆得为本所人员，然愿加入与否，听其自便。"[①] 毯行公所章程规定："凡有新开地毯工厂者，须先至本行公所注册，以情愿遵守公议章程，以期事同一律，如不欲入公所者听之。"[②] 许多研究所甚至说明，包括正副所长和会董在内，其成员如果确有原因中途可以退出，这一点与商会和同业公会的情况比较相似。

第二，多数研究所实行了具有现代意义的投票选举制度，体现了明显的新时代特征。例如书纸业商号于1910年6月成立了南纸书业研究所在章程中规定："凡在本所与会各商号经理人，皆得为本所会员，即由会员中选举正会长

① 《天津药业研究所简章》，天津市档案馆、天津社会科学院历史研究所、天津市工商业联合会编：《天津商会档案汇编（1912—1928）》第1册，天津：天津人民出版社，1992年，第171页。

② 《公议京津地毯工业章程》，天津市档案馆、天津社会科学院历史研究所、天津市工商业联合会编：《天津商会档案汇编（1912—1928）》第1册，天津：天津人民出版社，1992年，第177页。

一员、副会长二员，会董四员……正副会长及会董均以一年为满任，任满后，即投票改选，正副会长及会董如因事须中途出会者，即以副会长升补正会长，以会董得票最多数者补副会长，余可类推。”该所成立时，即“用投票记名法选得正会长李荫恒、副会长魏富泰、张士元，会董司兆鸿、范春第、王金铎、李庆元”。[①]又如1912年5月成立的洋广货商业研究所简章规定：“本行董事拟定四位，由各号全体投函公举，得票多数为赞成。选定后该董事不愿认责，实在挽留不住，按得票次多数公推，责任一年为限，照章改选，可否续任，当场公决。”[②]

第三，同业研究所与民国时期的同业公会具有不少相似之处。1917年，北京政府农商部颁行工商同业公会规则。从规章上看，清末民初的天津工商同业研究会与同业公会有不少相似之处。如工商同业公会“以维持同业公共利益，矫正营业上之弊害为宗旨”，与同业研究所大同小异。同业公会之建立，“由同业中三人以上之资望素孚者发起，并妥订规章，经该处总商会、商会查明，由地方长官呈候地方主管官厅或地方最高行政长官核准，并汇报农商部备案”。[③]天津工商同业研究所也是由各业有名望的商董领衔发起，多数同业商家赞成而建立，并且经由商会转请官厅立案，只是不需要上报地方最高行政长官核准和农商部备案。另外，农商部颁行的同业公会规则规定，同业公会章程必须注明宗旨及办法、职员选举方法及其权限、会议之规程、费用之筹集及收支方法、对违背规章者处分之方法等，[④]清末民初绝大多数天津工商同业研究所的章程中也有相同的明确规定。上述与同业公会的相似之处，进一步证明了清末民初天津工商同业研究所属于新型同业组织的性质，而在其他方面与同业公会的某

① 《南纸书业请立研究所函并附章程及劝业道批》，天津市档案馆、天津社会科学院历史研究所、天津市工商业联合会编：《天津商会档案汇编（1912—1928）》第1册，天津：天津人民出版社，1992年，第144-145、146页。

② 《洋广货行请立研究所函并附简章及照会》，天津市档案馆、天津社会科学院历史研究所、天津市工商业联合会编：《天津商会档案汇编（1912—1928）》第1册，天津：天津人民出版社，1992年，第147页。

③ 农商部后来制定的工商同业公会试办细则又规定：“设立公会时，须同业者十人以上发起。”见天津市档案馆、天津社会科学院历史研究所、天津市工商业联合会编：《天津商会档案汇编（1912—1928）》第1册，天津：天津人民出版社，1992年，第194页。

④ 《修正工商同业公会规则》，天津市档案馆、天津社会科学院历史研究所、天津市工商业联合会编：《天津商会档案汇编（1912—1928）》第1册，天津：天津人民出版社，1992年，第192-193页。

些不同之处，则可说明其所具有的从传统行会向近代同业公会过渡的特征。

值得注意的是，因清末民初的天津工商同业研究所与后来的同业公会有不少相似之处，所以民国时期天津有的同业公会直接由先前的同业研究所更名改组而成。例如门市布商研究所“开办以来，布业颇有进步”，到1921年为职员任满改选之期，“当经在会各会员集议选出董事张荫棠等十七人，复由董事等投票互选，举定张荫棠为总董，钱翊臣为副董。旋即公同决定，将以前布商研究所名义更为天津县门市布商同业公会，并公订简章十九条，以便遵守”[①]。又如染商研究所“原为阖津染商所公立，专以研究工业，力求进步，提倡信用，增长知识并维持公共之利益，矫正营业之弊害为宗旨。曾于前清光绪元年组织成立，并将公议规章呈府县核准备案。……自同业公会章程颁布之后，所有各业团体名称，均应依法改组，期与法规适合。兹经会议决定，拟将敝业阖津染商研究所遵照部颁同业公会章程，改为天津县染商同业公会，以符功令”[②]。改组后的染商同业公会，宗旨仍与上述染商研究所的宗旨大体相同。这两个事例称得上比较典型地反映了天津同业研究所向同业公会过渡的发展演变进程。类似的事例并不少见，从天津商会档案中不难发现，民国时期天津其他不少同业公会，如织染同业公会、西药业同业公会、五金铁行同业公会、纸商同业公会、木商同业公会、灰煤商同业公会、地毯商同业公会等，都是由先前同业研究所的主要领导成员发起成立的。

最后还应指出，清末民初的天津同业研究所虽然具有双重特点和过渡性特征，但也发挥了应有的作用与影响。在沟通同业，加强同业感情和促进本业发展等方面，同业研究所发挥了不可忽视的作用，不少研究所的成员对此颇有感慨。如门市布商研究所建立后，“每月结合同业团体，定期研究提倡商业，而商等商业亦蒸蒸日上，互相攻击之念亦随冰消，此诚研究之功”[③]。在维护同

① 《门市布商研究所更名同业公会呈》，天津市档案馆、天津社会科学院历史研究所、天津市工商业联合会编：《天津商会档案汇编（1912—1928）》第1册，天津：天津人民出版社，1992年，第257页。

② 《阖津染商研究所改组为同业公会呈文并附简章会员名册》，天津市档案馆、天津社会科学院历史研究所、天津市工商业联合会编：《天津商会档案汇编（1912—1928）》第1册，天津：天津人民出版社，1992年，第307页。

③ 《门市布商请立研究所函并附简章及工商部批》，天津市档案馆、天津社会科学院历史研究所、天津市工商业联合会编：《天津商会档案汇编（1912—1928）》第1册，天津：天津人民出版社，1992年，第140页。

业的正常经营活动方面，同业研究所的作用也较为突出。许多研究所不仅通过全体会员商议，制定同业共同遵守的相关条例，有效防止了诸多弊端，还根据市场的变化拟订新的补救措施。例如1916年天津米业公益研究会鉴于“米业历年之困苦，若不设法补救，前途危险不堪设想”，遂召开会议举定起草员并推举临时审查员，针对当时的实际情况拟定续行简章6条，经全体表决通过。[①]这6条新举措均涉及米业经营活动的内容，受到大多数米业商家的欢迎。

先前建立的研究所成效较为突出，对于促进更多研究所的诞生也不无影响。南纸书业研究所1910年创办时所申请的立案，对此即有具体说明：“现查染货、洋布各商业经先后禀由会宪转禀农工商部准允设立专所研究在案，成立后，颇著效果，惟我书纸商岂无血性？况书纸业一门皆关教育用品，常年行销，其路甚广，若不仿效而行，终恐徒步后法，以致毫无进步。”[②] 1912年估衣商研究所的建立也是如此，其创办者阐明：“染商、鞋商、南纸、洋货、鲜货各商均经禀明设有研究所，办理皆有成效。商等仿照办理，理合将简明章程暨正副议长等各姓名字号开具清单，禀呈贵会援案转请劝业道详咨立案，以便公谋商业一切进行。”[③] 从中不难发现，先前建立的染货、洋布等同业研究所的突出功能与作用对于推动南纸书业和估衣业创设研究所不无影响，这也间接地说明了同业研究所在实践中发挥了积极的作用。

除此之外，有的研究所还开展了其他一些相关的公益活动，其积极作用更为广泛。例如估衣商研究所“设立以来，凡遇公益之事，团体坚固毅力进行，颇著成效”。后经公同议决，决定成立救济防险会，“有火警之时，彼此互相救护，备有防险袋等件，所有经费即在敝所筹措，并不另行捐敛。……以维公

① 《米业公益研究会续行简明章程》，天津市档案馆、天津社会科学院历史研究所、天津市工商业联合会编：《天津商会档案汇编（1912—1928）》第1册，天津：天津人民出版社，1992年，第165页。

② 《南纸书业请立研究所函并附章程及劝业道批》，天津市档案馆、天津社会科学院历史研究所、天津市工商业联合会编：《天津商会档案汇编（1912—1928）》第1册，天津：天津人民出版社，1992年，第143页。

③ 《估衣商请立研究所函并附职员名册》，天津市档案馆、天津社会科学院历史研究所、天津市工商业联合会编：《天津商会档案汇编（1912—1928）》第1册，天津：天津人民出版社，1992年，第151页。

益，而保治安，实为公德两便”。[①]估衣商研究所的这一举措，不仅受到同业商家的欢迎，而且得到官府的首肯和支持。又如转运商业公会成立后，十分重视公益和善举活动，其十条宗旨中即包括维持公益和提倡善举两条，并说明“国体共和，本以国利民福为前提，凡有益于国、有益于民、有益于商者，本会必设法维持，以尽天职”，“民国成立，人民自有当尽之义务，凡遇地方水旱偏灾，兵荒告警，本会极力劝倡，共切慨忧，以尽天职。”[②]因此，对清末民初天津工商同业研究所的功能与影响应当充分给予肯定。

① 《估衣商研究所附设救济防险会陈请函及批并附简明章程》，天津市档案馆、天津社会科学院历史研究所、天津市工商业联合会编：《天津商会档案汇编（1912—1928）》第1册，天津：天津人民出版社，1992年，第153页。

② 《铁路转运商成立转运公会文并附宗旨十条》，天津市档案馆、天津社会科学院历史研究所、天津市工商业联合会编：《天津商会档案汇编（1912—1928）》第1册，天津：天津人民出版社，1992年，第198页。

第十六章 江苏茧行纷争与省议会被毁案

1910年之后江苏省围绕限制与开放茧行设立，曾出现长期的纷争，并在1920年引发了机工捣毁苏省议会案。迄今为止，有关这场争论以及江苏省议会被毁事件很少被纳入中国近现代史研究者的视野，查检相关论著目录几乎看不到有论述该事件的论文，并且在相关著作中也极少提及。另外，从表面上看，捣毁江苏省议会案这一事件似乎只是机工的反抗行动，很容易被简单地视作下层劳动阶层的反抗斗争①，但透过这一事件的表象探讨其来龙去脉，即可发现该事件并非单纯是劳动阶层的反抗斗争，它同时也是深层次的行业利益得失之争的结果。本文尝试以江苏省围绕限制与开放茧行设立的长期纷争，以及由此激发产生的捣毁江苏省议会事件为个案，具体考察丝绸业、茧业以及商会、同业公会、官厅、议会等多方在这一纷争过程中的态度与表现，透视和分析近代中国经济发展进程中错综复杂的历史现象。

第一节 围绕茧行设立的纷争

在1920年捣毁江苏省议会一案发生之前，报章并没有过多地注意江苏省围绕限制与开放茧行设立的长期争论。而此案发生后，立即引起了报刊舆论的关注，相关的报道与评论连篇累牍。此案发生的直接导火线是江苏省议会审议通

① 中国第二历史档案馆编辑的《中华民国史档案资料汇编第三辑民众运动》（南京：江苏古籍出版社，1991年）收录了数篇反映这一事件的档案文献，编者将这些文献列于“厂矿工人罢工斗争”栏目之内，意味着将这一事件划为一般的工人罢工斗争。

过的“开放蚕行案”。而要了解其原因，必须先介绍和分析江浙两省丝绸业的发展情况以及围绕限制与开放茧行设立的长期争论。

众所周知，丝绸业是中国传统手工业中举足轻重的首要行业之一，江浙两省历来是丝绸业最为繁盛的区域。“江苏向饶蚕桑之利，而尤以丝织品著称于世。”[①]不仅南京、苏州等商埠素以精美的丝织绸缎品闻名遐迩，而且盛泽、震泽、丹阳等地的产品也广受瞩目而远销海内外。所以，丝绸业在江苏向来十分兴旺发达，从业者为数众多。以捣毁江苏省议会案发生之地的南京为例，在清末已形成“绸缎一业，为南京之大宗，居民大半倚之为生”[②]的局面。至民国初期，“南京有织机万余张，男女工人约五万余人，每年织造各色缎达二十余万匹，每匹平均以五十五元计，每年出品共值一千二百余万元。依此为生者，自十七八万至二十余万人，当时之兴盛，可以想见矣”[③]。

但是，江苏发达的丝绸业因各种原因经常遭受沉重的打击。在南京，“民国七八年以后，受舶来品之影响，始则鞋帽渐改用呢绒，继则长衣马褂亦易缎用毛葛及直贡呢矣，从此缎业受舶来呢绒之重大打击，销路日微而机房日减”[④]。到1920年因受奉直战争影响，南京的丝绸业“又大受打击，遂一落千丈，由一万余架机减至二三千”[⑤]。受各种因素影响，蚕茧原料不足，丝绸业常常面临这样的困境。在清末，从事蚕茧收购的商家都是向官府领帖开设茧行，类似于传统的牙行制度。为了达到控制蚕茧原料的目的，许多丝绸厂家通过官府的支持自行开办茧行，或者与某些茧行签订特约专门为其收购。清末的茧行行会还曾制订行规，严格禁止无帖开行，并限制一帖只能开设一行，不得跨地多设茧行。1906年南京丝经公所为了打击不守行规者，曾通过官府重申“通业集议”：“凡开设铺户，各在原请地段开设，不得跨铺违例”，今后如

① 《江苏之丝织模范工场》，《农商公报》第3卷第4期，“选载”，1916年11月，第23页。

② 《光绪二十九年南京口华洋贸易情形论略》，《通商各关华洋贸易总册》下卷，第45页。转引自彭泽益主编：《中国近代手工业史资料》第2卷，北京：中华书局，1962年，第451页。

③ 《南京之丝织业》，《工商半月刊》第4卷，第24号，“调查”，第2页。转引自彭泽益主编：《中国近代手工业史资料》第2卷，北京：中华书局，1962年，第643页。

④ 《南京缎业调查报告》，《工商半月刊》第3卷，第16期，第5页。转引自彭泽益主编：《中国近代手工业史资料》第2卷，北京：中华书局，1962年，第643页。

⑤ 《宁缎业讨论改良办法》，《钱业月报》第5卷第8期，“杂纂”，1925年10月，第6页。

仍有“无帖私充，或一帖两开，跨铺朋充，摆桌收丝，冒名顶替情事”，准公所“照例究办”。[①] 这显然是公所借助官府权威对同业开设店铺予以严格限制，但其主要目的并不是保证丝绸业的原料供应，而是如同过去的行会那样，旨在维护同业的垄断利益。

然而尽管行会竭力维持，但在近代市场经济不断发展的新形势下，其权威已大受影响，很难像过去那样发挥显著的作用。加上丝绸业发展尤其是生丝出口贸易持续增长，茧行的设立仍然越来越多，国内丝绸业生产原料不足的难题始终没有很好地得到解决，而且显得越来越严重。民国初期，作为独立中间商性质而不受丝绸厂家控制的茧行数目日益增多。茧行的增多，不仅没有缓解国内丝绸厂家原料短缺的困境，反而使这一困境更为严重。1914年苏省云锦公所和丝业公所联名致苏州总商会的呈文透露：“查苏地纱缎原料，二十年前均取给于吴县及无锡荡口、梅村等处，计无锡每年出丝一万余包，荡口、梅村出丝约二千余包，吴县全境亦能出丝二三千包，是为丝业最盛时代。近今以来，除无锡已入茧商全权，寸丝不出，荡口、梅村亦茧多丝少，而吴县一境，姑就去年比例，亦仅出丝十分之三四，纱缎各业之需用者，已供不敷求，缎业中之赴浙采丝者，已十居七八，捐照洋运，成本较大，亏耗颇巨。追厥原因，无非为茧商毫无限制所致。盖多一家茧行，即少一分产丝，若不极[及]早挽回，恐吴县产丝不数年将亦如无锡之全归澌灭矣。荡口、梅村无论，工业恐惶[慌]，商情困顿，理有固然，势有必至。”[②] 茧行增多之所以导致丝绸业原料更加短缺，是因为许多茧行收购蚕茧之后，为了谋取更高利润，并不是将收购的蚕茧转手卖给国内丝绸厂家，而是转售洋行供出口。一些洋商见有利可图，也纷纷参与设立茧行大量收购蚕茧。

另一方面，生丝短缺致使其价格上涨，进一步增加了丝绸业的原料成本负担。1914年南京缎业公所向江苏民政长抱怨：“近年丝价昂贵异常，绸缎业已日形困难，讵去年九十月间，每百两又飞涨十余元，绸缎两业亏损甚巨。推其缘故，实缘海宁城西长安地方开设茧行向限定四家，近递增至八家，而此八家

① 《江宁县规定丝经行一帖开设一行不准跨开顶替朋充混淆碑》，江苏省博物馆编：《江苏省明清以来碑刻资料选集》，南京：江苏古籍出版社，1959年，第469–470页。

② 《云锦公所等为遵拟划分丝茧区域条例致苏总商会呈》，苏州市档案馆编：《苏州丝绸档案汇编》上，南京：江苏古籍出版社，1995年，第392页。

中每违背定章，从中取巧，于总行外，在各乡分设支行，甚至专人下乡，沿门收茧，区区一隅之地，茧行似此漫无限制，无怪鲜茧售罄，底货无存，遂酿成绸缎今日之现状。”[①]于是，丝绸业与茧行两业之间的经济利益冲突越来越突出。时人也意识到“丝、茧两业是相对的营业，有互伏之消长，丝长则茧消，茧长则丝消，此固事所必至，理所固然”[②]，相互之间根本无法协调。随着旧的行会制度的逐渐瓦解，茧行同业组织没有也不可能像以往那样竭力限制茧行的设立，相反丝绸业由于所需的原料更加短缺，不得不设法禀请商会和官厅采取限制茧行设立的强硬措施。

正因如此，江浙两省的商会都应丝绸业的请求，一再咨请官厅实施有关限制和禁止茧行设立的条例。先是浙江省官府应商会和丝绸业要求颁行《取缔茧行条例》，其具体做法是在全省范围内划分丝区和茧区，规定在丝区内不得开设茧行，而在茧区内仅保留原有茧行，并限制各茧行设立茧灶的数量[③]，同时，对于茧区内新开茧行也加以严格限制。这一举措很快也为江苏省丝绸业所效仿。1914年，苏州纱缎业云锦公所、丝业公所接连呈文苏州总商会，要求依照浙江的做法在苏属吴县境内划分丝区和茧区，并制订具体办法12条。后在丝绸业和总商会的请求下，江苏省巡按使还将江苏全省划分丝茧区域办法报呈农商部，但农商部提出若干疑问，饬令再详加考核。于是江苏省省长又邀请苏省沪、宁、苏、通四个总商会的领导人以及丝、茧两业代表共同集议，其指导思想仍是“参照浙省取缔茧行条例，筹议截留原料办法”，于1915年也核定出与浙江相类似的《取缔茧行条例》，由江苏省省长咨农商部立案施行。该条例第一条即明确指出：“江苏全省茧行自民国四年起取缔如左”，具体做法是将江宁、句容、溧水、高淳、吴县、吴江这六县列为丝区，不准开设茧行；其余54县划为茧区，每县已设茧行5家以上者，5年内停止发给新设茧行登录凭证；未设茧行之县，此后均以5家为限；已设之茧行，必须查明灶数，自本年起不得

① 《丝业公所为请限制茧行致江苏民政长函》，苏州市档案馆编：《苏州丝绸档案汇编》上，南京：江苏古籍出版社，1995年，第418页。

② 《源泰丰丝行等为请县署派警勒停汪莲初违章收茧事致苏总商会呈》，苏州市档案馆编：《苏州丝绸档案汇编》上，南京：江苏古籍出版社，1995年，第460页。

③ 茧行所设之灶是用于烘干鲜茧的干燥炉，茧行将收购的鲜茧烘干后即易于保存，可以不必急于脱手待价而沽，在茧价上涨后再卖出。

添筑茧灶。[①]

但是，这一行政举措本身确实在合法与合理方面存在疑点，茧业商人也正是抓住这一疑点理直气壮地加以反击。江浙皖丝茧总公所曾向江苏巡按使上书历陈取缔茧行条例之弊病，并特别强调取缔茧行条例于“法律之不合”：“方今人民所凭依者法律，法律内载，营业得以自由，丝茧为正当之营业，应受国家同等之保护，况丝茧纳税比较绸缎增逾数倍，反以区域束缚，使不得自由，中国商战毋怪不逮外人远甚。”[②]面对茧业的这种反诘，官厅和商会都无法予以正面的回答。由于茧业公所对《取缔茧行条例》公开采取抵制态度，浙江和江苏两省敢于违例开设茧行的茧商仍大有人在。例如1916年有“浙省茧商破坏民国四年南京会议定案，蒙请明年茧行登录凭证七十余张之多”。苏州云锦公所对此极为恼怒，表示“亟应提出议案，陈请全国商会联合会大会通过，要求国务院咨行农商部，训令浙江省长暨财政厅，将此项登录凭证一律止给，以符成案，而维丝织原料”。苏州云锦公所之所以对浙江省茧商开设茧行也要予以限制，是因为江苏省“茧行广设，售茧渐多，产丝日少，遂有原料不继之虞，不得已群向浙省采办”[③]。所以，浙江省如设茧行过多，也会直接影响江苏省丝绸业的原料供应。是年浙江省还拟修订《取缔茧行条例》，报章刊布此消息后，苏州总商会致电江苏省长公署，说明：“近阅报载，浙省议决开放茧行，推翻五十里旧案，请电浙省长设法挽救。”[④]

在江苏，茧商增设茧行而引起纠纷的案件也屡有发生。如苏州茧商钱镜秋原本已于1915年初领取凭证，在吴县东桥乡投资开设钱大源茧行，但依照《取缔茧行条例》则在被取缔之列。钱镜秋对此深感不服，声称“营业自由，载在约法，奸商垄断，素悬厉禁……今如此情形，则约法失其效力，垄断视为正

① 《江苏全省茧商取缔条例》，苏州市档案馆编：《苏州丝绸档案汇编》上，南京：江苏古籍出版社，1995年，第421–422页。

② 《江浙皖丝茧总公所为请废止划分丝茧区域致江苏巡按使禀》，苏州市档案馆编：《苏州丝绸档案汇编》上，南京：江苏古籍出版社，1995年，第403页。

③ 《云锦公所为请限制浙省茧商增设茧行的提案》，苏州市档案馆编：《苏州丝绸档案汇编》上，南京：江苏古籍出版社，1995年，第422、423页。

④ 《江苏省长公署关于转饬查照浙省茧行条例致苏总商会训令》，苏州市档案馆编：《苏州丝绸档案汇编》上，南京：江苏古籍出版社，1995年，第425页。

当，振兴商业更非所望于将来”[①]。该商还公开批评苏州总商会“竟以纱缎、机工有关为词”，主张勒闭茧行，“不知何所见而云然”。商会的威望显然因其对待取缔茧行的态度而受到影响。此案迁延多时，最后在官府的高压之下得以暂时平息。但在此前后，江宁、吴江等许多地区相继发生类似的纠纷。

在处理类似的纠纷时，地方官厅和商会常常处于较为尴尬的境地。江浙两省施行《取缔茧行条例》之后，江苏省长公署曾感叹：“售茧蚕户因茧行距离太远，感其不便收茧，商人又借地点限制之严，肆其垄断抑勒之谋，地方士绅每以病农为言，请予取消前例。而各业丝绸者，又以多设茧行，生货外输，利权外渗，请求维持。两方主张趋于极端，自不能有通盘计划，定一折中办法。”[②]上述事实表明，围绕限制还是开放茧行设立的纷争，并未因《取缔茧行条例》的实施而真正得到圆满解决，商会和官厅也没有因此而摆脱两难的困境，甚至由此进一步受到批评和指责。

第二节
省议会的不同态度

在围绕茧行设立问题纠纷不断和争论日益激烈的情况下，作为地方立法机关的江浙两省省议会扮演了不同于商会和官厅的角色。中华民国建立后，各省省议会在1913年开始设立，但1914年2月袁世凯政府宣布解散各省省议会，1916年8月各省行政长官奉命依法召集省议会，10月各省省议会开会。地方议会号称代表地方民意，对待茧行设立的纷争问题，既会听取丝绸业的意见，但也不能置茧业的意见于不顾。议会的议员中虽也有工商界的代表，但其他各界的代表为数更多，而且议会是立法机关，不是经济组织，考虑问题不会单纯侧重经济的角度，而是更注重政治方面的考量。议会也不像地方官厅那样，在讨论和处理此类问题时要时时顾及社会治安等其他多种因素的影响。更重要的是，议会作为地方立法机关，在讨论和制定一些地方法规时，不能不考虑其合

① 《茧商钱镜秋为茧行被勒闭事致吴县知事公署呈》，苏州市档案馆编：《苏州丝绸档案汇编》上，南京：江苏古籍出版社，1995年，第452页。

② 《江苏省长公署关于转饬查照浙省茧行条例致苏总商会训令》，苏州市档案馆编：《苏州丝绸档案汇编》上，南京：江苏古籍出版社，1995年，第425页。

法性与合理性。省议会法明确规定：各省议会有权议决本省单行条例，但不得与国家的法律、命令相抵触。如果地方议会通过的法规与国家法律相违背，就会受到更为强烈的批评，其自身存在的合法性也会受到质疑。江浙两省实施《取缔茧行条例》这样的地方性法规时，省议会尚未恢复开会，所以先前没有由两省省议会讨论通过，而是由地方官厅报经农商部立案，加之条例明显存在着与法律相矛盾之处，所以两省的省议会复会之后肯定会有一些不同的意见，也有权重新予以讨论和修订。

江浙两省议会对《取缔茧行条例》的修订起初尚采取了较为缓和的做法，并不是全部予以否定。1916年底，浙江省议会通过了修订的茧行条例议决案，将原定四周距离50里内不得新设茧行的限制改为四周距离限20里以内。1917年6月，江苏省议会也通过了新修订的取缔茧行条例。苏省议会在集议此条例时一定程度地听取了茧业公所的意见，起初打算将50里内限制新开茧行改为10里，但江苏省长齐耀琳认为“限制十里与完全开放无甚差异”，请议会复议修正，最后苏省议会参照浙江的做法也定为20里。除此之外，新条例在开设茧行数量方面也作了重要修改，原来的规定是每县不得超过5家，现则改为“每县茧行开设达二十家以上者，县知事应即停止发给新设茧行登录凭证”，实际上已放宽为20家，另在“蚕桑业特别发达之处，目前已达二十家者，得由所在地之农、商会详叙理由，会报县知事，转呈省长，核准添设。但添设之数不得逾该县全境原有茧行十分之二”[①]。新条例虽然维持了原有丝区与茧区的划分，并继续规定丝区不得开设茧行，但由于在茧区开设茧行的数量与地点范围的放宽，仍引起丝绸业对省议会的不满，由此埋下了以后丝绸业与议会之间的矛盾种子。后来的每届江苏省议会又不断讨论《取缔茧行条例》，而且其总体趋向都是放宽对茧行的限制，更引起丝绸业对省议会的忌恨，最后终于导致机工捣毁江苏省议会案的发生。

江苏省于1915年施行的划分丝区、茧区，限制设立茧行的条例，原定推行5年后“再由巡按使酌核办理”。到1920年已届期满，苏州纱缎业云锦公所认为江浙两省“机织原料均已告竭，欲购无从……产绸各区纷纷停织，危险情状不堪设想”。其原因在于，原订《取缔茧行条例》施行不严，“虽有每县得设

① 《江苏省取缔茧行条例》，苏州市档案馆编：《苏州丝绸档案汇编》上，南京：江苏古籍出版社，1995年，第427–428页。

茧行五家之限制，不旋踵而即开放至二十家，得照原来限制者，仅此区区六县而已”。遂要求苏州总商会向江苏省省长禀请继续“推广丝区，恢复每县五家之原案，并于宁、苏、常、镇四府以外，令饬各县知事，迅予推广蚕桑；四府以内各属茧行，陆续饬迁，冀达完全丝区，以裕丝织原料”。[①] 不难看出，丝绸业所希望的是更进一步严格推行取缔茧行的措施。对丝绸业的这一要求，江苏的几个总商会、部分县商会和新成立的江浙丝绸机织联合会都表示支持，并“均以茧行吸收丝织原料过多，有碍各地丝绸营业及机户生计为言”，致电江苏省省长转告丝绸业的要求。与此针锋相对，茧业商人提出了完全相反的要求，强烈呼吁取消丝区、茧区的划分，完全放开设立茧行的限制。面对丝绸业和茧业完全不同的要求，官厅也感到左右为难。

1920年底召开的第三届江苏省议会也将讨论茧行开放事宜列为重要议题之一。因是届议会“接到金坛、宜兴等处请议取销茧行条例，连同议员提议，关于茧行问题案共有八件之多”，所以不得不予以重视。11月，江苏省议会召开大会专题讨论这一议题，多数议员形成以下几点共识：1. 限制设立茧行，滋生少数行家把持抑价诸弊，农民直接受害，亦间接导致蚕桑业之衰退。“如将行灶开放，以后竞买原料者多，多数蚕户，交受其利，反成生产激增之原因。”2. 保护绸商织工，是历年取缔茧行的主要理由，但行之数年，业织者依然安于固陋，不求改良，“徒享保护垄断之利，而不能与外国输入之丝织品竞争”。如对茧行茧灶的设立不加限制，则绸商可领照自设，购买鲜茧，“且可改置铁机，利用厂丝，既无原料缺乏之虞，反可收改良丝织之益”。3. 对丝茧业而言，以前设行权利，仅为少数茧商所垄断，如将行灶放开，则多数茧商，亦可均沾利益。“设虑将来茧少行多，致有求过于供之势，亦可由茧商自行设法，推广蚕桑，改良种子。吾苏土质气候到处均宜，蚕桑如能竭力讲求推广，则将来茧丝产额，断不止区区从前之数量也。”显而易见，苏省议会所一再反对的是与现行法律不符的行业垄断与把持，而且不是单纯针对丝绸业的垄断，也包括少数茧行的垄断。经过大会表决，苏省议会通过了《废止〈取缔茧行暂行条例〉案》，咨请省长公布，今后“苏省商民得自由在全省各县开设茧行，

① 《云锦公所为请限制开放茧行致苏总商会略》，苏州市档案馆编：《苏州丝绸档案汇编》上，南京：江苏古籍出版社，1995年，第430页。

或单设茧灶代人烘茧”[1]。

江苏省议会通过《废止〈取缔茧行条例〉案》之后，丝绸业“函电纷驰，群起反对”，工商界和其他各界表示支持者也不多。只有江苏省农会致电苏省议会，表示“主张开放茧灶”，是“为蚕桑前途谋发展”[2]。很显然，农会之所以表示支持，与此案有利于自身利益的发展存在着密切关系。

前已论及，江浙两省的商会原来支持《取缔茧行条例》，此时当然也反对江苏省议会废止这一条例。苏州总商会、纱缎业云锦公所等团体议决，“由各该公所以团体名义，分电省署及财、实两厅，请求万勿公布”，并在电文中声称：“从前限制茧行原案，岂能一旦废止？况苏浙均准停发茧帖在案，此属行政处分，议员无权干涉。”[3]杭州总商会致电江苏省省长表示：“兹丝织原料缺乏之时，一经公布，此时茧多丝少，于两省机工生计，关系甚巨。苏浙唇齿相依，丝绸又为出产大宗，若不请求设法维持，则数千万工人生计，因之断绝，殊非地方幸福，为此电呈鉴核，准将废止茧行条例案，勿予公布。”[4]不过，多数商会只是说明废止《取缔茧行条例》的危害，要求官厅不要公布实施，较少像苏州总商会这样声称省议会无权干涉此事。所谓省议会无权干涉之说，显然是对议会制度缺乏充分了解。

从以上介绍可知，江苏省议会和丝绸业以及商会对废止《取缔茧行条例》的后果有着完全不同的认识。江苏省议会认为，只有废止原有的《取缔茧行条例》，才能消除行业垄断把持的弊端，既促进丝绸业和丝茧业的共同发展，也使蚕农的利益有所保障。但丝绸业和商会却认为，如果放开茧行茧灶设立的限制，将使原本困难重重的丝绸业雪上加霜，甚至导致数千万机工失业，后果不堪设想。

议会与商会、官厅之所以产生如此之大的认识差异，与相互之间看待这一问题的不同视角不无关系。不能说江苏省议会的主观动机是偏袒丝茧业而压抑丝绸业，更非江浙丝绸机织联合会所说的“祸国病民”，实际上江苏省议会更多的是从理论与制度的角度看待《取缔茧行条例》，所以比较多地强调其弊

① 以上引文均引自《苏议会纪事》，《申报》1920年11月21日，第7版。

② 《南京快信》，《申报》1920年11月28日，第7版。

③ 《地方通信·苏州》，《申报》1920年11月27日，第8版。

④ 《杭州快信》，《申报》1920年11月26日，第7版。

端。尽管当时社会各界支持江苏省议会这一举动的很少，但就学理而言，江苏省议会希望打破行业的垄断把持，鼓励营业自由和平等竞争，这也并不为错。不过，江苏省议会对当时丝绸业存在的种种实际困难，尤其是茧行、茧灶设立过多对丝绸业发展的严重影响，一直缺乏切实的了解。如果说江苏省议会有一定的失误，不过是犯了理论脱离实际的错误，做出了即刻全部废止《取缔茧行条例》的过激决定，而没有根据实际情况采取一种较为缓和的过渡性措施。在议会讨论时起初曾有三种不同的意见：一是完全废止取缔茧行条例；二是在废止原订取缔茧行条例的同时，重订新的茧灶代烘条例；三是采用第二种做法，并“辅以各县应否开设茧行及开设数目，于每年岁首由本县农、商会主要职业家，会议决定，由县知事执行”[①]。但出现以上分歧时，江苏省议会并没有认真听取丝绸业、丝茧业及各界的意见，而是匆忙地以第一方案付诸表决并获通过，由此失去了采取某种缓和过渡措施的可能。

丝绸业则主要是从本行业的得失考虑问题，既没有顾及《取缔茧行条例》的实施给丝茧业造成的束缚，使丝茧业和蚕桑业的发展受到影响，甚至使大批蚕农蒙受经济损失，也没有认识到一味采取限制和取缔茧行设立的强硬手段是一种不符合民国法律制度精神和新时代经济发展的传统落后方式。此外，丝绸业将本业的衰退原因，只是单纯地归结为茧行设立过多造成的原料短缺，而完全不检讨自身在设备更新、技术改良等许多方面注重不够的影响，这种只强调客观原因而不注重主观因素的单一思维方式，也约束了丝绸业对这一问题进行全面与客观的认识，同时也留下了遭他人批评的口实。江苏省议会即曾批评说：取缔茧行条例实施数年，“业织者依然安于固陋，不求改良，徒享垄断保护之利”[②]。

由于江浙两省丝绸业、商会以及中华国货维持会等团体的激烈反对，江苏省省长公署表示：“取缔茧行条例，碍难撤销”，决定将《废止〈取缔茧行条例〉案》退交江苏省议会复议。[③] 前述江苏省官厅原来也一直支持实施《取缔茧行条例》，故而有此表示乃非意外。然而，事情发展到此一地步，其结局尚难预料。江苏省议会先前通过《废止〈取缔茧行条例〉案》的态度相当强硬，而丝绸业反对与抵制此案的态度更加坚决，双方似乎都难以妥协。稍后的情况

① 《暴徒骚扰苏议会》，《申报》1920年12月4日，第7版。
② 《苏议会纪事》，《申报》1920年11月21日，第7版。
③ 《反对取消茧行条例之复音》，《申报》1920年11月28日，第10版。

证明这一推断成为现实。江苏省议会在复议时“仍主张无限开放”，江浙丝绸机织联合会马上通电表示：议会坚持“置丝绸原料、机工生命于不顾……商等一息尚存，誓死不认”[①]。于是，江苏省议会与丝绸业之间形成了针尖对麦芒的互不相让态势，很难达成一个折中方案。就在此时，南京绸缎业机工更为激进的暴力行动，使此一纷争很快朝着另一方向急剧发展变化。

第三节 省议会会场被毁

丝绸业和商会等团体反对江苏省议会通过《取缔茧行条例》案的电文中，无一不列举此案实施的严重后果之一，是使数千万机工的生计面临危险。这些电文连篇累牍地在报刊上刊登，在机工中必然会产生影响。1920年11月底，报章即透露：“宁垣机织工人，因省议会议决取消茧行条例，现拟一律停工，赴省署请愿。”[②]这则报道实际上已显露出此一纷争有可能转化的某种迹象，因为作为下层劳动阶级的机工，在生计受到威胁时其行动常常容易更趋激进。此后数日，即发生了机工捣毁议会和殴掳议员的暴力事件。

据江苏省议会的陈述，11月30日和12月1日，南京缎业公所两次派代表赴江苏省议会，“要求取消前案”，议会都以“业待审查，少安勿躁”相劝告。2日近午江苏省议会开会时，数百人聚集于省议会附近准备请愿。江苏省议会恐酿事变，用公函报告省公署及省会警察厅，申请保护。至午后1时，千余人分批揭请愿旗闯入省议会，首批占据议场，二批包围议会，三批毁物劫人，议会守卫长率守卫拦阻无效。闯入者“高声喝打，将议场桌椅、玻璃窗悉行打毁，逢人便殴”，省议会立即陷入一片混乱。议员施文熙、孔昭晋等10人，秘书处职员黄端履等5人，“均被围住撕殴，旋将诸人掳去”，强行带至城南三坊巷缎业公所，另有其他数人也被打伤。在此过程中，警厅所派警察及保安队各20人均无力制止，被掳诸人从议会到缎业公所，相距10里，经过警察总署1处，分署1处，派出所10余处，但均无警察阻挡。直至下午4时，行凶者才自行退出省议会。其余议员随后驰至省署，要求派警赴缎业公所救出被掳议员。夜

① 《丝绸机织业之呼吁电》，《申报》1920年12月3日，第10版。

② 《南京快信》，《申报》1920年12月2日，第7版。

晚11时，始将被掳议员救出送往医院。[1]

但南京缎业全体工界的呈文却认为，是“江苏省议会违反民意，残害人民，激成众怒”，才导致这一事件发生。该文详细描述了事件的发展经过，强调省议会议员漠视民意的粗暴态度刺激机工不得不采取行动。11月30日议会讨论时，缎业有50人持券旁听。有议员主张继续推行《取缔茧行条例》，但又有议员声称：“现今纵然存茧堆积如山，以致腐烂，而茧行定项自由开放。”缎业旁听者甚为气愤，会后与议长理论，议长回答次日议会开审查会时可由商会介绍缎业代表到会陈述意见。讵料次日缎业公推的代表持商会介绍信到会，却被议会阻止旁听，“并令警察挟出，声势汹汹”。获悉议会审查会“仍照自由开放表决”，代表回到公所向等候消息的数百名机工“告以议会难以转圜，只得再向行政长官请求维持”，此时机工的情绪已甚愤激，痛骂之声不绝。12月2日，众多机工赴议会请愿，有议员登台大声斥责“尔等胡闹，当令警拘拿”，又有议员“由台上掷下砚台一方，打着工人，并自行冲毁议席，居心残害人民，激成暴动”。[2]

南京总商会在纷争激化成机工捣毁议会的暴力行动后，起初为避免惹火烧身曾不想介入其间发表评论，但很快便忍耐不住而向北京大总统、国务院、司法、内务、农商部呈文表示：“事关重大，敝会原不敢妄有论列，致激增双方之恶感。顷阅各报所载，彼此争执渐走极端，而议会一方，尤复剑舞项庄，意有专属，若再安缄默，则中央昧于偏听，而本案之真相益复难明。”南京总商会在呈文中除了说明茧行案的来龙去脉，强调江苏省议会对这次暴力事件的发生负有责任，认为当日机工到议会请愿时，如果议会“稍知趋避，一面以婉言劝散；一面对于该案平心复议，亦决不至有前项事实发生”[3]。浙江嘉属丝绸机织联合会甚至在致江苏省长与财政厅的电文中说：“茧行条例，为维持机织业生计而设，省议会提议废止，已属未谙实情；省长咨交复议，审查会尤复主张无限开放，系有意违反民意，不顾地方治安。冬日（按：12月2日）冲突，

① 《江苏省议会致总统等电》，中国第二历史档案馆编：《中华民国史档案资料汇编 第三辑 民众运动》，南京：江苏古籍出版社，1991年，第24页。

② 《南京缎业工界全体呈》，中国第二历史档案馆编：《中华民国史档案资料汇编 第三辑 民众运动》，南京：江苏古籍出版社，1991年，第33－34页。

③ 《南京总商会呈文抄件》，中国第二历史档案馆编：《中华民国史档案资料汇编 第三辑 民众运动》，南京：江苏古籍出版社，1991年，第30页。

咎由自取。”[①]

尽管省议会和绸缎业以及商会各自站在自己的立场，对该事件发生的原因及经过均陈述不一，机工又是受这场纷争影响，在生计受到严重威胁的情况下才铤而走险采取暴力行动，但无论如何，在长达四个多小时中随意捣毁省议会，并殴掳多名议员，这实在是罕见之举。且不说被砸和被殴掳的对象是在地方享有最高权威尊严的省议会和议员，类似的事件就是在其他的一般公共机关也是非常少见的。无怪乎江苏省议会在致电大总统、国务院、内务部时悲切地表示："省城重要，议会尊严，聚众至千余人之多，行凶至四小时之久，通衢呼啸，白昼掳人，开中华民国自有议会以来未有之惨剧。"同时，江苏省议会强烈要求迅速拘捕凶手，并将原已免职的江苏省长齐耀琳与警察厅长王桂林"一并交付惩戒"。[②]省议员孔昭晋等人也致电国务总理，强调"暴动者缎业工人，鼓煽者缎业董事，而处心积虑，阳避而阴嗾之，则警务处长兼省会警察厅长王桂林也"[③]。此后，江苏省议会无法继续开会，只得宣布休会一周。后多次开会又因到会议员不足法定人数，只能改为谈话会，直至24日才勉强达到法定人数而开会。

值得重视的是，江苏省议会被捣毁及议员被殴掳的暴力事件发生后，在与绸缎业之间围绕《废止〈取缔茧行条例〉案》而产生的争论与对峙中，江苏省议会的处境出现了新的变化。

变化之一，社会各界对作为受害者的江苏省议会暨议员给予了广泛同情与声援，而对捣毁省议会之暴力行动以及官厅保护不力则表示了谴责。前曾提及，在江苏省议会通过《废止〈取缔茧行条例〉案》丝绸业表示强烈反对的冲突中，社会各界公开同情省议会者甚少。而在此次暴力事件发生后，情况大为改变。社会各界团体及人士纷纷对省议会公开表示同情和声援。旅宁各团体通电指出："议员为全省代表人民公意所寄，地位何等尊严，讵少数缎业中人，

① 《浙江嘉属丝绸机织联合会电》，《申报》1920年12月7日，第10版。

② 《江苏省议会致总统等电》，中国第二历史档案馆编：《中华民国史档案资料汇编 第三辑 民众运动》，南京：江苏古籍出版社，1991年，第25页。江苏省长齐耀琳与省议会的关系一向紧张，曾两次遭议会弹劾，当时的江苏实际上是处在齐已被免职而新省长未到任的过渡时期。

③ 以上引文均引自《江苏省议员孔昭晋等电》，中国第二历史档案馆编：《中华民国史档案资料汇编 第三辑 民众运动》，南京：江苏古籍出版社，1991年，第31页。

因取消茧行条例，不能遂其垄断之私，乃于光天化日，肆意横行……同人等目击情形，安忍缄默。”[①] 常熟、南汇、淮安等县的教育会相继通电表示：“议会为人民代表机关，万不能因此中止。”[②] 此外，通电声援议会的其他各界人士也络绎不绝，有的指出，捣毁议会、殴打议员“开中华民国未有之恶例”，“即使议案有妨商情，法律上亦不无救济之余地”；有的致电江苏省议会表示慰问，并说明“舆论自有是非，必为后盾”[③]；有的要求惩处行凶者，“迅拿首要，按照军律严惩，以彰法纪”[④]；还有的吁请大总统、国务院将保护议会不力的警察厅长王桂林立予免职，连同免职省长齐耀琳一起“交付惩戒，以平全省公愤”[⑤]。由此看来，江苏省议会遭此劫乱之后，反而换来了过去所没有的社会同情甚至支持。如同上海县教育会慰问议员电中所说：“诸先生主持正论，躯体虽辱，精神益显。”[⑥]

变化之二，省议会的权威和地位由此得到了以往少有的彰显，甚至使一部分社会人士对江苏省议会通过《废止〈取缔茧行条例〉案》表示理解，并对议会的此项行动多方予以辩解。颇具代表性的是南京季树型、黄庭彦等10人联名致电《申报》馆并请转各团体公鉴，详细阐明：“立宪国家，首重法治；法治之本，端在议会。省议会为一省最高机关，人民公意所寄。宜如何尊崇而爱护之？乃者机织工人，藉口取消茧行条例，聚徒纠众，捣毁议场，殴辱议员，继以拘捕，风声所播，莫不愤慨。以法理言，破坏法定机关，国家自有典刑，蹂躏省会议员，即侮辱全省人民。以事实言，无论开放茧行之不必有害于机工，藉曰有之，宁亦知取缔茧行之有损于蚕桑业否。若以少数偶感不利，即可肆行暴动，则天下事固鲜百利而无一弊者，议员将无以议事，议会又何以保其独立？……同人忝为苏省公民，义难缄默，尚乞各界，共申公意，以维法纪。江苏幸甚！全国幸甚！”[⑦] 这显然是在彰显江苏省议会权威的同时，对江苏省议会开放茧行的主张给予了肯定。1920年12月10日，《申报》刊登的另一篇来

① 《关于苏议会被毁电》，《申报》1920年12月11日，第7版。
② 《关于苏议会被毁电》，《申报》1920年12月9日，第7版。
③ 《公民请究殴辱议员电》，《申报》1920年12月5日，第10版。
④ 《对于机工捣毁苏议会之电争》，《申报》1920年12月7日，第7版。
⑤ 《纵容捣乱议会之电请惩戒》，《申报》1920年12月6日，第10版。
⑥ 《苏议会被毁后之县教育会电》，《申报》1920年12月11日，第10版。
⑦ 《公电》，《申报》1920年12月6日，第3版。

函，其标题为《议会被暴徒骚扰吾们应起援救》，该函也表示："苏议会之撤消取缔茧行条例，在吾业外者观之，非可厚诬。"[1]稍后，又有江天佑、陈士林、王邦俊等近百人联名致函各报馆暨江苏60县各公团，说明："议会系吾江苏六十县三千四百万人民公共之民意机关，非江宁市内一部分机工所得而支配。取消《取缔茧行条例》，系有益于丝茧商以外大多数人民之生计，实为发达吾苏省蚕桑业必要条件。"[2]

在社会舆论几乎是一致声援江苏省议会和谴责机工暴力行动的情况下，南京总商会虽对引发这一暴力冲突的原因持有不同的看法，但也不能不表示："事后平情观察，在机工为保全生计起见，进而出于轨外之举动，其情虽属可原，而既已毁物伤人，则其罪实无可逭；在议员为支持议决成案，不肯通融，其尊重议会之精神，自属正当。"此外，南京总商会同样要求，对于"此次肇事之机工，饬由江宁地方审检厅侦查确定后，依法惩办"。[3]江苏其他个别地区的商会还致电省议会表示慰问和声援。例如武进县商会的电文指出："贵会为民受害，敬电奉慰……惟望贵会努力，商民誓为贵会后劲。"[4]但是，在江苏众多商会中如此对议会表达支持者并不多。即使是武进县商会，也只是表达支持省议会与官厅抗衡的行动，并未提及废止《取缔茧行条例》议案之事。

与众不同的声音最早仍然出自《申报》的评论。当初江苏省议会讨论并通过《废止〈取缔茧行条例〉案》，江浙两省丝绸业和商会都表示反对时，该报的评论即提出了应顾及全局，不能仅仅只考虑本业利害的独到见解，而当社会舆论普遍对江苏省议会表示同情和声援时，该报虽对此类函电一律照登，但同时也力排众议，表达了另外一种意见。其评论首先表明反对以暴力捣毁议会的明确态度，指出："以暴行加于尽职之议员，其情固可恶；即以暴行加于不尽职之议员，其罪亦难赦。"但与此同时，该评论也说明："为对外贸易计，亦应为内地实业计；为茧商营业计，亦应为机工生活计。故议员果受运动而有此

---

① 王汉侠：《议会被暴徒骚扰吾们应起援救》，《申报》1920年12月10日，第16版。

② 《江天佑等对于苏议会被毁之意见》，《申报》1920年12月12日，第11版。

③ 《南京总商会呈文抄件》，中国第二历史档案馆编：《中华民国史档案资料汇编　第三辑　民众运动》，南京：江苏古籍出版社，1991年，第30–31页。与南京总商会主张依法惩办机工的态度略有不同的是，上海总商会致电北京表示："机工无知，请从宽惩办。"（《申报》1920年12月13日"专电"）何以会产生这种差异，尚待考察。

④ 《关于苏议会被毁电》，《申报》1920年12月8日，第7版。

次之议决，固不免渎职；议员即未受运动而有此次之议，亦昧于事情，此甚难为议员辩护者也。”[①] 应该承认，《申报》所登评论的这番论述不无见地，也较好地发挥了公共舆论作为社会公器的应有作用。紧随其后，另有人提出由《废止〈取缔茧行条例〉案》所引发的苏议会被毁案涉及法律和经济两个方面的问题，“就已发表之言论观，皆仅注意于法律问题，而置经济问题于不顾”。涉及法律方面的问题比较容易解决，而经济方面的问题则比较复杂，议会和丝、绸、机三业都需要以客观的态度，平心静气地讨论和思考如下问题：“（一）茧行条例取消之后，此三业之工商，究将受若何之经济影响？（二）今日已有之茧行，是否有把持抑价之弊？（三）取缔茧行条例后，能否振兴蚕桑？抑仅为出口茧商多开一富源？（四）除取消茧行条例外，有无他法，可以防制把持，振兴蚕桑？（五）假使取消条例诚有大利，处此江浙绸业大恐慌之时，又值年关将近，是否为通过此案之时？”[②] 这种见解在当时也称得上是别具一格，而且只有对这些问题进行充分讨论，相互沟通，才有可能缩小分歧，遗憾的是，争论双方都没有心平气和地坐在一起进行讨论和沟通。

苏议会被毁案发生约一周后，南京绅商曾邀请官厅派代表开会共同讨论调停办法，但未获明确结果。后又传闻江宁地检厅在初审此案时，有地方五团体到厅调停。议员获悉这一消息，坚决表示反对调停，并声称：“按之法律，检厅只能代表国家，检举罪犯，别无调停之方法可言。且刑事采直接审理主义，无论何种团体，不能代表被告作调停人。”[③]如果接受调停，“则检厅已有违法之嫌，本会若不依法进行严究主谋，按律科罪，何以伸法纪而保治安”[④]。在社会舆论和苏省议员的强烈要求下，再加上北京方面的督促，江苏官厅不得不拘捕并公审多名捣毁议会的机工，并对保护议会不力的一些官员和警官予以处分，其中包括实业厅长张佚欧记一大过，江宁县知事记两大过。省长齐耀琳原本已被免职，警厅厅长王桂林因事发时不在南京，“先期请假免议”[⑤]。舆论对省长和警厅厅长未受处罚深表不满，齐耀琳不久即狼狈地离职，王桂林也自请辞职。

① 老圃：《殴议员》，《申报》1920年12月8日，第2版。
② 杨铨：《取消茧行条例之两面观》，《申报》1920年12月9日，第7版。
③ 《苏议员陆以钧致钱议长电》，《申报》1920年12月10日，第10版。
④ 同上注。
⑤ 《苏议会被毁案之小段落》，《申报》1920年12月12日，第7版。

经历这次暴力事件之后，江苏省议会虽赢得了社会舆论的同情和声援，而且此次暴力事件的发生，与取缔还是开放茧行设立之纷争紧密相关，但议会被毁与开放茧行毕竟是既有联系却又不完全等同的两件事。议会被毁案可以通过拘捕肇事凶手和惩处部分官员得到解决，而是否开放茧行的争论，却不可能随着议会被毁案的解决而随之取得争论双方都欣然接受的圆满结果，因为绸缎业和商会并未由于这一事件的影响而放弃原来一再坚持的立场。据当时报载，“缎业方面，闯此大祸，亦自知亏理，近日各董事奔走运动，极为忙碌，对于宁绅提出之条件，如惩凶、道歉、赔偿议员损失，均允遵从。惟茧行条例，则万难废止”[①]。所以，在议会被毁案发生及得到初步解决之后，围绕着废止《取缔茧行条例》的争论并未停息，仍然继续进行。

第四节 丝绸业的继续抵制

省议会被毁案发生后，南京缎业虽饱受社会舆论的批评与指责，但仍抱定抵制议会通过的《废止〈取缔茧行条例〉案》的决心。就在议会被毁后的第四日，南京缎业在南门外云锦公所开会“筹商对付议会方法”，到会者数百人，议定由机户48家各捐款1万元，共计48万元，“作为与议会抗争之经费，如此数仍不敷，再由四十八户摊派。无论如何，必须达到恢复茧行条例的目的而后已”。缎业甚至准备聘请4名律师，“到法庭与议会争辩”[②]。显而易见，南京丝绸业并未受议会被毁案的影响而动摇维护茧行条例的决心，反而更加坚定。不过，也有缎业董事希望通过地方绅士名流出面私下与议会进行调解。据透露，缎业董事提出的调解条件是：惩办为首肇事机工，缎业各董向议会道歉，要求官厅撤换保护不力之警官，议会打消废止茧行条例案。[③]但即使是私下调解，缎业也仍然坚持要求议会维持茧行条例，已遭受凌辱的议会当然不会接受。调解不成，丝绸业也没有放弃抵制议会的《废止〈取缔茧行条例〉案》。

① 《苏议会被毁案之小段落》，《申报》1920年12月12日，第7版。
② 《南京快信》，《申报》1920年12月7日，第7版。
③ 《苏议会被毁详情四志》，《申报》1920年12月8日，第7版。

与此同时，江浙丝绸机织联合会、中华国货维持会还联名发表驳正省议会开放茧行案之理由书，主要针对省议会《废止〈取缔茧行条例〉案》审查报告提出的几点理由，具体阐明《取缔茧行条例》之不能废止。关于“开放茧行成生产激增之原因”，驳正书认为，蚕户能力甚薄，桑株有限，蚕种虽多，亦属徒劳。且茧行多则茧户贪售茧之逸，缫丝之具，废而不用，适以开游惰之渐，茧户为图求利，茧身早采，而蛾力而未尽，适以耗未吐之丝。“故开放茧行之反响，能使蚕业退化，岂有激进之效力？”关于“开放茧行有改良丝织之利益”，驳正书认为改良丝织责在绸商，于茧行无涉，茧行之茧，一转移为厂丝，再转移为外人之原料，制造来华，无非夺国货之销路，增中华之漏卮而已。“是以茧行再多，则土丝绝迹，丝织各业以土丝绝迹，相继停辍。业且不继，改良何由？”关于“茧行既加限制，少数行家必有把持抑价之弊，农民直接受共害”，驳正书指出此一理由也不能成立，如果行家把持抑价，则蚕户尽可以鲜茧缫丝，售诸丝商，何以今岁未届秋冬，而土丝已罄？关于“开放茧行免少数茧商之垄断，而得以自行推广蚕桑”，驳正书更是强调：“茧商犹得曰少数乎，遍地茧行，蚕户自由，安有垄断之可言？历年丝市为茧市所垄断，至于供不应求，议员独不之省乎！在绸商，日患茧行之多，而议员心目中总以为不，何人民代表之言，适与民意相左也。”总而言之，苏议会《废止〈取缔茧行条例〉案》的审查报告“皆片面之浮词，非事实之真相，不独实业家之贻笑，即行政官亦知其非是”。驳正书还指出，苏议会“以人民代表有此种违反民意之议案，致南京机工有此次铤而走险之痛剧，因果自造，夫复何言”。[①] 这一番驳正显然是花费了相当的气力，其目的是从学理上和事实上详细阐明《取缔茧行条例》不可废除之理由，所论述的内容也不能说完全没有道理。此时的商会，同样未因议会被毁案而改变立场，坚持要求江苏省议会取消原案，继续维持《取缔茧行条例》。南京总商会在致大总统、国务院的呈文中态度强硬地表示：“于取缔茧行之原案，则仍请加意维持，以顺舆情，而弭后患。”[②]

---

① 《江浙丝绸机织联合会等关于驳正省议会开放茧行案之理由书》，苏州市档案馆编：《苏州丝绸档案汇编》上，南京：江苏古籍出版社，1995年，第439-440页。

② 《南京总商会呈文抄件》，中国第二历史档案馆编：《中华民国史档案资料汇编　第三辑　民众运动》，南京：江苏古籍出版社，1991年，第31页。

江苏省议会因被捣毁而休会多日之后，好不容易重新得以开会。经历此次事变的议员们将以何种心理和态度再来讨论有关茧行问题的议案，也受到舆论关注。《申报》的评论呼吁江苏省议会理性对待此次遭受暴力冲击的事件，不要因此而在重议《废止〈取缔茧行条例〉案》时，“挟意气以图报复”。作为民意代表的议员们，应“勿置此次被辱于怀，平心静气以讨论之。结果而不应开放，则速废前议，不以被殴而固执；结果而确以开放为利，则速宣布理由，虽机工恐吓而不挠，各方非难而不顾，此即所谓以良心奋斗”①。还有人指出：“不能因机工暴动遂谓茧行条例必须取消也，尤不能因此事省议会遂与丝、绸、机三业至于相敌之地位也。议会为人民之代表，丝、绸、机三业人民，亦其所代表者之一部分。”②

从后来的实际情况看，江苏省议会虽因遭受此次事变而受到社会舆论的同情和声援，甚至在与丝绸业和商会就《取缔茧行条例》发生的争论中处境有明显改善，但在复会后重议此案时，议员们并没有借此机会意气用事，表现出对丝绸业和商会的要求完全置若罔闻的态度，更没有伺机报复以泄私愤，相反做出了某些让步。1921年1月5日，江苏省议会举行临时大会，黄炎培提出请分函全省60县农会、商会征集对于废止《取缔茧行条例》意见的紧急动议案，戴思恭提议请将茧行条例迅予解决紧急动议案，审查会还提出请议苏州丝业公所代表黄丙元、南京总商会等维持茧行条例案。大会将三案合并讨论，当日虽因人数不足，未予表决，但可以看出已有议员开始注意征求农商两界的意见。11日又召开临时大会，对此三案“未有讨论，表决付特别审查会审查”③。18日再次开会时，“主席宣告特别审查会报告，省长咨交复议废止茧行条例案，依审查报告，将江宁、吴江、丹阳、吴县四县，由各县农商会自行议决，呈请官厅办理，其余各县，碍难限制营业，一律自由开放”。讨论时，议员庞振乾发言反对，但“讨论结果，照审查报告通过”④。就此结果而言，实际上江苏省议会对早先规定不得设立茧行的丝区是否开放茧行并没有作出明确的定议，而是交由这些地区的农会、商会和官厅根据具体情况决定。在此之后，我们也很

① 默：《奋斗》，《申报》1920年12月11日，第7版。

② 杨铨：《取消茧行条例之两面观》，《申报》1920年12月9日，第7版。

③ 《苏议会临时会纪》，《申报》1921年1月20日，第7版。

④ 《苏议会临时会纪》，《申报》1921年1月20日，第7版。

少看到江苏省议会再讨论茧行条例问题，这与其原议《废止〈取缔茧行条例〉案》所说的“商民得自由在全省各县开设茧行”相比，应该说确实是一大让步。至于江苏省议会为何在后来又主动做出这一让步，由于相关资料的缺乏，暂时难以厘清其缘由。

同年4月，北京农商部也就整顿蚕桑丝绸办法做出了批示。前曾提到1920年4月，江浙两省专门召开过丝绸会议，议定了五项具体办法，呈请两省省长、实业厅咨请农商部定案。此后因纷争不断，农商部迟迟未予批示。江浙丝绸机织联合会会长和会董又邀请中华国货维持会会长等，“一再分赴中央及两省请愿，一面详加理由说明呈部转提交国务会议”。1921年2月，江浙丝绸机织联合会又议决再行呈请大总统、国务院、农商部迅予批准。当时，江苏省议会被毁案以及随着江苏省议会的重新讨论并通过新议案，激烈的纷争似乎已告一段落。于是，农商部做出了批示。从农商部的批示看，官厅对待茧行问题纷争的态度与以前相比无明显变化。因为农商部只是将两省丝绸会议所订的具体办法，“略加修改，批准公布”。其中第一条仍规定“浙江省旧杭、嘉、湖、绍，暨江苏旧宁、苏、常、镇、松各属，不准添设茧行茧灶”；第六条甚至应允江浙丝绸机织联合会的请求，说明“江浙两省丝绸各业应行兴革事宜，得由江浙丝绸机织联合会妥拟办法，呈经地方官厅，转呈农商部核办”。[①] 按照农商部批准的这个实施办法，原有的《取缔茧行条例》实际上基本得以继续推行，多年纷争的结果，包括由此引发捣毁省议会的暴力冲突之后，似乎又回到了争议问题的原点。

第五节
茧行设立的限制终被突破

纵观民国时期江苏围绕限制和放开茧行设立的纷争，以及由此纷争而引发的捣毁江苏省议会案，乃至最终仍然采取了开放政策，可谓起伏曲折，历经变故，并从一个侧面体现了近代中国经济发展错综复杂的历史进程。这场纷争牵涉多方势力，其中既有行业与行业的纷争，又有行业与官府的纠葛，还有行业、商会与省议会的冲突，另还包括官厅与省议会的矛盾、机工与省议会之间

① 以上引文均引自《整顿蚕桑丝绸办法之部批》，《申报》1921年4月23日，第10版。

的冲突等。随着这场纷争的发展，可谓多方矛盾交织，并且越来越尖锐复杂，以至演变成激烈的暴力事件。

由这场纷争可以发现，在考察近代中国经济发展过程中所出现的各种复杂的争议问题时，不能简单地依学理判断孰对孰错，而应结合近代中国经济发展的实际情况进行分析。具体就此次纷争来说，各方所持的理由都有一定的道理，很难简单而明确地分辨出谁是谁非。长期被国人引以为自豪的传统丝绸业，因为越来越多的茧行设立，大量收购蚕茧出口，不仅原料日益短缺而难以维持，并且中国的利源不断流往国外，无论是从自身利益还是就国家利权而言，丝绸业要求限制茧行设立都不无理由。商会和官府在找不到两全其美解决此纷争办法的情况下，为了维持中国传统丝绸业的生存发展，保护国家利源，采取支持丝绸业请求而限制茧行设立的举措，似也不应过多予以指责。但茧业强调民国建立之后，营业自由受国家法律保护，其抵制取消或限制茧行设立的理由也相当充分。江苏省议会出于遵循国家法律、打破行业垄断的目的，议决废除《取缔茧行条例》，同样具有正当理由。即使是机工捣毁议会、殴掳议员的行动，也是丝绸业日趋衰败致使其生计面临严重威胁，机工迫不得已而自发采取的过激行为，在很大程度上可以说是茧行设立之争趋于激化的结果，并不是一般意义的下层民众政治反抗斗争，其中也不乏某种合理成分。

不过，纷争各方虽都有一定道理，但又不同程度地存在着这样或那样的片面性。从上文的具体论述不难发现，丝绸业和茧业实际上都只是从自身经济利益的得失考虑问题，很少顾及对方的利益，更没有从整个中国民族工商业发展的高度相互进行协商；商会和官府也没有在适当限制茧行设立的同时，采取其他配套措施帮助丝绸业改良设备和工艺，只是一味压抑茧业，自然会引起茧业的强烈不满；江苏省议会在未充分了解丝绸业实际困境的情况下，遽然通过议案完全放开茧行的设立，无疑将使衰败的丝绸业雪上加霜，因而激起丝绸业和机工的强烈反抗当系必然结果；机工的暴力行动则显然太过偏激，不仅无益于解决纷争，相反会进一步加剧矛盾冲突的激化。

如果从更广和更深的层面看，这场纷争还揭示出在近代中国经济发展过程中存在着的理想制度与现实利益相冲突的复杂历史现象。自1904年清政府颁行《商会简明章程》，作为近代新式商人社团的商会相继在全国各地成立。商会的最大特点是打破了传统行会阻止竞争，单纯维护同业垄断利益的封闭落后陋习，旨在联络工商各业，保护广大工商业者的共同利益，促进整个工商业发展。中华民国建立后，政府又明确规定营业自由，受法律保护。1918年北京政府农商部颁行《工商同业公会规则》和《工商同业公会规则施行办法》，作为近代中国新式行业组织的同业公会也在各地纷纷成立。从传统的会馆、公所等行会性质的工商各业团体到新型同业公会，是近代中国行业组织的发展演变进入到一个全新历史阶段的重要体现，也使中国的行业组织表现出不同于传统行会的诸多特点。

正因为如此，不少论著都强调商会与同业公会诞生之后，改变了中国各个行业之间壁垒森严、阻止竞争以及强制保护同业垄断利益的传统格局，开始出现市场开放、平等竞争的新局面。就一般情况而言，商会与同业公会确实在这方面发挥了重要的作用。但是，通过本文所论述的这场纷争可以看出，如果过高估计商会和同业分会的这一作用，或者仅仅从商会、同业公会的规章来评估其实际作用，则有可能会脱离历史的真实，将复杂多样的历史发展简单化。我们知道，理想制度与现实利益之间常常脱节，甚至出现矛盾和对立。事实上，在遭遇某些具体事件时，商会、同业公会并非如想象中那样体现出超越行业利益的新姿态，主要着眼于整个工商业的长远发展，而是自觉或不自觉地陷于单纯维护同业利益的传统藩篱，只不过是利用了商会和同业公会等新组织形式的外包装，而不再是传统的行会。在民国江苏围绕茧行设立的纷争中，商会和丝绸业同业公会主要是从维护丝绸业发展的角度，坚持要求官府以行政命令的方式限制茧行的设立。所谓营业自由受国家法律保护的制度性规定，在这场纷争中实际上难以得到充分的贯彻执行。这种理想制度与行业现实利益相冲突的现象，在当时并非体现于个别行业之中，它是近代中国新旧经济成分纷然杂陈的过渡性发展中难以避免的结果。因此，对相关制度及其影响的评价，只有结合实际情况进行具体考察和分析，才能得出更加接近历史真实的结论。

这场纷争与结局所揭示的另一个值得重视的问题是，在碰到经济纠纷时，单纯通过政府实施带强制性而与公平竞争原则相悖的行政命令来解决市场经济发展过程中碰到的经济纷争，虽可暂行于一时，却不能行使于久远，而且无论是政府还是行业，都无法从根本上解决纠纷。尽管传统丝绸业在近代所遭遇的困境确实值得同情和关注，也需要采取各种措施予以补救，但丝绸业者主要将本业的衰败归因于茧行设立过多，除了一再要求官厅取缔茧行外，较少在其他方面进行反思和采取相应的对策，这不能不说是一种缺陷。时人对江苏丝绸业衰败的原因，以及丝绸业者反思进取不够造成恶性循环有较深刻的阐述："惟近年以来，迭经变乱，财源枯竭，丝绸为资本雄厚事业，受此影响，既乏竞争之力，亦存消极之心，工艺无意改良，营业仅求敷衍，致对外受洋货之排挤，对内为浙绸所掩盖。宁苏十万之丝织工人，生计日趋于艰窘，丝织营业，日趋于消极，消极之结果，贸易愈衰，剥利愈重，于是抑丝价抬绸价，出货少，销路滞，花样旧，原料绝，层层相因，其衰败殆无底止，以致蚕户停缫丝而售鲜茧，丝织业乃有原料缺乏之患。苏垣机户屡因生计继绝，聚众闹市，万不得已限制开设茧行，以求其敝，而蚕户缫丝愈受绸业之抑勒。"① 如果江苏丝绸业在要求适当限制茧行设立数量的同时，能够在其他各方面大力加以改进，其情形或许不致如此衰败。

① 《江苏之丝织模范工场》，《农商工报》第3卷第4期，"选载"，1916年11月，第23页。

下编：商团篇

第十七章
从档案文献看苏州商团

商团是辛亥革命前以商人和商店店员为主体组成的准军事团体，在清末民初各类新式商办社团中十分引人瞩目。20世纪80年代初，近代中国资产阶级是中国近代史研究中的热点问题，商团和商会都开始引起研究者的注意，论述商团的论文起初似乎比探讨商会的论文略多一些。[①] 但是二十余年后，商会研究的成果蔚为大观，成为中国近代史研究中一个相当重要的领域，而有关商团的论著虽有所增加，却远远不及商会研究。之所以如此，固然是由于商会的作用与影响较商团更为突出，但也不能否认商会档案的陆续出版给研究者提供了极大的便利。迄今为止，天津、苏州和上海等地商会的档案已相继出版，而商团档案则无一问世，这无疑是制约商团研究迅速发展的一个客观原因。令人可喜的是，列入国家清史纂修工程辅助项目的《苏州商团档案汇编》（以下简称《汇编》）2008年由巴蜀书社出版，相信会对近代中国商团研究的发展起到重要的促进作用。下面主要依据档案文献对近代苏州商团略作探讨。

① 当时发表的论述辛亥革命时期商团的重要论文有：沈渭滨、杨立强：《上海商团与辛亥革命》，《历史研究》1980年第3期；皮明庥：《武昌首义中的武汉商会、商团》，《纪念辛亥革命七十周年学术讨论会论文集》，上册，北京：中华书局， 1983年；朱英：《辛亥革命时期的苏州商团》，《近代史研究》1986年第5期。80年代以前，徐嵩龄发表了《一九二四年孙中山的北伐与广州商团事变》，《历史研究》1956年第3期。

第一节
苏州商团的诞生、发展及其性质

《汇编》系由保存在苏州市档案馆的苏州商团档案整理编辑而成，总共130万字左右。其具体内容分为以下12个部分：1. 商团组织沿革；2. 商团选举及官佐任免；3. 商团训练给凭及奖惩；4. 商团主要活动；5. 与各方面的关系和矛盾；6. 商团城区支部；7. 商团乡镇支部；8. 商团军备械弹；9. 基本情况调查统计；10. 虎丘纪念碑林；11. 经费来源及收支举例；12. 附录。由此可知，苏州商团档案的内容十分丰富，涉及相关的许多问题，称得上是研究近代中国商团珍贵的第一手资料。

第一部分"商团组织沿革"的资料尤为详细丰富，内容包括苏商体育会、商团公会、商团团本部、商团临时司令部、商团临时自卫队、城厢区保卫委员会、商团义勇队、商团临时游巡队等不同历史时期发展情况的档案文献，较为完整地辑录了各个时期苏州商团及其附设机构的建立及其章程与职员名单，可以帮助我们比较全面深入地了解苏州商团的诞生、发展及其性质。

清末之商团，滥觞于1905年上海成立的体育会。是年5月爆发的抵制美货运动，大大激发了工商界人士的爱国热情。在"军国民教育"宣传的感召下，一部分上海商人先后成立了沪学会体育部、商业体操会、商余学会、商学补习会、沪西士商体操会，时称"五体育会"，此即上海商团的前身。苏州距离上海仅百余公里，加之当时轮轨已通，风气灌输，瞬息可达。因此，上海体育会的诞生对苏州商人产生了直接的影响。据档案记载，上海"五体育会"成立的次年，苏州绅商倪开鼎、杭祖良等十余人联名上书苏州商务总会[①]，说明："国家有保商之政，而商业滋兴；商人有自卫之资，而国势弥盛。泰西各国商人，皆有军人资格。如上海租界西商设有商团，无事则按期操演，有事则守望

① 据《苏州商团档案汇编》记载，苏商体育会发起者有：吴友梅（名善庆）、林训节（号仰苏）、杭祖良（字小轩）、邹宗淇（字椿如）、邹宗涵（字柏如）、夏鸿详（字穗生）、李文钟（字伯英）、汪廷芳（字香生）、程锡璜（字叔遇）、李兆麟（字少泉）。赞成者有：曹久馀（字菊生）、陈运海（号瀚如）、程大权（号秉之）、洪毓麟（字少圃）、倪思九、俞兆桂、卢金鉴、李宗灏、倪开鼎、姚铣、潘宝书。辅助开办义务员有：王胜之、彭颂田、尤鼎孚、张月阶、蒋季和、吴卓臣、朱建候、蒋康甫、倪锡畴、吴似村、高载之、尤宾秋、顾竹庵、王康民、汤耕余、谢序卿。

相助，是以租界之中，偶有变端，其所损失多华商财产，西人晏然如故，彼优我绌，相形益见。近者上海北市有华商体操会，南市有商业体操会，皆急起直追，力图补救。苏州水陆交通，市廛阛溢，凡商界身家财产，奚啻亿兆，咸寄于此。亟宜振刷精神，固结团体，去畏葸之积习，弭隐患于无形。现经职等公同集议，拟于省垣适中之地，设苏商体育会，以健身卫生为始事，以保护公益、秩序、治安为宗旨，办有成效，为将来商团之先声。”[①] 苏州商会认为“语皆中理，事属可行”，于1906年夏秋之间分别呈文清朝商部、两江总督和江苏巡抚，请予批准立案。同年9月和10月，署两江总督、江苏巡抚和商部相继批示准予立案。苏州商团的前身“苏商体育会”遂获准宣告正式成立，其会址附设于苏州祥符寺巷纱缎业云锦公所内。

苏商体育会成立后，起初不具有武装性质，而是健体强身性质的团体。上海和武汉商团的前身都没有留下其章程，而《汇编》中却保存了完整的苏商体育会章程以及后来制订的增定章程。据苏商体育会章程记载，其宗旨为“讲求体育，力矫柔弱，以振起国民尚武之精神，而结成商界完全之团体，并望入会者研究卫生”。另还指明：“本会先聘教习，课以柔软体操。俟三月后，规仿上海成法，再添器械体操及各种兵式操法，以期大成。”[②] 需要指出的是，苏商体育会的爱国特色十分突出，体育会创办的目的之一即为自强御侮。苏州商人曾明确指出：“自外人进中国，遂有以强制弱之势，是以吾人须讲求体育，以为自强之基。……商之同业，犹士之同学也，皆我之兄弟也。诸君须要一心一意，如兄之与弟，同心御外侮，则苏商之体育会，即各省之先河。”[③] 不久之后，苏商体育会开始由习体操而同时练兵操。1907年4月，体育会转请商会代呈抚院，阐明：“原体育会之组织，本为商团先声。现将力求实践，非有枪支，不足以完形式而振精神。”经过一番交涉，借得老式“摩提尼枪”42支。同年12月，又缴价领取子弹一千颗。会员“平时各营本业，有警则戎服巡

① 《倪开鼎等禀文》，华中师范大学中国近代史研究所、苏州市档案馆合编：《苏州商团档案汇编》上，成都：巴蜀书社，2008年，第3页。

② 《苏商体育会章程》，1906年8月，华中师范大学中国近代史研究所、苏州市档案馆合编：《苏州商团档案汇编》上，成都：巴蜀书社，2008年，第3页。

③ 《苏商体育会举行首次开操仪式时之演讲词——光绪三十一年丙午九月初五日于祥符寺巷云锦公所》，1906年10月22日，华中师范大学中国近代史研究所、苏州市档案馆合编：《苏州商团档案汇编》上，成都：巴蜀书社，2008年，第12页。

逻"，逐步发展为一支准武装性质的治安力量。至辛亥前苏商体育会已设有4个支部，总共628人。

1911年夏秋之际，体育会开始着手改组为商团公会。次年1月，苏州商务总会向江苏都督府呈报："苏城光复之时，承苏商体育会暨各支部会员热心任事，昼夜梭巡，市面赖以安堵。按苏商体育会创办之初，均由各商业公同集资，练习枪操，原拟俟规模稍备，定名商团，以符名实。现值奉文于新历正月十五日恭祝民国大总统履任及祉祝新年，商等公同议定，即于是日将苏商体育会改名为商团公会。"① 当时代理江苏都督的庄蕴宽很快发布指令，准予备案。苏州商团公会随后"邀集各部商订公会统一章程，略仿联邦国之政体，而又趋重统一主义，以为将来实行统一之备，与上海商团公会纯粹联邦主义者略异其旨趣焉"。根据商团公会章程的规定，该会"专任保护本地人民财产，维持地方秩序，并不与闻国家军事"。② 商团公会下设若干支部，各个支部的成员人数一般要求达到50人。两年之后商团公会重订暂行章程，规定"以联合各商团组织，统一机关，互相援助，共保治安为宗旨"，"各部商团在苏州城区者，以入会之先后定部名之次第。各市乡商团之部名，即以其所在地名之"，"各部商团除已入会编部外，其有组织成立愿入会者，经查核章程宗旨并无抵触，均应承认加入编部，与已入会之各部一律平等，无分畛域"。③ 苏州商团公会发展兴盛时期，拥有19个支部。

1917年3月，中华全国商会联合会呈经内务部、陆军部、农商部批准，颁布了《商团组织大纲》17条，规定"商会得依地方情形组织商团"。因苏州商团早已成立，无需重新组织。但1921年因吉林桦川县佳木斯镇商团"通匪酿变情事"，内务部另订整顿商团办法4条。苏州商团公会依照组织大纲和整顿办法，召集城乡商团各部部长、司令开会商议，"佥谓以所颁各条权限属于商会，自应移请商会依法改组，方为正当办法"。但总商会议决"目前尚无

① 《苏州商务总会为苏商体育会改名商团公会呈稿及江苏都督指令》，1912年1月15日，华中师范大学中国近代史研究所、苏州市档案馆合编：《苏州商团档案汇编》上，成都：巴蜀书社，2008年，第22页。

② 《苏州商团公会章程》，1912年6月，华中师范大学中国近代史研究所、苏州市档案馆合编：《苏州商团档案汇编》上，成都：巴蜀书社，2008年，第23、26页。

③ 《苏州商团公会重订暂行章程》，1913年，华中师范大学中国近代史研究所、苏州市档案馆合编：《苏州商团档案汇编》上，成都：巴蜀书社，2008年，第26页。

准备，未便空言接收，请暂从缓移交”。[①]商团公会多次致函总商会，表示：“贵会诸公素所热心，讵忍坐视十余年缔造艰难之商团，任其无形解散。”[②]经反复磋商，苏州总商会同意接收商团并进行改组。1922年3月正式实现改组，“苏州商团附设团本部于苏州总商会，原有之商团公会，即于同日撤消。嗣后苏州商团事宜，当由会长等会同商团团长妥为协商办理，随时报明请示遵行。一切公文函牍，盖用商会关防，期昭郑重而资信守”[③]。据档案文献记载，约在1932年吴县境内城乡各区共有商团支部32处，计城区17处，乡区15处，均隶属于苏州商团团本部。各支部团员名额多寡不等，其标准以区域之大小，商市之繁盛与否为定，多者两分队，少者一分队。

就性质而言，苏州商团是以商人及其店员为主体，由商界上层控制的一种准军事组织。有文献记载，自苏商体育会到后来的商团公会，“入会者不限于商”，但均“无乖乎商人之名义”。苏商体育会章程也指明：“本会系商界同人以及有志保护商业者组织而成，故名为苏商体育会。”凡加入该会，除了本人出具志愿书外，尚需殷实商号作保。另还规定了以下四条资格：一、有志保商；二、年龄自16至45岁；三、品行端正，不染嗜好；四、年富力强，身无残疾。各区域体育会支部在这方面有的规定要稍松一些。如隶属第二支部、1911年成立的胥江商业体操会，规定凡有志研究体育者，经会员二人介绍，全体认可即为会员。但就实际情况看，参加者仍主要是商人及商店店员。

从保存的档案文献中，我们还可以窥见苏州商团的具体成员构成情况。最早成立的苏商体育会有会员145人，只有50人注明了职业，其中学界有3人，其余均为各业店铺的商家或店员，尤以纱缎业、钱业、典业、珠宝业等大行业的商家和店员居多。稍后的苏商体育会第一支部留下了比较完整的记载，为我们弄清这一情况提供了宝贵资料。该支部共有会员55人，其中纱缎业4人，木业8人，烟酒业7人，洋广货业5人，余下的分别为电灯业、药业、颜料业、皮货业、磁业、纸业、蛋业等店铺的商人或店员。商号以外的，只有私塾教员1

① 《商团公会致总商会函》，1921年7月25日，华中师范大学中国近代史研究所、苏州市档案馆合编：《苏州商团档案汇编》，成都：巴蜀书社，2008年，第39页。

② 《商团公会致总商会函》，1921年7月25日，华中师范大学中国近代史研究所、苏州市档案馆合编：《苏州商团档案汇编》上，成都：巴蜀书社，2008年，第39页。

③ 《总商会致江苏省长公署呈稿》，1922年2月13日，华中师范大学中国近代史研究所、苏州市档案馆合编：《苏州商团档案汇编》上，成都：巴蜀书社，2008年，第47页。

人、会馆庶务1人、车站票房1人。由此可知，苏州商团称得上是一个名副其实的商办组织。

清末民初苏州商团的上层领导人，也主要是钱业、典业、纱缎业和珠宝业等几个财大势众、在苏州商业中拥有举足轻重地位的行业领袖人物。例如担任苏商体育会第一、三两届会长的洪玉麟，是顺康钱庄经理。出任第一届副会长、第二届会长的倪开鼎，是倪源源珠宝店经理。第二届会长、第三届副会长邹宗洪，是永裕纱缎庄经理。另外几个担任苏商体育会议事员职务的尤先甲、杭祖良、吴理杲、彭福孙、张月阶等人，分别是绸缎业、纱缎业、钱业、典业商董。苏州商团领导人的构成状况，充分反映了清末民初苏州工商业的发展特点。

民国时期苏州商团公会的情况基本上也是如此。到1922年商团公会由总商会接收改组为苏州商团之后，其团长、团副等领导人“由总商会会董分次投票选举之，总稽查由总商会会董中投票互选之”，一般是商界上层的活跃人物。不过，民国时期商团团员人数增加，其中商店店员的人数也明显扩充。档案中甚至有记载说：“所有团员，均系商店店员志愿充当，纯粹义务性质。如遇防务紧急，原有团员不敷调遣时，或有临时雇用团丁。”[①] 即使此时的商团团员主要是商店店员，但“总商会会长对于本团有指挥监督之权，商会会董均有监察本团之权”，因而苏州商团实际上已直接成为总商会的下属准军事组织，依然是商办团体，其性质并无改变。

第二节
从档案文献看苏州商团的特点

由于《汇编》辑录的苏州商团资料比较丰富和完整，不仅可以从中了解苏州商团的发展历史，还可以发现苏州商团不同于上海、武汉等其他地区商团的某些特点，这对于帮助我们从整体上把握近代中国各地商团的异同颇有裨益。下面即依据档案文献对苏州商团的几个明显特点略作说明。

第一，与苏州商会的关系十分密切，在某种程度上可以说是商会的外围机

① 《苏州商团概况：成立年月及沿革情形》，约1932年，华中师范大学中国近代史研究所、苏州市档案馆合编：《苏州商团档案汇编》上，成都：巴蜀书社，2008年，第74页。

构，到后来更是直接成为总商会的下属组织。

上海商团虽与商会也有不同程度的联系，其领导人当中有些同时在商会中兼有职务，但它并不直接受商会的领导，而是由上海商办地方自治机构——城厢内外总工程局控制。因此，上海商会不能随意左右商团的行动。苏州商团在1922年改组之前从表面上看似乎是一个独立的实体，但实际上可以说是商会的外围机构，与商会的关系非常密切。如前所述，最初的苏商体育会是由苏州商会出面禀请商部立案成立，1912年1月改名为商团公会，也是经商会报请都督府批准而付诸实践的。在经费上，苏州商团在很长一段时间内主要依赖商会拨助。

不仅如此，商团在其他许多具体问题上也多求助于商会解决，特别是需要与官府交涉的事项，均由商会出面周旋。如领取枪支、弹药，即是由商会禀请抚院同意，与军装局、度支公所、巡警局等衙门反复磋商，最后才如愿以偿。连苏商体育会在清末碰到操员减少、教员萌生退意的困难，也请求商会帮助整顿。该会曾以全体职员的名义致函商会，阐明："兹事体大，必有提倡而后有响应，有鼓励而后有精神。贵会综握商纲，鼓励提倡之用，尤非寻常可比。在敝会已久承扶助，而明年赴宁，尤属名誉所关，亦贵会之荣辱所系。伏求俯赐提议，以提倡而增进之，则苏商幸甚。"[①] 在组织上，苏州商团与商会更有着紧密的血缘联系，其领导人基本上由商会主要骨干兼任。如洪玉麟、倪开鼎都是商会议董；四个议事员之一的尤先甲，是担任商会总理的头号人物，苏州著名绅商，另外二人彭福孙、杭祖良也是商会议董，蒋炳章则是商会名誉会员。其后的具体任职人员虽有所更替，但绝大多数也在商会中担任重要职务。这种人事上的交叉，也使苏州商会和商团之间有着密不可分的联系。1922年商团公会由总商会接收改组为苏州商团之后，更是直接成为商会的下属组织。

第二，苏州商团的组织比较细密，规章也比较完备，是统一的一元化组织。

上海商团的前身"五体育会"，是由五个行业独自同时组织的，因而互不相属。其后成立的商团总部，虽然是各行业、各区域商团的联合机构，但未设总部机构，也没有派出机构和派出代表，仍然不是名实尽符的统一组织。各行

① 《苏商体育会全体职员为操员日减请商务总会大加整顿函》，1910年12月，华中师范大学中国近代史研究所、苏州市档案馆合编：《苏州商团档案汇编》上，成都：巴蜀书社，2008年，第21页。

帮、区域性商团之间，也保持着较多的独立性。汉口商团的前身，即各地段的保安会、消防会等，同样也是互不统属，没有统一领导，直到1911年4月才组成松散的汉口各团联合会。

苏州商团的情况则明显不同。在苏商体育会成立之前，苏州并无区域性或行业性的类似组织。因此，苏商体育会从一开始就是包括各区域、各行业在内的统一组织，并且接受商会的领导。后来虽然又组织了一些区域性机构，但也都隶属于苏商体育会，称为苏商体育会下属第几支部。苏商体育会扩充为商团公会以后，尽管已增加到十几个支部，但“支部林立，而必求统一之方，以神其作用”。商团公会章程有专章规定“本部与各部关系”，各支部可以自定各项章程，“惟不得与本会章程相抵触，及不能违背评议通过之条件”。[①]在经费问题上“本会经济足备本会经费外，如有余款，得会长与评议会同意，准可量情贴助各部”，“本会经济不能周转时，各部有量力协助之义务”。在日常防务行动方面，“各部部长平时有命令各该部防守梭巡完全之权，倘本会急要命令时，应照本会命令办理，以资统一”。此外，“出防戒严命令，惟本会有之，各部无命令不能自由行动，以昭慎重。万一各该部于所在地忽受匪盗惊扰不及通告者，得从权由各该部长命令，尽力抵御防守，惟事后须追请本会认可”。[②]不难看出，苏州商团公会是直接指挥下属各个支部行动的一元化领导机构。

在规章制度方面，上海和武汉等许多地区的商团迄今未发现留下详细的章程，而苏州商团自体育会开始，就订有内容完备的规章，对其宗旨、学课、会员、职员设置、权利义务、经费收支等诸多问题，都做了比较详尽的规定和说明。稍后，苏商体育会相继拟订《苏商体育会增定章程》《苏商体育会职员任事权限》《苏商体育会修订职员任事权限》《苏商体育会操员学历证书》和《苏商体育会退伍凭证》。商团公会成立后，又制订《苏州商团公会章程》，多达11章，并于实施一段时间之后做了较大的修改，重新颁布《苏州商团公会重订暂行章程》，包括组织、会员、正副会长、机关、评议、职员、惩劝会

① 《苏州商团公会章程》，1912年6月，华中师范大学中国近代史研究所、苏州市档案馆合编：《苏州商团档案汇编》上，成都：巴蜀书社，2008年，第25页。

② 《苏州商团公会章程》，1912年6月，华中师范大学中国近代史研究所、苏州市档案馆合编：《苏州商团档案汇编》上，成都：巴蜀书社，2008年，第23-26页。

议、司令、本会与各部关系、本会职任、章程修改等各方面内容。特别应该指出的是，商团公会下属的各支部也有分别自订的章程。1922年苏州总商会接收商团后，再次根据当时的情况重订苏州商团章程。这些商团章程连同大批商团的珍贵原始文件函告均保存完好，全部收入《汇编》之中，为我们从事商团的研究提供了相当便利的条件。

在机构设置上，苏州商团相当细密完善。由于资料欠缺，我们无法了解上海和武汉商团机构设置的详细情况，但从苏州商团档案中可以获悉，苏商体育会时期已设有正、副会长各1人，议事员（后称议长）3至4人，体操教员若干人，有办事员（包括驻沪办事员）、书记员、会计员、庶务员各2人，另还有监察员若干人。可见，苏商体育会已是一个较为完备的常设专门机构。其职员“由会员投票公举，占多数者任之，一年一举，连举者连任”。会长的职责是总理全会事务，副会长赞助会长协理全会事务，如会长因公未到，有代理会长之权。教员有经理全班事务之权，议事员有提议各事之权，监察员有监察会场内外一切开导劝诫之权。

1912年商团公会成立之后，相关机构的设置在原体育会的基础上进一步扩充，达到更加完善的程度。商团公会设正会长1人，副会长2人，另设评议部、职员部、惩劝会议部和司令部四大部。评议部人员无定额，包括各支部正、副部长，部员每50人中选举1人。主要负责筹议全会事务、预算决算经费，并有质问弹劾会长、部长及各职员和修订议事规则之权，相当于立法机构。[①] 职员部是秉承评议部之议决具体办事的机构，设会计长筹划扩充经济，综理财政出入；书记长掌理文牍，记录议案，主管会员名册，并司报告会员之事；调查员及庶务员承会长命令，调查各项事务，并承临时招待差遣等事。以上职员悉由会长委任，会长有权“酌量经济及事务之多寡，随时增减职员，并不以此为限，以图事实上之便利”。惩劝会议部由正副会长3人、议长2人组成，主要负责调停各部冲突及明断是非，处理会员不规则之惩戒。司令部设总司令长1人和纠察员20至30人，总司令禀会长指令，命各部会员出队、出防、会操等，纠

① 值得特别指出的是，关于苏州商团的弹劾评议制度，华中师范大学中国近代史研究所、苏州市档案馆合编的《苏州商团公会章程》规定：“会员有不满于会长者，有全体三分之一以上同意，得呈请评议部弹劾。”另外，“部员有不满于部长，得该部三分之一以上之同意，亦呈请评议部处理；同时该部长应避嫌离评议席”。

察员负责纠察各部会员操练之勤惰优劣，并有权纠正及顾问，将情况随时向会长报告。1913年苏州商团公会重订暂行章程，除了正、副会长之外，内部机构改设评议处、干事处、司令处，与以前相比各自的权限并无大的改变，但明确规定："会长、副会长均由评议、干事、职员用记名单记法互选任之。评议及干事处职员，由会员用记名连记法投票选举，分别推任。其各项选举法另订细则，公议执行。"[①] 如上所述，苏州商团分工细密，机构健全，职权明确，因而能够有效地实行统一指挥和领导。

第三，苏州商团前期的民间组织特征更为明显，不带有任何官方色彩。

上海商团在其发展过程中，曾得到清朝地方政府的支持与扶助。1907年革命党人连续在两广、安徽发动反清武装起义，清廷震动，江苏巡抚指令所属各地严加防范。上海遂命城厢内外总工程局领袖总董李平书、办事总董曾铸派"五体育会"出防，保卫地方治安。以此为契机，"五体育会"组成临时商团，开始迅速发展。上海地方官府还拨发枪支、弹药，俨然将其视为维持地方秩序的一支补充力量，以补警力之不足，因而使其涂上了一部分官方色彩。苏州商团从其产生到发展，则始终依赖商会，在各方面均与官府无依存关系。其最初所用枪支并非官府拨发，而是通过商会征得苏抚同意，向省坦军装局借用的旧式后镗枪，并事先商定日后由商会自行筹款，订购新枪，将所借之枪如数缴还。所用子弹虽也由军装局提供，但实际上是体育会以商会提供的经费购买。当时，这种旧式后镗枪子弹每百颗值库平银1两，体育会首次提取一千颗，即由商会照价缴银10两。1912年初，体育会扩充为商团公会，禀请苏抚批准，增添新式"林明敦枪"200支，也是由商会每支出银10两购买。另在保留下来的完整档案资料中，我们也未见苏州商团在辛亥光复前有接受官府命令出防的事例。改组之后，苏州商团直接隶属于商会之下，其行动主要接受商会的指挥。因此，可以说前期的苏州商团很少带有官方色彩，是接受商会领导、用作维护商业秩序、保护商人利益的民间准武装组织。

不过，到国民党统治时期苏州商团尽管仍属于商办的民间组织，但接受地方政府命令而出防的情况却时有发生。一方面，国民党政府加强了对各类民众团体的领导和控制，并利用商团防范共产党活动；另一方面，苏州商团出于维

① 《苏州商团公会重订暂行章程》，1913年，华中师范大学中国近代史研究所、苏州市档案馆合编：《苏州商团档案汇编》上，成都：巴蜀书社，2008年，第27页。

护商人利益的目的，积极配合和接受国民党政府的指令，防范共产党的活动以及协助弹压工人罢工。所以，这一时期的苏州商团开始与政府发生了比较密切的关系。

第四，存在的历史较长，在政治上虽无突出影响，但在保护商人利益方面却发挥了重要作用。

如果从苏商体育会的历史开始算起，苏州商团成立的时间是比较早的，存在的时间也较长。直至1936年2月，前后历时29年又6个月之久的苏州商团才宣告结束自己的历史。而其他一些有影响的商团，很少像苏州商团拥有这样长的历史。如在辛亥革命时期影响突出的上海商团，到1914年其领导人李平书遭到袁世凯政府的通缉，商团被强行勒令解散。实力雄厚的广州商团，在经历了1924年的那场事变之后也遭瓦解。苏州商团在政治上较为稳健，也可以说是比较保守，很少参与政治活动，更无与政府对抗的行动，并且出于自身的目的也辅助维持地方治安，这大概是其能够存在较长历史的原因之一。在1932年左右，苏州商团也曾述及其历经动荡而未中止的原因："苏州商团开办最早，迄今已有二十七年之久，以辅助军警、共维地方治安为宗旨，对于过去工作，具有相当之成绩。所有团员尽属商店店员志愿充当，有警则出任巡防，无事则各营商业。故所需商团经费，均由商民捐助。若遽行改组，取消商团名称，则原有团员势必相率告退，而商民所捐经费，当亦因此停止。其最大原因，即在此两端。前因迭奉省令催办改组，业将临时雇用之商团自卫队改编为吴县城厢区保卫团在案。其余义务团员，因为以上种种关系，未能遽行改组，现尚仍维原状。"① 这种说法虽非完全准确，但也道出了其中的部分原因。

除了上述几个方面的特点之外，《汇编》还反映了近代苏州商团其他一些值得重视的情况。例如从有关苏州商团职员选举及官佐任命的档案文献中，可以看出苏州商团的选举是如何操作的。不过，这方面保留下来的主要是苏州总商会接收商团公会并进行改组后的资料，清末民初苏商体育会和商团公会时期只留下了历届选举的职员名单，具体有关选举的过程在档案中记载相当少。苏州总商会改组商团公会之前的1921年10月，投票选举了商团团长。按照规定，团长由总商会会董投票选举，"其团长被选资格，依现任公会会长、各部部长

① 《苏州商团未取消之原因》，约1932年，华中师范大学中国近代史研究所、苏州市档案馆合编：《苏州商团档案汇编》上，成都：巴蜀书社，2008年，第80页。

及商会会董中选举之，但公会会长、各部部长有被选资格，而无选举权”。[1]从档案中可知，在选举之前的一周，总商会函告全体会董和商团公会，列出现任公会会长及各部部长名单，并确定了选举的具体时间。当月25日，总商会全体会董进行选举，结果是邹椿如得30票当选为团长。11月8日，又以同样的方式进行了团副的选举，并在商会会董中投票互选总稽查。姚清溪以19票当选为团副，杭伯华以13票当选为总稽查。选举之后，总商会还向当选者颁发了证书，以示慎重。

苏州商团团长、团副和总稽查均以二年为任期，任满改选，再被选者得连任，但以一次为限，此与商会选举制度的规定基本相似。一般情况下，苏州商团领导人任满后都能够按章进行改选，但有时受特殊原因影响也不得不推延。例如1924年的改选本应在上半年进行，但由于“军事戒严，商团临时出防，是以延未举办”。到11月“防务已停，亟应照章改选”。23日，总商会全体会董对商团领导人进行了改选，邹椿如得31票再次当选连任团长，施筠清得15票当选为团副，鲁永龄得21票当选为总稽查。改选之后，总商会还将此次改选时间延后的原因和改选结果向江苏省长具呈报明，请予备案。在档案中还发现苏州商团后来改选时事先列出了各支部正副部长的详细履历，以供选举人参考。这些足以表明，苏州商团不仅在章程中制定了具有现代意义的投票选举制度，而且在实践中基本上能够照章执行。

另外，我们可以通过《汇编》了解有关苏州商团训练、发证及奖惩方面的情况。商团公会在建立初期即对团员的训练和毕业订有具体的规定，并举行了隆重的典礼仪式为训练期满顺利毕业的各部团员发放证书，以示奖励。档案文献中保留了1913年商团公会举办第一届团员训练毕业典礼的相关文件，可知商团公会事先造具团员名册，汇集文凭，专门派员赴南京呈请都督盖印，足见其慎重和礼遇。同时，还在选定的操场搭棚布置，并“定购焰火”。毕业典礼甚为隆重，其程序有开会、给凭、都督（省长）训词、会长勉词、来宾颂词、来宾演说、谢词、升旗、分列式、散兵教练、摄影、焰火等。扬州、镇江、无锡等地的商团，也派代表出席仪式。商团公会以正、副会长的名义在会上勉励团员：“兹届各支部三年考绩之期，举行毕业典式，执有学历凭证，是诸君注重

① 《总商会致全体会董函稿》，1921年10月19日，华中师范大学中国近代史研究所、苏州市档案馆合编：《苏州商团档案汇编》上，成都：巴蜀书社，2008年，第129页。

公益，热心义务，维持秩序，保卫商业，成绩告成之时也。若仅以诸君体育终业之期观，是重负诸君入团之初心矣！虽然犹有进者，军人资格，以增进名誉为主义，以捍卫地方为天职。而商团宗旨，实与军人相表里。所望诸君坚持初志，蠲小忿，祛私见，宏器量，除褊急，无负增进名誉，捍卫地方之初，是所望于诸君者。”[①]很显然，能够成为商团公会的团员在当时享有很高的荣誉，这恐怕也是苏州商团得以不断扩充的原因之一。

透过《汇编》丰富的资料，还可以了解苏州商团各方面的活动与影响。尤其是其中的《苏商体育会大事记》和《商团工作大事记要》两份文献，按时间顺序较为简要地记录了苏州商团开展的各项重要活动，另外辑录的苏州商团其他具体活动内容的记载包括：协助弹压工人罢工，遣送败兵伤兵，缉捕盗匪赃贼，冬防治安，警商联防，反对日本侵略等。实际上，这一部分资料只是体现了苏州商团的主要活动内容，在其他相关部分的资料中也有不少体现其活动内容的记载。所以，要全面地了解苏州商团的活动与影响，需要结合整个《汇编》收录的档案文献进行综合考察。

由于篇幅限制，本文只是依据档案文献非常简略地介绍了近代苏州商团的相关情况，可以进一步探讨的问题还有许多，例如苏州商团城区各支部的运作、商团的军备械弹、商团与各方面的关系和矛盾等。《汇编》还收录了在苏州商团档案中发现的安徽、江苏等其他地区商团的相关资料。其中有关无锡商团的资料较多，包括无锡商团总章、无锡商团公会章程、无锡商团支会规程、无锡商团全体人员系统表、无锡商团公会议事部议事规则和审查会规则、干事部办事细则、治疗所规则、通讯队暂行规则、团员规则、学术科预定表、制服表等，另还有芜湖商团公会章程和办事细则，宜兴县商团章程、江阴县商团章程、武进县城区商团修订章程、高邮县特种公安团暂行章程、上宝两县闸北保卫团章程汇刊等。这些都是研究相关商团非常珍贵的第一手资料，在他处恐怕难得一见。

① 《商团公会勖词稿》，1913年11月2日，华中师范大学中国近代史研究所、苏州市档案馆合编：《苏州商团档案汇编》上，成都：巴蜀书社，2008年，第185页。

第十八章 苏州商团准军事化特征

在中国古代社会排列“士农工商”之末位的商人，到近代开始得到前所未有的发展。其具体表现不仅仅是商人的经济实力大为增强，社会地位显著提高，而且商人还拥有了一支具有相当战斗力的独特军事武装力量。早在清末，上海、苏州等地的商人即成立了健体强身的体育会，几年后发展成为配备枪支弹药的商团。到民国时期商团更加普及，其成员和枪械的数量在原有的基础上进一步扩充发展，日益受到社会各界瞩目。

史学界以往对近代商团的研究，较多关注商团与某些重大政治事件如辛亥革命之间的关系，其次是集中于1924年发生的广州商团事件，较少从其他视角对商团进行比较客观的全面探讨。近年来这种状况已有所改变，但研究对象仍偏向于广州商团，对其他商团的考察尚为数不多，尤其是对商团自身发展状况的探讨依然十分薄弱。[1] 有鉴于此，我们依据珍藏于苏州市档案馆的原始档案

① 近二十年间相关的主要论文有：邱捷：《广州商团与商团事变——从商人团体角度的再探讨》，《历史研究》2002年第2期；温小鸿：《1924年广东“商团事变”再探》，《浙江社会科学》2001年第3期；敖光旭：《共产国际与商团事件》，《中国社会科学》2003年第4期；张洪武：《1924年广东商团与广东革命政府关系之嬗变》，《四川师范大学学报》2002年第1期。近年来，邱捷、何文平的《民国初年广东的民间武器》（《中国社会科学》2005年第1期）、敖光旭的《“商人政府”之梦——广东商团及“大商团主义”的历史考查》（《近代史研究》2003年第4期）以更宽的视野对广东商团进行了探讨。另外，研究其他地区商团的论文也开始见诸学术刊物，如：汤可可、蒋伟新：《近代无锡商团的性质及社会功能》，《江南大学学报》2005年第3期；汤可可：《近代无锡商团的兴衰及社会功能》，《档案与建设》2005年第8期；朱英：《从〈苏州商团档案汇编〉看近代苏州商团》，《史学月刊》2006年第12期。

文献，以苏州商团为个案，主要针对商团作为商人独特军事武装力量的若干问题，进行初步考察与分析。

第一节
苏州商团的枪械

作为军事武装力量的首要标志，无疑是必须拥有一定数量的枪支弹药，所以我们首先需要考察商团的枪械问题。

苏州商团的前身“苏商体育会”，于1906年秋由商人倪开鼎、洪毓麟等向苏州商会提出创设动议，其目的是“以健身卫生为始事，以保护公益、秩序、治安为宗旨；办有成效，为将来商团之先声”[①]。苏州商会认为“语皆中理，事属可行”，随即呈请清朝商部和两江总督、江苏巡抚准予备案。初期的苏商体育会并不具有商人军事武装团体的性质，其成员主要是练习柔软体操，也没有枪械。数月之后，开始增加器械体操和各种兵式操法。到1907年5月，苏商体育会拥有了枪械。

当时，有些地区的商办体育会取得的第一批枪弹是报请地方官府批准后自行购买的[②]，而苏商体育会最早拥有的一批枪械，则是通过地方官府的支持而获得的。在练习兵式操法之后，苏商体育会领导人感到没有枪支，操练无法达到实效，于是向商会禀告：“原体育会之组织，本为商团之先声，早经声明在案。现将力求实践，非有枪枝，不足以完形式而振精神。惟尚在试演时代，似无庸急购新枪。闻省垣军装局藏有旧式后镗枪，废置已久，为军队所不用，而职会方当演习之始，即此旧枪，亦足试练。……可否援例拨借四十二枝，俾成一小队。俟练习纯熟，再由会中自行筹款，订购新枪；将拨借之枪，如数缴还。俾商团名副其实，以保治安，而维公益。”[③]经苏州商会呈请，江苏抚院

① 《倪开鼎等禀文》，1906年8月，华中师范大学中国近代史研究所、苏州市档案馆合编：《苏州商团档案汇编》上，成都：巴蜀书社，2008年，第3页。

② 例如无锡商业体操会取得的第一批枪弹，是于1907年2月报请县府道和江苏巡抚批准，筹资委托上海洋行定购的五响毛瑟枪50支，子弹1万颗。详见汤可可：《近代无锡商团的兴衰及社会功能》，《档案与建设》2005年第8期，第21页。

③ 《苏商体育会禀稿》，1907年4月6日，华中师范大学中国近代史研究所、苏州市档案馆合编：《苏州商团档案汇编》下，成都：巴蜀书社，2008年，第936页。

于1907年5月批准由军械局拨借旧式后膛枪42支，这是苏商体育会“实行练习器械之始”。

有枪支而无弹药，仍无法练习打靶，也不能成为真正的武装力量。如同苏商体育会所说：“但演运用之手法，而不求命中之技能，则习非所用。”因此，苏商体育会又希望经官府批准而缴价领取弹药，但其领导人深知“诚以事关军火，或未能遽邀批准”，故反复说明“沪商体育会早经打靶在先，而我苏领枪将届期年，又属势难独后”。苏商体育会还制定打靶规则并提出了具体操作办法：当时苏州武职各员，本有例考月课，在盘门内沿城旷地按期打靶，体育会请求缴呈弹药费，按期随同武职人员练习打靶，所用弹药，由军械局临时给发。经苏州商会呈报江苏巡抚，于1907年12月获得批准。此后，苏商体育会每月都进行真枪实弹的打靶训练与考核，日益向商人军事武装力量演变。

苏商体育会的第一批枪支系由官府暂时拨借，但实际上使用多年并未归还。1911年10月辛亥武昌起义爆发，体育会“推广名额，分设支部”，成员已达300余人，原有枪支不敷使用，又请求添拨200支。但时任江苏巡抚的程德全批示：“查该体育会于光绪三十二年由倪开鼎等借领‘马梯呢’枪四十二杆，经前抚院陈批准照拨，饬令该商会一俟订购新枪，即行如数缴还在案。事隔数年，该会既未遵批缴还所领前项枪支，自应照各州县办理团防成案，仍行缴价。此次呈请添拨旧枪二百余支，饬据军械局查称，‘马梯呢’枪储存无多，惟‘林明敦’枪堪敷拨放，应准照发。即由该会赴局具领，仍每支照缴库平银十两，以符成案。”[①] 很显然，当时的清朝地方官府不愿再无偿向体育会拨借枪支，而是要求缴价购买。苏州商会呈文说明，时当商业滞塞，经费紧张，无从筹集现银，吁恳先准拨领，再行筹措缴款。但为时不久苏州即宣告独立而脱离清王朝，商会的请求也因政体变更而未见下文。

1912年1月中旬，苏州商会呈请代理江苏都督庄蕴宽批准，将苏商体育会改组为商团公会，下设4个支部，成员人数增至628人。6月，苏州商团又相继设立了第五、第六、第七支部。团员人数进一步增多，枪支更显不足。苏州商团致函商会：“拟请贵会代恳都督，准借快枪三百支，子弹一万颗，分给各支部，

① 《抚院程德全批示》，1911年10月30日，华中师范大学中国近代史研究所、苏州市档案馆合编：《苏州商团档案汇编》下，成都：巴蜀书社，2008年，第943页。

以备梭巡之用。”[①]商会遂呈文新成立的江苏都督府，说明：“上年苏城光复至今，各团员轮值梭巡，不辞劳悴，热心桑梓，弭患无形。所称枪械不敷分配，洵属实在之言。”[②]由于当时军械库存留的枪弹不多，都督府只批准拨发林明敦枪120支，子弹1200颗，但这仍称得上是苏州商团枪械的又一次重要扩充。

不过，单纯依靠向官府请求拨借并非长久之计，商团只有自行筹款购买枪弹才能满足实际需求。1912年3月底苏州商团第四支部提出，由于阊门兵变，人心惶恐，市面震惊，该部驻地适在金阊中市的商务繁盛之区，商团出巡，武器未精，“不足以慑匪胆而壮士气”，遂决定自行筹款在上海制造局订购五响毛瑟快枪100支，子弹2万颗，“无事则慎谨收藏，有事则发给自卫”。苏州商会代为向江苏都督府申请，领取了购运枪支护照。护照全文如下：“照得苏州商团第四支部赴上海制造局购领五响毛瑟快枪一百杆，子弹二万颗，合行给照。为此照仰该商团收执，凡遇沿途关卡营寨，希即照验放行，毋稍留难阻滞。该商团亦不许借生事端，致于查究，切切！须至护者。”[③]这是苏州商团首次自购枪支弹药，不仅所购枪弹数量较多，而且较先前所借之旧式后膛枪也更先进，对商团武器装备的更新与改善具有重要意义。虽然是自购枪弹，但商团仍经报批后取得合法手续。官府对商团自行购置枪械也积极给予支持，并发给购运护照使其能够合法顺利地运至苏州。同月，“因商团各部需用快枪甚殷”，苏州商会又决定垫款购办快枪100支，子弹1万颗，也顺利获得了江苏都督批准给照。到1912年底，苏州商团已拥有毛瑟快枪260支，林明敦枪320支，马梯呢枪42支，手枪60支，共计682支。

随着团员人数的不断扩充，苏州商团通过自行购置而拥有的枪弹也越来越多。1922年3月，在总商会的主持之下，苏州商团实现了改组。此后，“苏州商团附设团本部于苏州总商会，原有之商团公会，即于同日撤消。嗣后苏州商

① 《苏州商团公会致苏州商务总会函》，1912年6月；《苏州商务总会呈稿》，1912年6月8日，华中师范大学中国近代史研究所、苏州市档案馆合编：《苏州商团档案汇编》下，成都：巴蜀书社，2008年，第949页。

② 《苏州商务总会呈函》，1912年6月；《苏州商务总会呈稿》，1912年6月8日，华中师范大学中国近代史研究所、苏州市档案馆合编：《苏州商团档案汇编》下，成都：巴蜀书社，2008年，第949页。

③ 《中华民国军政府江苏都督购枪护照》，1912年4月3日，华中师范大学中国近代史研究所、苏州市档案馆合编：《苏州商团档案汇编》下，成都：巴蜀书社，2008年，第945页。

团事宜，当由会长等会同商团团长妥为协商办理，随时报明请示遵行。一切公文函牍，盖用商会关防，期昭郑重而资信守。”[①] 苏州总商会还拟订了商团章程，规定其名称为“苏州商团”，“以辅助军警，自保治安，养成军国民资格，维持商场秩序为宗旨”。商团本部设于总商会，城厢内外各区依次分设支部和支队，称为苏州商团某区第几队。[②] 自此，苏州商团又进入一个新的发展时期。此番改组之后，苏州商团达到相当可观的规模。从档案文献中可知，1922年10月苏州商团团本部之下所设支部多达19个，总共拥有团员1120人，加上商团本部直接设立的基本队有团员42人（定额为126人），合计人数达到1162人，已发展成为一支人数较多的准武装力量。[③] 到1924年，苏州商团又扩充为23个支部，拥有的长短各式枪支近千支，具备了更为可观的战斗力。[④] 及至1928年7月，苏州商团各方面又在原有基础上获得了明显的发展。此时的苏州商团除团本部之外，附设有31个支部，还设有3个大队和1个常备队，另有1个军乐部，人数增至2188人，拥有各式枪支共1567支，其中不乏先进的冲锋枪、手提式机关枪以及各国所造之多种步枪、手枪，稍后还经批准配备了军用摩托车，可以说达到了苏州商团发展的高峰。[⑤]

苏州商团的枪弹从无到有并不断扩充，一方面得益于地方官府的支持，另一方面也是商团本身积极努力的结果。由上可知，苏州商团在清末拥有的最早一批枪支就是在商团和商会的积极争取之下由官府无偿拨借的，1912年江苏都督府又应商团之请拨发林明敦枪120支，这对苏州商团军事战斗力的增强无疑

① 《总商会致江苏省长公署呈稿》，1922年2月13日，华中师范大学中国近代史研究所、苏州市档案馆合编：《苏州商团档案汇编》上，成都：巴蜀书社，2008年，第47页。

② 《苏州总商会拟订苏州商团章程草案》，1922年2月，华中师范大学中国近代史研究所、苏州市档案馆合编：《苏州商团档案汇编》上，成都：巴蜀书社，2008年，第47页。

③ 《苏州商团职员表》，1922年10月；《苏州商团各队操生名额清册》，1922年10月，华中师范大学中国近代史研究所、苏州市档案馆合编：《苏州商团档案汇编》上，成都：巴蜀书社，2008年，第53-56页。

④ 《苏州商团各支部名称所在地团员现额枪枝数目统计表》，1924年9月，华中师范大学中国近代史研究所、苏州市档案馆合编：《苏州商团档案汇编》下，成都：巴蜀书社，2008年，第979-980页。

⑤ 《江苏吴县地方自卫团体调查表》，1928年10月1日，华中师范大学中国近代史研究所、苏州市档案馆合编：《苏州商团档案汇编》下，成都：巴蜀书社，2008年，第1011-1016页。

起了重要作用。在此之后，苏州商团虽然大都是自行筹款购买枪弹，但遇有特殊时期商团枪械不敷使用时，官府也仍临时拨借以应急。官府之所以支持商团配备枪支，主要是由于苏州商团成立后不仅致力于保护商人利益，而且在维护地方秩序、维持社会治安方面也发挥了重要作用，客观上已成为弥补军警之不足的一支重要武装力量，不仅未对地方官府的统治构成威胁，而且能够提供某些帮助。从清末开始，凡是遇有地方不靖或发生匪乱，地方官府往往都会商请体育会出防协助维持治安。每年至关重要的冬防期间，体育会和商团更是协助军警维持治安不可缺少的武装力量。1924年发生的广州商团与地方政府出现严重武力冲突的事件毕竟只是例外，在苏州和其他地区都未曾出现。[①]何况近代中国商团的诞生，也是商人自发的爱国行动之一。苏商体育会创办的目的之一即为自强御侮。苏州商人曾明确指出："自外人进中国，遂有以强制弱之势，是以吾人须讲求体育，以为自强之基。……商之同业，犹士之同学也，皆我之兄弟也。诸君须要一心一意，如兄之与弟，同心御外侮，则苏商之体育会，即各省之先河。"[②] 当时正致力于"新政"的地方官府对于商人这种自强御侮的爱国之举予以支持，应该也是可以理解的行为。

但苏州商团武器的不断扩充，更重要的是其自身努力的结果。除了商团之外，苏州商会发挥了不可缺少的重要作用，众多商家店铺的积极捐助也常常帮助商团解决在购置枪械时遇到的经费困难。与其他许多地区商团不同的是，苏州商团从一开始就与苏州商会有着密不可分的关系。苏州商团在1922年改组之前从表面上看似乎是一个独立的实体，但实际上可以说是商会的外围机构，与商会的关系非常密切。如前所述，最初的苏商体育会是由苏州商会出面禀请商部立案成立。1912年1月改名为商团公会，也是经商会报请都督府批准而付诸实践的。苏州商团扩充枪械的过程也是如此。且不说官府的支持离不开商团和商会的积极争取，并非官府主动向体育会或商团提供枪支，而且商团的枪弹主

① 在广州，包括商团在内的商人团体力量比较强大，并经常与政府发生矛盾冲突。不过，"像广州商人团体这样在地方政治发挥如此大的影响，以及为维护自身利益敢于对政府持如此强硬态度的，在国内其他城市很少见"。见邱捷：《广州商团与商团事变——从商人团体角度的再探讨》，《历史研究》2002年第2期，第56页。

② 《苏商体育会举行首次开操仪式时之演讲词——光绪三十二年丙午九月初五日于祥符寺巷云锦云所》，1906年10月，华中师范大学中国近代史研究所、苏州市档案馆合编：《苏州商团档案汇编》上，成都：巴蜀书社，2008年，第12页。

要来源于商团自行筹款购置。实际上，商团的经费并不宽裕。苏商体育会成立时，会员缴纳的会费为每月洋1元。由于会员的人数不多，故所收会费非常有限。在经费上，苏州商团在很长一段时间内主要是依赖于商会拨助。苏商体育会创立时，商会出面筹集近3000元供其为开办费用，此后也每年拨助600元，成为苏商体育会的主要经费来源。据1910年苏商体育会收支清册记载，其各方面的收款总共约800元，除了商会拨助的600元之外，会员所缴会费仅87元。1912年初苏州商团公会建立，时因商业凋敝，商会经费也日感短绌，曾有停止拨款之议。商团公会潘祖谦等领导人马上致函商会说明："敝会经费向以贵会协济一款为主，前经函知将此款停止，则敝会经费遂无的款可恃。祖谦等谬承公选，值此秩序不宁，地方保卫正赖商团，添购枪械，随在须款，势不能为无米之炊。贵会维持于先，当不忍恝置于后，所有常年拨助之款，务请大力设法，广为劝集，以资继续。"① 于是，商会邀请商团各支部正、副会长协商，议决商团公会仍由商会每月襄助20元，各支部则自向所在区域店户募捐。除此之外，商团公会遇有特别事项时，商会还另行拨款资助。例如1916年商团公会所办地方防务事宜因经费短缺难以实施，请求商会补助。苏州商会决定每月赞助临时费洋200元，以三个月为限。在这种情况下，商团要自行购置枪弹就必须先解决经费困难，所采取的办法除了请求商会支持外，主要是向所在区域的各个商家劝募筹集。1922年苏州商团成为直接附属于商会的下属组织，更是依赖商会解决经费难题。尤其是团本部每年从商会获得补助洋近千元，各区支部则由各区域内之商家捐助。由于商团在保护商人利益方面成效显著，绝大多数商家在商团筹款购置枪弹装备时愿意慷慨解囊，帮助商团及时解决经费不足的难题。

第二节
苏州商团的编制与训练

从整体而言，商团可以说是近代中国众多新兴商人社团中的一种。苏州商

① 《商团公会潘祖谦等致商务总会尤鼎孚等函》，1912年4月11日，华中师范大学中国近代史研究所、苏州市档案馆合编：《苏州商团档案汇编》下，成都：巴蜀书社，2008年，第1068页。

团自体育会开始，就制定有内容完备的规章，对其宗旨、学课、会员、职员设置、权利义务、经费收支等诸多问题做了比较详尽的规定和说明。稍后，苏商体育会相继拟订《苏商体育会增定章程》《苏商体育会职员任事权限》《苏商体育会修订职员任事权限》《苏商体育会操员学历证书》以及《苏商体育会退伍凭证》。商团公会成立后，又制定《苏州商团公会章程》，多达11章，并于实施一段时间之后做了较大的修改，重新颁布《苏州商团公会重订暂行章程》，包括组织、会员、正副会长、机关、评议、职员、惩劝会议、司令、本会与各部关系、本会职任、章程修改等各方面内容。1922年苏州总商会接收商团后，再次根据当时的情况重订苏州商团章程。

在机构设置上，苏州商团相当细密完善。体育会时期已设有正、副会长各1人，议事员（后称议长）3至4人，体操教员若干人，有办事员（包括驻沪办事员）、书记员、会计员、庶务员各2人，另还有监察员若干人。可见，苏商体育会已是一个人员编制较为固定和完备的团体。其主要领导人通过近代投票选举的方式产生，如正、副会长“由会员投票公举，占多数者任之，一年一举，连举者连任”。会长的职责是总理全会事务，副会长赞助会长协理全会事务，如会长因公未到，有代理会长之权。教员有经理全班事务之权，议事员有提议各事之权，监察员有监察会场内外一切开导劝诫之权。[①] 1912年商团公会成立之后，相关机构的设置在原体育会的基础上进一步扩充，更加完善。商团公会设正会长1人，副会长2人，另设评议部、职员部、惩劝会议部和司令部四大部。评议部人员无定额，包括各支部正、副部长，部员每50人中选举1人。主要负责筹议全会事务、预算决算经费，并有质问弹劾会长、部长及各职员和修订议事规则之权，相当于立法机构。职员部是秉承评议部之议决具体办事的机构，设会计长筹划扩充经济，综理财政出入；书记长掌理文牍，记录议案，主管会员名册，并司报告会员之事；调查员及庶务员承会长命令，调查各项事务，并承临时招待差遣等事。以上职员悉由会长委任，会长有权“酌量经济及事务之多寡，随时增减职员，并不以此为限，以图事实上之便利”。惩劝会议部由正副会长3人、议长2人组成，主要负责调停各部冲突及明断是非，处理会员不规则之惩戒。司令部设总司令1人和司令员、纠察员20至30人。1913年苏

① 《苏商体育会章程》，1906年8月，华中师范大学中国近代史研究所、苏州市档案馆合编：《苏州商团档案汇编》上，成都：巴蜀书社，2008年，第4页。

州商团公会重订暂行章程，除了正、副会长之外，内部机构改设评议处、干事处、司令处，与以前相比各自的权限并无大的改变，但明确规定："会长、副会长均由评议、干事、职员用记名单记法互选任之，评议及干事处职员，由会员用记名连记法投票选举，分别推任。其各项选举法另订细则，公议执行。"[①] 如上所述，苏州商团分工细密，机构健全，职权明确，因而能够有效地实行统一指挥和领导，这也是我们将苏州商团视为近代社团的主要依据。

但是，商团作为一种准军事组织，其机构与编制有明显不同于一般商人社团之处。例如在商团公会时期设立的司令部，即为其他商人社团所无。总司令禀会长指令，命各部会员出队、出防、会操等，司令员和纠察员负责纠察各部会员操练之勤惰优劣，并有权纠正及顾问，将情况随时向会长报告。司令部平时还可随时添派侦探若干人，调查相关事项。苏州商团除了本部之外，下设各个支部，接受本部之指挥调遣，"各部商团之在苏州市区域内者，以入会之先后定部名之次第，其各市乡商团之部名，即以其所在地名之"。这种编制显然也不同于一般商人社团。1922年苏州商团公会改组后，其编制更具有准军事组织的特征。团本部设立基本队，城厢内外各区依次分设支队，称为苏州商团某区第几队。"各队在队操生，依照陆军步兵编制之。"每个支队设团董、副董、教练长、书记员、庶务员各一员，另设队长和司务长各一员，操生以24至42人为一排，各设排长一员，以三排为一队。[②] 稍后，苏州商团将各级负责人对应确定为军队中的不同职衔，如团长为上校，团副为中校，教练长、总稽查、各大队队长均为少校，团部副官、中队长、支队长、教练员均为上尉，特务员为准尉，班长为中士，副班长为下士，团员也分为上等、一等、二等三类。[③]

除了上层领导人之外，教练长和教练员在商团人员编制中担任着尤为重要的角色。他们具体负责商团的军事训练与防务，因而必须掌握军事知识和训练方法。从档案文献中获知，苏州商团的教练长和教练员一般都有从军的经历，

① 《苏州商团公会重订暂行章程》，1913年，华中师范大学中国近代史研究所、苏州市档案馆合编：《苏州商团档案汇编》上，成都：巴蜀书社，2008年，第27页。

② 《苏州总商会拟订苏州商团章程草案》，1922年2月，华中师范大学中国近代史研究所、苏州市档案馆合编：《苏州商团档案汇编》上，成都：巴蜀书社，2008年，第47页。

③ 《苏州商团编制表》，具体日期不详，华中师范大学中国近代史研究所、苏州市档案馆合编：《苏州商团档案汇编》上，成都：巴蜀书社，2008年，第70–71页。

或者是军事学堂的毕业生。例如最早担任苏商体育会军事体操教习，后又一直担任商团公会总司令和商团教练长的魏廷晖，湖南邵阳人，是毕业于南洋武备学堂的优等生，曾奉两江总督周馥派充护军左营哨官、南洋陆军第九镇36标2营前队队官和江苏高等学堂体操教习，具有相当丰富的军事理论知识与实践经验。又如先后担任第一、第五、第七部司令，并兼商团本部参谋、阊胥盘区域商团总教练员的程乃衡，江苏吴县人，1904年毕业于上海高等警务学堂，曾任上海商团教练员、苏州水巡队队长、西区警察署署长、苏州警察厅厅长，后转而经营实业，任苏州苏纶纱厂厂长，并被推举为苏州总商会公断处评议员。另从苏州商团档案的《苏州商团公会本部及各支部教练员履历》中，可以清楚地看出各位教练员类似的基本情况。稍后，苏州商团明确规定担任教练员及队长、排长、司务长必须具备以下资格：曾充商团团员者、陆军中学以上毕业或修业者、中学以上毕业曾习兵操者。商团教练长总掌教练事宜，随时到团本部督同教练员教练基本队操生，并分赴各支部视察。教练员每月将各部成绩报告一次，并商承团长定期酌调支部若干队操生会操一次。

苏州商团的一般成员虽然有时也称会员，但在初期多称为操员或操生，后有时也称为团员，不像一般商人社团那样统称为会员。商团团员一般均属义务性质，后来在冬防或是某个特殊时期，由于昼夜防务紧急，商团义务团员不敷调配，也会偶尔临时雇用团丁。对雇用团丁的要求是身体强壮，曾受军事训练，有殷实商家担保，并须签署保结书，保证受雇之后，遵守团规，如有携带军装、军械潜逃者，报请官厅严拿，从重法办。

商团既然是准军事性质的特殊商人社团，就要进行军事操练。在这方面，从苏商体育会开始即有较为严格的规定，除了会长、议事员、办事员、书记员等文职人员“入操与否，听其自便”，其他成员无论春夏秋冬均必须参与操练。考虑到成员“各有实业，恐未能日应二操”，苏商体育会根据不同季节气候的差异，要求操员在每日上午开业前不同的时间操练1个小时，“操毕散队，各就职业，以重自治，而杜物议”。体育会还专门制定了练靶规则，要求操员每月练靶一次，成绩“注明簿册存查”。此外，凡加入体育会者至少以一年为度，不得半途中止。平日有事请假，亦不得过一星期。如不得已有请假至一星期以外者，须陈明事由，约定期限。[①] 操员以三年为一期；前两年颁发一

① 《苏商体育会增定章程》，1907年，华中师范大学中国近代史研究所、苏州市档案馆合编：《苏州商团档案汇编》上，成都：巴蜀书社，2008年，第5页。

年级、二年级学历证书；三年期满，发给毕业文凭和退伍凭证。“退伍之后，本会另立名册，除仍按月练靶外，遇有特别出队及全体旅行等事，仍当到会。……如有功过，仍与在会者一律按章办理。”① 这样的规定，自然也与一般的社团大不相同。

商团公会成立后，要求“操员尤须服从命令，以符军人资格”，规定每年春秋两季，定期调集全队操生，举行大会操一次。日常的训练也较为严格，“凡值操演出防等事，支队长、排长有权监察操生勤惰、记录功过。如有不守规则，劝戒不悛者，报告教练员处理之”②。团员的毕业典礼十分隆重，1913年商团公会举办第一届团员训练毕业典礼时，事先造具全体团员名册，汇集文凭，专门派员赴南京呈请都督盖印，足见其慎重和礼遇。同时，在训练的操场搭棚布置，并“定购焰火”。毕业典礼的程序为开会、给凭、都督（省长）训词、会长勉词、来宾颂词、来宾演说、谢词、升旗、分列式、散兵教练、摄影、焰火等。扬州、镇江、无锡等地的商团也派代表出席仪式。商团公会并以正、副会长名义在会上勉励毕业的团员：“兹届各支部三年考绩之期，举行毕业典式，执有学历凭证，是诸君注重公益，热心义务，维持秩序，保卫商业，成绩告成之时也。若仅以诸君体育终业之期观，是重负诸君入团之初心矣！虽然犹有进者，军人资格，以增进名誉为主义，以捍卫地方为天职。而商团宗旨，实与军人相表里。所望诸君坚持初志，蠲小忿，祛私见，宏器量，除褊急，无负增进名誉，捍卫地方之初，是所望于诸君者。”③ 很显然，能够成为商团公会的一员，尽管训练辛苦，但在当时享有很高的荣誉，这恐怕也是苏州商团得以不断扩充的原因之一。

1922年苏州商会对商团进行改组之后，规定“本团在队操生之操防勤务学术课程，由团长、教练长会同教练员，按照陆军操术编订之”，操员的训练从而进一步规范化。在档案文献中，我们查到苏州商团制定的学科（理论）与术科（实践）学习训练表，内容相当全面。详见下表：

① 《苏商体育会退伍凭证》，1911年5月，华中师范大学中国近代史研究所、苏州市档案馆合编：《苏州商团档案汇编》上，成都：巴蜀书社，2008年，第16页。

② 《苏州商团第四支队规则》，1912年，华中师范大学中国近代史研究所、苏州市档案馆合编：《苏州商团档案汇编》下，成都：巴蜀书社，2008年，第533页。

③ 《商团公会勖词稿》，1913年11月2日，华中师范大学中国近代史研究所、苏州市档案馆合编：《苏州商团档案汇编》上，成都：巴蜀书社，2008年，第185页。

苏州商团学术科预定表①

	术科		学科	
	科目	次数	科目	次数
第一期	徒手单人教练	十五	陆军礼节	三
	徒手分队教练	十二	步兵须知	十
	柔软体操	八	步兵操典摘要	二十
	持枪单人教练	十五	军语学	十五
	一排教练	八	步枪学	八
	一连教练	八	野外要务令	十六
	散兵教练	六		
第二期	射击教练	十六	弹击教范	十四
	一连战斗教练	十	步兵前哨学	十
	行军实施教练	十二	步兵操典摘要	二十
	实弹射击	八	野外要务令	十二
	实地测量教练	六	应用战术	十六
	野外侦探教练	十		
	一营教练	十		
第三期	夜间教练	十	步兵前哨学	十
	野外步哨教练	十二	野外要务令	二十
	实弹射击教练	十	军制学	十二
	刺枪术	十二	应用战术	三十
	器械体操	十二		
	工作教练	十二		
	两军对抗学习	四		

注：1. 每期6个月，约计24周；每周学科3次，术科3次，总计学科72次，术科72次；2. 所定次数仅为教授标准，可依当时实施情形，酌量伸缩另定星期预定表；3. 第二、三两期虽无单人、散兵、成排、成连教授之次数，但于操练之时，须常加复习；4. 天雨术科改为学科。

为了保证训练质量，苏州商团还拟订了《苏州商团在队规则》，明确规

① 《苏州商团学术科预定表》，1922年，华中师范大学中国近代史研究所、苏州市档案馆合编：《苏州商团档案汇编》上，成都：巴蜀书社，2008年，第56—57页。

定："操生遵守章程，服从命令，为应尽之天职。"对教练长、教练员及队长、排长等，"不得违抗命令，不听指挥，不服规诫"，上操及上讲堂，除了病假事假外，不得无故缺课。毕业时，统计到课及请假或无故缺课次数，分别核计分数。连续缺课20次以上者，予以除名。操练时不得无故擅离队伍，倘有特别事故及临时发生疾病，告知班长转报教练员及队长允许后，方可离队；如有不服指挥恣意破坏者，由教练员或队长告知部长，请由团长、教练长处理。另还严禁操练时服装不整、枪口歪斜、嘻唉交谈、任意欠伸。在学科讲堂上也不准唉语喧哗、瞌睡涕唾、吸食纸烟、自由起坐。[①] 上述这些规定，显然都带有准军事化的特点。1929年以后，苏州商团的"学科"科目中开始增加"党义"课程，具体讲授内容包括国民党党纲、三民主义、建国大纲、建国方略等。此前，苏州商团还创办了为期三个月的速成"干部党育训练班"。这种变化，是当时国民党建立统一的南京国民政府后强化党义教育在民间社团中的反映。

第三节
苏州商团的管理与奖惩

除了编制与训练，商团作为一种准军事化的武装团体，在管理方面也有不同于一般商人社团的特点，具有明显的军事化特征。本文第二部分实际上已论及商团在训练方面的管理问题，这里不再重复。下面具体论述商团其他方面的管理制度以及有关惩罚规定。

首先看商团对枪械的管理。苏商体育会和苏州商团在不断发展的过程中，拥有的枪弹越来越多，如果没有严格的管理制度，难免会出现各种意外，甚至导致恶劣后果。体育会和商团深知其重要性，也制定了一系列规定。1907年苏商体育会拥有第一批枪支以后，即在章程中增加了相关条款，规定"枪支须存放军械所，不得携归，每晨由值日排长司稽察之责"，并说明"军械所至为重要，除领取枪枝、操服外，不得无故逗留"。[②] 子弹也规定必须统一存放，练

① 《拟订苏州商团在队规则》，1922年，华中师范大学中国近代史研究所、苏州市档案馆合编：《苏州商团档案汇编》上，成都：巴蜀书社，2008年，第57–59页。

② 《苏商体育会增定章程》，1907年，华中师范大学中国近代史研究所、苏州市档案馆合编：《苏州商团档案汇编》上，成都：巴蜀书社，2008年，第5页。

习打靶时，在打靶场现场发给操员，最初是每人五颗，不得多取，打靶完毕还须将弹壳如数缴还。

有些地区的商团对枪支的管理并不是非常严格，枪支也并非由官府核发。如广州商团拥有的枪支数量很多，但民元以后，“粤省商团枪支名册，向未报于官厅”，枪支均由商团自行签发。[①] 苏州商团对枪支的管理则比较严格。苏商体育会改组为商团公会之后，购置了不少手枪，由职员、教练长、各部司令员、纠察员、教练员以及部分出防之团员随身携带。对于这类手枪的管理，商团公会专门另定了规则，并报经官府备案，由官府向每位持枪者颁发护照，作为合法持有该枪支的凭证。稍后，商团又明确规定此项凭证应与手枪随时备带，不能分离，并以本人以及服务于商团时为有效。遇有军警查验，须主动出示接受检查。不仅如此，每枝手枪商团还保留有存根。其样式为：

今准苏州商团　部呈验该部　员本人自备（由部给领）　寸枪名　枪码手枪一枝，除查案填给凭证一纸，发交该员收执，并限　年　月　日缴销外，合填存根备查。中华民国　年　月　日。[②]

可见，苏州商团对枪支的管理还是比较严格的。

1917年5月，为了促进商团的普及与发展，中华全国商会联合会呈请内务部、陆军部、农商部批准，颁布商团组织大纲17条，其中第11条即是针对枪械所作的规定：“商团之枪械，平时按照团额人数，请由该管地方长官呈请省长咨由内务、农商两部转咨陆军部核准，缴价给领。设因临时有紧急事件发生必须添置时，得由商会会长呈明详细情形，备价酌请添领，以资保卫。商团所有枪械，应呈明地方长官烙印编号，并于每年年终，将枪械之种类、数目及添置年月，详细列表，报由地方长官呈请省长分咨内务、陆军、农商各部及各该处军事长官，以备考核，”[③] 此后，苏州商团将各部团员人数及枪械子弹分别造册报送官府，以备查核，严格照此执行。在后来苏州商团报送的各部枪支统计表中，也可以清楚地看到每支枪都标明了编号。

① 参见邱捷：《广州商团与商团事变——从商人团体角度的再探讨》，《历史研究》2002年第2期，第59页。

② 《手枪凭证存根》，1922年，华中师范大学中国近代史研究所、苏州市档案馆合编：《苏州商团档案汇编》下，成都：巴蜀书社，2008年，第969页。

③ 《商团组织大纲》，1917年5月，华中师范大学中国近代史研究所、苏州市档案馆合编：《苏州商团档案汇编》上，成都：巴蜀书社，2008年，第34页。

此外，苏州商团还制定了相关的惩戒条例。如《苏州商团在队规则》规定：团员如“无故装弹，任意发放者”予以除名；“无故扬械，意图恐吓他人者”，记过示罚。在具体执行过程中，商团的惩罚甚至更加严厉。如1927年2月，陆墓支部第二排第五班团员马继善在出防整队行动之时，私自携带武器离队，即受到严厉惩处，“除棍责外，立予开革，以儆效尤，而除害马”。同年8月，报载齐门外商团第十一支部有团员在出巡时擅自开枪，惊及附近驻军，几致发生误会。商团团本部即严厉要求该部教练员查明照章核办，并发布训令重申：“枪支系自卫利器，岂容示威招摇？即在防务从公，遇有警变必要时，非奉官长命令，亦不得任意擅放。该教练员及队排长等，均有约束督率之责，嗣后务与所部团员，随时剀切申诫，其各懔遵。倘再故违，惟有照章开除，指名呈请当地军事机关，按照军法惩办。”[①] 对于下属支部偶而发生的丢失枪支事件，商团都对当事人予以相当严厉的处罚。正因为商团制定了严格的管理枪支制度，并对违反规定者给予严厉处罚，所以造成恶劣影响而有损商团声誉的这类事件并不多见。

接下来，再看商团对团员出防的管理规定。苏州商团公会规定会长才有“命令各部部员出队、出防、会操”之权，总司令长承会长指令具体负责相关事宜。在下属支部日益增多之后，商团公会又规定在日常防务行动方面，“各部部长平时有命令各该部防守梭巡完全之权，倘本会急要命令时，应照本会命令办理，以资统一”。此外，“出防戒严命令，惟本会有之，各部无命令不能自由行动，以昭慎重。万一各该部于所在地忽受匪盗惊扰不及通告者，得从权由各该部长命令，尽力抵御防守，惟事后须追请本会认可”。[②] 不难看出，苏州商团公会是直接指挥和管理下属各个支部行动的一元化领导机构。

1922年苏州商团公会经改组直接隶属于苏州总商会，并重订章程，改名为苏州商团。总商会会长对商团有指挥监督之权，团长总理全团事务，商承总商会会长，有指挥督率之权。同时，苏州商团还制定了较详细的防务规则，要求所有团员一律遵守。其内容包括：凡防务紧要时，无论何地司号生，不得无故

① 《商团团本部为有团员卤莽粗暴擅自开枪等违纪事给十一支部的训令》，1927年8月14日，华中师范大学中国近代史研究所、苏州市档案馆合编：《苏州商团档案汇编》上，成都：巴蜀书社，2008年，第210页。

② 《苏州商团公会章程》，1912年6月，华中师范大学中国近代史研究所、苏州市档案馆合编：《苏州商团档案汇编》上，成都：巴蜀书社，2008年，第25页。

吹奏号音，并不得离开卫所；遇有紧急事件，各支队接到团本部命令，必须在15分钟之内出队；出队时如有托故规避及退缩不前者，由教练员及队长请由部长照章惩戒，予以除名；各支队出防应互相联络，不得故分畛域；凡遇梭巡，不论日夜，应守商团规则，不得借端招摇，有玷名誉；出巡时不得擅离职守，也不准无故放枪，致惊居民，违规者也将给予除名处罚。

商团在服装方面也有比较严格的管理规定。早期的苏商体育会时期，要求操员在操练时必须统一着操服，由体育会代备发给，操员缴纳一定成本费。操服存放于军械所，如非赴操赴会，操员身穿操服招摇过市，罚洋2元；入妓院、烟室、赌场、书楼者，罚洋20元；入戏院、艺场、茶坊、酒肆者，罚洋10元。商团公会成立后，要求各支部继续实行这一规定。有的支部还制定了更加详细的规定，如第一支部在章程中明确规定操员衣裤、军帽、皮带、帽章均统一制备，操员无需缴价，惟皮鞋指定商家统一制作，操员备价自购，以归一律。会员除了正副干事、操员可穿制服外，其余各员赠给佩章，以资区别。制服除操员、正副干事及团体旅行外，平时概不能无端穿用。1917年，中华全国商会联合会在呈准颁布《商团组织大纲》的同时，还制定了商团服制表，对商团团长、团副、稽查长、教练长、队长、排长和团员的衣、帽、靴、领章、袖章、肩章等分别作出了统一的规定和说明。

1922年10月间，苏州当地报纸曾揭载有身着商团制服者参加民间出殡，苏州商团认为事关商团名誉，十分重视，即令稽查员“破除情面，切实彻查”。稽查员详加调查，“就近询诸各部团员，谓未悉底蕴，即操诸旁言，亦无实据可查”。苏州商团最后仍向所属各支部重申“团员不得无故身着制服游行街市”的规定，并强调“商团团员、操生人格，均极高尚，谅各自保名誉”。[①]苏州商团对团员在着装方面的违规处罚同样比较严厉，例如第七支部某分队班长陈国镇因涉嫌身着制服参与敲诈，经商团查实后予以除名。苏州商团为此多次重申禁令：“责成各该支部部长、教练员、队长严厉取缔，并诰诫各团员除在队服务、上操、出巡之外，平时不得穿着制服出外游行，如再故犯，决不宽贷。”[②]

---

① 《苏州总商会致商团各支部函稿》，1922年11月16日，华中师范大学中国近代史研究所、苏州市档案馆合编：《苏州商团档案汇编》上，成都：巴蜀书社，2008年，第203页。

② 《商团团本部致总稽查重申禁令函》，1930年3月8日，华中师范大学中国近代史研究所、苏州市档案馆合编：《苏州商团档案汇编》上，成都：巴蜀书社，2008年，第215页。

由此可知，苏州商团虽然不是正规的军队，至多只属于民间性质的准军事力量，但在各个方面都制定了比较严格的军事化管理制度。不过，商团在管理过程中除了注重处罚外，也重视奖励，以鼓励团员遵章行事，履行其责，为商团名誉增光添彩。

虽然在政治上趋于稳健甚至是保守，但苏州商团所发挥的功能与作用仍相当突出，受到广大商人和社会各界赞誉。1929年江苏省政府下令将商团收编为官厅控制的保卫团，苏州丝业公所、铁机公会、云锦公所、文锦公所、丝边公所等5个工商团体联名呼吁商团作用显著，应予保留而不应取缔："窃惟我苏商团，自始组织成立以来，迄已二十余年，为助军警之不逮，及保护社会商业之安宁，其功绩之可稽，昭昭均在诸人心。溯自辛亥光复，彼时我苏游棍、宵肖［小］潜伏思逞，幸得商团助同警察竭力维持，故得闾阎阛阓之安宁。民国以来，甲子齐、卢之战，乙丑张、齐战争，翌年孙、杨火并，各该时我苏社会商业均不能安，又幸皆经商团之从中维护，故均得安宁。民国十六年间，我国民革民（命）军未到苏城之前，其时军阀官吏先时走避，在数小时间，亦幸由商警共同维持治安，秩序不紊。是商团之劳绩，岂容湮泯。……商团之与商市，实有密切之责任关系也。兹阅报载，我国民政府所颁保卫团条例，而与商团发生问题。窃查商团原则上系我商人所组成之自卫团体，亟应征询我苏各业商之公意，如公认为商团有存在之必要，当向政府声请之。"[①] 正是在工商界的支持之下，苏州商团联合江苏其他地区的商团对官府的改组令进行了持续抵制，使商团得以继续保存数年时间。

除了工商界，苏州社会各界也对商团的作用多有肯定。例如1934年9月，江苏省政府再次下达商团改编令，吴县公款公产管理处潘起鹏领衔，吴县救济院、吴县仓储委员会、吴县农会、教育会、工业联合会、律师公会、银行和钱业等同业公会领导人联合署名，向县长呈文说明："苏州商团发轫于清季，扩充于民初，职员团员出自商店，都为义务，操防学术聘任专员，勤慎训练，二十余年，历史悠久，服务地方，靡役不从。昔岁江浙构兵，地方警察不敷分布，曾经抽编商团协助布岗，嗣经节次战祸，风鹤频惊，均各会同军警，组织稽查处，联合一致，共维治安。十九年地方伤兵麕集，后防吃紧，奉蒋总司令

① 《苏州丝业、铁机等公所致总商会函》，1929年9月3日，华中师范大学中国近代史研究所、苏州市档案馆合编：《苏州商团档案汇编》上，成都：巴蜀书社，2008年，第371页。

六月铣日电令出防，协助军警，卓著成效。前年‘一·二八’之役，苏城为后方重镇，亦经辅佐国军，协维桑梓，照料输送，尤著劳绩。……民众自卫，莫善于此。刻闻省保安处拟将商团从事改编，起鹏等再三商酌，以本年旱灾之后，萑苻潜滋，转瞬冬防届期，四乡定难安靖，即城区盗窃之案，亦均时有所闻，防务更难迟缓，所有商团改编一节，佥谓似非其时。为特电恳钧府赐鉴，迅予转呈省座，明令将原有商团照常维持，地方幸甚！”[①]在商团抵制改编最关键的时刻，苏州各界团体直接向官府公开表明肯定商团重要作用并支持保留商团的态度，对商团而言这无疑是很大的鼓舞。尽管不到两年后商团仍被迫自行宣布解散，但以上所述足以说明苏州商团作为近代商人独特的军事武装力量，在其存在的近三十年历史中发挥了值得肯定的积极作用。

① 《吴县公款公产管理处潘起鹏等致吴县县长呈稿》，1934年9月12日，华中师范大学中国近代史研究所、苏州市档案馆合编：《苏州商团档案汇编》上，成都：巴蜀书社，2008年，第412页。

第十九章
苏州商团的改组与消亡

国民党建立南京国民政府之后，强调民众运动的目标应从此前军事时期的“革命之破坏”转为训政时期的“革命之建设”，并于1928年6月通过《各级民众团体整理委员会组织条例》，对各类民众团体进行整顿与改组，从而使民众团体的生存与发展面临一次重大考验。过去，史学界对商会的整顿与改组有所论述，并就一些具体问题提出了不同的学术见解，而对其他商人团体的改组情况却较少论及，以至于难以全面了解这一时期商人团体的发展与结局。商会固然是当时最为重要的商人团体，但其经过改组而得以继续存在和发展的结果，并不能反映经过改组之后的整个商人团体的最终结局。此外，各个商人团体的改组过程也存在着明显的差异，因而有必要分别进行考察和分析。

商团在近代中国众多的商人团体中，是一个具有准军事性质的特殊组织，在其成立之后发挥了独特的重要作用。但是，近二十余年来近代史学界对商团的研究却没有什么明显的新进展，与商会研究的日益繁荣呈现出完全相反的状况。尤其是南京国民政府建立后对民众团体进行改组的过程中，商团所面临的困境、应对举措与最终结局迄今几乎无人论及。有鉴于此，本文主要依据苏州档案馆保存完整的珍贵原始档案文献，以苏州商团作为个案，对近代商团的改组与消亡过程加以梳理，并对一些相关问题略作说明。

第一节
改组之前的苏州商团

苏州商团的前身“苏商体育会”诞生于1906年。苏商体育会初建时并不具有准军事特点，只是苏州商人强体健身和讲求卫生的团体。苏商体育会章程记载，其宗旨是：“讲求体育，力矫柔弱，以振起国民尚武之精神，而结成商界完全之团体，并望入会者研究卫生。”另还指明：“本会先聘教习，课以柔软体操。俟三月后，规仿上海成法，再添器械体操及各种兵式操法，以期大成。”① 不久之后，苏商体育会开始由习体操而同时练兵操。1907年4月，体育会转请商会代呈抚院，阐明“原体育会之组织，本为商团先声。现将力求实践，非有枪支，不足以完形式而振精神”。经过一番交涉，借得老式“摩提尼枪”42支，同年底又缴价领取子弹一千颗。会员“平时各营本业，有警则戎服巡逻”，逐步发展为一支具有准军事性质的商人团体。至辛亥前苏商体育会已设有4个支部，总共628人。

1911年夏秋之际，苏商体育会开始着手改组为商团公会，次年1月获准备案。苏州商团公会随后“邀集各部商订公会统一章程，略仿联邦国之政体，而又趋重统一主义，以为将来实行统一之备，与上海商团公会纯粹联邦主义者略异其旨趣焉”。根据商团公会章程的规定，该会“专任保护本地人民财产，维持地方秩序，并不与闻国家军事”。② 商团公会下设若干支部，各个支部的成员人数一般要求达到50人。两年之后商团公会重订暂行章程，规定“以联合各商团组织，统一机关，互相援助，共保治安为宗旨”，“各部商团之在苏州城区者，以入会之先后定部名之次第，各市乡商团之部名，即以其所在地名之。各部商团除已入会编部外，其有组织成立愿入会者，但经查核章程宗旨并无抵触，均应承认加入编部，与已入会之各部一律平等，无分畛域”。③

至1922年，苏州商团已达到了相当可观的规模。从档案文献中可知，苏州

① 《苏商体育会章程》，华中师范大学中国近代史研究所、苏州市档案馆合编：《苏州商团档案汇编》上，成都：巴蜀书社，2008年，第3页。

② 《苏州商团公会章程》，1912年6月，华中师范大学中国近代史研究所、苏州市档案馆合编：《苏州商团档案汇编》上，成都：巴蜀书社，2008年，第26页。

③ 《苏州商团公会重订暂行章程》，1913年，华中师范大学中国近代史研究所、苏州市档案馆合编：《苏州商团档案汇编》上，成都：巴蜀书社，2008年，第26页。

商团本部之下所设支部多达19个。详见下表：

苏州商团所属支部统计表（1922年）

名称	地址	部长	教练员	团员人数
第一支部	阊门外南阳里	庞延祚	程乃衡	126
第二支部	元妙观前	徐家振	张鸿翔	126
第三支部	养育巷	徐秋轩	马承祖	126
第四支部	天库前	徐承幹	刘栋华	126
第五支部	胥门大街	刘敬禳	曹奇麟	42
第六支部	宋仙洲巷	沈恭铭	庞松年	42
第七支部	阊门马路	许祖蕃	王荣祖	42
第八支部	珠明寺内	程钟缙	吴德全	72
第九支部	狮林寺巷	吴勤树	唐凯	118
第十支部	葑门外大街	殷礼云	刘佩茱	42
第十一支部	齐门外大街	朱诚荪	张旭升	42
第十二支部	娄门外大街	潘邦俊	张海珊	42
唯亭支部	唯亭乡唯亭镇	朱鼎元	盛大根	30
外跨塘支部	唯亭乡外跨塘镇	华映魁	张希曾	24
湘城支部	湘城乡湘城镇	周士薰	王钟侃	24
黄埭支部	黄埭乡黄埭镇	沈传瀛	黄锡良	24
南望亭支部	金墅乡南望亭镇	刘元勋	王东郊	24
蠡墅支部	蠡墅乡蠡墅镇	王宗保	郁正志	24
香山支部	木渎乡香山镇	孙旭初	姚世荫	24

本表资料来源：《苏州商团职员表》《苏州商团各队操生名额清册》《苏州商团各部名称及事务所驻在地址表》，见华中师范大学中国近代史研究所、苏州市档案馆合编：《苏州商团档案汇编》上册，成都：巴蜀书社，2008年，第53–56页。

通过上表不难发现，及至1922年苏州总商会正式接收之后，苏州商团在城厢内外各区依次分设的12个支部和支队中，总共拥有团员1120人，加上商团本部直接设立的基本队有团员42人（定额为126人），合计人数达到1162人，已发展成为一支人数较多的准武装力量。1924年，苏州商团又扩充为23个支部，拥有的长短各式枪支近千支，[①] 具备了较为可观的战斗力。

不过，广州商团事件发生之后，国民党实际上对商团采取了限制政策。1926年1月国民党在广州召开第二次全国代表大会，通过了《商民运动决议案》，强调："为使本党主义得贯彻计，对于资本阶级之武装，无论其为大资产阶级或小资产阶级，皆认定其为有障碍革命工作之危险。"因此，《商民运动决议案》明确规定对待商团的政策是："在本党政府下不准重新设立商团。"国民党认定"在本党政府之市场，本党更可以运用军队之力、政治之力，以肃清土匪，肃清贪官污吏，保障一切商场之治安，商民更无武装之必要"。至于在当时国民党控制地区以外的地方，"亦当贯彻此主张，而实施之"。对于已经设立的商团则尽力加以利用，使其成为保卫城市中多数被压迫的小商人的组织，不被少数人所把持而成为压迫工农群众的工具。[②]

由于国民党在推行商民运动的过程中只是不准新设商团，在其他方面并未对商团的发展做出具体的限制，因此原已成立的一些商团得以继续发展。另外，国民党当时统辖的地区十分有限，对于在其辖区之外的苏州等地的商团尚无力控制。1926年11月，苏州商团举行第三届职员改选。按照章程的规定，商团正、副团长由总商会会董投票选举，总稽查在总商会会董中投票互选，均以两年为任期，任满改选，再被选者得连任，但以一次为限。此次投票改选的结果是：季厚柏（字小松）当选为团长，施魁和（字筠清）当选连任副团长，程乃衡（字平若）当选为总稽查。1927年，苏州商团进一步扩充为32个支部，

① 《苏州商团各支部名称所在地团员现额枪枝数目统计表》，1924年9月，华中师范大学中国近代史研究所、苏州市档案馆合编：《苏州商团档案汇编》下，成都：巴蜀书社，2008年，第979–980页。

② 《商民运动决议案》，中国第二历史档案馆编：《中国国民党第一、二次全国代表大会会议史料》（上），南京：江苏古籍出版社，1986年，第388–393页。当时国民党对商团的政策似乎较诸商会更为严厉，有些地区的商民协会呈请组织商团时，国民党中央商民部就曾明确表示："查本党第二次全国代表大会商民运动决议案对于现在商团之态度，在本党政府下不准新设立商团之议决，自应如议奉行，该会拟函转请组织商民自卫军，未便照准，仰即知照为要。"见《中央商民部致小揽商民协会函》，1926年1月22日，台北：中国国民党中央委员会党史会藏档，部1127。甚至有商民协会提出将原有商团改为商民协会自卫队，中央商民部也不予批准。参见《商民运动委员会第二次会议录》，1926年1月，台北：中国国民党中央委员会党史会藏档，部4287号。

团员1500余人，名式新旧枪支共1千余支。[①] 至1928年7月政府强行要求改组之前，苏州商团各方面在原有基础上获得了明显的发展。详见下表：[②]

苏州商团所属支部及大队情况调查统计表（1928年）

名称	主官姓名	驻在地	员兵数目	枪支数目
苏州商团团本部	季厚柏、施魁和	西百花巷	24	37
第一支部	庞天笙、吴子平	阊门外姚家巷	46	57
第二支部	马敦镛、何鸿来	元妙观内	71	61
第三支部	朱辅成、沈束璋	养育巷	90	92
第四支部	费仲深、戎法琴	天库前	78	122
第五支部	陈圭、沈炳文	胥门外泰让桥	52	47
第六支部	许百基、汪云霈	宋仙洲巷	79	60
第七支部	刘正康、沈济卿	阊门外马路	82	40
第八支部	鲁兆年、金维诚	珠明寺内	47	73
第九支部	杭锡纶、程兆栋	狮林寺巷	94	97
第十支部	金冰志、曹荣泉	葑门外横街	47	39
第十一支部	朱诚荪、李楚石	齐门外大街	47	54
第十二支部	顾赓熙、陈嘉乐	娄门外大街	46	30
第十三支部	马伯龙、高翕初	盘门新桥巷	26	24
第十四支部	钱养然、贝侣英	承天寺内	54	42
第十五支部	汪辛孜、徐浩然	盘门外天坛庙	41	26
第十六支部	郑锡华、金云阶	阊门外毛家桥	47	39
第十七支部	顾翔凌、杨步云	阊门外永善堂	45	30
商团军乐部	朱辅成、钱养然	西百花巷团本部	27	
第一大队	刘正康、庞天笙	附于第七支部	108	
第二大队	钱志浩、马敦镛	云锦公所内	164	
第二大队常备队		平门内北市	18	

① 《团本部复吴县县政府函稿》，1927年11月17日，华中师范大学中国近代史研究所、苏州市档案馆合编：《苏州商团档案汇编》下，成都：巴蜀书社，2008年，第1010页。

② 《江苏吴县地方自卫团体调查表》，1928年10月1日，华中师范大学中国近代史研究所、苏州市档案馆合编：《苏州商团档案汇编》下，成都：巴蜀书社，2008年，第1011–1016页。各支部副部长一般为2至3人，表中主官姓名一栏只列出部长和排在首位的副部长2人。

续表

名称	主官姓名	驻在地	员兵数目	枪支数目
第三大队	朱辅成、徐觉伯	附于第八支部	158	
唯亭支部	朱鼎元、蒋世乾	娄门外唯亭镇	42	37
外跨塘支部	华映魁、陈熔勋	娄门外外跨塘镇	39	23
黄埭支部	钱保黎、毛士杰	齐门外黄埭镇	79	60
湘城支部	屠树藩、张廷模	娄门外湘城镇	28	24
南望亭支部	刘炎昭、潘维生	南望亭镇	43	50
金墅支部	孙文藻、王启堂	金墅镇	49	42
通安桥支部	顾鹏、吴刚	通安桥镇	44	49
浒墅关支部	丁南州、潘显新	浒（墅）关镇	38	38
甪直支部	赵学诗、陈绍曾	葑门外甪直镇	116	91
蠡墅支部	冯士芬、朱德润	盘门外蠡墅镇	61	42
陆墓支部	陆祥熙、李凤	齐门外陆墓镇	40	51
横泾支部	俞武功、朱天民	胥门外横泾镇	43	36
陈墓支部	陆成熙、陆家鼐	葑门外陈墓镇	75	54
郭巷支部	钱绍武、喻锡祥	葑门外郭巷镇	40	13

此时的苏州商团，除了附设有31个支部，还设有3个大队和1个常备队，另有1个军乐部，人数增至2188人，拥有各式枪支共1567支，可以说达到了苏州商团发展的高峰。商团“职员、团员均由商家推选贤能，均为义务职。其经费由商家负担，不募其他捐项，宗旨以维持商市，保护公众安宁，以辅军警之不足。故虽以商命名，其防卫工作，并无畛域之分，既不干涉政局，亦不受何方私意利用，实为真正纯洁而有组织之团体”[①]。但是，就在苏州商团雄心勃勃地准备取得更大发展之时，开始遭到被强令要求改组的困境。处于强盛时期的苏州商团当然不会轻易地俯首称臣，而是联合江苏其他地区的商团采取一系列行动进行了长达数年的抵制，但最终未能达到目的。

① 《华墅商团关于商团改组的意见书》，1929年8月27日，华中师范大学中国近代史研究所、苏州市档案馆合编：《苏州商团档案汇编》上，成都：巴蜀书社，2008年，第367页。

第二节
苏州商团应对改组的举措

南京国民政府建立之后，在上海等地对商会进行改组甚至提出取消商会，多由国民党地方党部率先倡议，而国民党中央商民部和地方政府则持保留态度。有关商团的改组问题则与此相反，是由江苏省政府于1927年底最早提出的。具体措施是将各地公安团、保卫团、自卫团一律改为保卫团，原有商团改编为特种保卫团。尽管前面加上了“特种”二字，但改编后的商团仍归入地方保卫团之列，商团很有可能因此而失去其原有的独立性和作为商人准军事团体的特点，甚至有可能会脱离商会的直接领导，变成受地方政府统辖调遣的一般性保卫团体。对已经有二十余年历史、力量也较为强大的苏州商团来说，这当然是难以接受的。江苏各地的商团，对这一改编之举也都持反对意见。

苏州商团面对省政府的改编令率先作出了反应。其采取的行动首先是希望借助全国商会联合会的影响力，敦请国民政府重新核议商团条例，以法律的形式使商团仍保留原有的独立性。1927年12月，苏州商团致函全国商联会总事务所，说明：“查各处商团之设，旨在协助军警，自保治安。十余年来，虽迭经军事，从未受人利用，而保卫地方，卓著成效。至其组织，系于民国六年遵照部颁大纲，隶属于商会之下。现在国民政府成立，该项大纲之适用与否，已成问题……商团有特殊情形，应行另订条例。第于未经明定之前，团务自不能因而停滞。况值此北伐期内，军事未竟，后方治安尤关重要。应呈请国民政府暨苏省政府，迅予明令颁示，确定地位、职权及所属系统，庶几有所遵循。或先由全国商会派员接洽，预拟草案，呈候审核备案。事关地方治安、商团根本大计，爰特提交贵会，是否有当，敬请公决。”[①] 全国商会联合会积极支持苏州商团的提议，拟订了商团条例草案，呈请国民政府工商部核议颁行。该条例草案共20条，基本上维持了商团原有的性质与特点。如商团仍由各地商会组织和领导，团长、团副由商会执行委员会投票选举，“商会常务委员会有指挥、监督商团之权，有筹划商团经费之责，商会监察委员会有监察商团办法之

---

① 《苏州商团提请核议商团条例的议案》，1927年12月11日，华中师范大学中国近代史研究所、苏州市档案馆合编：《苏州商团档案汇编》上，成都：巴蜀书社，2008年，第335页。

权”[①]。当时的工商部并无改编商团之意，但也不能单独对此事做出定论。因商团涉及军事和内政，需要与政府其他相关部门共同核议。1928年5月工商部回复全国商联会总事务所，称“此案关涉军事、内政，已据情咨请军事委员会及内政部核议”[②]。

在国民政府未对商团改编一事明确表态的情况下，江苏省地方政府却一再催促各地商团遵令进行改编。1928年7月，吴县县政府致函苏州商团，要求按照江苏省民政厅第3391号训令，转知各商团一体遵照改编为特种保卫团。于是，苏州商团只得召集城乡各支部全体部长大会，商讨应对办法。经过讨论形成如下决议：函复吴县县政府，在未奉到省政府颁布特种保卫团组织条例以前，所有苏州商团名称，暂仍其旧，以维现状；省令各县原有商团改称特种保卫团一案，其应否改组之处，应请总商会交付执委会公决；与常州、无锡商团公会接洽，选择适中地点，函知苏省各县商团开一联席会议，决定一致办法。[③]随后，苏州商团函复县政府，说明由于“在未奉江苏省政府颁布特种保卫团组织条例以前，一切设施无所依据，所有苏州商团名称，及一切应行操防事宜，自应暂仍其旧，以维现状”[④]。很显然，苏州商团一方面以江苏省政府未颁布特种保卫组织条例致使改编无法具体操作为理由，拖延改编的时间；另一方面希望联络苏属各地商团，以更多商团的力量共同对改编予以抵制。

苏州商团向无锡、武进、镇江等各地商团致函征询意见，得到了积极的回应。各地商团均反对改编，赞同苏州商团“暂仍其旧”的决议，并且阐明了商团异于公安团和保卫团而不能改编的理由。例如昆山市区商团团本部指出：“商团团员均系商店店员，与召募之公安团团员有别，且纯尽义务，与公安团之领公家饷者尤有别，益以枪械服装其费均出自商家，更不能与公安团视同一

① 《商团条例草案》，华中师范大学中国近代史研究所、苏州市档案馆合编：《苏州商团档案汇编》上，成都：巴蜀书社，2008年，第337页。

② 《全国商会联合会总事务所致苏州总商会函》，1928年5月19日，华中师范大学中国近代史研究所、苏州市档案馆合编：《苏州商团档案汇编》上，成都：巴蜀书社，2008年，第336页。

③ 《苏州商团城乡支部部长会议决议》，1928年7月20日，华中师范大学中国近代史研究所、苏州市档案馆合编：《苏州商团档案汇编》上，成都：巴蜀书社，2008年，第339页。另见《商团开紧急会》，《中央日报》1927年7月22日，第2版。

④ 《苏州商团团本部复吴县县政府函底》，1928年7月21日，华中师范大学中国近代史研究所、苏州市档案馆合编：《苏州商团档案汇编》上，成都：巴蜀书社，2008年，第339页。

律。职是之故，十余年来，虽迭经军事，从未受人利用，从未受任何军警之指挥，盖亦知商团之性质，与其他任何武装团体之性质不同也。”[①] 江阴华墅商团更进一步说明商团与保卫团各有所属：“案准省令改称保卫团名义，恐与事实殊多窒碍。查保卫团系属政治范围，听从民厅指挥调遣；商团系商众之组织，保障商人安宁，隶属商部之下；名称各异，事实不同。保卫团既属民众，阶级不一，而经费出自地方；商团为商众之自卫，经费出于商家，团员均系商友资格，卓然清高，迥乎不同，何事受人羁勒？”[②] 在得到苏属各地商团的大力支持之后，苏州商团抵制改编的决心更为增强。另从各地商团阐明的理由中，还可看出当时的许多商团对改编的严重后果有着较为充分的认识，这也正是商团坚持抵制改编的主要原因。

1928年7月26日，无锡商团公会为所属羊尖支会队长陈安陞举行追悼会，苏州商团提议各地商团派代表出席，趁此机会共同讨论商团改编事宜。是日，苏州、无锡、常熟、镇江等九个地区的商团代表在无锡华盛顿饭店举行联席会议，公推苏州商团副团长施魁和担任会议主席。经过充分讨论形成决议：一致反对改商团为特种保卫团，“第一商团之‘商’字，万勿可勿用”，“指挥权限必达属于商人之目的”。与会代表还提出，仍需仿照前例通过苏州总商会请全国商联会转呈军事委员会，“催其核复”。[③]最后，会议拟定了苏属各县商团请全国商联会转催国府早定商团条例之意见书。意见书强调：“此案既未奉到军委会及内政部核议准驳明令，而又接奉民政厅通饬各县原有商团改正名称明令，事由相左，莫衷一是。兹经敝团等一再集议，佥以商团之设，原非限于一省，在未奉国府颁布修正商团条例以前，所有各县商团名称及应守职责事项，仍拟循旧办理。”[④]

---

① 《昆山市区商团团本部复苏州商团函》，1928年7月21日，华中师范大学中国近代史研究所、苏州市档案馆合编：《苏州商团档案汇编》上，成都：巴蜀书社，2008年，第340页。

② 《江阴华墅商团本部复苏州商团函》，1928年7月22日，华中师范大学中国近代史研究所、苏州市档案馆合编：《苏州商团档案汇编》上，成都：巴蜀书社，2008年，第340–341页。

③ 以上引文均引自《苏州、镇江等九县商团代表会议纪要》，1928年7月26日，华中师范大学中国近代史研究所、苏州市档案馆合编：《苏州商团档案汇编》上，成都：巴蜀书社，2008年，第341–342页。

④ 《苏州、无锡等十商团致各省商联会总事务所意见书》，华中师范大学中国近代史研究所、苏州市档案馆合编：《苏州商团档案汇编》上，成都：巴蜀书社，2008年，第343页。

7月30日，苏州总商会应商团之请，向全国商会联合会总事务所致函，表达商团“作第二次请愿”的请求，并转送商团之意见书。事实上，在抵制江苏省政府强行改编商团的行动中，不仅苏州总商会积极支持并予以配合，全国商会联合会同样如此。因为自1917年《商团组织大纲》颁布后，商团就一直是直接接受商会领导，商会能够掌握这样一支重要的准军事力量，对于更好地维护商家利益和扩大其自身的影响力都有着突出的作用。而商团改编为特种保卫团之后，很有可能会脱离商会的领导，这当然是商会不愿看到的结果。正因如此，商会才会不遗余力地支持商团抵制改编。当时的全国商联会总事务所设在上海，担任商联会主席的活跃人物冯少山在抵制政府对商人团体强制进行改组的行动中态度十分坚决。他当时还实际主持上海总商会的领导工作，也是后来坚决抵制国民党上海特别市党部改组取消上海总商会的领导人。在收到苏州总商会的公函后不久，全国商联会总事务所即于8月3日以“快邮代电”的形式，由冯少山、苏民生等常务委员署名致电国民政府工商部、内政部、军事委员会以及江苏省政府，阐明：“商团条例系前商、陆、内三部会订，颁布奉行已久，属所以原条例有修改之必要，故特拟具商团条例草案，呈奉工商部批开：案关军事、内政，已咨请军事委员会、内政部核议等因。属所正在静候会核颁行。今苏民厅忽有改组之令，殊属骇异。商团条例关系全国，应由商部、内部、军委会核议，并非江苏一省所能擅自改组。若冒昧施行，则系破坏统一，属所认此举为违法，应请国府严令制止。并请主管部、会迅速将属所拟呈之商团条例草案会核颁行，以绝觊觎，而昭统一。”[①] 字里行间，显露出较为强硬的态度。收到这一代电后，军事委员会曾电复：“已据情函请工商部核议。”

然而，尽管全国商联会总事务所对此事表明了强硬的态度，但江苏民政厅仍坚持要求将商团改编为特种保卫团，并“迭令遵办，志在必行”。经苏州商团和总商会的再次请求，全国商联会总事务所又于8月23日致电国民政府，强烈呼吁：“该苏民厅不恤违反法案，以江苏一省，擅自更改商团组织名称，殊属不法。万恳严令制止，庶免破坏统一，贻国人以中央政令不出国门之讥。至属所所拟商团条例草案，应请部、会迅即会同核议颁布，以免不肖官吏妄肆摧

① 《各省商联会总事务所快邮代电》，1928年8月3日，华中师范大学中国近代史研究所、苏州市档案馆合编：《苏州商团档案汇编》上，成都：巴蜀书社，2008年，第345页。

残，至为祷切。”[①]国民政府工商部遂咨请江苏省政府饬查具复，江苏省政府在答复中转述了民政厅对全国商联会总事务所进行的反驳，认为：“既自知商团组织办法并未奉中央颁布，所称违反法案一语，究系违反何项法案？殊难索解。总之，职厅将各县原有商团名称改为特种保卫团，按之职权及法治精神，均无不合之处。在未奉中央颁布商团组织办法以前，似应仍照职厅原案办理，以维政令。”与此同时，江苏省政府也肯定民政厅“所称尚属可行”。工商部则一直不表明具体的态度，只是将江苏省政府的函复转告全国商联会总事务所，并说明正会同内政部审核商团条例草案，“一俟厘定，自当呈请公布施行”。[②]对江苏省民政厅的反驳之说，全国商联会随后公开进行驳斥，认为：“新法未颁，旧法仍应有效，系各国法令通例。苏民厅谓商团条例业经拟具草案呈请修正，原条例即不适用，似有误解法律之嫌。商团条例系全国一律，江苏一省，未便独异；且苏民厅变更全国颁行之商团条例，苏省府事前未经呈府咨部核准，亦仍有以一省命令变更全国法律之嫌。”因此，在新的商团条例颁布之前，“仍应依法律通例，仍照旧商团条例办理，以免纷更”[③]。很显然，在新条例未颁行之前，是否仍按照原有商团组织大纲执行，双方各执一词，无法达成共识。

事实上，新的商团条例草案的审核也不顺利。当时，全国工商法规委员会正举行会议审查相关法规的议案。在所列议案中，原本有商团条例和会计师注册条例两案，但在讨论中许多委员认为这两个议案不属于工商法规范围，“不便审查，先后搁置”。1928年8月28日的《新闻报》载文指出：“两案性质实有显然之判别。按商团之组织，由商人集合以卫商人，虽其规例有军队之性质，其效用系地方之治安，有涉于内政、陆军之范围，而其根本上仍不失为单纯之商人组织……则标明商字样之法规委员会议之可也，议决之后，由工商部送请军事委员会暨内政部复核其是否对于军事、内政各部分有不适用者，更

① 《各省商会联合会总事务所快邮代电》，1928年8月23日，华中师范大学中国近代史研究所、苏州市档案馆合编：《苏州商团档案汇编》上，成都：巴蜀书社，2008年，第347页。

② 《全国商会联合会致苏州总商会函》，1928年12月25日，华中师范大学中国近代史研究所、苏州市档案馆合编：《苏州商团档案汇编》上，成都：巴蜀书社，2008年，第351页。

③ 《剪报：全国商会请恢复商团》，《新闻报》1929年1月30日。又见华中师范大学中国近代史研究所、苏州市档案馆合编：《苏州商团档案汇编》上，成都：巴蜀书社，2008年，第351页。

修改之，而后公布无害也。”[①] 获悉商团条例草案在全国工商法规委员会的审核会议中被搁置，苏州总商会急切地致函全国商联会总事务所，说明：“商团为单纯商人所组织，其规例纵有涉及军事、内政之关系，考其实际，各地商团附属于商会，则标明商字之法规委员会，当然有核议之权。……值此审查将竣之时，万恳迅电工商法规会并各部会俯准，辨明商团为商人团体，此项条例草案，免予搁置，庶有法规可循。”[②] 全国商联会总事务所旋即致函工商法规委员会表达了这一要求，但仍无实际结果。

尽管如此，苏州总商会和商团仍不放弃寻求法律渠道从根本上解决商团独立合法地位问题。在全国商联会的多次呼吁下，内政部曾电复：“查制定商团条例，已由本部派员赴工商部会商，须俟商会法公布后，方有根据制定。”得知这一信息，苏州、无锡商团又联名致函全国商联会，提出：“值此商会法尚未公布，应恳贵会依据前电，准予函达工商法规委员会，将各地商团，一如商事公断处之例，附属于各地商会，于制定商会法时制定之，以明统系而免破坏”[③]。苏州总商会也致函提出同样的要求，并说明：“商团属于商会，部电已足证明。”[④] 但由于商会法已在工商法规委员会讨论完毕，而且送交工商部转请审议，商会和商团的这一要求仍无法实现。

不过，苏州商团、总商会和全国商联会的努力在当时也并非全无效果。1928年12月12日，工商部发布的第1564号批令称：“商团条例草案，已奉部批会核转呈颁布，所有原旧商团，即希加紧工作，不得任由何机关改编，致抗部批。”[⑤] 次年3月，行政院电告全国商联会：“查商团暂行条例草案，经本院审核修正提会后，即咨送立法院审议，联合会应候核定公布，遵照办理。”[⑥]

① 《剪报：商团条例与会计师注册条例》，华中师范大学中国近代史研究所、苏州市档案馆合编：《苏州商团档案汇编》上，成都：巴蜀书社，2008年，第347–348页。

② 《苏州总商会致各省商联会总事务所函》，1928年8月31日，华中师范大学中国近代史研究所、苏州市档案馆合编：《苏州商团档案汇编》上，成都：巴蜀书社，2008年，第348页。

③ 《苏州、无锡商团致全国商联会函》，1928年11月1日，华中师范大学中国近代史研究所、苏州市档案馆合编：《苏州商团档案汇编》上，成都：巴蜀书社，2008年，第350页。

④ 《苏州总商会致全国商联会函稿》，1928年11月5日，华中师范大学中国近代史研究所、苏州市档案馆合编：《苏州商团档案汇编》上，成都：巴蜀书社，2008年，第350页。

⑤ 《全国商会联合会快邮代电》，1929年2月16日，华中师范大学中国近代史研究所、苏州市档案馆合编：《苏州商团档案汇编》上，成都：巴蜀书社，2008年，第352页。

⑥ 《全国商会联合会致苏州总商会函》，1929年3月21日，华中师范大学中国近代史研究所、苏州市档案馆合编：《苏州商团档案汇编》上，成都：巴蜀书社，2008年，第353页。

在得到工商部批令之后，苏州商团、总商会均相当兴奋，以为抵制改编的目的即将达到。

第三节
苏州商团应对改组策略的调整

就在苏州商团和总商会翘首以待之时，却传来了令其大失所望的消息。工商部、内政部、军事部三部会议后原本认为："现在各地匪患尚未肃清，警察亦未普设，商人组织商团，原为自卫起见，应俯顺舆情，准如所请。"但早先还说将商团暂行条例草案审核修正后即咨送立法院审议的行政院，对此事的态度却发生了变化。1929年4月，行政院在正式审议后认为："关于地方保卫事项，内政部拟有地方保卫团条例，经本院转呈政府核移立法院审议在案。本案所请，只可包含在前项地方保卫团之内，不宜独立设置。决议交内政部参照保卫团条例重新审议。"[①]行政院态度的变化，表明对商团的改编不仅仅是江苏省地方政府的强制命令，在国民政府重要的中央部门中也得到了呼应，这无疑将使苏州商团抵制改编的行动更加困难。按照行政院的审议结果，商团不能独立设置，只是归入保卫团之内，这实际上否认了苏州商团和商会的请求，与江苏省政府将商团改编为保卫团的设想倒是如出一辙。6月，内政部参照保卫团条例重行审议，"将商团组织包含在地方保卫团内，附呈条例"，请行政院审核之后转立法院审议。

在此期间，各种更加不利于商团的消息在报刊上不断披露，导致苏属地区的许多商团惶惶不安。无锡商团公会为此致函苏州商团，告知"顷见五月三十日《申报》载，省党部有解散商团之议，省政府拟调查各县商团人数，再行核办等语"[②]。这无疑又是一个相当重要而又十分严峻的信息。如果情况属实，

① 《商团不宜独立设置》，《国民导报》1929年4月23日，华中师范大学中国近代史研究所、苏州市档案馆合编：《苏州商团档案汇编》上，成都：巴蜀书社，2008年，第354页。

② 《无锡商团公会致苏州商团团本部函》，1929年5月31日，华中师范大学中国近代史研究所、苏州市档案馆合编：《苏州商团档案汇编》上，成都：巴蜀书社，2008年，第353页。1928年5月30日《申报》发表了《苏省府调查各县商团》一文，称："省党部议决，解散各县商团一案，省府议决，分令民政、建设两厅，先行调查其人数状况办理经过，再吴省府核办。"

就意味着不仅江苏省政府要求对商团进行改编，而且国民党方面也开始提出同样的建议，党政双方达成了趋同的意见，甚至国民党方面的主张更加激进，不是改编而是解散原有商团。所以，无锡商团公会在公函中还告知，其会长杨翰西将专程来苏，与苏州商团共商对策。

不久之后，这一消息即得到确认。起初是国民党江苏淮阴执委会呈文省执委会，“以商团组织不合，请转饬解散”。国民党江苏省执委会议决之后，“请通令各县不得组织，已组织者立予解散”，并“令仰民政厅核办具报”。[①]江苏省政府对此令并无异议，认为：“各县编制商团地方，多系城市及商务繁盛之区，警察设备较为完善，间有驻军分防，是各该地方治安既有军警协同维护，则原设商团似无仍旧存在之必要。省党部议决解散各县商团，所持理由不无洞见利害之处。”并要求民政厅和建设厅“先行调查呈复，令仰遵照”。[②]民政、建设二厅当然也同意执行此令，但意识到“各县商团之组织情形不同，有团员与团丁之别，前者系商人自谋保卫，后者则招雇而来，往往团丁杂处，而丁多于员，大约如此”。于是，民政厅和建设厅于1929年7月饬令“即由市、县先行分别负责调查其人数、状况及办理经过，即日呈复，以便汇案呈请省政府核办”。[③]随后，苏属各地商团都接到所在地方政府和公安局要求报送调查结果的指令。

调查和报送自然需要一段时间，这为商团提供了一定的转圜空间。无锡、武进、镇江、常州等地的商团纷纷致函苏州商团，询问如何一致采取应对办法。苏州商团提出如下建议：在遵令进行调查的同时，一方面驳斥商团无存在之必要的种种说法，充分阐明商团之光荣历史和保留之必要性及重要性；另一方面仍要求国民政府尽快颁布商团条例，使商团取得合法地位。

一波未平，一波又起。国民党建立的江苏省吴县商人团体整理委员会随后更向省党部提出商团是反革命之民众团体，必须一律取消。其呈文声称：“各地商团，久经明令改为地方保卫团在案，而吴县全市县、乡商团，依然存在。土劣豪商御为保障，更复用为压迫革命民众之武器，显然与社会利益冲突，直

① 以上均引自《吴县县政府致商团团本部函》，1929年7月15日，华中师范大学中国近代史研究所、苏州市档案馆合编：《苏州商团档案汇编》上，成都：巴蜀书社，2008年，第355页。

② 同上书，第355–356页。

③ 《吴县县政府致商团团本部函》，1929年7月15日，华中师范大学中国近代史研究所、苏州市档案馆合编：《苏州商团档案汇编》上，成都：巴蜀书社，2008年，第356页。

为反革命之民众团体。如昔之广州商团，破坏革命，事出空前，幸为政府取消，复经中央规定方案，禁止设立。而苏地土劣豪商气焰高涨，市县乡区商团林立，悉为御用，弱小商民受其威逼摧残，事实痛心。若谓商旅安危，政府自负保障责职，训政时期，商人更无自设武装团体之必要。”[①] 将商团定性为“反革命之民众团体”，显然是延续国民党“二大”时期将商会、商团均视为反动团体的偏激说法，实际上连国民党中央在后来商民运动转轨之后，也并未再坚持这种说法。此时，吴县商人团体整理委员会又提出此说，是要将原本即处于改编困境的商团完全置于死地。

与此同时，从立法院和国民政府也陆续传来了对商团不利的审议结果。立法院的法制、军事两个委员会举行第三次联席会议讨论商团条例时，“认为都市地方，军警较多，维持治安，责无旁贷，似无须有商团之组织；且商人既可组织自卫团体，则其他农人、工人等亦将援例组织，势必引起纠纷，发生流弊。本此理由，地方保卫团条例内，尤无包括规定商团组织之必要”。立法院第三十次会议照法制、军事两委员会的审查报告予以通过，国民政府遂发布了第551号训令：“除分令内政部、军政部暨全国商会联合会外，合行令饬遵照。”[②] 江苏省民政厅随后向各市县政府下达此令，要求一体遵照执行。不久，立法院通过了县保卫团法，要求：“凡各县地方原有之清乡团及其他一切自卫组织，均应依本法之规定，改组为保卫团。”[③]这里所说的“其他一切自卫组织”，是否包括商团在内，也未明言。眼看形势越来越朝着不利于商团的局面演化，连民国政府也认为商团无存在之必要，应该予以解散。但苏州商团仍未放弃希望，依然做出了最后的努力。

在得知这一结果之后，苏州和无锡商团立即联名致函苏属各地商团，说明“事关商团大计”，亟须“同趋一致，讨论解决办法”。各地商团先是以书面形式提出了不同的意见和建议。许多商团针对立法院所说之商团无须继续存在的理由，进行了强烈的反驳。如华墅商团指出：“都市地方军警较多，固能维

① 《剪报：商整会呈请取消吴县商团》，《吴县市乡公报》1929年8月10日，华中师范大学中国近代史研究所、苏州市档案馆合编：《苏州商团档案汇编》上，成都：巴蜀书社，2008年，第360页。

② 《苏州市政府致苏州总商会函》，1929年8月27日，华中师范大学中国近代史研究所、苏州市档案馆合编：《苏州商团档案汇编》上，成都：巴蜀书社，2008年，第361页。

③ 《立法院第三十五次会议通过之县保卫团法》，华中师范大学中国近代史研究所、苏州市档案馆合编：《苏州商团档案汇编》上，成都：巴蜀书社，2008年，第362页。

持治安，然穷乡僻壤，仓猝发生事故，军警之力，势有不逮，则端赖商团以维护之。”因此，所谓“军警较多”不能成为否认商团作用的理由。其次，商人与农人和工人均有所不同，迫切需要组织商团以自卫，因为“商铺为金钱荟萃之所，祸患每起于顷刻之间，诚不可不组织团体，以自卫也”。农人和工人无此情况，确无组织农团、工团之必要。故而立法院“以农工援例而论，不得为充分之请求”，相反还证实了商人组织商团的必要性。[①] 也有一些商团考虑到“此次保卫团条例，系立法院通过，既经公布，属于全国问题，挽回非易。如何设法于条例不相抵触，于实际可以保存，双方兼顾”[②]。这显然是希望采取变通之法，使商团能够继续存在。

在商团改组问题闹得沸沸扬扬之时，苏州丝业公所、铁机公会、丝边公所等5个团体致函苏州总商会表达了对此事的态度：“窃惟我苏商团，自始组织成立以来，迄已二十余年，为助军警之不逮，及保护社会商业之安宁，其功绩之可稽，昭昭均在诸人心。……兹阅报载，我国民政府所颁保卫团条例，而与商团名词有生问题。窃查商团原则上系我商人所组成之自卫团体，亟应征询我苏各业商之公意，如公认为商团有存在之必要，当向政府声请之。”[③] 由此可以说明，维持商团之存在也是工商业者的共同呼声。苏州总商会为了寻求应对之策，分别函电杭州总商会、通崇海泰总商会，说明：“商团条例，前于通过后忽又否认，近且根本动摇。……贵会诸公，宏才硕画，超越侪众，对于斯举，当有一度讨论或联合请求，俾商业自卫团体得以继续存在。”通崇海泰总商会在复电中表示：“原有商团，地方多赖维护，事实上实有暂维现状之必要。况院令只谓商团无组织必要，未明言原有商团一律撤消（销），似尚留有犹豫地步。前阅报载，贵会对于商团决议暂维现状，敝会开会讨论表决，亦复相同。”[④]

---

① 《华墅商团关于商团改组的意见书》，1929年8月27日，华中师范大学中国近代史研究所、苏州市档案馆合编：《苏州商团档案汇编》上，成都：巴蜀书社，2008年，第367–368页。

② 《镇江商团复苏州商团函》，1929年8月21日，华中师范大学中国近代史研究所、苏州市档案馆合编：《苏州商团档案汇编》上，成都：巴蜀书社，2008年，第365页。

③ 《苏州丝业、铁机等公所致总商会函》，1929年9月3日，华中师范大学中国近代史研究所、苏州市档案馆合编：《苏州商团档案汇编》上，成都：巴蜀书社，2008年，第371页。

④ 《苏州总商会庞致杭州总商会王湘泉函稿》，1929年8月21日；《江苏通崇海泰总商会复苏州总商会代电》，1929年9月5日，华中师范大学中国近代史研究所、苏州市档案馆合编：《苏州商团档案汇编》上，成都：巴蜀书社，2008年，第379、381页。

1929年9月10日，江苏各县商团的代表在镇江召开了联席会议，讨论通过了以下议案：向民政厅呈文，要求“在本省施行细则未经订定以前，各县商团如何办理，请核示案”；“请全国商联会及省联会向国府力争商团存在案”；“拟具改组保卫团意见参考书，俟口法代表接洽后再行提出，请省府、民厅核夺”。[①]随着形势的发展，江苏各地商团的目标实际上已有所调整，起初是坚决抵制改编，现在则是拟订了两个目标：一是继续保留独立的商团；二是通过改组，以自卫团的名义保持商团的客观存在。江苏各地商团致省民政厅和省政府的呈文阐明：“查敝团等确为地方自卫团体，成立迄今，有悠久之历史与相当之成绩。值此地方匪氛未靖，辅助军警，责无旁贷；况冬防期间，转瞬将届，若骤然停顿，则地方治安，在在堪虞。现在县保卫团法施行细则未经钧厅颁定以前，各地商团应请准予维持现状，静候改组。”[②]江苏省各县商团预拟的《江苏省县（市）保卫团施行细则草案》的第二条也明确指出：“本细则之适用，包含其他一切自卫组织改组之保卫团。”而最重要的是在其后加上“各地原有商团亦在其内”，此条在立法院通过的县保卫团组织法中是没有的。收到商团的呈文后，江苏省政府批示：“应俟该项保卫团法奉颁到府，再行核办。”民政厅起初一直未表明态度，后因南汇县呈文请示“商团改组保卫团是否合法，其原有枪械应如何处置等情”，才发布了第7356号训令，重申省政府之指令：“各县保卫团之编制，应俟该法奉准施行日期，再行核办，此时暂无庸议。”[③]

苏州商团为此召开了城区支部部长临时会议以商讨应对之策，议决“本团既有二十年之历史，在未奉正式命令之前，应暂维现状”。同时多次通过任职民政厅三科科长的苏州人张矫尘，私下进行磋商转圜，希望得到民政厅允许变通处理的承诺，“求一两全之法，既可顾全官厅威信，又要不失自己实力”。

① 《江苏省各县商团联席会议纪要》，1929年9月10日，华中师范大学中国近代史研究所、苏州市档案馆合编：《苏州商团档案汇编》上，成都：巴蜀书社，2008年，第373页。

② 《苏州等处商团代表致江苏省民政厅呈文》，1929年9月10日，华中师范大学中国近代史研究所、苏州市档案馆合编：《苏州商团档案汇编》上，成都：巴蜀书社，2008年，第374页。

③ 以上引文均引自《苏州市政府致苏州总商会函》，1929年11月16日，华中师范大学中国近代史研究所、苏州市档案馆合编：《苏州商团档案汇编》上，成都：巴蜀书社，2008年，第378页。

然而，“此种设想应从何处着手，真一极难问题”，苏州商团也想不出更好的办法。[1] 11月7日，《申报》报道南通县政府限令商团撤销改组为保卫团，并成立了筹备委员会，[2] 苏州商团急忙致函询问详情，得到的答复是仍可暂时维持现状。12月，无锡商团从张矫尘处获得抄寄的江苏省民政厅订拟之县保卫团法施行细则，“与立法院之法相同”。紧接着，许多地区的商团先后收到了所在官府要求改组撤销之令，具有二十余年历史的商团似乎真正面临即将消亡的危急时刻。

第四节
官府敷衍与商团延宕

无锡商团为了挽救危亡之局，讨论之后拟订了一份《无锡商团改组保卫团大纲》，共22条，其目的仍在于变通保留商团，并准备一旦获得批准，江苏各县商团均仿照实行。苏州商团认为：“此项大纲虽系根据县保卫团法拟订，事前必须与民厅方面接洽妥当，再行呈请核办，否则恐遭驳斥。”[3] 无锡商团遂请苏州商团出面，趁张矫尘回苏度岁之时，私下再与其进行沟通，请求民政厅“以地方情形及事实上着想”，略微变通处理，但并无实际效果。

在寻求法律途径争取合法地位的一切努力均无成效的情况下，江苏各地商团大多采取了拖延进行改组或是置之不理的策略。从苏州商团档案文献中，也未看到官府催令商团改组的公文，这是一种令人不解的现象。或许是由于当时保卫团属于新设立的组织，各县大多并未正式建立，商团实际上无从改组编入保卫团。1930年8月30日，无锡商团公会致函苏州商团，告知27日的《无锡民报》登载了有关商团改编保卫团的最新消息。该消息透露：“最近胡民政厅长以各县原有地方自卫组织，对于防剿事宜，尚有相当组织，维［唯］组织不甚合法。爰经迭令改编，核其实际，则多未遵行。兹为顾全地方治安起见，特规

① 《张镛声致杨翰西函稿》，1929年8月25日，华中师范大学中国近代史研究所、苏州市档案馆合编：《苏州商团档案汇编》上，成都：巴蜀书社，2008年，第380页。另见《苏州商团暂维现状》，《申报》1929年9月29日，第10版。

② 《商团改组自卫团》，《申报》1929年11月7日，第8版。

③ 《苏州商团团本部致丹阳商团本部函》，1929年12月6日，华中师范大学中国近代史研究所、苏州市档案馆合编：《苏州商团档案汇编》上，成都：巴蜀书社，2008年，第385页。

定整理办法六项，呈省转请内政部核示。”其中第一项办法是，各县原有召募之保卫团、民团、商团，不得沿用旧有称谓，一律改为某某县临时保卫团，并冠以所在区域名称，如向在第一区者，即为某某县临时保卫团第一区团，以示区别。第二项办法规定原有官佐由各该县兼总团长详加考核，酌予加委，团丁名称仍旧。[①] 这对商团而言，算得上是一个较好的消息。尽管名称改成了临时保卫团，商团却可因此而暂时得到保留。在获得内政部“查所拟办法六条，尚属可行，应准备案”的答复之后，江苏省民政厅于9月将所定六项整理办法予以公布。

于是，江苏各级官府又下达了新一轮要求商团改组编为临时保卫团的命令。江都县商团致电苏州商团，说明：“近奉各上级行政官府分别行文，令将商团改编入保卫团，并限于一月内编竣，所有枪支均须烙印，每枝须缴纳费用二元。”[②]在此前后，其他地区的商团也都接奉此令，纷纷向苏州商团函询应对之策。苏州商团的态度是：“综观各县商团对于改编一层，大都均持异议，决非短时间可能实行。总期各县商团对于此事均应郑重考虑，同趋一致，以冀保持原有地位。”[③] 从当时和后来的实际情况看，各级官府办事拖拉，并且督促执行不严，为商团拖延改编提供了机会。虽然此次改编令要求商团在一月之内完成相关手续，但许多商团仍拒不改编，继续维持现状。

转眼之间到了1931年5月，无锡商团接县府公函，转行江苏省民政厅第2368号训令，声称“改编保卫团一案，再限本年六月底以前改编完竣”。但令人奇怪的是，其他不少地区的商团并未接奉此令。无锡商团向苏州商团告知：“昨接镇江复函，彼处自去岁两度派员督编，再三交涉，仍维现状，迄今未接改编明文等云。”这倒使无锡商团颇难理解，只能抱怨：“省方举止乖谬，殊深诧

① 《剪报：商团改编保卫团》，《无锡民报》1930年8月27日。华中师范大学中国近代史研究所、苏州市档案馆合编：《苏州商团档案汇编》上，成都：巴蜀书社，2008年，第387页。

② 《江都县商团致苏州商团快邮代电》，1930年10月20日；《苏州商团复江都县商团函稿》，1930年10月26日，华中师范大学中国近代史研究所、苏州市档案馆合编：《苏州商团档案汇编》上，成都：巴蜀书社，2008年，第388–389页。

③ 《江都县商团致苏州商团快邮代电》，1930年10月20日；《苏州商团复江都县商团函稿》，1930年10月26日，华中师范大学中国近代史研究所、苏州市档案馆合编：《苏州商团档案汇编》上，成都：巴蜀书社，2008年，第388、389页。

异。镇江既接近省会，去年又派员督编，颇为紧张，而今则改编明文亦未曾有，即县府办公者之迟缓，断无如此，揆之情理，只有镇江先到，万无他县接到后去函询问，反云并未接到，宁非怪事！”[①]由此当可再见官府办事效率之低下，商团也无所适从。7月，南汇县周浦商团又接奉县府转行民政厅第3192号训令：“全省各县自卫团体及保卫团，均限七月底以前一列（律）改编，应依照修正县保卫团及该省施行细则办理，如再有延玩及奉行不力情事，即饬由民厅随时派员前往督促视察，从严议处。”[②]但是，此令仍未普遍下达至苏属各地商团。8月初，镇江商团就无锡等少数商团接奉改编令之事函询苏州商团，苏州商团的答复再次透露了这种官府政令不一，实际上无法对商团统一进行改编的状况：“商团奉令改编一事，迄将两年，而各县商团均以种种窒碍，大都尚未实行。所闻无锡、宜兴两处，均已接有限期催编明令，不识现已改编与否，尚无确实消息，且此项催令，敝团亦未接到。”[③]不难发现，少数商团接到了甚为严厉的改编令，而多数商团却不知其事，尤其像苏州商团这样在江苏全省商团中团员数量最众和拥有枪支最多，实力堪称首位并且事实上成为当时抵制改编领导者的商团组织，也没有接到官府的改编令，这种现象确实令人费解，只能说明在商团改编这一问题上，官府的行政命令往往是雷声大雨点小。

从苏州商团档案文献中，我们发现1932年3月间苏州商团与吴县县政府往来的公文透露了苏州商团拒绝改编临时自卫团的理由。先是县政府下文要求苏州商团“自应依照县保卫团法修正施行细则第十五条之规定，一律改称临时保卫团”，但苏州商团坚持认为商团与施行细则第十五条之规定并非完全相符，不应强行要求改名为临时保卫团。苏州商团在复函中详细说明了个中缘由：“惟查商团之组织，类皆义务团员，平时无荒职业，临事藉资防卫，从原有之体育会改组迄今，垂二十余年，历经时局变故，协同军警维护地方，靡役不从。邻近如无锡、武进、镇江等县商团，于必要时亦得集合互相保卫，不无成绩可言。此次奉令改称临时保卫团，意在统一名称，便于训练，诚为目前要

① 《邵均和致张海珊函》，1931年5月19日，华中师范大学中国近代史研究所、苏州市档案馆合编：《苏州商团档案汇编》上，成都：巴蜀书社，2008年，第390页。

② 《南汇县周浦商团致苏州商团函》，1931年7月10日，华中师范大学中国近代史研究所、苏州市档案馆合编：《苏州商团档案汇编》上，成都：巴蜀书社，2008年，第391页。

③ 《苏州商团复镇江商团函稿》，1931年8月11日，华中师范大学中国近代史研究所、苏州市档案馆合编：《苏州商团档案汇编》上，成都：巴蜀书社，2008年，第392页。

图。但值此努力冬防之时，若轻易名称，转恐各团员视为临时性质，适足灰其猛进之心，在此国难紧迫时期，似非所宜。且查县保卫团施行细则第十五条，其要旨在‘不得再有招募情事’。苏州商团团员规定章程，本由各业选充，间有因不敷支配，临时募充者，究居少数，与前令所称‘由于招募者居大多数’情形不同。至改称临时保卫团，依据施行细则第十五条所载，亦以各团‘旧系募充，遽难裁撤，暂予保留’起见，本属暂过渡办法。况就经费而论，现在全体出防，所需添配服装以及日常食用一切，为数颇巨，公家亦尚无的款可拨。窃思地方防卫工作重在精神，既经商团与临时保卫团同为地方服务，应恳贵政府垂念苏州商团具有悠久历史，并节经声明有特殊情形，在各区甲牌未经完全成立以前，准予暂维原案。”[①] 字里行间，可谓不乏诚恳之意，也并非完全没有理由。吴县县政府为之所动，向苏州商团表示：“接准大函，以苏州商团有特殊情形，请予核转，暂维原案等由。已呈请江苏省保卫委员会核示矣。”但不久之后，江苏省保卫委员会却下达第94号指令：“查该县商团团丁既多属义务，应照新颁章制正式编组，以期一律。”[②] 然而，苏州商团当时仍未改编。

就这样，江苏商团改编之事一拖再拖，历经数年悬而未决。在此期间，有些商团不仅事实上未进行改编，还采取了一些发展的新举措。例如苏州商团于1930年9月提出另行编练商团临时自卫队，附属于商团本部，“以保卫地方，辅助军警，本官民合作之精神，巩固后方防务为宗旨”。临时自卫队设五个分队，每个分队42人，合组成一个大队。[③] 苏州商团还专门拟订了临时自卫队组织规则，呈请吴县县政府报江苏省政府审核批示，竟然在江苏省政府第329次会议上顺利获得通过，准予备案。对官方来说，这显然也是政令自相矛盾的行政举措。一方面，江苏省政府此前曾认为商团无存在之必要，一再要求商团予以改编；另一方面，却又批准苏州商团建立临时自卫队，使商团的力量

① 《苏州商团团本部复吴县县政府函稿》，1932年3月22日，华中师范大学中国近代史研究所、苏州市档案馆合编：《苏州商团档案汇编》上，成都：巴蜀书社，2008年，第401页。

② 《吴县县政府复苏州商团团本部函》，1932年3月24日；《吴县县政府训令》，1932年4月6日，华中师范大学中国近代史研究所、苏州市档案馆合编：《苏州商团档案汇编》上，成都：巴蜀书社，2008年，第401、402页。

③ 《苏州商团临时自卫队组织规则》，1930年8月，华中师范大学中国近代史研究所、苏州市档案馆合编：《苏州商团档案汇编》上，成都：巴蜀书社，2008年，第89页。

在原有的基础上进一步得到扩充。不仅如此，苏州商团于1931年10月根据商会会员代表大会的提案，扩充员额，“组织商团义勇队，实施训练，以养成军国民资格，保卫地方，共御外侮”，“队员以各同业公会保送，及各商店会员自愿加入者充任之。”[①] 1932年3月，“因现下时局渐渐紧张”，苏州商团召开各支部部长联席会议，“当经众议决，另编制游巡队两队，以补助商团之不足”。[②]后来实际建立游巡队四队，分驻城厢内外，并获吴县县政府批准备案。如此种种，均可说明当时的苏州商团并未受官府强制改编令的影响，照常独立开展活动，并在某些方面还得到了扩充。

直至1933年1月，无锡商团又接到了县政府公文，要求将商团改称临时保卫团。无锡商团遂向苏州商团询问是否收到同样的公文，应该如何应对。苏州商团答复：“此项公文，敝团尚未接到。至变更名称一节，关系京沪路各县商团整个计划，自应审慎考虑，征求各县意见，一致办理，以免纷歧。”[③] 苏州商团未接到相关公文的事实表明，官府政令不统一的现象仍无改变。这种情况在各县保卫团建立的过程中同样有所表现。虽历经数年时间，“保卫团成立者寥寥……况正式保卫团亦未知于何日可观厥成，似此虚行敷饰，当局似无诚意。如此办理，恐利未见，而弊窦已生。……具见省府政令不一也”[④]。

综上所述，尽管立法院早已公布了《县保卫团法》，江苏省也接着制定了《县保卫团法施行细则》，但由于政府有关部门办事效率低下，政令不统一，督促执行不严，数年之中保卫团在江苏正式成立者为数甚少，加上苏州商团以及江苏各地商团一直拒绝改编为保卫团，因此几年来官府和商团之间始终只是就是否改编进行争论，并没有真正进入改编的实际操作阶段，从而使商团能够继续维持现状。

---

① 《商团义勇队组织规程草案》，1931年10月，华中师范大学中国近代史研究所、苏州市档案馆合编：《苏州商团档案汇编》上，成都：巴蜀书社，2008年，第112页。

② 《游巡队编制统系人员任务及规则大要》，1932年3月，华中师范大学中国近代史研究所、苏州市档案馆合编：《苏州商团档案汇编》上，成都：巴蜀书社，2008年，第116页。

③ 《苏州商团复无锡商团函》，1933年2月7日，华中师范大学中国近代史研究所、苏州市档案馆合编：《苏州商团档案汇编》上，成都：巴蜀书社，2008年，第392页。

④ 《邵均和致张海珊函》，1933年2月11日，华中师范大学中国近代史研究所、苏州市档案馆合编：《苏州商团档案汇编》上，成都：巴蜀书社，2008年，第392-393页。

第五节
苏州商团的最终消亡

1934年，江苏各县之保卫团开始相继正式建立，总团长一般由县长兼任。各县还成立了保卫委员会，附设于县政府之内，掌管审议保卫团之编制、组织及筹拨经费等事项，县长及各区区长为当然委员，另由县长在该县公正人士中遴选5至12人为委员。由此可知，保卫团实际上并非民间武装机构，不仅由官府通过行政命令建立，而且由当地最高行政长官兼任领导人，因而是带有浓厚官办色彩的地方武装组织。此外，江苏省政府还成立了省保安处。1934年4月15日至17日，江苏省保安处召集全省保卫会议，其议决案第三条规定，各县商团应改为保卫团。[①] 随后，兼任吴县保卫团总团长的县长邹竞，以吴县保卫团总队部的名义，向苏州商团转发江苏省保安处的训令："各县商团团士，如系正式商人组成，且定时召集训练，仍回商店服务者，在正式保卫团未组成以前，得准其暂行存在，但须隶属于县保卫团总队部，受总队长之指挥。其系募雇性质而非正式商人者，应一律改为临时保卫团。"[②] 此次改组令的分量与以前有所不同，特别是此前各县保卫团大多未正式成立，商团实际上无法改编成保卫团，而现在各县的保卫团已陆续建立，至少是设立了县保卫团总队部，商团似乎再也找不到拒绝改编的理由。

不过，当吴县保卫团总队部奉令向苏州商团下发调查表，要求查填临时保卫团裁撤状况及取消临时保卫团办法时，苏州商团仍强调："吴县境内敝团部所属城乡各区支部商团团员，均属义务性质，间有因经久之训练，应地方之需要，以商团人员充任，各区甲团保卫团义务团员，服务乡土者，容或有之，此外并无临时保卫团之组织及裁撤编遣等事，来表无从查填。"在苏州商团的反复申述之下，吴县保卫团总队部向江苏省保安处呈文说明："查本县商团，系

---

① 1934年4月18日《申报》发表的《全苏保卫会议闭幕》一文称：此次会议议决"商团仍准设立"。但从后来的实际情况看，所谓"商团仍准设立"，是指正式保卫团组成以前，准其暂行存在，但须隶属于县保卫团总队部，受总队长之指挥。其系募雇性质而非正式商人者，则必须一律改为临时保卫团。

② 《吴县保卫团总队部致苏州商团团本部函》，1934年5月22日，华中师范大学中国近代史研究所、苏州市档案馆合编：《苏州商团档案汇编》上，成都：巴蜀书社，2008年，第402页。

正式商人组成，枪支自备，且定时召集训练，仍回商店服务，大都系义务性质，至极少数之雇用团丁，若由本总队部收编，不但来者均系徒手，亦且无经费支配，不如任其存在，遇有地方上发生特别事故及冬防吃紧时期，仍可令其出防，以便与地方军警共同维持治安，是公家可不负供给经费之责，而实收协助维持治安之力。”[①] 可见，吴县保卫团总队部起初并不想收编商团雇用之团丁，但这一设想却遭到了江苏省保安处的否决。

苏州商团随即呈文省政府和省保安处，详细说明“若将组织变更，不仅事实上感受困难，抑且足令全省热心公益之商民，从此灰心”，恳请“俯顺舆情，将各县原有商团免予变更，以维现状”。当时，江苏全省商会联合会正在省城召开会员大会，经各会员提议，通过了有关商团的议案，并公推郁驯鹿、张守一、陆小波及主席团5名成员，代表全省商联会前往省政府、省保安处陈述四点意见：1. 请将各县商团统归省保安处直辖，但操防应请仍以本县境为限；2. 商团义务团员（即商店店员义务服务者），一切仍照旧制，至训练遵由保安处派员办理；3. 商团团长、团副名称仍旧，人选仍由商会公推；4. 商团除了义务团员外，间有雇用者，另立名称为某某县商团特种保卫团。但是，江苏省政府却批示：“保安处对于各县商团负有整理全责，仰仍按照保安处保卫会议决议各案办理。所请免予变更一节，应毋庸议。”[②]

由此看来，商团再想以置之不理或是拖延的方式拒绝改编，恐怕难达目的。但即使进行改编也并非易事，仍有许多具体问题需要解决，不可能能像江苏省保安处所说的那样，在短短的一个月之内完成。不仅如此，在改编中碰到的一些暂时难以处理的具体问题，也有可能迫使官府不得不暂时同意商团改编延后进行。1934年8月底，各县县长或县长代表在无锡召开专门会议讨论商团改编事宜。在具体谈及无锡商团改编问题时，发现无锡商团经费既不固定，也无征收标准，无从统收统支，在短期内根本无法改编为保卫团下属之保安队。主持会议的省政府特派无锡区督练员柏竹�也认为此情属实，“拟请将商团名义，在未办保甲抽编壮丁队以前，暂行存在，所有义务团员，应由各县保安队

① 《吴县保卫团总队部致江苏省保安处呈》，1934年5月，华中师范大学中国近代史研究所、苏州市档案馆合编：《苏州商团档案汇编》上，成都：巴蜀书社，2008年，第403页。

② 《江苏全省商会联合会致吴县商会函》，1934年6月20日，华中师范大学中国近代史研究所、苏州市档案馆合编：《苏州商团档案汇编》上，成都：巴蜀书社，2008年，第404页。苏州总商会系于1931年1月15日改名为吴县县商会。

总队部或大队部派员训练，其雇用团丁一律取销，如有必要，准分别设置自愿警或守望所”[1]。省保安处虽重申所有商团“原则当然要改保安队”，但也深感具体问题一时难以解决，遂同意义务团员暂行保留。

此前，无锡县商会钱基厚曾于9月1日致密函给苏州商团团副施魁和，告知“商团事区督练员召集所属各县政府当局在锡开会，闻系接有省当局密函，征询各县政府，商团在地方有无存在必要，具复核办”[2]。钱基厚在密函中还表示：“最近数年各县商团迭经事变，亦已达再衰三竭之候。如须存在，亦必根本自求整理。现仅官府一再有主张，而地方不敢确切表示，此无意自暴弱点。然在官方仅有主张而不实行，亦正自存一线生机。拟请仍由贵县于短时间约期邀集常、锡、江、宜、昆、熟各县商团方面负责人士在苏协商，确定步骤，一致进行。”[3] 收到这封密函后，苏州商团先是发出紧急通知，于9月2日召开城区各支部部长紧急会议，议决“分函各县有关商团征询意见，一致请求蒋委员长暨省主席、省保安处长，准予仍维现状”[4]。随后，苏州商团又函请苏属各商团于9月6日派代表莅苏开会集议，讨论对付办法。苏州以及各地商团之所以如此紧张，是因为当时外界传闻纷扰，“先有无锡区八县商团统归保卫总队部统辖，继又有改编雇用团丁，取消义务团员各等语。事关商团存废，商人为谋保存自卫实力计，亟应有所主张，以冀挽回于万一”[5]。等到各县商团代表会议召开时，无锡代表杨翰西告知县长会议议决的结果，说明此系一场虚惊。但为了以防万一，会议还是议决：由各县商团代表分商各本县县长，将今年各处灾况严重、地方防务紧要处详加说明，呈请省府，准将各县固有商团，明令维持。各县商团应自行切实整理，注意训练，充实内部，以免借口。雇用团丁，遵令取消。此后如再遇紧急关头，“至必要时，请吴县主稿，挈同各县，电请

① 《吴县县政府训令》，1934年9月28日，华中师范大学中国近代史研究所、苏州市档案馆合编：《苏州商团档案汇编》上，成都：巴蜀书社，2008年，第405页。

② 《无锡县商会钱基厚致施筠清密函》，1934年9月1日，华中师范大学中国近代史研究所、苏州市档案馆合编：《苏州商团档案汇编》上，成都：巴蜀书社，2008年，第408页。

③ 同上书，第409页。

④ 《苏州商团城区各支部临时会议议决案》，1934年9月2日，华中师范大学中国近代研究所、苏州市档案馆合编：《苏州商团档案汇编》上，成都：巴蜀书社，2008年，第410页。

⑤ 《苏州商团团本部致各县商团函底》，1934年9月3日，华中师范大学中国近代史研究所、苏州市档案馆合编：《苏州商团档案汇编》上，成都：巴蜀书社，2008年，第410页。

南昌行营蒋委员长令省维持”[①]。

另据淮阴县商会戴柏秋致施魁和的私人信函透露：“关于商团改编事项，弟回省时曾面谒项处长（按：江苏省保安处处长），业将各情详为奉陈，深荷谅解。得其面允，义务团员准其照旧沿用商团名义，若其中兼有募雇团士，则必须改为保安队，惟仍准附属商团，并准许由商会组织商团管理委员会以统辖之，结果殊为圆满。”[②]从江苏省保安处公开下发的训令看，戴柏秋在信中所说的情况大体属实，略有不同的是，省保安处强调此后的商团必须“受各县县长指挥调遣”，雇用之团丁应予取消。不难看出，此次商团能够再次得以暂时保留，主要是因为官府在改编商团过程中碰到实际困难一时无法解决，临时采取了某种变通措施，实际上这并不意味着官府已放弃改编商团的政策。

尽管省保安处要求此后的商团受县长指挥调遣，但商团与商会的关系仍更为密切。有个别商团原本并不直接隶属于商会，而在此之后却与商会的关系越来越紧密。如无锡县商会于10月25日召开会员大会，杨翰西提议“商团奉令保留，拟请附设商会，重订章程，以利进行”。会议议决：“商团已有二十余年之历史，理应保留，并附设商会，先行组织筹备委员会，由本会常务委员会拟定办法，另行召集临时会议。”[③] 1935年初，无锡县商会又讨论了商团问题，议定三项办法，并决定商团经费由各业认捐。不久，无锡县商会成立了由21人组成的商团管理委员会，直接统辖商团。这样的结果，显然为官府所始料未及。

在此之后，苏州商团通令城乡各支部，所有雇用团丁均变更名称为常备团员，俾与省保安处明令不相抵触。同时，按9月6日各县商团代表会议商定之办法，向吴县县长进一步阐明维持商团之必要性和重要性。除此之外，在苏州商团的动员和请求之下，由吴县公款公产管理处潘起鹏领衔，吴县救济院、吴县仓储委员会、吴县农会、教育会、工业联合会、律师公会、银行和钱业等同业公会领导人联合署名，向县长呈文说明：“苏州商团发轫于清季，扩充于民初，职员团员出自商店，都为义务，操防学术聘任专员，勤慎训练，二十余

① 《各县商团代表会议议决案》，1934年9月6日，华中师范大学中国近代史研究所、苏州市档案馆合编：《苏州商团档案汇编》上，成都：巴蜀书社，2008年，第412页。

② 《戴柏秋致施魁和函》，1934年9月15日，华中师范大学中国近代史研究所、苏州市档案馆合编：《苏州商团档案汇编》上，成都：巴蜀书社，2008年，第408页。

③ 《县商会昨开会员大会》，《锡报》1934年10月26日。转引自无锡市工商业联合会、无锡市档案馆编：《近代无锡商会资料选编》，内部印行，2005年，第120页。

年，历史悠久，服务地方，靡役不从。……刻闻省保安处拟将商团从事改编，起鹏等再三商酌，以本年旱灾之后，萑苻潜滋，转瞬冬防届期，四乡定难安靖，即城区盗窃之案，亦均时有所闻，防务更难迟缓，所有商团改编一节，佥谓似非其时。为特电恳钧府赐鉴，迅予转呈省座，明令将原有商团照常维持，地方幸甚！”[①] 这是商团在数年抵制改编的过程中，苏州各界团体为数不多的直接向官府公开表明支持保留商团的态度，苏州商团自然倍感欣慰。

但商团并不能因此而过于乐观。时过一年多，商团的厄运终于降落。1935年10月底，江苏各地报纸纷纷登载一则消息："省政府为切实奉行保安制度，统一地方武力起见，所有各县乡镇之商团名义，自本年十一月一日起一律取消，所有义务团员一律改为壮丁预备队或守望所，受县长及乡、镇、保、甲长之节制指挥。"[②] 这则消息顿时引起各地商团一阵惊慌，赶紧互相致函询问真伪。但紧接其后，各县相继向所在商团下达了内容完全相同的省令，证明传闻属实。11月17日，扬州、镇江、吴县、常熟、无锡等十县商会、商团的二十余名代表在苏州召开紧急会议，公推镇江代表陆小波担任主席。前已述及，自从抵制改编开始，苏属各地商团代表召开过多次类似的联席会议，并且一致通过了保留商团与抵制改编的决议，但这次会议却反映出过去未曾出现的一些值得重视的新情况。

或许是由于多年的抵制和争执已使一些商团的领导人不胜其烦，有的甚至不愿再继续坚持，在这次会议上，各县代表在发言中表达的意见竟然颇不一致。虽然有代表说明现正值冬防开始之时，不能对商团进行改编或取消，但担任会议主席的陆小波首先即称："商团有无存在之必要，虽各县情形有不同者，但就镇江而论，军警林立，足敷维持治安，商团仅不过守卫门户而已。"这显然是说商团并无存在之必要。连早先抵制改编态度较为坚决的无锡商团代表杨翰西也在发言中说："无锡商团，已开过会议，议决：遵令取消，改为守望所。"常熟代表庞洁公的态度也很消极，认为："商团之取消与改编，恐势在必行。"昆山、丹阳代表甚至报告说，经过数年改编之折腾，该处商团实际

① 《吴县公款公产管理处潘起鹏等致吴县县长呈稿》，1934年9月12日，华中师范大学中国近代史研究所、苏州市档案馆合编：《苏州商团档案汇编》上，成都：巴蜀书社，2008年，第412页。

② 《常熟县商会致吴县商会函》，1935年11月3日，华中师范大学中国近代史研究所、苏州市档案馆合编：《苏州商团档案汇编》上，成都：巴蜀书社，2008年，第413页。

上已处于无形停顿之状态。各地代表发言完毕后进行了讨论，“终以各县情形不同，无由决定办法”，只议决公推陆小波先将各县情形就近向省厅报告，共商办法，“究竟是否一律取消，或取消后如何办法，须俟在省面商后，再行确定”。[①]各县商团代表会议因意见分歧，未能一致达成抵制改编的决议，这是前所未有的新动向，表明商团自身对抵制改编的态度已出现了分化，也在很大程度上预示了商团的最终命运。

与此相反，在商团的态度出现分化时，各级官府此次发布改编令却格外严厉，并不断下文催办。许多地区的商团都“迭经县府一再严催”或“督催势甚急促”[②]，难以再用拖延之法应对。在有关此次商团代表联席会议的报道和档案文献中，我们并未看到苏州商团代表的发言，因而无从了解其具体态度。不过，从他处档案中可以发现，苏州商团起初是想以冬防正急为理由，请求暂缓取消，后又“以为期过促，于手续上恐不及，曾经一再请予展缓”，但都遭到官府拒绝，“竟无商量余地”。[③]当时，苏州桐柏油饼业、钱业、木业、丝业等十余个同业公会得知商团即将被取消，也联名转请吴县县商会向官府表示：“我苏商团自成立以迄于今，历有二十余年之历史，有良好之成绩，城乡居民深深倚赖，团员皆商界有志青年，是以维护社会商业，莫不矢勤矢勇。现在冬防时期，足增奸宄之心，如今骤然取消，或恐有影响治安。为特提出紧急动议，务请在冬防时期，以原有商团为维护，至冬防后，再听政府改编。”[④]但这一请求同样遭到省保安处和省政府的严词拒绝。于是，苏州商团只得像其他商团一样遵令办理有关改编的具体事宜。

另从档案文献中获知，1935年12月间，镇江商会主席冷御秋致函吴县县商会，告知其私下与省民政厅厅长商议，请“准允另行组织商界壮丁训练，惟不得沿用雇丁旧习。刻正在筹拟章程，俟拟妥当，即抄寄，或可作为京沪线各县

① 《十县商会商团代表苏州紧急会议纪要》，苏州《明报》1935年11月18日。另见《各县商会商团代表会议商团存废问题》，《申报》1935年11月18日，第7版。

② 以上引文均引自《苏州商团团本部复江阴商团函底》，1936年2月5日，华中师范大学中国近代史研究所、苏州市档案馆合编：《苏州商团档案汇编》上，成都：巴蜀书社，2008年，第417页。

③ 同上注。

④ 《吴县县政府训令》，1935年12月31日，华中师范大学中国近代史研究所、苏州市档案馆合编：《苏州商团档案汇编》上，成都：巴蜀书社，2008年，第420页。

之通则”[①]。苏州商团从吴县县商会得知这一消息后，当即函告各县商团，希望能够由此获得新的变通之法。然而，这一设想未能付诸实践。

1936年1月底，吴县县政府多次训令苏州商团：“查奉令改编本县商团一案，以逾限已久，叠奉严催，节经分令遵照在案。兹本县长为功令事实，兼筹并顾起见，已定于二月十日实行改编，不容再事延误。除呈报并分行保安大队暨各区公所外，合行令仰遵照，务于文到三日内，先将所有枪械、服装、子弹、器具及团员姓名、年籍、箕斗等分别造册呈府，以凭查核。”[②]苏州商团一面通告城乡各支部“商团名义，势难存在”[③]，请照表开各项从速填报；另一方面致函吴县县商会，说明：“各县商团，尽皆隶属商会，即所有枪械，亦系地方商民集资自办，纯粹义务性质。……现经一再令催，限日改编，事关商团存废，不仅吴县一处，应如何办理之处，请予公决。”[④]县商会收到商团此函之后，召开第五次执行委员会进行讨论，最后在无可奈何的情况下形成决议：“查商团各部，近年因人才、财力两感困难，又值政府改编之际，应提前结束解散，由会知照团本部，分行各支部，一律于二月五日以前，结束完竣具报，并呈县备案。”[⑤]很显然，吴县县商会仍不愿商团接受改编，故而在实行改编之前先期自行宣布将商团解散。

2月6日，商会、商团代表与县政府、县保安大队官员开会商议结束商团事宜，决定于10日开始检点接收各部之枪械，检点后暂时仍交各该部负责人保管，俟将来训练壮丁后再行支配于各区，以充实地方治安力量。随后，商团的枪械实际上均移交各区公所保管。至于商团团员，因交验枪械之后，商团“根本不复存在，自可不问，而听由团员本身之自愿，故商团义务团员之名册，

① 《程兆栋致季小松函》，1935年12月17日，华中师范大学中国近代史研究所、苏州市档案馆合编：《苏州商团档案汇编》上，成都：巴蜀书社，2008年，第416页。

② 《吴县县政府致苏州商团训令》，1936年1月24日，华中师范大学中国近代史研究所、苏州市档案馆合编：《苏州商团档案汇编》上，成都：巴蜀书社，2008年，第420–421页。

③ 《苏州商团致城络支部通告》，1936年1月30日，华中师范大学中国近代史研究所、苏州市档案馆合编：《苏州商团档案汇编》上，成都：巴蜀书社，2008年，第421页。

④ 《苏州商团团本部致吴县县商会函》，1936年2月1日，华中师范大学中国近代史研究所、苏州市档案馆合编：《苏州商团档案汇编》上，成都：巴蜀书社，2008年，第421页。

⑤ 《吴县县商会致商团团本部密函》，1936年2月3日，华中师范大学中国近代史研究所、苏州市档案馆合编：《苏州商团档案汇编》上，成都：巴蜀书社，2008年，第422页。

并不在接收之列”[①]。紧随其后，苏州商团团本部最后一次向所属城乡各支部发布通告，宣布：“所有苏州商团支部名义，以本年二月十日为止，一律取消。”[②]苏州商团至此结束了自己近三十年的历史，正式宣告消亡。

南京国民政府建立之后，各类民众团体都不同程度地在官府的指令下进行了整顿与改组，但结局并不完全相同。即使同为商人团体，在改组后也出现了不同的历史命运。当时的商人团体主要有商会、商民协会和商团。改组之后，原本要取消的商会得以保留，被认为颇具革命性而原定用于代替商会的商民协会反而被取消，商团本来只是被要求进行改编，但有些商团坚持不愿被改编，最终宁可自行宣布解散。这些商人团体经过改组之所以出现不同的历史命运，既与当时国民党政府采取的相关政策紧密相关，也与商人团体自身的应对策略密切相关。

前文曾经提到1926年初国民党在“二大”通过的《商民运动决议案》，实际上在这个决议案中，国民党根据当时的情况确定了对待这三种商人团体的基本政策。有关商团问题，本章第一部分已论及，在此不赘述。对于商会，国民党的政策首先是“用严厉的方法以整顿之”，其次是令各地组织商民协会以抗衡商会，最终目标是“号召全国商民打倒一切旧商会”，由商民协会取而代之。商民协会是国民党在推行商民运动时期倡导建立的一个新商人团体，主要以中小商人为主体，被认为是具有革命性的商人组织。

但是，国民党建立南京国民政府之后，其政策却有所调整和变化。由于在商民运动以及后来的改组过程中，商民协会与商会之间的冲突时有发生，商民协会以《商民运动决议案》为依据，一直要求取消商会，商会则为其合法地位坚持进行抗争，并对商民协会予以强力回击，结果既使工商界纷争不断，也使国民党穷于应付而不得不寻求解决之道。国民党建立南京国民政府之后，开始从经济建设的角度考虑问题，对商会的态度已有明显变化，希望商会能够与商民协会并存。1928年7月，国民党中常会第157次会议确认这一原则，并说明其缘由在于“商会为本党经济政策之所在，商民协会为本党革命力量之所

① 《剪报：苏州商团实行改编》，1936年2月7日，华中师范大学中国近代史研究所、苏州市档案馆合编：《苏州商团档案汇编》上，成都：巴蜀书社，2008年，第423页。

② 《苏州商团团本部致城乡支部函稿》，1936年2月，华中师范大学中国近代史研究所、苏州市档案馆合编：《苏州商团档案汇编》上，成都：巴蜀书社，2008年，第426页。

存”[1]。但是，一部分商民协会对这一新政策颇为不满。1929年国民党第三次全国代表大会召开前后，上海市商民协会与上海、江苏等地的国民党党部遥相呼应，掀起要求取消商会的高潮，并唆使不法之徒用暴力方式捣毁上海总商会会所，引发了更为激烈的矛盾与冲突。结果，商民协会的这种过激行动，招致了自身的灭顶之祸。1930年2月，国民党中央执行委员会发布了取消商民协会的通令。

如果说在改组商会与商民协会的过程中，国民党最终采取的决策更多是从经济利益方面加以考虑，而对商团的改组则主要是从便于管理和控制方面着眼。江苏省地方政府坚持要将商团进行改编，纳入县保卫团范围之内，乃是因为新组成的保卫团由地方最高行政长官直接指挥调遣，完全在官府的职权掌控之中。即使是由于各方面原因，江苏官府同意商团暂缓改编为保卫团时，也强调暂维现状的商团必须接受县长的指挥。只有这样，官府才能真正对商团实施有效的管理。

另一个特殊的原因还在于商团所具有的独特武装特点。尽管中央和地方政府对此均未明言，但毫无疑问，一支不受政府直接管辖而又具有较强军事战斗力的民间准军事组织是存在的，而且其人员和枪械均在不断扩充之中，这对于一个刚刚建立的新政府来说始终是一大隐患。不仅如此，实际上官府还担心如果准允商团继续以合法的形式独立存在，其他各界也援例要求建立类似的武装团体，将会更加难以控制。所以，立法院在拒绝通过新的商团条例，说明商团没有必要继续存在的理由时，除了声称都市军警已多，足以维持治安，还特别强调：“商人既可组织自卫团体，则其他农人、工人等亦将援例组织，势必引起纠纷，发生流弊。”这一担忧对新政府而言确实并非杞人忧天，而且商团越是坚持抵制改编，就越有可能增强官府的这一担忧。所以，即使商团抵制改编长达数年，官府也始终未接受商团的要求，最后以强制手段实现了商团的改编。

还应说明的是，南京国民政府建立之后，对待和处理许多问题，其中也包括如何改组民众团体时，还出现了所谓党政之间是否协调一致的新情况。有学者认为在商会改组问题上，尤其是商民协会与商会之间的矛盾冲突，是当时国民党与政府之间的冲突较量，商民协会被撤销和商会得以保留，是国民党

① 《商会法草案要点说明》，台北：中国国民党中央委员会党会史藏档，政4/54—1。

推行党治的失败和政府维护其权力的胜利。[①] 商团的改组则并无这种现象。在江苏商团改组的过程中，江苏省政府虽一直处于主导地位，国民党江苏省党部只属于配角，但两者之间并无明显的矛盾与冲突，这也是不同于商会和商民协会改组的一个特点。值得注意的是，江苏省政府和省党部都认为商团必须进行改组，但相互之间有关商团的具体改组方案仍略有差异。如前所述，江苏省政府一直主张将商团改编成保卫团，而国民党江苏省党部则提出将所有的商团立予解散，这一做法显然更加激进。最后，基本上实施了江苏省政府主张的改编方案。

江苏商团改组之后出现了两种结果：一种是像无锡、武进商团那样遵令改编为壮丁预备队或守望所，受县长及乡镇保甲长之节制指挥；另一种则是自行宣布解散，并未接受改编，苏州商团即是如此。商团在改组之后出现了两种结果，这也有别于商会和商民协会。改组之后的商会能够得以保留，商民协会则被一律取消，都是取决于国民政府或是国民党中央的最终抉择，也就是说其命运完全掌控在官方手中，并非由商会和商民协会自行决定。而江苏各地的商团究竟是接受改编，还是宣布解散后不接受改编，则由各个商团自我抉择。由于改编之后的商团，不仅名称有所改变，更重要的是不再隶属于商会，变为接受县长及乡镇保甲长之节制指挥，已完全失去商团作为商办独立武装团体的原有性质，也不可能再发挥其原有的功能与作用。连当时的苏州商团也充分意识到"改组之后，事权已不属商人"[②]，为此做出了自行宣布解散的决定。对此，恐不能简单地说成是一个错误的历史抉择。

① 美国学者傅士卓较早提出类似的观点，详见其《商会协会的瓦解与党治的失败》，载中国社会科学院近代史研究所编：《国外中国近代史研究》第20辑，北京：中国社会科学出版社，1992年。

② 《苏州商团团本部复江阴商团函底》，1936年2月5日，华中师范大学中国近代史研究所、苏州市档案馆合编：《苏州商团档案汇编》上，成都：巴蜀书社，2008年，第417页。

第二十章
近代中国商团研究述评

提及近代中国的商团，如果对有关的情况不熟悉，会有人误以为商团是泛指各类商人团体。实际上，“商团”一词主要是特指以商人为主体成立的一种准军事组织，也可以说是一个特殊的商人军事团体。

由于一般人对商团知之不多，因而除了对商团的性质容易造成误解之外，对商团的作用与影响的了解也不是很全面。过去，即使是有关中国近现代史的教材和著作，绝大多数也很少提到商团，有些仅仅对20世纪20年代的广州商团事变略有叙述，而这次事变又被简单地定性为反革命事件，所以不少人在较长的时期里一直误以为近代中国的商团是一支反革命武装，没有什么积极影响可言。近些年来虽有一些研究近代商团的成果问世，但也未引起更多人的重视，加上研究成果仍比较缺乏，特别是系统考察近代商团的成果依然付之阙如，导致一般人对商团的了解和认识仍然不够全面。

从中国商人长期遭受压抑并被贬为四民之末的发展历史看，能够拥有自己独立的武装力量，借以保护自己的切身经济利益，并代表商人参与一些重大的政治运动，这对商人而言不能不说是一个前所未有的重要变化。也绝不能简单地把近代的商团说成是反革命武装，它在近代中国历史上曾经发挥过不少积极的影响，应该予以充分的肯定。商团在辛亥革命前后的出现，还体现了近代中国政治、经济、文化和军事等各个方面的发展变化，是社会变迁和中国近代化演变趋新的结果。同时，商团产生之后对近代中国社会的进一步发展产生了重要的影响。当然，要对近代中国商团的真相获得合乎实际的了解，还需要对有关的各方面问题进行全面深入的具体研究，不能单凭想象和推断做出定论。

第一节
相关研究成果的回顾

任何一项学术研究，都有一个学术积累的过程，不可能凭空进行，因此必须参考和借鉴前人的研究成果。即使是所谓填补空白之作，实际上也要借鉴相关的研究成果。从表面上看，前人对某一问题并未做专题研究，但一些相关的探讨对后人进行专题研究却多有启迪。所以，应该对前人的研究成果给予充分的尊重，这既是一种学术规范，也是治学者应有的胸襟。不过，在尊重和借鉴前人研究成果的同时，不能拘泥于过去的观点和结论，要勇于探索和创新，这样才能使学术研究始终保持活力。而要做到这一点，首先必须了解前人的有关研究成果，并进行归纳和分析。因此，下面我们先对学术界以往研究商团的成果进行一番回顾。

国内史学界研究近代中国商团的成果，20世纪六七十年代以前为数甚少。就目前所了解的情况看，此前仅有少数学者论及1924年的广州商团事变，而且断定这是一次反革命事件。例如有学者认为“广州的商团，是买办阶级所主持的一种反革命的武装组织”，广州商团事变是在英帝国主义支持和操纵之下发生的一场反革命叛乱。[①]另外，还有少量论文在论述辛亥革命时期的资产阶级时十分简略地提到商团，但也是强调其妥协性和保守性，很少从正面肯定商团的积极作用。

20世纪六七十年代之后，研究商会和商团的成果开始有所增多。更重要的是，随着“左倾”思潮影响的逐渐消除和实事求是精神的恢复，这一时期的研究成果对商团的积极作用，特别是对辛亥革命时期商团的积极影响给予了一定的肯定。

例如有的学者考察了武昌首义时期武汉商会和商团的情况，认为商团是一种半武装性的组织，具有明显的政治性质；武汉三镇的商团不尽相同，汉口商团具有纯商、纯民特征，支持革命的态度比较鲜明，尤其是武昌起义后接应民军光复汉口、汉阳，并大力支援和参加阳夏战争，在许多方面给予起义军及时

① 徐嵩龄：《一九二四年孙中山的北伐与广州商团事变》，《历史研究》1956年第3期。

而有力的支持。[①]

有的学者主要探讨了上海的商团，也认为上海商团是商业资产阶级政治性的武装团体，在上海独立前，它既维护商业资产阶级行帮的利益，具有行帮武装的性质，又协助清政府维护上海统治秩序，具有地方政治武装的色彩。上海商团参加了革命党人领导的光复上海的起义，并发挥了一定的积极作用，如在攻克江南制造局的战斗中，广大商团团员“奋勇前进，不稍反顾”；起义后维持上海地方治安；参加浙江联军攻宁战役等，均作出了重要贡献。[②]也有学者指出，上海商团是在民族危机日益严重的形势下，经过资产阶级革命党的发动，由上海各行业的商团联合组成的统一武装团体。它产生于宋教仁等人准备组织的“义勇队”，具有反清爱国的意义。它不是清政府支援和扶植下的武装团体，而是革命派联合立宪派反对清政府高压政策的产物。[③]

辛亥革命时期的苏州商团也引起研究者的关注，并有专题论文发表。关于清末苏州商团的特点，有的学者认为其在性质上与上海、武汉地区的商团一样，是以商人及其子弟为主体，由商业资产阶级上层控制的一种准军事组织，同时又具有组织较细密、规章较完备的特点，是统一的一元化的纯民间团体，不带有任何官方色彩。在辛亥江苏光复的过程中，苏州商团也发挥了一定的作用。[④]

由上可知，20世纪80年代初的专题研究成果，已对上海、武汉、苏州等地商团在辛亥革命期间的表现与作用给予了不同程度的肯定，这可以说是商团研究的一个全新起点。但是研究者对这一时期各地商团的性质尚存在着不同的见解。除了肯定商团是资产阶级的武装或半武装团体外，有的认为商团具有明显的政治特征，不是一般的商人武装组织，有的则指出商团既是资产阶级行帮武装，又具有地方政治武装的色彩，还有的认为商团是纯民间性质的商人准军事团体，不带有任何官方色彩。之所以出现这些不同的看法，一方面是因为近代中国各地的商团确实在某些方面存在着不同的特点，另一方面则是由于商团研

① 皮明庥：《武昌首义中的武汉商会、商团》，《纪念辛亥革命七十周年学术讨论会论文集》上册，北京：中华书局，1983年，第322–361页。

② 沈渭滨、杨立强：《上海商团与辛亥革命》，《历史研究》1980年第3期。

③ 吴乾兑：《上海光复和沪军都督府》，载《纪念辛亥革命七十周年学术讨论会论文集》上册，北京：中华书局，1983年，第815–838页。

④ 朱英：《辛亥革命时期的苏州商团》，《近代史研究》1986年第5期。

究在当时刚刚起步，对商团性质的认识和了解还不够全面深入。

20世纪80年代史学界对商团的研究，是与当时对近代中国资产阶级研究的重视与兴盛密不可分的。由于商团是商人的一个重要社团组织，因而除了上面介绍的专题研究之外，一些研究近代中国资产阶级和商人社团的论著也开始较多地涉及商团。例如有的学者通过对辛亥革命时期浙江资产阶级的详细考察，阐明成立商团并由此逐步掌握了一支准武装或正式武装，是江浙资产阶级实力增长的一个重要标志。尤其是许多城市商团的建立和全国商团联合会的产生，说明当地资产阶级已经在不同程度上掌握了一支准武装或正式武装队伍，这是资产阶级在清末地方自治运动中取得的重大成就。①

还有学者在研究辛亥革命时期的各类新式商人社团时，比较集中地对商团进行了较多的论述，具体内容涉及商团的产生、性质、组织特点、作用与影响等许多方面，认为包括商会、商团在内的各种新式商人社团的诞生，进一步加强了各业商人的联合，扩充了商人的力量和影响。商团成立后，无论是哪一种政治势力，都将商团作为一支联络和依靠的补充军事力量，其地位和影响足以表明商人在当时所起的重要作用。②

此外，因为辛亥革命时期商团的建立与商会紧密相关，所以一些研究商会的论著也会或多或少地论及商团。例如有的论著虽然主要是考察上海总商会的发展历史，但也对上海商团的情况做了简略阐述，说明上海商团的前身是上海工商界的各种体育组织，其社会背景是针对当时万国商团漠视中国商民利益、在租界内横行无忌的状况，旨在建立华商团以资自卫。随后，各种商办体育组织发展成商团，与上海商务总会、沪南商务分会的积极领导、推动和支持是分不开的。③

有的学者通过考察苏州商团的具体情况，认为苏州商团的前身——苏商体育会以及后来由其改组而成的苏州商团，虽在宗旨、机构、功能等方面与苏州商务总会有所区别，但两者之间实际上存在着组织从属关系，苏州商团在很大程度上可以说是苏商总会的下属或外围组织。在人事参与、经费补助、会务参

① 章开沅：《辛亥革命与近代社会》，天津：天津人民出版社，1985年，第109页，第181–182页。

② 朱英：《辛亥革命时期新式商人社团研究》，北京：中国人民大学出版社，1991年。

③ 徐鼎新、钱小明：《上海总商会史（1902—1929）》，上海：上海社会科学院出版社，1991年，第135–138页。

与等许多方面，无论是早期的苏商体育会还是后来的苏州商团，苏州商务总会都对其产生了不可或缺的重要作用。苏州商团的产生与发展，几乎都离不开苏州商务总会的指导和帮助，商团的行动实际上也是接受商会的领导。[①]

20世纪70年代末和80年代以后，广州商团事件仍然是商团研究中受人关注的一个重要问题，而且至今在史学界还存在着一些不同的看法。

一部分学者侧重于研究孙中山与广州商团事件的关系，认为广州商团事件是一次叛乱。有的学者考察了广东商团的形成膨胀、商团叛乱的背景、扣械问题的演变经过以及孙中山对商团事件所采取的态度和手段，肯定孙中山镇压商团具有重大积极意义。[②]有的学者虽认为广州商团的性质有一个发展变化的过程，孙中山对广州商团的认识也不断改变，对商团事件所采取的态度同样并非一成不变，这种注重各方面发展变化的动态分析是值得提倡的，但其最终结论与以往的观点并无明显的不同。[③]

也有学者分析，上述研究所引用的资料大多是孙中山、廖仲恺等国民党要员的言论，或者是当时鼓动镇压商团的共产党人及其所办《向导》杂志的资料，再加上后来出版的一些文史资料，而对商团本身十分丰富的材料以及海外有关的档案则较少利用，因此在引用资料方面存在着一定的片面性，很容易就得出广州商团事件的反革命性质和孙中山平息商团事件是正确的结论。[④]

另一部分学者对广州商团事件的起因提出了新的见解，有的认为广州商团事件的发生，是广东国民党政府与商团之间的矛盾加剧，导致商人参政、干政的资产阶级政权意识恶性膨胀的结果。由于孙中山和广东国民党政权一直将商人的参政局限于筹款助饷，忽视了对商人不断增长的要求自治的政权意识加以引导，当国民党政权出现“左倾”变化的同时，商人被盘剥的程度也不断加深，商人害怕国民党“赤化”而遭受“共产”的恐惧与日俱增，于是双方由疏离、猜疑最终演变成对抗，也逼使孙中山不得不用武力平定商团叛乱。[⑤]与此

① 马敏、朱英：《传统与近代的二重变奏——晚清苏州商会个案研究》，成都：巴蜀书社，1993年，第2章。

② 张磊：《孙中山与一九二四年广州商团叛乱》，《学术月刊》1979年第10期。吴坤胜所著的《广东商团叛乱与孙中山的斗争》一文也持类似的观点。

③ 马庆忠、李联海：《孙中山与广州商团事件》，中山大学《孙中山研究论丛》第2集。

④ 丁旭光：《孙中山与近代广东社会》，广州：广东人民出版社，1999年，第364页。

⑤ 吴伦霓霞、莫世祥：《粤港商人与民初革命运动》，《近代史研究》1993年第5期。

相类似，还有学者阐明广州商团事件的起因是广东商人与孙中山关系演变的恶性延续，而军队的专横跋扈和捐税的苛重是激成风潮的基本原因之一。孙中山起初没有镇压商团，而是采取怀柔措施，主要是取决于诸多客观因素，并非完全归结为所谓“右派”的阻挠和压迫。[①]

同时，还有学者进一步分析了民初广东社会与商团的发展情况，认为民国初年的广东政权更迭频繁，社会动乱不断，匪患兵祸严重，商人一直处于不安定的状况，不能不通过组织商团以自卫，而政府也不得不予以优容，使商团得到迅速发展，成为广州最有实力的商人团体和另一个权力中心，最终与政府发生对抗。因此，要全面探讨商团事件产生的原因，一是要考察清末以来广州商人团体的状况，二是要注意清末民初广东特殊的政治、社会背景，三是要考察1923年以后广州商人同政府关系的变化。另外，在研究视角和方法上也要有所改变，不仅要从政府方面加以探讨，更重要的是从商团方面加以分析。实际上，以往认为商团事变由英国和南北军阀阴谋引起的说法，迄今仍缺乏有力的证据。[②]

社会动荡和秩序不宁之时，往往是商团兴盛的历史时期。这似乎也是商团发展的一个规律，因为每当社会动荡和秩序失控时，政府无力保护商人的经济利益，商人只有自己组织武装进行自卫。有的学者在专门论述江浙商人与1924年的“齐卢之战”（也称第一次江浙战争）时，即对战争动荡期间江浙地区商团的特殊发展情况进行了说明。他们认为战争期间兵匪遍地，江浙两省商民不得不纷纷组织武装以自卫，商团、商界自卫团、保卫团、民团等名称不一的各种商民武装团体总计不少于38个。其中不乏战前即已存在、战时大力扩充者，如苏州商团、镇江商团、扬州商团、无锡商团、淮阴商团等均在“齐卢之战”期间或添设分团，或增加枪械；而名为自卫团、保卫团者，大多则为战事爆发前后临时组织而成，其中规模较大、组织系统较完备的有闸北保卫团、南市保卫团等。这些商民武装组织的主要目的是保护地方治安，而非政治企图。[③]

① 敖光旭：《论孙中山在1924年下半年的是是非非》，《近代史研究》1995年第6期。

② 邱捷：《民初广东的商人团体与社会动乱——以粤省商团为例》，李培德编：《近代中国的商会网络及社会功能》，香港：香港大学出版社，2009年；邱捷：《广州商团与商团事变——从商人团体角度的再探讨》，《历史研究》2002年第2期。

③ 冯筱才：《江浙商人与1924年的“齐卢之战”》，《“中央”研究院近代史研究所集刊》第33期，2000年6月。

由以上简略介绍可知，20世纪80年代以后国内史学界对商团的研究确实取得了比较明显的新进展。其较为突出的具体表现：一是对近代中国商团的研究开始受到一部分学者的重视，不仅相关的研究成果陆续问世，而且其中不乏具有较高学术水平的力作；二是在一定程度上排除了各种非学术因素的影响，提出了一些颇具启迪意义的新见解，包括对商团的评价，特别是对辛亥革命时期商团的性质、功能及其作用的认识与评价，虽然仍存在着不完全相同的见解，但与过去有了较大的不同。确切地说，国内史学界真正对商团进行系列专题研究，应该是始于20世纪80年代初中期。而已经取得的这些研究成果，对于今后进一步全面深入地探讨商团问题无疑打下了一定的基础。

港台和海外学者研究商团的成果虽不很多，但也不乏参考借鉴价值。台湾学者撰写的有关近代商人的论著，有些也涉及商团。例如有学者认为，清末上海商团在维持商界安全和社会秩序上具有相当大的功能，而且对政治的发展有其影响力，所以不但是地方自治赖以推动的一股重要力量，也是清末上海商人政治势力形成的一个重要凭借。在辛亥年上海光复的过程中，商团发挥了十分突出的作用，而且促进了商团的进一步发展。但在“二次革命”中，商团的态度发生了变化，转而抵制革命运动。从支持革命到抵制革命，包括商团在内的上海商人的政治态度从表面上看出现了重大转变，然而其实质关怀是始终如一的。他们在清末支持、参与革命的最重要动机，是追求一个能够发展实业的环境和保护民生的政府，在“二次革命”时反对革命，同样是着眼于地方秩序的维持和商业的发展。[①]台湾学者张恒忠撰著的《上海总商会研究》，虽主要是探讨上海商会的创立、结构机能、政治参与等方面的发展演变，但在具体论述中也涉及辛亥革命时期的上海商团。[②]

关于广州商团事件，台湾也有学者从不同的角度进行了探讨。例如有的学者在研究商团事件的起因时，强调应该重点分析广东商人与政府双方所面临的困境和问题，而不应把探讨的焦点完全放在扣械所引起的交涉和解决上。其具

① 李达嘉：《上海商人的政治意识和政治参与（1905—1911）》，“中央”研究院近代史研究所集刊编辑委员会：《“中央”研究院近代史研究所集刊》第22期上册，1993年6月；《从“革命”到“反革命”——上海商人的政治关怀和抉择，1911—1914》，“中央”研究院近代史研究所集刊编辑委员会：《“中央”研究院近代史研究所集刊》第23期上册，1994年6月。

② 张恒忠：《上海总商会研究（1902—1929）》，台北：知书房出版社，1996年。

体方法是从财政的角度考察商团事件发生的原因，阐明从1923年至1924年广东商人和政府的关系一直处于紧张状态，孙中山被财政问题压得透不过气来，商人也表现出不堪受迫的样态。原因是广东境内军队太多，孙中山政府对外的战事太多，两者都对广东商业造成了极大的打击。尽管商人的自卫武力原非为对付政府而设，政府的军队亦非用来对付商人，但广东商人和政府明显地存在着立场和心态上的差距，这种差距便是冲突的根源。[①]很显然，近些年来一部分学者对广州商团事件产生原因的分析不再简单地沿袭传统的结论，而是开始从多方面进行探讨，力图做出合乎历史实际的解释，这无疑是史学界研究广州商团事件值得重视的一个明显拓展。

国外学者专门研究近代中国商团的成果较为少见，但也有部分探讨近代中国资产阶级的论著涉及商团问题。例如以研究近代中国资产阶级而著称的法国学者白吉尔，在其相关的不少成果中都谈到过商团。白吉尔认为“商团组织是商人实行自治和进行军事干涉的武装力量”，系商人自卫性的团体，其“公开任务就是在发生动乱的情况下，保护商店和商业区的安全”。商人之所以要成立商团，主要是为了维护社会秩序，保护商人的利益。1920年初商团的大量涌现，也证明了商界对维护社会秩序的关注。[②]这显然是更多地强调社会动荡等特定非常时期商团的自卫作用，而忽略了一般常态时期商团在其他方面兼有的功能与影响。

第二节 以往研究的不足与改进

从已有研究成果看，对近代中国商团进行专题性的研究，目前主要限于国内学者，国外学者则较少对这一问题作专门探讨。这说明对商团的研究不像对近代中国商会的研究那样，最早于20世纪70年代发表的几篇专题性研究商会的论文系由日本和美国学者撰写，而不是国内学者所写。然而也应注意，国内学

① 李达嘉：《商人与政府——九二四年广州商团事件原因之探讨》，《国史释论》上册，台北：食货出版社，1988年。

② ［法］白吉尔：《辛亥革命前夜的中国资产阶级》，黄庆华译，《国外中国近代史研究》第4辑，北京：中国社会科学出版社，1983年；另请参阅［法］白吉尔：《中国资产阶级的黄金时代（1911—1937）》，张富强、许世芬译，上海：上海人民出版社，1994年。

者对商团的研究虽然领先于国外学者，但仍然存在着诸多不足之处。换言之，国内史学界有关近代中国商团的研究并非已经达到非常充分的程度，而是远远不够，还需要从各方面进行更加深入和更加全面的考察。

具体说来，国内史学界以往对近代中国商团的研究大体上存在着以下缺陷，需要在今后的研究中着力加以改进。

第一，在研究对象的范围方面还存在着明显的缺陷。

从上述简要介绍的已有成果即可发现，迄至目前史学界对近代中国商团的研究仍然限于少数区域的商团，而且是限于少数几个经济比较发达、商团力量较为强大的地区，如上海、广东、武汉、苏州等地，而对其他地区的商团则很少或是基本上没有论及。如果说在20世纪80年代初期商团研究刚开始起步时，着重对少数地区的商团进行区域性个案研究，尚属情有可原而且十分必要，那么过了几十年之后，对商团的研究仍然停留或局限于为数十分有限的区域性考察，则在某种程度上不能不说是一个缺陷。

之所以这样说，首先是因为在近代中国并不只是这少数几个地区诞生了商团，实际上在清末民初，全国已有许多地区的商人正式成立了商团，到民国时期各地区商人建立商团更为普遍，连许多县城也出现了商团。既然商团在近代中国已是一个比较普遍的独特商人团体，我们的研究对象当然不能仅仅局限于少数几个地区的商团，而应对各地区的商团分类进行更为广泛的全面探讨。单靠对少数几个地区商团的考察，将很难保证我们针对整个近代中国商团所得出的结论符合历史的真实。

其次，近代中国是一个幅员十分辽阔，各地区政治、经济、文化、军事等各个方面的发展都很不平衡的国家，不同地区的商团虽有许多共性，但在某些方面也存在着明显的差异，有些差异甚至是相当大的。因此，要想对近代中国商团进行全面深入的研究，就必须尽量对更多地区的商团分别或是分类进行条分缕析，只有这样才能更为准确地概括近代中国商团的特点，并在此基础上对近代中国的商团从整体上予以综合和归纳，进而得出更加合乎历史实际的结论。上海、武汉、广东等地的商团虽具有典型意义，但毕竟不能取代那些为数众多并且与上海、武汉、广东商团存在差异的其他商团，因而仅仅以这少数几个地区的商团作为考察对象，是研究范围上的一个明显缺陷。

第二，在研究时段方面也存在一定的缺陷。

无论是在国内还是在国外，现有研究成果对近代中国商团的探讨在时段上大体相似，即比较集中地研究辛亥革命前后的商团以及20世纪20年代广州商团事变前后的商团，而对其他历史时期的商团却很少进行分析，甚至连专题性的研究论文也很少见。之所以出现这种状况，一方面是因为辛亥革命和广州商团事变时期，商团都产生了较大的影响，自然而然地成为商团研究的重点时段，另一方面则可以说是目前对商团研究仍不够全面、不够系统的具体反映，在某种程度上也可称之为商团研究中的缺陷之一。

近代中国的商团从清末开始在全国许多地区产生，其发展历程随后虽然多次遭遇顿挫，但除了少数地区之外，绝大多数地区的商团都一直坚持到南京国民政府成立后才相继解散。严格地讲，只有对不同历史时期的商团都进行了深入细致的考察，才能比较全面地探究近代中国商团各方面的特点，进而对商团的作用与影响作出客观的评价。

不仅如此，辛亥革命和广州商团事变这两个特殊阶段，应该说都是突发重大事变的非常时期，商团的表现及其影响与平常时期相比，尽管有某些相同之处，但更多的却是在许多方面存在着明显的不同。在突发重大事变的非常时期，商团的言行在很大程度上所反映出的是一种非常态的表现，而在平常时期却更加能够较为全面地体现商团的本来面貌，亦即商团的常态表现。因此，既要重视分析特殊历史时期商团的非常态表现，也不能忽略考察商团的常态表现，只有将这两个方面的探讨紧密地结合起来，才能比较全面地把握和认识商团的全貌。

第三，研究视野不够宽广，研究方法需进一步改进。

从已有的成果看，以往研究近代中国商团的视野和方法都有不足以及值得改进之处。首先是现有大多数成果主要是就商团论商团，较少将其对近代中国社会的发展变迁结合起来进行考察；其次是从理论的高度进行归纳和分析不够，缺乏宏观性的理论探讨；再次是研究方法比较单一，比较多的是运用历史学的研究方法对商团进行单线性的考察，较少以多学科交叉渗透的研究方法，多角度、多层面地对商团作出不同的探讨。

商团作为近代中国的一种新式商人社团，其产生、发展必然与近代中国的社会变迁存在着紧密的联系，这种联系不仅反映在社会的发展及其特征对商团的产生与特点有着重要影响，还表现在商团诞生之后对社会发展起了一定的推动作用，可以说两者之间的影响是双重的互动关系。因此，应该透过商团这一新型社会细胞，从新的视角探究近代中国阶级结构、社会结构的发展变迁特点。同时，可以从中透视在近代社会转型这一新的历史时期，国家与社会两者之间各自的变化以及新型互动模式。总而言之，对近代商团的研究要达到更高和更深的层次，除了需要弄清商团自身各方面的情况，还应将剖析商团与探讨近代中国社会结构和社会变迁紧密结合在一起，避免孤立地罗列史实和就事论事。

在研究方法上，要注意借鉴政治学、社会学、经济学、心理学、文化学等相关学科行之有效的具体研究方法，包括国外有关学科研究社会、社区、社团的某些方法和手段，采取多学科交叉渗透等新的方式，尽量扩大视野，进行多线索、多角度、多层次的分析。上下纵横的比较研究，也是拓展近代商团研究的一个重要途径。一方面，可以分析新式商团与旧式商人组织的区别及其联系，从纵向考察其近代特征，阐明传统与现代之间的辩证关系；另一方面，尽量与近代西方国家的同类组织进行比较①，分析其异同以及造成异同的诸种社会因素，进一步探讨近代中国商团的特点和社会结构特征。此外，在研究中还应处理好近代中国各地商团之间的共性与个性、一般与个别的关系，在把握其总体特点的同时，注意相互间的差异，这样才能避免所得结论失之偏颇。

第四，在资料的挖掘和利用方面存在若干不足。

迄至目前，国内外尚未见出版有关近代中国商团的专题资料。也就是说，商团资料至今仍然处于四处分散、难以查询的状况。所以，要想系统地搜集近代商团资料存在着相当的难度，这或许也是商团研究起步二十年来进展一直不快的主要原因之一。应该肯定，已有的成果在商团研究的初始阶段，对有关近代中国商团的资料勾勒出了一个基本线索，为后来的研究者提供了较大的方便，这是一个非常重要的贡献。但也不能不承认，现有成果在挖掘和利用有关

① 在清末，西方国家的商人在中国租界内已经先行组织了商团，并且成为促进华商成立商团的重要因素之一。苏州档案馆保存的苏州商团档案文献记载，苏州商人成立苏商体育会时曾经说明：“泰西各国商人，皆有军人资格。如上海租界西商，设有商团，无事则按期操演，有事则守望相助。是以租界之中偶有变端，其损失多华商财产，西人晏然如故。彼优我绌，相形益见。近者上海之北市有华商体操会，南市有商业体操会，皆急起直追，力图补救。”因此，与设在中国的洋商团进行比较研究，也应该是今后改进研究方式，促使商团研究进一步拓展，取得更多新成果的一种重要途径。

资料方面仍存在着一些缺陷。例如有些资料尚未引起研究者的足够重视，在成果中引用不多，还有些重要的资料甚至基本上未曾引用，包括商团的原始档案等第一手珍贵文献。

现有成果较多的是引用近代报刊，特别是《申报》《时报》等报纸上刊登的有关商团的报道，还有一些当事人撰写的回忆文章，其他方面的资料则为数不多。报刊资料确实非常重要，并且事实上报刊资料已成为过去研究商团最重要的资料来源，但报纸的报道毕竟有其局限，还必须辅以其他各方面的资料。应该强调指出，对档案文献很少加以挖掘和利用，是过去在这方面的一个最大缺陷。是不是近代商团的档案文献全部都未保留下来？其实并非如此。据我们所知，在苏州市档案馆即完整地保存有近代苏州商团的全部档案，而且数量非常可观，其中也有涉及其他地区商团的资料。另外，由于在许多地区商团与商会都有着十分紧密的联系，有些商团直接就是商会的下属或外围组织，所以在保留下来的商会档案中也或多或少会有涉及商团的档案。例如在卷帙浩繁的天津商会档案中，即有不少直隶和北方地区商团的宝贵资料。但是，过去在研究商团的过程中，尽管史学界同仁无不感叹有关的资料难以搜集，却一直很少利用这些极为宝贵的档案文献，这不能不说是一大缺陷。

文史资料等有关书刊上登载的回忆商团的文章，在以往的研究成果中多有引用。这些资料大多由当事人所写，具有较高的史料价值。但也应注意，由于各方面的原因，这些资料难免有或多或少的失真之处，有的是因为时间久远记忆有误，有的是为尊者讳，有的则多少带有自我夸大的嫌疑，因而需要慎重地分析考订，不能盲目地一概相信。即使是利用文史资料上发表的商团资料，在以往研究的基础上也可以进一步扩大范围和视野，挖掘出更多这方面的资料。过去有关研究成果引用较多的是上海、武汉、广东、苏州等大城市的文史资料，而对更多的中小城市的文史资料却基本上没有纳入资料搜集的范围。根据我们很不完全的查询，全国不少中小城市的文史资料中登载有当地近代商团的资料回忆性文章，而这些资料基本上没有受到研究者的关注，更谈不上加以利用，这显然也是研究商团在资料挖掘和利用方面的一个小小缺陷。

对近代报刊中有关商团的资料同样可以扩大范围进一步挖掘，除了《申报》《时报》《民国日报》等全国性的大型报刊外，各地报刊中实际上也不乏对当地商团的报道。毫无疑问，这些地方报刊上的有关资料，对于我们认识和了解当地商团的情况，尤其是对于揭示各地商团独具的特点，进而从整体上考察近代中国商团的概况，均具有不可忽视的重要作用。

针对上述各方面的不足或缺陷，要想使学术界对近代中国商团的研究在已有的基础上得到进一步发展，取得更多更好的研究成果，就必须尽力在这些方面加以改进和提高。在研究方法上应尝试以多学科交叉渗透的方式，努力进行新的探索。同时，要扩大研究视野，将商团研究与考察近代中国社会的发展变迁紧密地结合起来，并尽力对近代中国商团的发展变化及其影响作出长程的分析，而不仅仅是集中于某一时段的论证，对各地区商团的情况也要给予足够的关注。在资料的挖掘方面，除了充分利用已有的各方面资料外，要重点挖掘和利用过去很少引用的商团档案文献以及地方报刊、文史资料等，争取在探寻新资料方面作出一定的贡献。当然，要在以上所说的各方面均有所突破和创新绝非易事，需要付出相当艰辛的努力，有些方面由于客观条件的限制，也不可能在短时期内就能得到明显的改观。但是，只要研究者共同进行不懈的努力，相信学术界对近代中国商团的研究会更加深入，更加全面，并且在原有基础上不断取得新的进展和成果。

主要参考文献[1]

一、史料

苏绍柄辑：《山钟集》，上海：鸿文书局，1906年。
甘厚慈编：《北洋公牍类纂》，光绪三十三年（1907年）铅印本。
实业部总务司、商业司编：《全国工商会议汇编》，1931年印行。沈云龙主编、台湾文海出版社影印的《近代中国史料丛刊》将该书收录为三编第20辑。
严谔声编：《商人团体组织规程》，上海市商会，1936年印行。
彭泽益主编：《中国近代手工业史资料》第二卷，北京：中华书局，1962年。
中国社会科学院近代史研究所近代史资料编辑组编：《五四爱国运动》上册，北京：中国社会科学出版社，1979年。
上海博物馆图书资料室编：《上海碑刻资料选辑》，上海：上海人民出版社，1980年。
武汉大学历史系中国近代史教研室编：《辛亥革命在湖北史料选辑》，武汉：湖北人民出版社，1981年。
苏州博物馆、江苏师范学院历史系、南京大学明清史研究室合编：《明清苏州工商业碑刻集》，南京：江苏人民出版社，1981年。
江苏省博物馆编：《江苏省明清以来碑刻资料选集》，北京：生活·读书·新知三联书店，1959年。
荣孟源主编：《中国国民党历次代表大会及中央全会资料》，北京：光明日报出版社，1985年。
中国第二历史档案馆编：《中国国民党第一、二次全国代表大会会议史料》，

[1] 这里只是按出版时间顺序列出了参考的图书，众多近代报刊、未出版的档案和论文未列入，而在本书注释中均详细标明，特此说明。

南京：江苏古籍出版社，1986年。
天津市档案馆、天津社会科学院历史研究所编：《袁世凯奏议》上，天津：天津古籍出版社，1987年。
天津市档案馆、天津社会科学院历史研究所、天津市工商业联合会编：《天津商会档案汇编（1903—1911）》，天津：天津人民出版社，1989年。
中国第二历史档案馆编：《中华民国史档案资料汇编第三辑民众运动》，南京：江苏古籍出版社，1991年。
章开沅、刘望龄、叶万忠主编：《苏州商会档案丛编》第一辑，武汉：华中师范大学出版社，1991年。
天津市档案馆、天津社会科学院历史研究所、天津市工商业联合会编：《天津商会档案汇编（1912—1928）》，天津：天津人民出版社，1992年。
中国第二历史档案馆编：《中华民国史档案资料汇编第五辑第一编政治（三）》，南京：江苏古籍出版社，1994年。
彭泽益主编：《中国工商行会史料集》上册，北京：中华书局，1995年。
苏州市档案馆编：《苏州丝绸档案汇编》，南京：江苏古籍出版社，1995年。
天津市档案馆、天津社会科学院历史研究所、天津市工商业联合会编：《天津商会档案汇编（1928—1937）》，天津：天津人民出版社，1996年。
马敏、祖苏主编：《苏州商会档案丛编》第二辑，武汉：华中师范大学出版社，2004年。
上海市工商业联合会、复旦大学历史系编：《上海总商会组织史资料汇编》，上海：上海古籍出版社，2004年。
无锡市工商业联合会、无锡市档案馆编：《近代无锡商会资料选编》，内部印行，2005年。
上海市工商业联合会编：《上海总商会议事录》，上海：上海古籍出版社，2006年。
华中师范大学中国近代史研究所、苏州市档案馆合编：《苏州商团档案汇编》，成都：巴蜀书社，2008年。
马敏、祖苏主编：《苏州商会档案丛编》第三辑，武汉：华中师范大学出版社，2009年。

二、论著

华岗：《一九二五至一九二七年的中国大革命史》，上海：春耕书店，1932年。

胡纪常编著：《国际商会概论》，上海：商务印书馆，1933年。

罗玉东：《中国厘金史》，上海：商务印书馆，1936年。

［日］加藤繁：《中国经济史考证》第一卷，吴杰译，北京：商务印书馆，1959年。

陈克华：《中国现代革命史实：由联俄容共到西安事变》，香港：春风杂志社，1965年。

李云汉：《从容共到清党》，台北：中华学术著作奖助委员会，1966年。

何柄棣：《中国会馆史论》，台北：学生书局，1966年。

蒋永敬：《鲍罗廷与武汉政权》，台北：传记文学出版社，1972年。

傅筑夫：《中国经济史论丛》下，北京：生活·读书·新知三联书店，1980年。

张玉法主编：《中国现代史论集》第十辑，台北：联经出版事业公司，1982年。

彭泽益：《十九世纪后半期的中国财政与经济》，北京：人民出版社，1983年。

南京大学历史系明清史研究室编：《中国资本主义萌芽问题论文集》，南京：江苏人民出版社，1981年。

中华书局编辑部编：《纪念辛亥革命七十周年学术讨论会论文集》上，北京：中华书局，1983年。

许涤新、吴承明主编：《中国资本主义发展史》第一卷，北京：人民出版社，1985年。

章开沅：《辛亥革命与近代社会》，天津：天津人民出版社，1985年。

段本洛、张圻福：《苏州手工业史》，苏州：江苏古籍出版社，1986年。

全汉升：《中国行会制度史》，台北：食货出版社，1986年。

［美］帕克斯·M.小科布尔：《江浙财阀与国民政府（1927—1937年）》，蔡静仪译，天津：南开大学出版社，1987年。

吕芳上：《革命之再起——中国国民党改组前对新思潮的回应（1914—1924）》，台北："中央"研究院近代史研究所，1989年。

邱澎生：《十八、十九世纪苏州城的新兴工商业团体》，台北：台湾大学出版委员会，1990年。

张仲礼主编：《近代上海城市研究》，上海：上海人民出版社，1990年。
徐鼎新、钱小明：《上海总商会史（1902—1929）》，上海：上海社会科学院出版社，1991年。
黄逸平：《近代中国经济变迁》，上海：上海人民出版社，1992年。
［美］约瑟夫•弗史密斯：《商民协会的瓦解与党治的失败》，朱华译，《国外中国近代史研究》第20辑，北京：中国社会科学出版社，1992年。
尚世昌：《中国国民党与中国劳工运动——以建党至清党为主要范围》，台北：幼狮文化事业公司，1992年。
井泓莹：《广州商团事变》，台中：浪野出版社，1992年。
虞和平：《商会与中国早期现代化》，上海：上海人民出版社，1993年。
马敏、朱英：《传统与近代的二重变奏——晚清苏州商会个案研究》，成都：巴蜀书社，1993年。
王笛：《跨出封闭的世界——长江上游区域社会研究（1644—1911）》，北京：中华书局，1993年。
唐力行：《商人与中国近世社会》，杭州：浙江人民出版社，1993年。
吕芳上：《从学生运动到运动学生》，台北："中央"研究院近代史研究所，1994年。
李云汉主编、高纯淑编辑：《中国国民党党史论文选集》第4册，台北：近代中国出版社，1994年。
［法］白吉尔：《中国资产阶级的黄金时代（1911—1937年）》，张富强、许世芬译，上海：上海人民出版社，1994年。
马敏：《官商之间：社会剧变中的近代绅商》，天津：天津人民出版社，1995年。
邱澎生：《商人团体与社会变迁：清代苏州的会馆公所与商会》，台北：台湾大学历史学研究所博士学位论文，1995年。
张恒忠：《上海总商会研究（1902—1929）》，台湾：知书房出版社，1996年。
陈宝良：《中国的社与会》，杭州：浙江人民出版社，1996年。
王日根：《乡土之链：明清会馆与社会变迁》，天津：天津人民出版社，1996年。
张仲礼主编：《中国近代城市企业·社会·空间》，上海：上海社会科学院出版社，1998年。

邓正来、［英］J. C. 亚历山大编：《国家与市民社会：一种社会理论的研究路径》，北京：中央编译出版社，2002年。
浦文昌、荣敬本、王安岭等：《市场经济与民间商会：培育与发展民间商会的比较研究》，北京：中央编译出版社，2003年。
黄宗智主编：《中国研究的范式问题讨论》，北京：社会科学文献出版社，2003年。
王笛：《街头文化：成都公共空间、下层民众与地方政治（1870—1930）》，李德英、谢继华、邓丽等译，北京：中国人民大学出版社，2006年。
华中师范大学中国近代史研究所编：《章开沅学术与人生》，武汉：华中师范大学出版社，2011年。

后 记

这部书稿是我研究探讨相互紧密关联的近代中国商会、行会（包括同业公会）、商团的成果。屈指算来，我致力于这些相关课题的研究已长达三十余年，但仍感到有许多问题值得进一步深入探讨，甚至还有一些问题几乎未曾涉及，由此可见近代中国商会与工商社团的学术魅力之所在。显而易见，我个人即使以毕生精力也无法穷尽相关问题的研究。好在已有越来越多的年轻学者，不仅有我直接指导的研究生，也包括国内甚至海外其他一些大学和研究机构的青年才俊，相继加入相关问题的研究队伍之中，所以不仅不需要担忧后继无人，相反还会在现有研究基础上取得更多更好的成果。

本书先前曾承蒙中国人民大学出版社的鼎力支持而得以出版，至今转眼已过了十年，在此期间并未重印，坊间似乎已不易看到。华东师范大学出版社策划了一套《历史与社会学文库》，告知拟将我于1997年出版的《转型时期的社会与国家——以近代中国商会为主体的历史透视》一书纳入该文库出版修订本，但由于该书刚刚已经与社会科学文献出版社签署了重新出版的合同，我对华东师范大学出版社的好意只能表示感谢与遗憾。但华东师大出版社编辑随后又给我发来邮件，告知该社决定将我先前出版的另一著作，原名《近代中国商会、行会及商团新论》收入《历史与社会学文库》，希望我同意并予以修订，对此我当然欣然接受并表示衷心感谢。

借着此次重新修订出版的机会，我对本书重新翻阅一遍，尽力进行了修订以使之更臻完善。除了对书中的一些错误加以订正，还删除了原来的第7章、第10章和第20章，增补了“商会史研究的缘起、发展与理论方法运用”“上海总商会换届改选纷争”“近代中国商团研究述评”这三章内容，从而使各章内容与本书主题更加贴切。由于原书出版于十多年以前，书中有些注释现在看来不太完整规范，在此次出版修订本时也尽力予以补充，使之更符合现今学术著作出版的规范标准。另外，原书中的“近年”“近十年”使用甚多，现在看来显然不确，但为保留历史原貌多未修改。

需要说明的是，本书中的一些内容先前曾以论文的形式在学术刊物上发表。交付出版前虽然就全书的体例和各章节的具体内容进行了某些修改，但由于时间比较仓促，仍然存在不少缺陷。书中的许多观点和结论肯定也有不够完善之处，希望能够得到同行学者和广大读者的批评指正。

朱　英

2021年3月30日